THOMAS KAUFMANN

DIE DRUCK MACHER

THOMAS KAUFMANN

DIE DRUCK MACHER

*Wie die Generation Luther
die erste Medienrevolution
entfesselte*

C.H.BECK

Mit 61 Abbildungen und 1 Karte

© Verlag C.H.Beck oHG, München 2022
www.chbeck.de
Umschlaggestaltung: Rothfos & Gabler, Hamburg
Umschlagabbildung: «Johannes Gutenberg prüft einen Druckbogen»,
kolorierter Stich, um 1850, © akg-images/
North Wind Picture Archives
Satz: Janß GmbH, Pfungstadt
Druck und Bindung: Druckerei C.H.Beck, Nördlingen
Gedruckt auf säurefreiem und alterungsbeständigem Papier
Printed in Germany
ISBN 978 3406 78180 3

myclimate
klimaneutral produziert
www.chbeck.de/nachhaltig

Inhalt

Einleitung: Digital Natives und Printing Natives — 7

1. Die erste Medienrevolution — 13

   Von Lettern, Setzkästen, Druckpressen
   und Schrifttypen — 13
   Großprojekte, Einblattdrucke, hohe Auflagen — 20
   Zeitungen, Sensationsmeldungen, Fake News — 28
   Ein expansives Gewerbe — 31
   Begeisterung und Skepsis, Zensur und nationaler Stolz — 35
   Der Buchdruck in der protestantischen
   Erinnerungskultur — 42

2. «Männer des Buches» — 49

   Johannes Reuchlins kostspieliges Projekt — 50
   Erasmus von Rotterdam und sein Bestseller — 58
   Das Buch als Objekt der Begierde — 67
   Selbstvermarktung und der Schutz von Urheberschaft — 76
   Der «Judenbücherstreit» als Medienereignis — 85

3. Publizistische Explosionen — 99

   Die Lawine rollt: Der Streit um den Ablass — 101
   Luthers Publizistik unter Druck — 111
   Wittenberg gegen Ingolstadt: Luther und Karlstadt
   gegen Eck — 117
   Nichts mehr zu verlieren: Luthers
   Veröffentlichungen 1520 — 124

Die Verbrennung der päpstlichen Bulle
und Luthers Auftritt in Worms 139
Lagerbildung in der reformatorischen Bewegung 151
Neben Luther: Zwingli und Oekolampad 161
Echokammern der radikalen Milieus:
Hätzer und Müntzer 172
Laien verfassen Flugschriften 184
Der Bauernkrieg und seine Publizistik 190
Neue Konkurrenz auf dem Buchmarkt 198
Allzweckwaffe: Illustrierte Einblattdrucke 201
Gedruckt bis in den Tod: Luthers multimediales Sterben . 209

4. Eine veränderte Welt 215

Selbststudium und Lehrbetrieb 217
Speicherplatz: Bibliotheken, Kompendien,
Enzyklopädien 222
Suchmaschinen: Indizes, kritische Apparate, Editionen . . 229
Neue Bibeln für alle 232
Kirchenlieder und Gesangbücher 237
Der Katechismus als Grundausbildung 241
Die Grenzen der Zensur 244
Quergedachtes, Utopisches und Subversives 245

Epilog: Unter Druck 257

Anhang

Zitierweise und Abkürzungen 263
Anmerkungen 267
Quellen und Literatur 319
Nachweis der Bildzitate 337
Personenregister 341
Ortsregister 347

Einleitung

Digital Natives und Printing Natives

Der Begriff der *digital natives* wurde 2001 von dem amerikanischen Medienpädagogen Marc Prensky[1] geprägt, um die generationsspezifische Disposition derer zu bezeichnen, die von klein auf mit den Techniken des digitalen Zeitalters vertraut sind. Mobiltelefone, Mails, Computerspiele, soziale Netzwerke, das Internet sind integrale Bestandteile ihrer Welt. Der schnelle Erwerb und die zügige Weitergabe von Informationen auf multiplen Verbreitungswegen prägen ihren Alltag und ihr Kommunikationsverhalten. Nicht online zu sein erscheint ihnen beschwerlich, ja unbehaglich oder beängstigend – beinahe ein sozialer Tod. Inzwischen deutet vieles darauf hin, dass auch die *digital immigrants*, also die Älteren, die erst in einer fortgeschrittenen Lebensphase mit den Techniken der digitalen Kommunikation vertraut wurden, ähnliche Verhaltensweisen, Neigungen und Abhängigkeiten entwickeln wie die Jüngeren. Offenbar haben die wenigen Jahre seit der Erstverwendung des Begriffs der Digital Natives ausgereicht, um die Differenzen zwischen den «eingeborenen» und den «eingewanderten» Bewohnern des digitalen Äons weitgehend zu nivellieren.

Trifft die Beobachtung zu, dass sich die Verhaltensprofile der Generationen im Gebrauch der digitalen Medien angeglichen haben, dann zeigt dies nichts anderes, als dass die Digitalisierung zu einem

Sachverhalt geworden ist, der Kultur, Lebenswelt, Politik, Gesellschaft, Ökonomie, kurz: unser gesamtes Leben in einem solchen Ausmaß betrifft und bereits verändert hat, dass – etwa in Analogie zum Zeitalter der Industrialisierung – die Bezeichnung unserer Epoche als «digitales Zeitalter» sachgerecht erscheint, und zwar im globalen Maßstab. Die digitalen Medien sind kein partikulares oder segmentierbares Moment unserer Kultur. Ihre Präsenz zu begrenzen ist nur durch bewusste individualistische oder kollektive Akte partieller Verweigerung möglich – etwa indem jemand auf ein Smartphone verzichtet oder indem Familienmitglieder vereinbaren, dass das Handy bei gemeinsamen Mahlzeiten ausgeschaltet bleibt, oder Liebende sich der besonderen Bedeutung ihrer analogen Präsenz wechselseitig dadurch versichern, dass sie gemeinsam offline gehen. Traditionelle Medien wie Postkarten oder handgeschriebene Briefe sind rar geworden. Wo sie noch begegnen, wächst ihnen eine besondere Bedeutung zu.

Die Beschleunigung und die neue Dominanz der digitalen Kommunikation infolge der Corona-Pandemie haben in verdichteter Form deren Ambivalenzen vor Augen geführt: Zum einen war man froh und dankbar, dass im Home Office manches weitergeführt werden konnte, dass auch Schulen und Universitäten funktionierten oder doch zu funktionieren schienen, häufig reibungslos, störungsfrei, aber auch ohne dass man viel Notiz davon nahm. Zum anderen wurden die Verluste direkter Interaktion und die unveräußerliche, durch nichts zu ersetzende Bedeutung menschlicher Kontakte schmerzlich erfahrbar. Einerseits war man froh, Verwandte und Freunde, Kolleginnen und Kollegen wenigstens per Video zu sehen. Andererseits zeigte sich, dass die erzwungene Entsinnlichung und die forcierte Zwangsindividualisierung vielen, ja vielleicht den meisten von uns gegen die Natur geht. Dass wir als Spezies in unserer schieren biologischen Existenz so eminent gefährdet sind, hat – durchaus schmerzhaft – die Grenzen der Individualisierung, der Kultur und des Gefühls der technischen Überlegenheit bewusst gemacht. Diese Erfahrungen werden auch den Umgang mit der Digitalisierung nicht unberührt lassen.

Zwischen der «Erfindung» des Internets um 1990[2] und dem Hervortreten umwälzender Wirkungen in sehr vielen Lebensbereichen – in Wissenschaft und Bildung, Gesundheitswesen und Verkehrstechnologie, im Wirtschafts- und Kommunikationsverhalten, in der Mediennutzung usw. – liegen einige Jahre, eher Jahrzehnte. Im Rückblick aber ist deutlich, dass die häufig als «Zweite Medienrevolution» bezeichnete Digitalisierung unsere Kultur – verstanden als Inbegriff menschlichen Verhaltens, Denkens, Fühlens, Kommunizierens und Sich-Selbstverstehens – längst tiefgreifend verändert hat. Verhielt es sich bei der Erfindung des Buchdrucks mit beweglichen Metalllettern um 1450 ähnlich? Die kulturellen Auswirkungen, ja die Tragweite der «Ersten Medienrevolution» zeigten sich im Abstand einiger Jahrzehnte, und dann begann sie, erhebliche gesellschaftliche Umwälzungen in Gang zu setzen. Das «Reformation» genannte Syndrom reiht sich hier ein.

Die dieses Buch leitende Perspektive lautet: Eröffnen sich dadurch, dass wir durch die Erfahrungen des Medienwandels unserer Tage sensibilisiert sind, umfassendere und profundere Perspektiven auf die kultur- und gesellschaftsgeschichtlichen Folgen des Buchdrucks? Und umgekehrt: Erwachsen aus der Einsicht in die zunächst sukzessiv einsetzenden, dann umfassenden Veränderungen infolge der Verbreitung der Schwarzen Kunst Erkenntnisse, die Orientierungshilfen in unserer Gegenwart bieten könnten? Suggeriert die geläufige Rede von den Medienrevolutionen damals und heute mehr an Gemeinsamkeiten, als zutreffend ist? Oder verstellt der Begriff der Revolution die Sicht auf die gleitenden Übergänge, die langen Kontinuitäten und das Ineinander von Manuskript- und Druckzeitalter, Print- und Digitalkultur?

Gewiss: In der Zeit der Ersten Medienrevolution betraf die Befähigung und Nötigung zum Lesen und Schreiben einen weitaus geringeren Teil vornehmlich der städtischen Gesellschaften, als dies heute für die Nutzung der digitalen Medien gilt. Die Partizipation hatte elementar mit Bildung zu tun. Ihr maßgebliches Symbol, das gedruckte Buch, gilt bis heute als Merkmal, Requisit oder Fetisch «Gebildeter» oder gar «Gelehrter». Ihm haftet etwas Hohes, Elitäres an. An der Zweiten Medienrevolution, in der die Bilder den Text dominieren, haben auch Analphabeten teil. Insofern ist der Dispersionsgrad der Zweiten gegenüber der Ersten Medienrevolution ungleich umfassender. Auch das Durchsetzungstempo der Zweiten ist mit dem der Ersten Medienrevolution kaum zu vergleichen. Es entspricht der beschleunigten Gangart der entfesselten Moderne, in der wir leben. Etwa ein halbes Jahrhundert dauerte es, bis sich die typographische Reproduktionstechnologie in verschiedenen Ländern Lateineuropas – in sehr unterschiedlicher Dichte – durchsetzte. Die globale Verbreitung neuer digitaler Techniken, Programme oder Viren erfolgt heute eher in Sekunden, Minuten und Stunden als in Tagen oder Wochen. Die Chance, Erste und Zweite Medienrevolution miteinander in Beziehung zu setzen und wechselseitig zu erhellen, bleibt dennoch reizvoll, auch, ja vor allem, weil der Medienwandel in beiden Fällen als prägende Signatur eines Epochenumbruchs zu gelten hat. Am Schluss des Buches sollen diese vergleichenden Überlegungen knapp wieder aufgenommen werden.

In Analogie zu den Digital Natives sind die Printing Natives die maßgeblichen Träger der Ersten Medienrevolution, also die Vertreter jener Generation, für die der Umgang mit gedruckten Texten zu einer Selbstverständlichkeit geworden war. Geboren in den 1470er- bis 1490er-Jahren, wuchsen sie in eine kulturelle Situation hinein, in der die Printtechnologie etabliert und weithin konsolidiert war und erste Standardisierungen und Normierungen hinsichtlich der Gestaltung, Vermarktung und Akzeptanz ihrer Produkte erreicht waren. Meist lernten die Printing Natives mit gedruckten Schulbüchern und studierten in der Regel an Texten, die in gleichmäßiger Qualität gedruckt waren. Nicht selten besaßen sie eigene Bücher oder hatten Zugang zu Bibliotheken. Auch in den öffentlich verfügbaren Buchexemplaren brachten sie mit größter Selbstverständlichkeit Unterstreichungen und Annotationen an. Individuelle Rezeption war eingebunden in ein Gespräch mit Menschen, die das Buch vorher gelesen hatten oder nachher lesen würden. Um interessante Texte dauerhaft verfügbar zu haben, mussten sie sie weitaus seltener abschreiben als frühere Generationen.

Die dadurch gewonnene Zeit konnte in beschleunigte und exzessive Lektüren oder in literarische Tätigkeiten einfließen. Manche der Printing Natives scheuten sich nicht, auch eigene Texte in den Druck zu befördern. Die im späten 15. und frühen 16. Jahrhundert insbesondere in den größeren Städten verfügbare typographische Infrastruktur unterstützte dies. Und die internationalen ökonomischen Vernetzungsstrukturen des zeitgenössischen Buchhandels eröffneten «virtuelle» Kommunikationsräume, die so zuvor undenkbar gewesen waren.

Auch in anderer Hinsicht sind Ähnlichkeiten zwischen der Ersten und der Zweiten Medienrevolution unübersehbar: Die mit der typographischen Reproduktionstechnik entstehende Öffentlichkeit beschleunigte die Kommunikation, wobei städtische und ländliche Räume fundamental differierten. Insbesondere dann, wenn es um Kontroversen oder bahnbrechende Neuheiten ging, wurde das Tempo der Druckproduktion gesteigert. Verzögertes Reagieren grenzte an das Eingeständnis von Unterlegenheit und bedeutete, dem Gegner das Feld zu überlassen. «Fake news» und zügellose Polemik, auch in visueller Form, waren bereits Begleiterscheinungen der Ersten Medienrevolution, ebenso wie die meist gescheiterten Versuche kirchlicher und staatlicher Instanzen, diesen durch Regulationen oder Zensur Einhalt zu gebieten. Auch in der Ersten Medienrevolution wurden Texte und geistige Erzeugnisse anderer weitergegeben, kopiert, plagiiert oder entstellt, somit Schutzstandards, wie sie ein später nach und nach entstehendes Urheberrecht definierte, konterkariert und unterlaufen. Dass dies in mannigfacher Weise auch im Zuge der derzeit erlebten und erlittenen digitalen Transformation der Gesellschaft geschieht, ist evident. Ob die Zweite eine Fortsetzung der Ersten Medienrevolution ist, wird am Ende des Buches zu klären sein.

1

Die erste Medienrevolution

Die um 1450 erfundene Technologie der Textvervielfältigung mit beweglichen Metalllettern hat ihre Erprobungs-, Etablierungs- und Konsolidierungsphase innerhalb einer Generation durchlaufen. Die spezifischen Möglichkeiten und Herausforderungen dieses mechanischen Reproduktionsverfahrens traten um 1480 immer deutlicher hervor. War das beginnende Buchdruckgewerbe zunächst primär an der elaborierten Handschriftenkultur orientiert gewesen, so geriet dies in den letzten beiden Jahrzehnten jener Epoche des Frühdrucks (1450–1500), die Inkunabel- oder Wiegendruckzeit genannt wird, zusehends in den Hintergrund. Seit etwa 1480 war klar, dass das gedruckte sich gegen das geschriebene Buch durchgesetzt hatte. In dieser Perspektive sollen die Konturen der ersten Medienrevolution im Folgenden nachgezeichnet werden.[1]

Von Lettern, Setzkästen, Druckpressen und Schrifttypen

Die Erfindung des Johannes Gensfleisch – allgemein als Johannes Gutenberg bekannt, da sich im Besitz seiner Patrizierfamilie ein Mainzer Hof mit dem Namen «zum Gutenberg» befand – war nicht nur das Ergebnis seiner ingeniösen Ideen, seines handwerklichen

Könnens und unternehmerischen Wagemuts. Sie basierte auch auf einer besonderen historisch-kulturellen, technikgeschichtlichen und ökonomischen Konstellation: Die Goldschmiedekunst und die metallverarbeitenden Gewerbe der Münzerei und der Glockengießerei florierten im Südwesten des Reichs. Für die Gravur sakraler Objekte wie Monstranzen, Patenen oder Kelche hatten Goldschmiede Stempel mit Ornamenten oder Buchstaben zu nutzen gelernt. Pressen waren in den Weinbauregionen der Pfalz und des Elsass, in denen sich Gutenberg überwiegend bewegte, bekannt und verbreitet. Das Papier, ein bereits im 1. oder 2. Jahrhundert in China erfundener Schriftträger, der durch arabische Vermittlung seit dem 11./12. Jahrhundert nach Europa vorgedrungen war, wurde seit den 1390er-Jahren in Deutschland produziert. Mitte des 15. Jahrhunderts gab es am Oberrhein und in Oberschwaben etwa zehn Papiermühlen.[2] Auch ein internationaler Papierhandel existierte bereits. Bei der Papierherstellung wurden ebenfalls Pressen verwendet, die gleichmäßigen und hohen Druck erzeugen konnten.

Im frühen 15. Jahrhundert hatte die serielle Produktion von Handschriften in professionellen Kopierwerkstätten, etwa in Florenz oder in Hagenau,[3] ein bisher unbekanntes Ausmaß erreicht. Formale Standardisierungen in Bezug auf Layout, graphische Gestaltung und Schrift sowie die Entstehung internationaler Markt- und Vertriebsstrukturen gingen damit einher. Der Holzschnitt, der ursprünglich aus Ostasien stammte, verbreitete sich in Europa seit dem frühen 15. Jahrhundert. Er fand zunächst für die serielle Herstellung von Spielkarten und Heiligenbildern Verwendung. Auch Texte wurden in Holzplatten geschnitten und zu ganzen Büchern, den «Blockbüchern»,[4] verbunden. Häufig zeichneten sich diese durch enge Text-Bild-Bezüge aus und führten die Tradition von Bilderhandschriften fort. Als mechanische Form der Herstellung identischer Texte bzw. Bilder unter der Presse und auf Papier antizipierten sie, was Gutenberg anstrebte. Dass sich ein mit Text- und Bildgravuren versehener Holzblock nur einmal verwenden ließ, markierte allerdings eine Nutzungsgrenze dieses Verfahrens und machte die Suche nach Alternativen plausibel. Die Verwendung, Umformung und Kombination der genannten Fertigkeiten, Instrumente und Dinge und ihre Verbindung mit einer *Idee* bildeten die Grundlage für jene Erfindung, die die lateineuropäische Kultur tiefgreifender und nachhaltiger prägen sollte als jede andere.

Im Kern bestand Gutenbergs Idee darin, Texte von ihren kleinsten Bestandteilen – den sechsundzwanzig Buchstaben des lateinischen Alphabets – her zu verstehen und daraus ihre serielle Reproduktion zu entwickeln. Diese Idee war ebenso elementar wie genial. Bisher war es nämlich üblich gewesen, ganze Texte als integrale Einheiten fortlaufend, verlässlich und – im Unterschied zur Praxis der monastischen Skriptorien – möglichst zügig in Unikaten zu kopieren. Dies geschah auf Bestellung oder auch auf Vorrat, gemäß dem Kalkül der teils international agierenden Schreibwerkstätten, die Sortimente anlegten und dafür zu werben begannen. Auch das europäische Universitätssystem beförderte die Entstehung der Strukturen eines funktionierenden Handschriftenmarktes. Der Buchdruck machte sich diese später zunutze. Im Unterschied zu Holzschnitt und Blockbuch konnten die gemäß Gutenbergs Idee aus Metall gegossenen Buchstaben in beliebiger Kombination für immer neue Texte verwendet und für die Reproduktion einer kaum begrenzten Menge identischer Exemplare genutzt werden. Ein Typensatz enthielt also potentiell jeden beliebigen Text.

Der vielleicht wichtigste Aspekt der Gutenberg'schen Erfindung bestand in der Entwicklung eines Gießinstruments,[5] das es möglich machte, die Typen der einzelnen Buchstaben in identischer Größe und Form herzustellen.[6] Die Metalllegierung, die dabei verwendet wurde, war vermutlich das Ergebnis längeren Experimentierens. Ihre genaue Mischung ist unbekannt. Sie dürfte aber etwa vier Fünftel Blei, ein Zehntel Antimon und zwischen 5 und 10 Prozent Zinn sowie je ein Prozent Kupfer und Eisen enthalten haben. Wichtig war, dass diese Legierung rasch erkaltete, der aufwändige Guss der Lettern also zügig erfolgen konnte. Um die Typen zu gestalten, die die Drucker in der Nachfolge Gutenbergs während des 15. und frühen 16. Jahrhunderts in der Regel selbst herstellten, wurden die Formen der Buchstaben zu-

1   *Grant danse macabre des hommes et des femmes* ..., Lyon, Matthias Huss, 1499/1500. Das französische Gedicht führt nach Ständen hierarchisch geordnete Totentänze vor, die durch Holzschnitte und Über- bzw. Unterschriften veranschaulicht werden. Im Gespräch mit dem Tod führen die Drucker ihre Verdienste um den Klerus und ihre Bedeutung bei der Verbreitung theologischer, juristischer und poetischer Texte an. Auch dem Buchhändler wird als eigener Profession das Wort gegeben.

nächst seitenverkehrt gezeichnet. Nach dieser Vorlage wurde der Buchstabe dann mit Punze und Feile aus einem erhitzten und dadurch erweichten Metallstempel herausmodelliert. Die seitenverkehrte «Patrize» wurde dann mit Druck in eine Kupferplatte geschlagen. Dieser seitenrichtige Abdruck des Buchstabenkörpers hieß «Matrize». Sie wurde nun in das Gießinstrument eingespannt; dann wurde das Gussmaterial eingefüllt. Auf diese Weise konnten beliebig viele identische Lettern gegossen werden, die seitenverkehrte Buchstaben bildeten. Ihre Abdrucke waren wiederum seitenrichtig. Die Buchstaben und die sonstigen Zeichen (Interpunktionszeichen, Klammern etc.) wurden einzeln gegossen und in Setzkästen gesammelt. Diese waren so angeordnet, dass die häufiger gebrauchten Buchstaben in Griffnähe des Setzers lagen.

Bei der Satzarbeit wurden die einzelnen Lettern in der Reihenfolge der Wörter zeilenweise auf einen Winkelhaken gesteckt. Abstände zwischen den Wörtern füllte der Setzer durch Blindmaterial auf. Die fertigen Zeilen wurden auf einem Holzbrett, dem Setzschiff, zu einem Text zusammengefügt, der entweder eine Spalte oder eine Seite ergab. Die fertige Seite wurde dann in einer rahmenden Form und mit Bändern fixiert.

Nun begann der Druckvorgang: Die gesetzte Seite wurde mittels eines Lederballens mit Druckerschwärze eingefärbt, die aus Lampenruß, Firnis und Eiweiß bestand und schnell trocknete. Der eingefärbte Satz wurde auf einem Wagen befestigt, der unter die Druckplatte, den Tiegel, geschoben werden konnte. Ein angefeuchteter Papierbogen wurde in einem beweglichen Pressdeckel mit Nadeln fixiert. Über das Papier klappte man einen dem Format des Satzes entsprechenden Rahmen, der die nicht bedruckten Ränder vor Verschmutzung schützte. Nun wurde der Wagen mit dem Satz und der Pressdeckel

mit dem Papier unter den Tiegel geschoben und dieser durch den ruckartigen Zug eines Bengels auf das Papier gedrückt. Dem Druck der ersten Seite eines noch unbedruckten Bogens, dem Schöndruck, folgte der Widerdruck auf der Rückseite. Durch die Nadelspuren im Papier konnte erreicht werden, dass beide Seiten registerhaltig, das heißt exakt übereinander gedruckt wurden. Die einzelnen Produktionsschritte des Buchdrucks hingen in starkem Maße vom Tageslicht ab. Wahrscheinlich wurde darum in den helleren Jahreszeiten mehr gedruckt als in Spätherbst und Winter. Die Grundstrukturen dieses von Gutenberg und seinen frühen Mitarbeitern entwickelten Fertigungsprozesses blieben während der Ära der Handpresse, das heißt bis ins 19. Jahrhundert hinein, erhalten.

Die Veränderungen, die das Druckwesen im 15. Jahrhundert durchlief, betrafen vor allem rationellere und kostengünstigere Verfahrensschritte. Dies galt zunächst für die Typographie. Gutenberg hatte sich für sein berühmtes «Werk der Bücher», die Bibel mit zweiundvierzig Zeilen pro Seite (B 42) in lateinischer Version, die sogenannte Vulgata, an der Ästhetik der Handschriften orientiert und diese auch in der Typographie kopiert. Die Folge war, dass er etwa besondere Schreibformen für zusammengezogene Buchstaben, sogenannte Ligaturen (*ae, ff, fl, ll, st*), die der beschleunigten Niederschrift gedient hatten, typographisch mit eigenen Zeichen wiedergab. Auch für die Symbole des höchst elaborierten Abkürzungssystems des mittelalterlichen lateinischen Schriftwesens, das etwa für Buchstabendoppelungen (*mm, nn*), Vorsilben (*pro, per, prae*), Endungen (*us, am, as*) oder kurze Wörter (*quis, quia, propter, et* usw.) besondere Zeichen kannte, fertigte Gutenberg je eigene Lettern an. Die Folge war, dass er für die B 42 insgesamt zweihundertneunzig unterschiedliche Schriftzeichen zu gießen hatte. Dass es für einen Setzer aufwändiger war, die jeweils passenden Lettern aus dieser riesigen Menge herauszusuchen, als die Texte allein aus den je sechsundzwanzig Groß- und Kleinbuchstaben des lateinischen Alphabets zu setzen, versteht sich von selbst.

Kennzeichnend für die weitere Geschichte der Typographie in der Inkunabelzeit war, dass handschriftliche Formen, die große regionale Unterschiede aufwiesen, abgelöst wurden und eine Tendenz zur Normierung und Standardisierung einsetzte.[7] In der Frühzeit des Buchdrucks waren gotische Schriftformen typographisch reproduziert worden: die *Textura* – eine den Eindruck eines Gitters erzeugende, mit eckigen Formen operierende, vor allem in Nordeuropa verbreitete Schrift, die *Rotunda* – eine breit ansetzende, rundlich wirkende, im südeuropäischen Raum dominierende Schrift, und die vor allem als französische Kanzleischrift verbreitete *Bastarda*. Diese drei gotischen Schriftarten wurden gleichermaßen für den Druck lateinischer wie volkssprachlicher Texte verwendet. Seit den 1480er-Jahren rückten die Bastardatypen dann zusehends in den Vordergrund. Zugleich wurden die vielfältigen Sonderzeichen im Interesse eines rationelleren Satzes reduziert. Gegen Ende der Inkunabelzeit trat die sogenannte *Schwabacher*, die zu den besonders gut lesbaren gotischen Schriftarten der Familie der *Bastarda* gehörte, ihren Siegeszug in ganz Europa an.

Die standardisierte und vereinfachte Typographie trug zur Reduzierung der Produktionskosten des Buchdrucks und damit zu seiner Expansion entscheidend bei. Für den Druck lateinischer Texte kam der *Antiqua* nach und nach eine ähnliche Bedeutung zu. Im Zuge der in der Renaissance üblich werdenden Orientierung an der Antike war neben der *Capitalis* die karolingische *Minuskel*, die man für römisch hielt, in den Rang einer bevorzugten Schrift gerückt. Insbesondere die berühmte Schreibschule von Florenz,[8] die bei der Verbreitung antiker Texte eine Schlüsselrolle spielte, hatte sich ihrer seit dem späteren 14. Jahrhundert bedient. Venezianische Drucker begannen in den 1470er-Jahren, die *Antiqua* zu verwenden. 1501 führte der dort ansässige Drucker Aldus Manutius, die wichtigste europäische Instanz für die Verbreitung philologisch bewährter Ausgaben der klassischen Autoren in griechischer und lateinischer Sprache, die *Antiquakursive* in den Buchdruck ein. Von hier aus setzte sie sich bald weithin erfolgreich durch. Dort, wo die *Antiqua* die Oberhand gewann, gingen die Abbreviaturen und Ligaturen nach und nach, aber konsequent dahin.

Die Nachahmung des Handschriftenstils war im Falle von Gutenbergs Meisterwerk, der B 42, so weit gegangen, dass er in Kolumnen verteilt setzte und, wie bei liturgischen Manuskripten üblich, mit recht großen Buchstaben in *Textura* druckte. Außerdem sparte er Räume für Initialen aus und ließ vergleichsweise breite Ränder. Üblicherweise wurden die einzelnen Exemplare dieses wie anderer Frühdrucke mit individuellem Buchschmuck versehen: Rubrikatoren erleichterten die Lesbarkeit, indem sie durch feine rote Linien bestimmte Namen hervorhoben oder Kapitel- und Satzanfänge kennzeichneten. Illuminatoren gestalteten die Initialen mit Bildschmuck und die Seitenränder mit Rankenwerk – je nach Geschmack und Zahlungskraft des einzelnen Kunden. Auch darin, dass Gutenberg einen Teil der Auflage der B 42, rund vierzig von insgesamt hundertachtzig geschätzten Exemplaren, auf Pergament, dem traditionell bevorzugten kostbaren Schreibmaterial des Mittelalters, drucken ließ – für jedes dieser Pergamentexemplare wurden etwa achtzig Tiere benötigt! –, setzte er die mittelalterliche Manuskriptkultur fort. Doch dies sollte sich im Laufe des späteren 15. Jahrhunderts ändern. Dadurch, dass Setzer die Zeilenzahl pro Seite erhöhten, den Satzspiegel vergrößerten oder in kleineren Typen setzten, konnte dieselbe Textmenge nach und nach auf weniger Papier untergebracht werden. Die Papierkosten machten mindestens die Hälfte der gesamten Produktionskosten aus, Satz- und Druckkosten die andere. Folglich erhöhten diese Maßnahmen zur Papierersparnis die Gewinne und trugen gegen Ende der Inkunabelzeit zur Verbilligung der Druckerzeugnisse bei. Seit dem frühen 16. Jahrhundert traten verstärkt auch unterschiedliche Qualitäts- und Kostenniveaus beim Papier auf, die für die Druckkostenkalkulation relevant wurden.

Großprojekte, Einblattdrucke, hohe Auflagen

Weitere Entwicklungen in der Gestaltung der gedruckten Bücher forcierten deren Emanzipation gegenüber der Handschrift: Durch Kapitelüberschriften und Kolumnentitel, Leerzeilen, Spatien, eingerückte Absätze und den Einsatz unterschiedlicher Typengrößen, auch durch Hervorhebungen mittels kursiv oder gesperrt gesetzter Wörter oder Sätze, durch Leserlenkung mithilfe kleiner gedruckter Hände mit Zeigefingern, auch durch die Anfügung gedruckter Marginalien mit Erläuterungen, Quellenangaben oder Kernbegriffen wurde die Gestaltung einer Seite verfeinert, ihre Übersichtlichkeit und Lesbarkeit erhöht, die Wiederauffindbarkeit bestimmter Stellen optimiert.[9]

Auch paratextuelle Elemente[10] trieben die Evolution des gedruckten Buches zu einem gegenüber der Handschrift selbständigen Medium voran: Ein separates Titelblatt mit Angaben zu Autor und Werk, das nach 1480 immer üblicher wurde, korrespondierte mit einer Ausweitung der Produktion. Nun erschien es wünschenswert, einzelne Titel auf den ersten Blick unterscheiden zu können. Die Titelblätter boten auch Raum für Druckersignets. Dabei handelt es sich um zumeist graphisch gestaltete Firmenlabels, die, anknüpfend an

2 Seit 1502 verwendete der venezianische Drucker Aldus Manutius den sich von rechts oben nach links unten um einen Anker windenden Delphin als Druckersignet. Das Bild symbolisiert das Sprichwort «Festina lente» – Eile mit Weile.

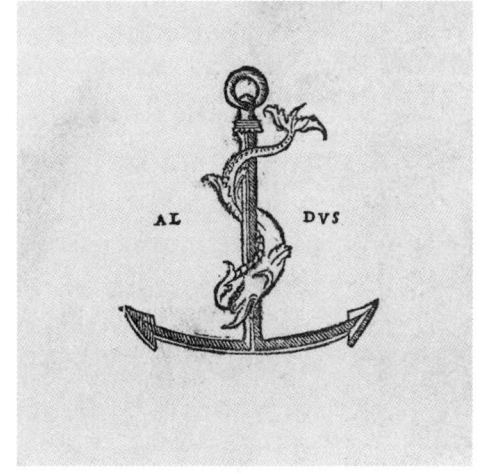

handelsgeschäftliche Warenkennzeichnungen, zu immer differenzierteren Identitätssymbolen einer Offizin, einer Druckwerkstatt, weiterentwickelt werden konnten.[11] Am Schluss des Buches wurden Kolophone üblich, summarische Angaben zu Druckort, Drucker und Datum der Drucklegung (häufig mit dem Tagesdatum der finalen Fertigstellung), die auch Werbehinweise auf andere Titel der Offizin oder sonstige Buchnachrichten enthalten konnten. Die neu aufkommenden Inhaltsverzeichnisse erleichterten den Zugriff auf das Buch, ermöglichten raschere Übersicht und verbesserten die Wiederauffindbarkeit. Sie korrespondierten mit einem Leserverhalten, das von immer schnelleren Zugriffen auf immer größere Mengen verfügbarer Texte bestimmt war. Ähnliche Funktionen der Texterschließung und der beschleunigten Nutzung hatten Register, teils auch Blatt-, Bogen- oder Seitenzählungen. Insbesondere bei wissenschaftlichen Werken dienten diese dazu, Zusammenhänge leichter zu erfassen und bestimmte Themen eigenständig zu strukturieren. Manche zeitgenössischen Leser erweiterten die Register um eigene Einträge.

Lesespuren in Büchern konnten den Charakter fortschreibender Kommentierungen annehmen und auf spätere Nutzer abzielen. Widmungsvorreden und Dedikationsgedichte, die den gedruckten

> Pñs hoc opus p̄clariſſimū· Alma in vrbe
> magūtina· inclite nationis germanice quā
> dei cleméūa· tam alti ingenij lumme· dono:
> q̄ gratuito· ceteris terraʀ̃ nacōmbꝰ p̄fer:
> re· illuſtrareq̄ʒ dignata ē· Artificioſa qua:
> dam adinuencōe imprimédi ſeu caracteri:
> ʒādi abſq̄ʒ ulla calami exaracōne ſic effigi:
> atū· et ad euſebiam dei· induſtrie coſumatū
> p̄ Petrū ſchoiffer de gernſlxʒ· Anno dñice
> incarnacōis O̊)illeſimo q̄dring ētesimo ſep:
> tuageſimo secūdo· Jn vigilia Mathie apli·

3   Druckermarke Johann Fust und Peter Schöffer. Die in dem 48-zeiligen Mainzer Vulgatadruck von 1462 verwendete Druckermarke gilt als die erste überhaupt. Sie stellt ein an einem Baumast aufgehängtes Schild mit den griechischen Großbuchstaben X (Chi) und Λ (Lambda) dar, die als «Christus» und «Logos» gedeutet werden. In ihrer Erstverwendung besiegelte die Marke den Abschluss der Druckarbeiten am 14. 8. 1462.

Büchern nun vermehrt beigegeben wurden, erleichterten deren Integration in ein soziokulturelles Milieu, stifteten oder stabilisierten Beziehungen zwischen Autoren, Herausgebern, Druckern und hochgestellten Persönlichkeiten und konnten – etwa durch Zuschüsse – der Finanzierung eines Druckwerks dienen. Die genannten paratextuellen Elemente waren auch der wachsenden Konkurrenz zwischen den Buchdruckern geschuldet, denn sie sollten die Attraktivität des je eigenen Produkts steigern.

Im Laufe des 15. Jahrhunderts wurden einige drucktechnische Optimierungen entwickelt. Sie gingen vor allem von Gutenbergs engstem Mitarbeiter Peter Schöffer[12] aus. Der aus Gernsheim stammende Bauernsohn hatte in Erfurt studiert und war an der Sorbonne als Schreiber tätig gewesen, brachte also gelehrtes Wissen, Kenntnisse der Handschriftenherstellung und -vermarktung und gewiss auch der Metallverarbeitung ein. Mit dem *Psalterium Moguntinum*, einem liturgischen Prachtdruck des Psalters von 1457, gelang Schöffer und Johann Fust, mit dem zusammen er 1455 Gutenbergs Werkstatt infolge eines Rechtsstreites wegen nicht zurückgezahlter Schulden übernommen hatte, der erste Mehrfarbendruck: Einzelne Großbuchstaben zu Beginn der Sätze wurden in Rotdruck abgesetzt, in Metall geschnittene Initiale mit typographischem Zierrat in Rot und Blau. Der erste Kolophon der Druckgeschichte war am Schluss des Werkes zu lesen und verriet den Stolz des Gutenbergs Leistungen überbietenden Konsortiums Schöffer-Fust:

> Vorliegendes Psalmenbuch [...] wurde durch die kunstvolle Erfindung des Druckens und Buchstabenformens ohne jede Anwendung eines Schreibrohres gestaltet und zum Preise Gottes mit solcher Sorgfalt fertiggestellt durch Johannes Fust, Bürger zu Mainz, und Peter Schöffer aus Gernsheim im Jahr des Herrn 1457, am Vortag von Mariae Himmelfahrt [14.8.].[13]

Schöffer war es auch, der die Verwendung von Illustrationen im Buchdruck revolutionierte. In einem lateinischen Heilkundebuch, dem *Herbarius* von 1484,[14] druckte er hundertfünfzig Holzschnitte ab, die überwiegend heimische Kräuter zeigten. Den einfachen Konturen-Holzschnitten, die zur Nachkolorierung geeignet waren, hatten wohl gepresste Pflanzen zugrunde gelegen. Die klar regulierten Text-Bild-Relationen sprechen für eine gut abgestimmte Herstellungsweise. Die visuelle Orientierung, die das Buch bot, steigerte seinen Nutzen.

Dass es dem Buchdruck zwischen 1450 und 1500 gelang, breitere, vor allem stadtbürgerliche Käuferschichten anzusprechen, effizientere Marktstrukturen aufzubauen, sich ökonomisch zu stabilisieren und kulturell durchzusetzen, wird einerseits an der Diversifikation der gedruckten Titel, andererseits an der Erhöhung der Auflagen deutlich. Für die Zeit der frühen Wiegendrucke geht man bei umfänglicheren Büchern meist von einer Auflagenhöhe von 100 bis 200 Exemplaren aus. Aus einem Briefwechsel Papst Sixtus' IV., der 1472 gebeten wurde, in Rom tätige Buchdrucker beim Verkauf einiger Titel zu unterstützen, die sie mit einer Auflage von 275 Exemplaren gedruckt hatten, geht hervor, wie unsicher die Absatzchancen bisweilen sein konnten. Bis etwa 1480 geht die Forschung von durchschnittlich 200 bis 300 Exemplaren pro Titel aus. Nach 1480 stiegen die Auflagen dann auf 400 bis 500 an, in den 1490er-Jahren gelegentlich sogar auf 1000 und mehr. In Italien sollen die Auflagen tendenziell höher gewesen sein als in Deutschland, wohl eine Folge der dichteren Urbanisierung und intensiveren Literarisierung. Bei gemeinschaftlichen Druckaufträgen, wie sie beispielsweise die Bursfelder Kongregation – ein Zusammenschluss reformwilliger Benediktinerkonvente – auf den Weg brachte, konnten auch im Reich höhere Auflagen erreicht werden. Eine Sammlung geistlicher Übungen, die von jedem Mitglied der Bursfelder Vereinigung praktiziert werden sollten, sowie eine Anleitung des Johannes Trithemius für die monastische Lebensführung wurden 1497 und 1498 in einer Auflage von je 1000 Exemplaren gedruckt.[15] Für Heiligenpredigten des italienischen Bischofs Robertus Caracciolus im Jahre 1489 ist eine Auflagenhöhe von 2000 belegt. Ein venezianischer Druck der Dekretalen Gregors X. brachte es 1491 sogar auf 2300 Exemplare.[16] Bei der *Schedelschen Weltchronik*, wegen ihrer reichhaltigen Bildausstattung eines der spektakulärsten Druckprojekte der Inkunabelzeit, wird mit etwa 1300 lateinischen und 600 bis 700 deutschen Exemplaren gerechnet.[17]

An wiederholten Auflagen desselben Textes kann man erkennen, dass die Befürchtung, in unverkauften gedruckten Bögen Kapital zu binden, zunächst groß war. Der in Venedig tätige Buchdrucker Johannes de Spira (Johann von Speyer) etwa stellte 1469 einen Druck von Ciceros *Epistolae familiares* zunächst in einer Auflage von 100 Exemplaren her, im selben Jahr folgte noch eine weitere in Höhe von

300 Exemplaren.[18] Durch höhere Auflagen ließen sich die Gewinne substanziell steigern, da keine neuerlichen Satzkosten, die etwa ein Viertel der Gesamtkosten eines Druckes ausmachten, entstanden. Wenn man etwa die Herstellung eines Druckwerks in 500 Exemplaren mit rund 450 Gulden kalkulierte, dann entfiel mehr als die Hälfte der Aufwendungen (etwa 250 Gulden) auf das Papier, entsprechend 100 Gulden auf den Satz einschließlich Korrektur und dieselbe Summe auf den Druck inklusive Druckerschwärze etc. Der Gewinn war bei einem Verkaufspreis von einem Gulden pro Druckwerk mit circa 50 Gulden anzusetzen, entsprach also einem Neuntel der Gesamtkosten. Bei einer Verdoppelung der Auflage auf 1000 Exemplare beliefen sich die Kosten entsprechend auf 800 Gulden (500 für Papier, wieder 100 für den Satz, dazu 200 für die Herstellung des Drucks), wodurch sich die Gewinnspanne, wieder bei einem Exemplarpreis von einem Gulden, auf 200 Gulden und damit ein Viertel der Gesamtkosten steigern ließ.[19] Die größeren Investitionsrisiken, die sich aus einer höheren Auflage ergaben, korrespondierten also mit der Aussicht auf höhere Gewinne. Der Buchdruck bildet ein Paradebeispiel für die Mechanismen der frühkapitalistischen Ökonomie.

Bereits für Gutenbergs eigene Produktionspraxis war charakteristisch, dass er neben den aufwändigen Großprojekten – außer der B 42 das 1460 fertiggestellte *Catholicon*, ein nicht zuletzt der Bibelauslegung dienendes lateinisches Lexikon des Dominikaners Johannes Balbus, ein *Psalterium cum canticis*, vielleicht die sechsunddreißigzeilige Vulgata[20] – vor allem Kleinst-, zum Teil Einblattdrucke herstellte: Ablassbriefe, den Türkenkalender *Eine Mahnung wider die Türken*, Bullen, die zum Türkenkreuzzug aufriefen, apokalyptische Weisungen,[21] auch den *Cisiojanus deutsch* – ein Merkgedicht für die unbeweglichen Festtage des Kirchenjahrs, das nach dem eröffnenden Hexameter für die Beschneidung Jesu (*Circumcisio domini*, 1.Jan.)[22] benannt ist. Gutenberg druckte auch Traktate mit wenigen Dutzend Seiten Umfang.[23] Diese einkömmlichen «Brotdrucke» in höherer Auflage erforderten geringe finanzielle Vorlagen und sicherten raschere Renditen, als dies bei den Großprojekten der Fall war.

4 Paulinus Chappe, *Ablassbrief zum Besten des Kampfes gegen die Türken und die Verteidigung Zyperns*, Mainz, Joh. Gutenberg, 1454. Dies ist der erste bekannte Druck eines Ablassbriefes, der bereits die für die Gattung typischen Merkmale aufweist: die an Urkunden orientierte Form; Aussparungen, die auf den Ablassbrieferwerber bezogene Einträge ermöglichen; amtliche Beglaubigung durch Unterschrift oder Siegel. Das Dokument steht für den Beginn des «Brotdrucks», d. h. der Herstellung von vergleichsweise wenig aufwändigen, massenhaft herstellbaren Druckerzeugnissen, an denen der Drucker gut verdiente.

Die nach der Belagerung und Eroberung Konstantinopels durch die Osmanen (6. April bis 29. Mai 1453) gesteigerte «Türkenfurcht» im sogenannten Abendland[24] stimulierte den Vertrieb von Ablassbriefen und Ähnlichem: Wer die Planungen für einen Kreuzzug gegen die Türken auch finanziell unterstützte, konnte einer vollständigen Sündenvergebung sicher sein. Der sogenannte Türkenkalender *Eine Mahnung der Christenheit wider die Türken* von Ende Dezember 1454 kann als erste Flug- oder Gelegenheitsschrift des Druckzeitalters gelten; ihr thematischer Bezug zur Türkenthematik ist keineswegs zufällig. Die aus sechs Blättern bestehende Schrift, die im Durchgang durch die zwölf Monate des Jahres den Papst, den Kaiser, die Könige Europas, das Reich, die Reichsstädte und die ganze Christenheit auffordert, sich gegen die Türken zu erheben, agitiert kämpferisch:

> Allmechtig könig in himmels tron [/] Der uff ertrich ein dorne crone […] Hilff uns vorbas in allen stunden widder unser fynde durcken unn heiden [/] Mache en yren bosen gewalt leiden [/] Den sie zu constantinopel in kriechen lant [/] An manchen cristen mentschen begangen hant.[25]

Die gefühlte Bedrohung aus dem Osten fachte den Einsatz der typographischen Reproduktionstechnologie kräftig an.

In den kommenden Jahrzehnten verstärkten sich der mit der Türkenabwehr vielfach verbundene Ablassvertrieb und die Expansion des Druckwesens wechselseitig: Große Ablasskampagnen, wie sie etwa der französische Kardinal Raimund Peraudi konzipiert und in weiten Teilen Europas propagiert hatte,[26] setzten eine starke Nach-

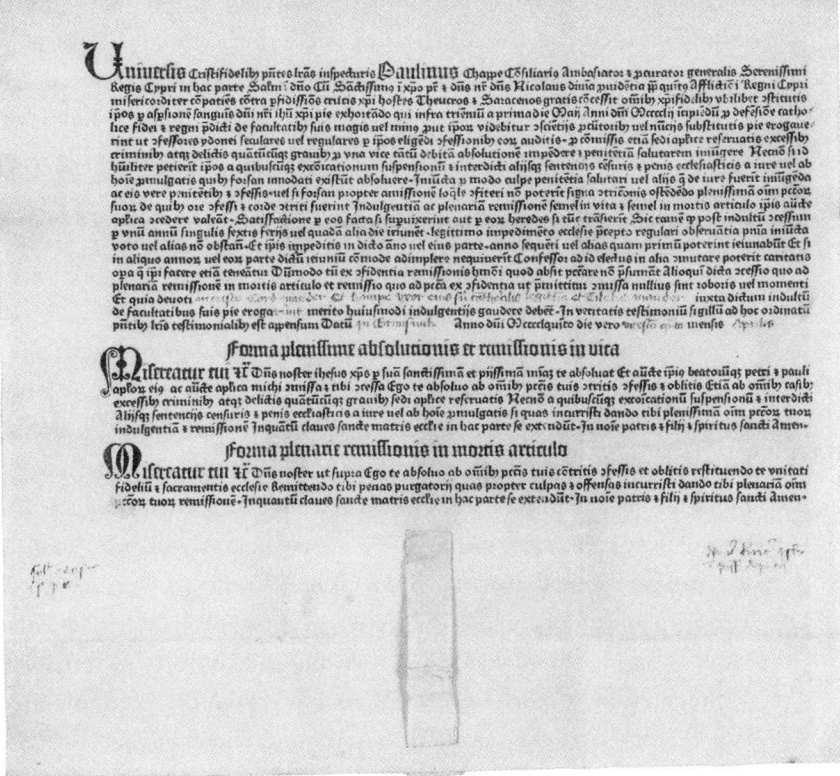

frage nach Druckaufträgen in Gang: Ablassbriefe, päpstliche Bullen, Summarien und Instruktionen in kürzeren und längeren, lateinischen oder volkssprachlichen Versionen, Werbeplakate und anderes mehr wurden benötigt. In einigen Fällen ist die Auflagenhöhe der entsprechenden Erzeugnisse dokumentiert: Im Jahre 1452 sollen in Frankfurt am Main zweitausend in Mainz gedruckte Ablassbriefe verkauft worden sein; für 1480 ist bezeugt, dass ein Beichtbrief in zwanzigtausend Exemplaren gedruckt worden war, und für das Benediktinerkloster im katalanischen Montserrat soll in den Jahren 1499/1500 die gigantische Menge von hundertneunzigtausend Ablassbriefen hergestellt worden sein.[27] Der Ablassvertrieb brachte den

Buchdruck in Schwung und förderte den Ausbau einer typographischen Infrastruktur. Der Buchdruck wiederum ermöglichte es, wirksame Werbemaßnahmen für die Ablasskampagnen zu starten. Die landauf, landab in verschiedenen europäischen Ländern nach demselben Muster durchgeführten Ablasskampagnen trugen das Ihre zur Ausbreitung des Buchdrucks und zur kulturellen Integration Lateineuropas bei. Unter den Einblattdrucken machten die auf den Ablass bezogenen gewiss den größten Anteil aus, wohl mehr als die Hälfte des gesamten bekannten Materials.

Ansonsten spielten Blätter mit Heiligen- und Christusbildern und entsprechenden Texten eine Rolle. Vermutlich standen sie in einem engeren Zusammenhang mit frömmigkeitsgeschichtlichen Entwicklungstrends. Einerseits entsprachen sie, andererseits befriedigten und beförderten sie individualisierende Tendenzen. Der einzelne Christenmensch hatte nun «seinen» Heiligen, seinen Heiland visuell im eigenen Heim verfügbar. Auch Wandkalender mit astrologisch-medizinisch-naturkundlichem Wissen, etwa zu geeigneten Zeiten des Aderlassens oder der Aussaat, wurden gern auf Einblattdrucken vertrieben. Weltliche und geistliche Obrigkeiten entdeckten das Medium ebenfalls für ihre Zwecke. Amtliche Verordnungen der Fürsten, Bischöfe oder städtischen Magistrate wurden auf Einblattdrucken verbreitet, die man an Rathäusern, Kirchen, Schulen und Universitäten oder sonstigen öffentlichen Orten aushängte. Das Printmedium hatte seinen Anteil an der Durchsetzung, Verdichtung und Ausweitung von Staatlichkeit und obrigkeitlicher Disziplinierung, die vor allem das 16. Jahrhundert prägen sollte.

Zeitungen, Sensationsmeldungen, Fake News

Das neue Medium, das rasch in weiten Teilen des Kontinents heimisch wurde, trug zur Entwicklung eines gemeinsamen kulturellen Kommunikations- und Erfahrungsraumes bei. Dies geschah auch, verstärkt gegen Ende des Jahrhunderts, durch nun aufkommende «neue Zeitungen», die Sensationsmitteilungen über Naturereignisse, militärische Vorgänge oder geographische Entdeckungen enthielten und in Form von Kleindrucken in verschiedenen Ländern und Sprachen verbreitet wurden. Mittels reißerisch gestalteter Einblattdrucke, die häufig sprechende Illustrationen enthielten, wurde über aufregende Neuheiten berichtet. So verbreitete Sebastian Brant die Kunde von einem über 200 Pfund schweren «Donnerstein», einem Meteoriten, der am 7. November 1492 in der Nähe des elsässischen Ensisheim eingeschlagen war.[28] Das auf Deutsch und Latein abgefasste Flugblatt gilt als ältester Augenzeugenbericht eines solchen Ereignisses. Der deutsche Text interpretierte den «Donnerstein» als Zeichen drohenden Unheils für Franzosen und Burgunder und appellierte an Kaiser Maximilian, sich in diesem Sinne militärisch zu engagieren. Einblattdrucke konnten aber auch für andere Neuigkeiten eingesetzt werden, etwa zur Warnung vor falschen Münzen. 1482 waren solche von den Niederlanden aus in Umlauf gekommen. In Göttingen hatte man etliche Falschmünzer hingerichtet. Dass Einblattdrucke zu dieser Affäre, teils in mehreren Auflagen, in Augsburg, Magdeburg, München, Nürnberg, Reutlingen, Ulm und Zürich erschienen,[29] verdeutlicht, dass der Buchdruck – ähnlich den Ablasskampagnen – zur Entstehung regional entgrenzter Kommunikationsräume beitrug.

Neuigkeiten besonderer Art enthielt der Brief des Christoph Kolumbus an König Ferdinand von Aragon über die neu gefundenen «indischen» Inseln. Er war 1493 auf Spanisch erschienen, noch im selben Jahr in Rom, Paris, Antwerpen und Basel auf Latein und 1497 in Straßburg auf Deutsch herausgekommen.[30] Dieser publizistische Lauf mag verdeutlichen, welche Rolle das Printmedium dabei spielen konnte, elementare Sachverhalte weithin bekannt zu machen, die nach und nach auch das Selbstverständnis des Kontinents verändern sollten. Wissens- und Deutungsmomente, etwa dass die Bewohner der neu entdeckten Inseln «nackend gont wie sie geborn werdent» oder dass man ihnen am besten «tusenterley guter ding» schenke, damit sie «ein liebe gewinn[en] christen zu werden»,[31] konnten weiten Teilen eines lesekundigen Europa auf diesem publizistischen Wege imple-

5 Amerigo Vespucci, *Das sind die new gefunden menschen* ... Nürnberg, Stuchs, um 1505. Vespuccis zunächst auf Italienisch, dann auf Latein erschienener Entdeckungsbericht machte in ganz Europa Furore. Das illustrierte Flugblatt begründete Wahrnehmungsmuster der wilden Fremden, die das Verhältnis der Europäer zu den indigenen Völkern Amerikas nachhaltig beeinflussen sollten.

mentiert werden. Knapp zehn Jahre nach Kolumbus machten dann die Briefe des Amerigo Vespucci Furore. Entscheidend wurde nun, dass der Florentiner Entdecker plausibel machen konnte, dass es sich bei den «neuen Inseln» nicht um Indien, sondern um bisher unbekannte Welten handelte. Einer Veröffentlichung in Paris 1503 folgten schon 1504 Drucke in Venedig, Augsburg und Rom sowie fünfundzwanzig weitere Ausgaben in den folgenden beiden Jahren, davon achtzehn im deutschen Sprachgebiet.

Nicht zuletzt der Wucht des publizistischen Echos war es zuzuschreiben, dass die humanistischen Gelehrten Martin Waldseemüller und Mathias Ringmann in ihrer *Cosmographiae introductio* (1507) den neuen Kontinent nach ihm als «*America*»[32] bezeichneten.

Vespucci teilte ethnographische Beobachtungen mit, die sich im wirkungsreichen Bild eines ordnungsfreien, dem Naturrecht widerstreitenden, von zügelloser Lust bestimmten «Epikuräismus» der Wilden verdichteten:

> Sie haben kein thuech noch deck / weder leinen noch baumwollen / dan sie es nit bedürffen unn haben kein aygen gut. Sunder alle ding seind under jnen gemein / sie haben auch keinen künig oder regierer. Sunder ein yeder ist im selbs ein herr / sovil weiber nehmen sie so vil sie wöllen / unn die sun mit der mutter / unn der bruder mit der schwester [...]. Und vereinigen sich als dick als sie wöllen / scheiden sie die ee unn hallten gantz kein ordenung / darum haben sie auch keinen tempel unn halten kein gesetz [...] sie leben nach der natur dz sie wol Epicuri bauchfuller genant werden mügen [...].[33]

Durch den Buchdruck entfalteten auch Deutungsstereotype, Ressentiments, Zerrbilder sowie Hate Speech und Fake News eine europaweite Verbreitung und globalgeschichtliche Wirkungen.

Ein expansives Gewerbe

Das sind die newen gefundt menschen oß volcker Ju form vñ gestalt Als sie hie stend durch dẽ Cristenlichen
Künig von Portugall gar wunderbarlich erfunden.

Ein expansives Gewerbe

Ausgehend von Mainz, wo zunächst Johannes Gutenberg (gest. 1468), dann ab 1457 sein ehemaliger Kompagnon Johannes Fust und sein erfinderischer Geselle Peter Schöffer die erste Buchdruckoffizin im Haus «zum Humbrecht» betrieben, erreichte die neue Kunst innerhalb weniger Jahre Bamberg und Straßburg (1459/60), Köln (1464), Subiaco (1465) und Rom (1466/67), Basel (1467), Augsburg (1468) und Venedig (1469). In einigen Fällen sind direkte personelle Verbindungen dieser Start up-Unternehmen zu Gutenberg, Fust und Schöffer nachweisbar. Das noch auf lange Zeit zunftfreie Buchdruckgewerbe gab die für einen Werkstattbetrieb erforderlichen, höchst komplexen Kenntnisse in unregulierter Form an Mitarbeiter weiter, die sich dann andernorts um Neugründungen bemühten. In den 1460er-Jahren lassen sich in 14 Städten Druckereien nachweisen. Im folgenden Jahrzehnt beschleunigte sich die Ausbreitung erheblich. Bis 1479 waren bereits in 104 europäischen Städten Druckbetriebe ansäs-

Die Druckorte des 15. Jahrhunderts nach dem «Gesamtverzeichnis der Wiegendrucke». Die Konzentration der Druckereien korrespondiert mit den ökonomischen Aktions- und Prosperitätszonen des späten Mittelalters, die sich zwischen den Niederlanden, Burgund, Oberdeutschland und Norditalien erstreckten.

sig, darunter Nürnberg, Paris, Mailand, Florenz, Utrecht, Valencia, Breslau, Lübeck, Brüssel, Krakau, Pilsen und London. Bis zum Ende des 15. Jahrhunderts gab es etwa 260 Druckstädte in Europa, von denen 80 in Italien lagen, 62 im deutschen Sprachgebiet, 45 in Frankreich, 24 in Spanien, 21 in den Niederlanden – darunter 7 im heutigen Belgien, 6 in Portugal und 4 in England. In Böhmen, Schweden, Dänemark, Polen, Ungarn, Dalmatien und Montenegro gab es vereinzelt Druckereien. Eine Übersicht über die geographische Verteilung der Offizinen ergibt, dass sie in ihrer weit überwiegenden Mehrheit in der wirtschaftlichen Prosperitätszone zwischen Norditalien und den nördlichen Niederlanden bzw. Südengland angesiedelt und in Handels- und Universitätsstädten besonders stabil waren. Offizinen im Besitz kirchlicher oder weltlicher Obrigkeiten waren im Ganzen kurzlebige Erscheinungen, deren Kosten den Nutzen deutlich überstiegen. In der Regel boten lukrative Druckaufträge hoher Herren hinreichende Einflussmöglichkeiten auf Drucker, die sich ja auch gegenüber ihrer stetig wachsenden Konkurrenz behaupten mussten. Universitätsdrucker standen gelegentlich in Dienstverhältnissen bei den landesherrlichen Trägern der hohen Schulen und waren deshalb in ihren wirtschaftlichen Risiken abgesichert.

Hinsichtlich der Produktionsintensität lässt sich im Verlauf der fünf Jahrzehnte der Inkunabelzeit eine rasante Steigerung erkennen. Waren in den 1460er-Jahren insgesamt 1500 Inkunabeln gedruckt worden, was circa 6 Prozent der Gesamtproduktion des 15. Jahrhunderts entsprach, so stieg deren Summe in den 1470er-Jahren auf etwa 7000 Drucke (circa 25 Prozent) an. Die 1480er-Jahre gelten als «Beginn der Massenproduktion des gedruckten Buchs und das Ende der mittelalterlichen Form der Textüberlieferung».[34] In dieser Zeit verringerten sich auch die Buchpreise. Der Anteil der volkssprachlichen Titel stieg deutlich an. Das Buch drang weiter in die städtischen Mittelstands-

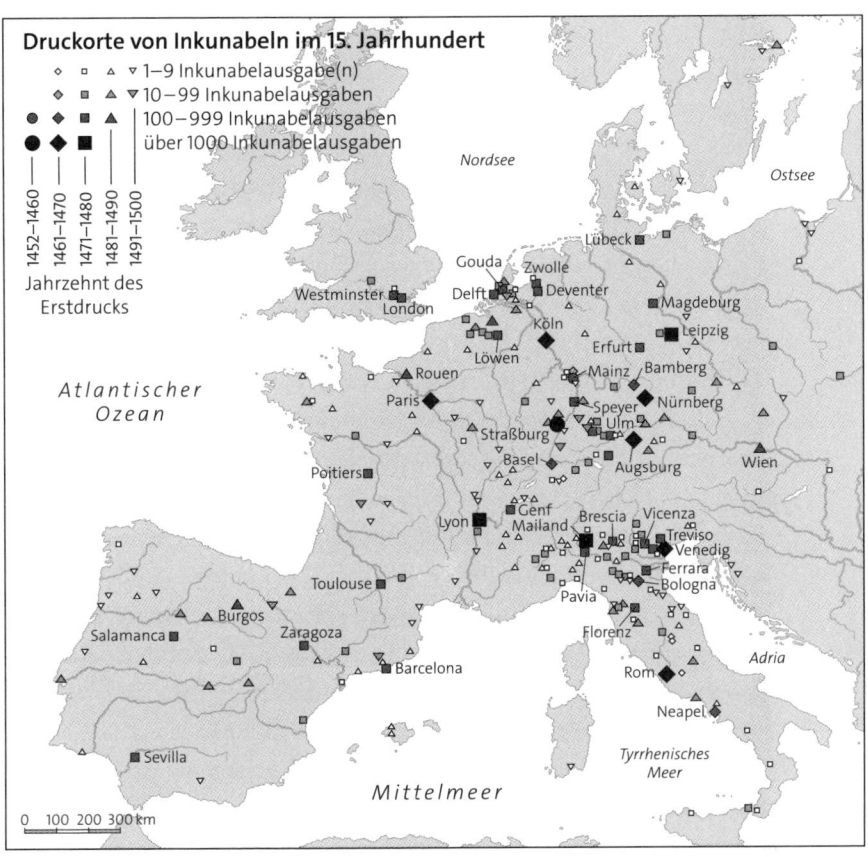

gesellschaften vor. In der Inkunabelzeit wurden etwa 28 000 unterschiedliche Drucke in ganz Europa hergestellt, von denen jeweils etwa ein Drittel in Italien (36,4 Prozent) und im deutschsprachigen Raum (33,6 Prozent) herauskam; auf Frankreich entfielen 17,5, auf die Niederlande 7,4, auf England 1,4 und auf die Iberische Halbinsel 3,7 Prozent.[35] Etwa 20 000 Inkunabeln waren in Latein abgefasst; unter den nationalsprachlichen Drucken stachen die italienischen mit ca. 2300 und die deutschen mit etwa 2500 Ausgaben hervor; an französischen waren es 1500, an englischen 231, an hebräischen 150.

Die produktivsten Druckorte des 15. Jahrhunderts waren die großen Handels- und Kulturmetropolen Venedig (3705 Inkunabeldrucke),

Paris (3026) und Rom (2021). Unter den deutschen Druckerstädten rangierten Köln (1531), Leipzig (1210), Straßburg (1121) und Augsburg (1073) vor Nürnberg (926) und Basel (764). Die polyzentrische Struktur der politischen und kulturellen Verhältnisse im Heiligen Römischen Reich Deutscher Nation beförderte also auch eine typographische Infrastruktur, die durch eine ganze Reihe mittelgroßer Druckzentren, nicht aber – wie in Italien und Frankreich – durch einige wenige Druckmetropolen geprägt war. Bereits im 15. Jahrhundert wurde Augsburg der wichtigste Druckort für deutschsprachige Texte – eine Tendenz, die noch in der Reformationszeit anhielt.

Seit den 1470er- und 1480er-Jahren kann man von relativ stabilen internationalen Handels- und Vertriebsstrukturen des Buchmarkts ausgehen. Dabei spielten die Messen eine Schlüsselrolle. Unter ihnen ragte die im Frühjahr und im Herbst stattfindende Messe in Frankfurt am Main hervor, die seit dem frühen 13. Jahrhundert – das älteste Privileg stammt von 1219 – bezeugt ist. Hier kamen mehrere Handelsrouten zusammen, die nord-südlichen zwischen den Niederlanden und Italien, die west-östlichen, die Frankreich, das Reich und Osteuropa verbanden, dazu eine dem Rhein zufließende große Wasserstraße, der Main. Die Buchdrucker produzierten vielfach auf die Frankfurter Messetermine hin, brachten große Teile ihrer Produktion dorthin mit, verkauften sie weiter oder tauschten sie gegen die Druckerzeugnisse ihrer Kollegen. In der Inkunabelzeit lagen das Verlagswesen, das heißt das wirtschaftliche Risiko des Buchdrucks, die Buchherstellung und der Buchhandel, vielfach in denselben Händen. Für Autoren und gelehrte Käufer bildeten die Frankfurter Messen wichtige Anziehungspunkte, denn nirgendwo sonst konnte man so umfassende Übersichten über Neuerscheinungen des europäischen Buchmarktes gewinnen und Kontakte zu möglichen Herstellern eigener Bücher aufbauen. Der konstant hohe Anteil der lateinischen Titel unter den hier gehandelten Büchern entsprach der Bedeutung dieser Messe für den gesamten internationalen Buchmarkt.[36]

Begeisterung und Skepsis, Zensur und nationaler Stolz

Dass das mit beweglichen Metalllettern gedruckte Buch um 1480 über die Handschrift zu siegen begann und nun auch einzelne zunächst aus der Handschriftenkultur übernommene Besonderheiten abstreifte, bedeutete keineswegs, dass es nicht auch skeptische Stimmen auf sich zog. Der Gelehrte Johannes Trithemius etwa, Abt der Benediktinerabtei Sponheim und später des Schottenklosters in Würzburg, stellte 1494 in einer dem «Lob der Skriptoren» gewidmeten Schrift heraus, dass die monastischen Schreiber die eigentliche Stütze der christlich-biblischen Kultur bildeten. Das Druckwesen sei eine «papierene Sache» (res papirea). Ein Schreiber, der Pergament benutze, mache dagegen einen Text und sich selbst unsterblich. Denn er «bereichere die Kirche, bewahre den Glauben, zerstöre Häresien, bekämpfe Sünden und schaffe Anreize für Tugenden».[37] Bei auf Papier gedruckten Büchern rechnete der Abt mit einer Lebenszeit von höchstens zweihundert Jahren, bei Pergamentkodices mit einer von tausend.[38] Außerdem sei die Sorgfalt der Schreiber in aller Regel viel größer als die der Setzer. Die Kurzlebigkeit der gedruckten Bücher, so unterstellte er, werde zu einer einseitigen Orientierung an der Gegenwart führen. Niemals, so war sich Trithemius 1494 gewiss, werde man gedruckte Bücher auf dieselbe Stufe stellen wie geschriebene. Auch vom Herzog von Urbino, Federico von Montefeltro, ist bezeugt, dass er sich geschämt habe, seiner Bibliothek gedruckte Bücher einzufügen.[39] Solche Urteile konnten sich allerdings durch die vermehrten Erfahrungen mit dem gedruckten Buch ändern. So bekannte Trithemius 1506 in einem Brief an seinen Bruder, dass man für die Erfindung des Buchdrucks dankbar sein müsse, denn viele gelehrte Werke aus alter und neuer Zeit würden so bekannt und könnten mit geringem Geldaufwand erworben werden.[40]

Das Problem, dass durch den Buchdruck Fehler dramatisch vervielfältigt würden, führten Kritiker, aber auch Befürworter der neuen Technologie an – Letztere in der Absicht, die besondere Bedeutung eines sorgfältigen Vorgehens einzuschärfen. Ein mit dem Beruf des Kopisten vertrauter Drucker wie Peter Schöffer d. Ä. warb selbstbewusst damit, dass seine Textausgaben mit peinlicher Akribie und unter größtem geistigem und körperlichem Einsatz hergestellt würden.[41] Wenn auch ein enthusiastischer Editor und Publizist wie Erasmus von Rotterdam offen ansprach, dass früher ein einzelner Schreibfehler in *einem* handschriftlichen Exemplar wirksam geworden sei, ein Setzfehler heute aber in *tausend* Exemplaren verbreitet werde, dann wollte er vor allem herausstellen, wie verantwortungsbewusst, behutsam und gewissenhaft er selbst und sein Drucker agierten. Überhaupt sei bei den neutestamentlichen Textüberlieferungen noch längst nicht jene Sorgfalt erreicht, die bei den hebräischen Texten des Alten Testaments selbstverständlich sei.[42] Die Chancen und Herausforderungen des Buchdrucks forderten und förderten jene philologische Akuratesse, deren Entwicklung ein Herzensanliegen vieler Humanisten war.

Die Meinung, dass die Menschen vor Gutenbergs Erfindung gelehrter gewesen seien als jetzt, da sie gezwungen waren, zentrale Texte verschiedener Fachgebiete abzuschreiben, finden wir bei Printing Natives wie Philipp Melanchthon oder Andreas Osiander. Außerdem führe die durch den Buchdruck stimulierte Vielschreiberei dazu, dass substantielle Texte wie die Bibel vergessen würden.[43] Solche Urteile kursierten bereits seit der Frühzeit des Buchdrucks. Sie verdeutlichen, dass Kulturpessimismus oder doch ein Bewusstsein der Ambivalenzen als integrales Moment der ersten Medien- und Kulturrevolution zu gelten hat.

Ein verbreiteter Topos war und blieb, dass es sich bei der neuartigen Methode der Textreproduktion «ohne die Hilfe eines menschlichen Schreibrohres, eines Griffels oder einer Feder», die dank des «wunderbaren Zusammenspiels» von «Druckstempeln und Typen» funktioniere – so in der Kolophon des *Catholicon* von 1460 –, um ein «Gottesgeschenk» (*dei ... donum*)[44] handle, dessen höchster Zweck in der Verkündigung der Ehre Gottes bestehe. In einer gedruckten *Kölner Chronick* aus dem Jahr 1499 wurde die Frage aufgeworfen «Wanne. Wae. Innd durch wen ... dye unyssprechlich kunst boicher tzo drucken» «vonden», also: erfunden, worden sei. Für den Kölner Chronisten war klar, dass «der ewige got uyss synte unuyssgruntliche wijßheit […] die lousesam kunst / dat men nu boicher druckt» «uperweckt» habe. Was die Erfindung vor allem preiswürdig mache, sei, «dat eyn yeder mynsch mach den wech der selicheit selffs lesen off hoeren lesen».[45] Der Hinweis auf das «Lesen hören» spielte auf die zeitgenössische Sitte des lauten, sozial eingebetteten Lesens als üblicher Praxis an. Welche ungeheuerliche Sprengkraft darin liegen mochte, dass die «Gottesgabe» des Buchdrucks jedem Einzelnen unabhängig von der heilsvermittelnden Institution der Kirche den «Weg der Seligkeit» eröffnen konnte, sollte sich erst allmählich, nicht zuletzt in der Reformation zeigen.

Dass der Buchdruck entscheidend dazu beitrage, dass «in kurczen jaren / Die christlich ler / So weiten wer / In alle welt entsprungen», die neue Technologie also die christliche Lehre in kurzer Zeit in alle Welt verbreite, war schon im späten 15. und frühen 16. Jahrhundert eine Überzeugung, die vielfach belegt ist, etwa in dem hier zitierten, auf 1475 anzusetzenden Hohelied über den Buchdruck.[46] Für den Priester, Lehrer und humanistischen Kirchenväterexegeten Jakob Wimpfeling – so in einer nur fragmentarisch überlieferten Schrift über die Druckkunst von 1507 – waren diejenigen, die sich des Buchdrucks bedienten, «Herolde des Evangeliums, Prediger der Wahrheit und Wissenschaft», die jetzt aus Deutschland hinaus zögen «wie ehemals die Sendboten des Christentums».[47]

Doch man erkannte auch früh Gefahren, die der Kirche drohen mochten, da der Buchdruck nun auch die Verbreitung devianter Ideen erleichterte. In einem wohl in die 1480er-Jahre zu datierenden anonymen theologischen Gutachten, das in der Bibliothek des Nürnberger Arztes Hartmann Schedel überliefert worden ist,[48] werden die Risiken benannt, die sich ergeben könnten, wenn Buchdrucker irrige oder häretische Meinungen massenhaft verbreiteten und sich das Gift der Aberration über die ganze Kirche ergösse. Diese Gefahr sei besonders groß, wenn theologische Texte in die Volkssprache übersetzt würden. Gerieten etwa Bibelübersetzungen in die Hände von Laien, hielten sich diese für klüger als die Priester und würden deren Autorität untergraben. Deshalb solle der Druck von religiösen Büchern in der Volkssprache verboten werden.

Mit ähnlichen Argumenten erließ der Mainzer Erzbischof Berthold von Henneberg im Jahr 1485 das erste Zensurmandat in seiner Erzdiözese. Die armselige deutsche Sprache sei außerstande, das auszudrücken, «was hervorragende griechische wie auch lateinische Autoren über die höchsten Gedanken der christlichen Religion und über das Wesen der Dinge aufs genaueste und scharfsinnig geschrieben haben». Die unabsehbaren Gefahren, die durch eine Verbreitung heiliger Texte in der Volkssprache drohten, verdichtete der Kirchenfürst in der rhetorischen Frage: «Denn wer wird den Laien und ungelehrten Menschen und dem weiblichen Geschlecht, in deren Hände die Bücher der heiligen Wissenschaften fallen, das Verständnis verleihen, den wahren Sinn herauszufinden?»[49] So deutlich auch Erzbischof Berthold die Erfindung des Buchdrucks in Mainz göttlicher Eingebung zuschrieb, so entschieden verbot er doch die Verbreitung volkssprachlicher Schriften, sofern diese nicht einer Zensurkommission präventiv vor dem Druck oder doch wenigstens vor dem Vertrieb vorgelegt würden. Analog ordnete er für die Frankfurter Buchmesse die Einrichtung einer entsprechenden Kontrollbehörde an. Dies zielte bereits auf die sich entwickelnden Strukturen des internationalen Buchmarktes ab.

Mit Innozenz VIII. setzten 1487 die systematischen Bemühungen des Papsttums ein, die Präventivzensur in der gesamten Christenheit verbindlich zu machen. Innozenz ist als Hardliner in allgemeiner historischer Erinnerung, da er einige Thesen des Philosophen Giovanni Pico della Mirandola scharf verurteilte und den für die Hexenverfolgung epochalen *Hexenhammer* (*Malleus maleficiarum*) der Inquisitoren Heinrich Kramer (Institoris) und Jakob Sprenger lizensierte und förderte. Spätestens zu diesem Zeitpunkt war sich die hierarchische Spitze der lateinischen Kirche darüber im Klaren, welche Gefahren für die Lehre und Ordnung der Kirche vom Buchdruck ausgehen konnten. In der im Zuge des V. Laterankonzils von Papst Leo X. erlassenen Bulle *Inter sollicitudines* (3. Mai 1515)[50] kam die ambivalente Sicht auf den Buchdruck, die in Rom inzwischen vorherrschte, besonders prägnant zum Ausdruck.

Zum einen wurde herausgestellt, dass die Buchdruckerkunst «durch Gottes Gnade und Wohlwollen» erfunden, verbreitet und optimiert worden sei und großen Nutzen schaffe, «da man sich mit geringen Kosten […] in den Besitz einer sehr großen Anzahl an Büchern bringen kann, durch welche der Geist auf leichte Weise geschult werden kann, und dank denen gebildete Männer in allen Sprachen […] Ungläubige zu unterrichten und sie in die Gemeinschaft der Gläubigen zu ihrem Heil» einzureihen befähigt würden. Zum anderen aber drohten unabsehbare Gefahren, da Bücher aus der «griechischen, hebräischen, arabischen und chaldäischen Sprache ins Lateinische» oder gar in die Volkssprache übersetzt würden und damit größte «Verirrungen» im Glauben wie im Leben der Laien anrichteten. Deshalb obliege der Kirche und ihrem obersten Repräsentanten, dem Papst, die Aufsicht über den Druck, «damit nicht in Zukunft Dornen mit dem guten Samen zusammen heraufwachsen oder Gifte sich mit Arzneien vermischen». Leo X., dem Papst, der Luther verurteilen sollte, war lange vorher bewusst, dass die auf der fundamentalen Kluft zwischen Klerus und Laien basierende hierarchische Ordnung der lateinischen Kirche durch die egalisierenden Tendenzen des Buchdrucks, der bisher unbekannte Möglichkeiten der Wissensteilhabe eröffnete, gefährdet werden konnte.

Auf der anderen Seite hatte sich das Wertungsmuster, die Erfindung des Buchdrucks gereiche Deutschland zur besonderen Ehre, recht rasch entwickelt: «*Germania* ist […] für ehrwürdig zu halten und durch die Jahrhunderte hindurch als Erfinderin (*inventrix*) der allernützlichsten Kunst hoch zu preisen.» Deshalb sei auch der Förderer dieser «heiligen Kunst» (*sancta ars*), der deutsche Kardinal Nikolaus von Kues (Cusanus), der sie nach Rom gebracht habe, in höchstem Maße zu loben. So hatte es Giovanni Andrea dei Bussi, Bischof von Aleria und Bibliothekar der Vaticana, als Herausgeber der Briefe des Hieronymus bereits 1468 in einem Widmungsbrief an Papst Paul II.

formuliert.[51] Cusanus war in seiner Diözese Brixen schon in den späten 1450er-Jahren darum bemüht, mithilfe des Buchdrucks die verwirrende Vielfalt unterschiedlicher Versionen liturgischer Formulare einzuhegen und zu harmonisieren.

Der deutsche Erzhumanist Conrad Celtis nahm das Motiv des deutschen Nationalstolzes über die Erfindung des Buchdrucks auf und stimmte in klassisch Horaz'scher Form gegen Ende des 15. Jahrhunderts eine Ode auf den namentlich nicht genannten Mainzer Erfinder des Buchdrucks an:

> Er goß in kurzer Zeit feste Typen aus Erz und lehrte, mit beweglichen Lettern zu drucken. Nichts Nützlicheres, glaubt mir, konnte in allen Jahrhunderten erfunden werden. Nunmehr werden endlich die Italiener die Deutschen nicht mehr stumpfer Trägheit zeihen können, da sie sehen, daß durch unsere Kunstfertigkeit der römischen Literatur vieler Jahrhunderte Dauer zuwächst.[52]

Celtis' Schüler, der Heidelberger Humanist Adam Werner von Themar und der Straßburger Sebastian Brant, stimmten in den national konnotierten dichterischen Lobpreis der Buchdruckkunst ein. Der Wiener Humanist und spätere St. Gallener Reformator Joachim Vadian dichtete 1511, dass des Deutschen (*Germanus*) Erfindung, «Buchstaben aus Metall» zu gießen und «durch einen einzigen Druckvorgang [...] die Tageshöchstleistung flinker Schreiberhände» wettzumachen, «sämtliche Erfindungen der Alten»[53] überbiete. Ein höheres Lob war kaum vorstellbar.

Auch in der Chronistik wurde diese Sicht zügig rezipiert: In einer *Epitome der deutschen Geschichte* (1505) führte der Elsässer Jakob Wimpfeling – nicht ohne regionalistisches und frisch aufkeimendes nationalistisches Pathos – aus, dass Gutenberg die ersten Schritte seiner Erfindung in Straßburg getan habe und dass der Straßburger Bürger Johannes Mentelin ihm dort nachgefolgt sei. Sein Landsmann Sixtus Rusinger habe die Buchdruckkunst nach Neapel gebracht, und der römische Drucker und päpstliche Familiare Ulrich Ha[h]n sei nicht – wie aufgrund der Latinisierung seines Namens (Gallus) vermutet worden war — Franzose, sondern Deutscher. Überdies, so fährt Wimpfeling in seinem Abriss fort, habe kein Geringerer als der italienische Dichter Filippo Beroaldo wegen der «Polygraphie, der nichts an Nutzen» gleichkomme, das Land gepriesen, das sie hervorgebracht habe: «O Deutschland, du Erfinder einer Kunst, der gegenüber das Altertum nichts Nützlicheres hervorgebracht hat, da du lehrst, durch Drucken Bücher zu kopieren.»[54] Mit dem Buchdruck, so war Wimpfeling gewiss, habe das viel geschmähte «Barbarenland» nördlich der Alpen den Anschluss an das Kulturniveau der Antike und seiner zeitgenössischen Erben gefunden. Auch die Humanisten Polydorus Vergilius und Konrad Gesner betonten, dass durch den Buchdruck die Gefahr eines Untergangs der antiken Literatur definitiv gebannt sei.[55] In seiner auf Latein verfassten, 1516 in Tübingen gedruckten *Weltchronik* setzte Johannes Naukler die Erfindung des Buchdrucks um 1440 an. Den seither eingetretenen Fortschritt bilanzierte er folgendermaßen:

> Es gibt jetzt so viele Autoren in den drei Hauptsprachen, es gibt so viele Denkmäler des christlichen Glaubens, und es sind dank dieser Erfindung so viele Bücher neu ans Licht gebracht worden, daß ich diese Erfindung als ein schlechthin göttliches Geschenk für die Menschheit ansehen muß. Die Wissenschaften, die guten Autoren, die dank dieser Tat zu Unsterblichkeit gelangen, — alle sind sie unserem Deutschland verpflichtet.[56]

Mittels der deutschen Erfindung des Buchdrucks hatte die europäische Tradition ihren Bestand gesichert und ihre Identität gefunden. In einer *Kurzen Beschreibung Germaniens* stellte der mit Italien gut vertraute Humanist Johannes Cochläus seinerseits besonders stolz heraus, dass nun der Nachweis erbracht sei, dass die Deutschen «nicht stumpfer und weniger erfinderisch scheinen als irgendein Volk». «Kein Sterblicher» habe «etwas Heilsameres» hervorgebracht als die Kunst des Buchdrucks. «Denn die Literatur, die völlig untergegangen war, lebt durch diese Kunst in lateinischer wie griechischer Sprache wieder auf.»[57] Implizit war damit die von Italien ausstrahlende kulturelle Bewegung des Renaissance-Humanismus hinsichtlich seiner maßgeblichen Wirkungen – dem Wiedererwachen der *bonae litterae* und der dauerhaften Bewahrung der Literatur des Altertums vor dem Vergessen – als Konsequenz der Erfindung des Buchdrucks identifiziert worden. Für die Zeitgenossen um 1500 war die *ars imprimendi ac caractericandi*, die Kunst des Prägens und Buchstabenformens, eben Kunst und nicht bloßes Handwerk. Das mit der Buchdruckerkunst verbundene Bewusstsein eines epochalen historischen Wandels haftete an einer bestimmten technischen Innovation, deren umfassende kulturelle Bedeutung viele Zeitgenossen innerhalb weniger Jahrzehnte verinnerlicht hatten.

Der Buchdruck in der protestantischen Erinnerungskultur

Solche positiven Bewertungen des Buchdrucks setzten sich im Zusammenhang der Reformation fort, ja erfuhren hier eine epochale Steigerung. Denn Luther rückte die technische Errungenschaft der mechanischen Textreproduktion in einen heilsgeschichtlichen Horizont: Ohne den Buchdruck sei keine Erkenntnis und Wissenschaft, keine Kunst, kein Fortbestand der Kultur und der Sprachen möglich. Auch das Evangelium sei an Buch und Schrift gebunden.

> Denn so das Euangelion und allerley kunst soll bleyben, muss es yhe ynn bücher und schrifft verfasset und angebunden seyn. […], Und das nicht alleyne darumb, das die yenigen, so uns geystlich und welltlich fürstehen sollen, zu lesen und studirn haben, sondern das auch die guten bücher behallten und nicht verloren werden sampt der kunst und sprachen, so wir itzt von Gottes gnaden haben.[58]

Entsprechend seiner apokalyptisch grundierten Weltsicht bewertete der Wittenberger Reformator den Buchdruck als finale Gottesgabe vor dem Ende:

> Der Buchdruck ist das letzte und zugleich größte Geschenk, durch das Gott dem ganzen Erdkreis die Sache der wahren Religion am

Ende der Welt bekannt gemacht und in alle Sprachen ausgegossen hat. Er ist gewiss die letzte, unauslöschliche Flamme der Welt.[59]

Oder, wie in einer anderen Überlieferung der Tischreden formuliert ist: «Es [sc. die *chalcographia*, d. i. Druckkunst] ist die letzte flamme vor dem ausleschen der welt; sie ist Gott lob am ende.»[60] Dass der Buchdruck zu einem allgemeinen Florieren der Künste geführt habe und dazu diente, dem Papsttum zuzusetzen – mithin die «Reformation» zu ermöglichen –, entsprach, so war Luther überzeugt, Gottes heilsgeschichtlichem Willen.[61]

Auch der stark vom Humanismus geprägte Hebraist und Reformator Konrad Pellikan, der zuletzt in Zürich wirkte, stellte die Bedeutung des Buchdrucks für die weitere kulturelle und theologische Gesamtentwicklung heraus. Erst infolge von Gutenbergs Erfindung habe «eigentlich ein mannigfaltigeres Studium der heiligen Sprachen und eine gründliche Behandlung des alten wie des neuen Testaments» begonnen. Zugleich erkannte Pellikan später in seinem autobiographischen Rückblick, dass es einen engen, in Gottes Geschichtshandeln begründeten Zusammenhang von Medienrevolution und Reformation gab:

> So bereitete der Herr durch vortreffliche Bücher, die damals auf dem Gebiete der Theologie, namentlich in Deutschland, ans Licht traten, den Fortschritt der Kirche vor und die Reformation der Mißbräuche in Wissenschaft, Glauben und Sitten, die damals schon wunderbar weit gediehen war.[62]

Bei Theodor Bibliander, einem jüngeren Züricher Theologen und Historiker, rückte die Erfindung des Buchdrucks in eine unmittelbare Nähe zum reformatorischen Kampf gegen das Papsttum. Christus habe in Straßburg durch Gutenberg das Druckhandwerk erfinden lassen, um «den Anschlägen des päpstlichen Antichristen (*machinis Antichristi*) mit der gewiss göttlichen Kunst (*artem plane divinam*), Bücher zu drucken», entgegenzutreten. Durch den Buchdruck seien das Evangelium Jesu Christi und die guten Wissenschaften (*omnesque bonae scientiae*) ausgebreitet und der Glaube des römischen Papstes geschwächt worden.[63] Damit hatten sich die Anhänger der Reformation den mit Gutenbergs Erfindung verbundenen «Fortschritt» auf die eigenen Fahnen geschrieben.

In seinen Urteilen über den Buchdruck stellte Luther besonders die Bedeutung der volkssprachlichen Rezeption der Bibel heraus:

> Und summa, uber alles ist da die gantze bibel gut deudsch, durch den druck so ubermenget, das ein iglicher Hausvater und wer da deudsch lesen kann, eine eigen leichtlich wol zeugen kann, Da zuvor viel Doctores Theologie waren, die ir lebenlang nie keine gelesen, etliche nie gesehen hatten.[64]

Durch den Druck würden viele Laien, etwa Hausväter als Multiplikatoren innerhalb ihres «ganzen Hauses», zu Lesern deutscher Bibeln. Die vorreformatorischen Versuche, die Verbreitung gedruckter Bücher zu reglementieren, hatten vor allem darauf abgezielt, die in ehrwürdigen, nur Experten verständlichen Sprachen abgefassten Geheimnisse nicht an unverständige Leser aus dem Laienstand gelangen zu lassen. Luther und die anderen Reformatoren aber erkannten der Volkssprache religiöse Wahrheitsfähigkeit zu. Bereits in einer seiner ersten Veröffentlichungen, der vollständigen Ausgabe eines später *Theologia deutsch* genannten mystischen Traktates in deutscher Sprache (1518), hatte der Wittenberger Augustinereremit mit Nachdruck betont, dass dem Deutschen sogar ein Vorrang gegenüber den von Seiten der Humanisten favorisierten alten Sprachen zukomme:

> Ich danck Gott, das ich yn deutscher zungen meynen gott alßo höre und finde [sc. in der *Theologia deutsch*], als ich und sie mit myr alher nit funden haben, Widder in lateynischer, krichischer noch hebreischer zungen. Gott gebe, das dißer puchleyn mehr an tag kumen, ßo werden wyr finden, das die Deutschen Theologen an zweyffel die beßten Theologen seyn.[65]

Diese völlige Umkehrung in der Bewertung der Volkssprache, die etwa der oben (S. 38) referierten des Berthold von Henneberg diametral entgegenstand, bildete eine entscheidende Voraussetzung dafür, die kulturellen Wirkungen des Buchdrucks nachdrücklich zu verstärken.

Angesichts der skizzierten Tendenzen verwundert es nicht, dass vor allem lutherische Theologen die Erinnerung an die Anfänge des Buchdrucks pflegten, diese okkupierten und – analog dem ersten Reformationsjubiläum von 1617[66] und der Jubelfeier auf die *Confessio Augustana* 1630[67] – als integrales Moment einer konfessionellen Identitätsinszenierung instrumentalisierten. In einer Predigt stellte der Stettiner Superintendent Daniel Cramer heraus, dass «der liebe Gott» durch die Erfindung des Buchdrucks «dem H[eiligen] Evangelio zu diesen letzten Zeiten Thür und Thor öffnen / und in aller Welt Bahne machen [...]» wolle. Deshalb habe es die Papisten vor dem Buchdruck «sehr gegrawet», was sich in ihrem notorischen, aber vergeblichen «Bücherbrennen» zeige. «Aber dennoch steubet ihnen die Asche in die Augen / daß sie die heilige Schrifft dennoch leiden müssen.» «Teufeln / Papisten und Widertäuffern»[68] zum Trotz zu schreiben und zu drucken, erschien deshalb als einziges Verhalten, das dem von Gott heraufgeführten Zeitalter des Buchdrucks gemäß war. Am Johannestage [24.6.] im Jahre 1640, mitten im Dreißigjährigen Krieg, begingen die Lutheraner denn auch landauf, landab Jubiläumsfeiern auf Gutenbergs Erfindung. Die Buchdruckervereinigungen in Leipzig, Jena, Breslau und Straßburg veranstalteten Zweihundertjahrfeiern, bei denen Predigten und Reden gehalten, Lieder gespielt und Gedichte angestimmt wurden. Die Feiern wurden sodann in Festschriften dokumentiert, und so wurde das Jubelfest dem kulturellen Gedächtnis implementiert. Dabei war das konfessionspolemisch-antikatholische Narrativ vorherrschend. In einem ursprünglich für 1640 verfassten Gedicht etwa hieß es:

> Der Pabst ligt nun durch diese Kunst [sc. den Buchdruck] darnieder
> Er ist gestürzt,
> zerschlagen seind die glieder. [...]
> Dis eben ists
> was Babilon verletzet

und niederwirfft
was vormahls Gutenberg und Faust [d. i. Johann Fust] erfand
das edle Trukkerwerk.[69]

In dem bald erwarteten Niedergang des Papsttums, auf dessen Vernichtung das konfessionelle Luthertum des Dreißigjährigen Krieges in weiten Teilen obsessiv fixiert war, bestand der eigentliche Sinn des Buchdrucks. In einem Widmungsbrief an ihren Landesherrn Johann Georg von Sachsen rückten die Leipziger Buchdrucker Gutenbergs Erfindung ganz in die Perspektive der Reformation Luthers. Demnach erschien die Buchdruckerkunst «gleichsam als die schöne Morgenröthe / so für der Sonnen des bald darauff erfolgten hellen Evangelij hergegangen / und ihr die Bahne gebrochen».[70] Wohl ex post, literarisch greifbar erst im 18. Jahrhundert,[71] kreierte man eine Wittenberger Hundertjahrfeier auf Gutenbergs Erfindung. Angeblich habe der Drucker Michael Lotter, der bereits 1528 nach Magdeburg übergesiedelt war, am 24. Juni 1540 zusammen mit fünf Druckerkollegen in Wittenberg die «hundertste Wiederkehr des Jahres, an dem die Buchdruckerkunst erfunden worden war»,[72] begangen. Diese reformationszeitliche Verankerung einer späteren Jubiläumspraxis dürfte vor allem deren Legitimation gedient haben. Der Buchdruck, so suggerierte man dann bis weit ins 20. Jahrhundert hinein,[73] sei vor allem eine protestantische Angelegenheit. Dass sich diese Perspektivierung unter den Bedingungen der Neuzeit trefflich damit verbinden ließ, dass man den Protestantismus im Verhältnis zum notorisch obskuranten, inquisitorischen, «mittelalterlichen» Katholizismus, der Bücher verbieten und verbrennen ließ, für «modern» hielt und mit «Meinungsfreiheit» und «Toleranz» in Verbindung brachte, verdeutlicht, dass die Übergange zwischen alt- und neuprotestantischen, frühneuzeitlichen und durch die Aufklärung hindurchgegangenen Selbstbildern fließend sind.

Solche protestantischen Geschichtskonstruktionen wurden dem Umstand, dass auch im katholischen Europa viele Bücher gedruckt wurden, nicht gerecht. Denn in jeder der drei konkurrierenden Konfessionen – Luthertum, Katholizismus und Reformiertentum –, auch im Judentum, ebenso bei den in die Devianz gedrängten täuferischen, spiritualischen oder indifferentistischen Randsiedlern der europäischen Religionsgeschichte stand das Buch hoch im Kurs und spielte der Buchdruck eine wichtige Rolle. Eben weil alle Konfessionen, Denominationen und Religionen, die in Lateineuropa existierten, den Buchdruck prinzipiell bejahten und sich seiner, wo immer möglich, bedienten, konnte er die kulturelle Identität des Kontinents tiefgreifend und nachhaltig prägen.

2

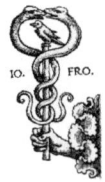

«Männer des Buches»

Im selben Jahr 1455, in dem Johannes Gutenberg in Mainz mit dem zweiundvierzigzeiligen Vulgatadruck (B 42) sein bahnbrechendes typographisches Meisterwerk vollendete, erblickte in dem Städtchen Pforzheim, rund 150 Kilometer südlich am Rande des Schwarzwalds gelegen, Johannes Reuchlin das Licht der Welt.[1] Der weitgereiste, gelehrte Humanist, Jurist, Philologe, Editor, Übersetzer, Polemiker, Grammatiker und Kommunikator von europäischem Rang, der im Zuge des sogenannten «Judenbücherstreites» in eine der frühesten mittels des Buchdrucks ausgetragenen publizistischen Kontroversen und ins Zwielicht eines römischen Prozesses geraten sollte, mag hier als Exempel dienen: Was bedeutete es, schrittweise in die Welt des gedruckten Buches einzutreten und darin ein Leben zu führen, das im Wesentlichen auf die Ermöglichung, Herstellung und Veröffentlichung, den Erwerb, die Bewahrung und Verbreitung von Büchern ausgerichtet war? Kurz: Was bedeutete es, als «Mann des Buches» im Übergang vom Manuskript- zum Druckzeitalter zu leben? Frauen spielten in dieser Welt des Buches nur am Rande eine Rolle: als Leserinnen und – selten genug, aber durch die Reformation intensiviert – vereinzelt als Autorinnen, als Widmungsempfängerinnen, als Mäzeninnen eines «Mannes des Buches» oder als Töchter oder Witwen von Druckern, dank deren Wirken Offizinen fortgeführt wurden.

Johannes Reuchlins kostspieliges Projekt

Philipp Melanchthon verfasste im Jahr 1552, drei Jahrzehnte nach Reuchlins Tod (30. Juni 1522), eine Rede auf die Lebensleistung seines entfernten Verwandten, die in elementarer Weise auf dem Lesen, Schreiben und der Entstehung von Büchern beruhte. Als wichtigstes gelehrtes Verdienst hob Melanchthon hervor, dass Reuchlin als «erster von allen Lateinern eine lateinisch geschriebene hebräische Grammatik und ein Wörterbuch herausgegeben»[2] habe: sein berühmtes Werk *De rudimentis hebraicis* von 1506. In Paris – so Melanchthon – lernte Reuchlin an der «vorzüglichste[n] Universität des Erdkreises»[3] bei griechischen Exulanten, die altgriechische Sprache und ihre Schrift in anmutigen Formen wiederzugeben. Zum Gelderwerb kopierte er mit eigener Hand eine Elementargrammatik und Seiten aus Homer und Isokrates, die in den Vorlesungen behandelt wurden. In Basel sichtete er griechische Handschriften, die Nikolaus von Kues in der Zeit des dort abgehaltenen Konzils (1431–1449) hatte mitbringen lassen, und schrieb sie ab. Damals, um 1478, begann Johannes Amerbach,[4] ein an der Sorbonne promovierter Magister, als Erster mit dem Buchdruck in Basel. Eines der Bücher, die Amerbach gleich zu Anfang druckte, war ein lateinisches Lexikon (*Vocabularius breviloquus*),[5] zu dessen Abfassung er Reuchlin veranlasst hatte. Es basierte auf verschiedenen Autoren und den Corpora des kanonischen und des römischen Rechts. Der *Vocabularius breviloquus* wurde ein Bestseller und war bis zum Ende des 15. Jahrhunderts in mehr als zwei Dutzend Ausgaben, nicht nur in Basel, sondern auch in Köln, Reutlingen, Nürnberg, Straßburg, Mailand und Lyon, verlegt worden. Auch dass eine Rede, die Reuchlin vor Papst Alexander VI. gehalten hatte, bei dem renommiertesten Drucker seiner Zeit, Aldus Manutius in Venedig, erschienen war, hob Melanchthon in seinem Rückblick eigens hervor.[6]

Die hebräische Sprache, so Melanchthon weiter, lernte Reuchlin in Etappen und an verschiedenen Orten. Zugleich erwarb er, wo immer möglich, hebräische Handschriften, meist bei Juden. Seine Hebräische Grammatik nebst Wörterbuch bündelte und systematisierte die Kenntnisse, die Reuchlin mit großen Kosten und unter hohem Aufwand selbst erworben hatte. Sein Verdienst für die Nachwelt, so Melanchthon, sei vor allem darin zu sehen, dass er durch sein Lehrbuch viele zum autodidaktischen Erlernen dieser Sprache befähigt habe. An der wertvollen Bibliothek,[7] die Reuchlin dem Pforzheimer Stift hinterließ, markierte Melanchthon Entwicklungen, die infolge der Erfindung Gutenbergs eingetreten waren: Einige von Reuchlins Handschriften, die noch nicht als Druck erschienen, behielten einen hohen Wert. Für andere Kodizes, besonders griechische und hebräische, sei die «Bewunderung ... geringer geworden», «nachdem die Druckereien die Bibliotheken allerorts gefüllt haben».[8]

Auch in dem Kampf, der «den Büchern der Juden galt», sah Melanchthon einen Vorgang von wegweisender Bedeutung. Denn Gott habe Reuchlin beschirmt und die «Tyrannei der Mönche ins Wanken» gebracht, indem ihn «viele Gebildete in Deutschland und Italien durch ihre persönlichen Bemühungen, Stellungnahmen und Schriften verteidigten». Der dadurch entzündete Hass habe später dazu beigetragen, «daß die Schriften gegen die abergläubischen Kultgebräuche, die das Rückgrat der Mönchsherrschaft bildeten, umso begieriger aufgenommen wurden».[9] Ungeachtet der Distanz Reuchlins zu Luther, der ihn im Dezember 1518 vergeblich als «Werkzeug des göttlichen Ratschlusses» umworben und seine «Bücher im Herzen»[10] zu tragen bekannt hatte, rückte Melanchthon den Kampf des Humanisten um die «Judenbücher» in eine konsequente Ziellinie mit dem Erfolg der Reformation. Reuchlins Bemühen um die «Grammatiken ... und die anderen ehrwürdigen Themen gewidmeten Bücher»[11] der Juden und das die «Raserei der Mönche»[12] anfachende publizistische Engagement seiner Parteigänger, namentlich Ulrichs von Hutten und Erasmus' von Rotterdam, wurden von Melanchthon zu Ouvertüren der Reformation stilisiert. Die «Männer des Buches», der Bildung, des Fortschritts und der Wissenschaft standen so gegen die obskuranten papistischen «Dunkelmänner», die Meinungen unterdrückten und Bücher verbrannten. Das war ein höchst folgenreiches tendenziöses Narrativ, das der historischen Kontextualisierung bedarf.

Das Erlernen der drei Sprachen Latein, Griechisch und Hebräisch galt den Humanisten, zumal seit Reuchlin, als eine Schlüsselkompetenz, die «zum allgemeinen Nutzen, zu Ehre und Lob des ganzen deutschen Landes» gereiche und zum Verständnis «der alten Weisen»[13] unverzichtbar sei. In der *Apotheosis Capnionis*, einer bald nach Reuchlins Tod abgefassten Verherrlichung des «berühmte[n] dreisprachige[n] Phönix der Gelehrsamkeit»[14] aus der Feder des Erasmus, erschien der in den Himmel Entrückte in einem Kleid, das Inschriften in den drei Sprachen trug. Geführt von Hieronymus, dem *vir trilinguus*, dem christlichen Mann der drei Sprachen schlechthin, ging Reuchlin dank seiner «gottgefälligen Arbeiten»[15], seiner Bücher, in die Gemeinschaft der Himmlischen ein. Diese Vision konterkarierte souverän die päpstlichen Heiligsprechungsverfahren – von Erasmus als humanistische Kanonisation literarisch inszeniert. Eine Heiligsprechung aufgrund literarischer Werke entsprach dem immensen Bedeutungsgewinn des Buches in der Epoche seiner seriellen mechanischen Reproduzierbarkeit.

Diesseits des Humanistenhimmels hatte Reuchlin mit seinem wichtigsten Lebenswerk, den *Rudimenta hebraica*, reichlich Mühen und Kosten. Im Zuge einer Gesandtschaft an den Hof Kaiser Friedrichs III. in Linz (1492/93) hatte er bei einem wissenschaftlich gebildeten Juden, dem Hofarzt Jakob Jechiel Loans, Neues zu dieser Sprache gelernt. Bei einer weiteren Gesandtschaft nach Rom im Jahre 1498 erhielt er Unterricht von einem Juden aus Cesena namens Obadja Sforno, übrigens gegen hohe Kosten, die er selbst trug. Warum Reuchlin bei der öffentlichen Selbstdarstellung im Vorwort der *Rudimenta* seinen jüdischen Elementarlehrer «Calman» überging, der ihm gegen Entlohnung bereits 1486 ein hebräisch-jiddisches Lexikon angelegt hatte,[16] kann man nur vermuten. Wahrscheinlich machten ein Lehrer am Kaiserhof und einer im Umkreis des Papstes mehr her. Der Hinweis auf die «beträchtlichen Mühen» und «großen Ausgaben»,[17] den der Schwabe Reuchlin dem Vorwort der *Rudimenta hebraica* einfügte, sollte den Wert des Geschenks unterstreichen, das er der Menschheit mit seinem gedruckten Werk machte.

Notwendig war der Druck dieses Lehrwerkes, das Lautlehre (Alphabet, Vokalzeichen, Silbenbildung; Beginn Buch I), umfangreiches Lexikon (Buch I und II) und ausführliche Grammatik (Deklination der Nomina, Konjugation der Verben; Buch III) vereinte, aus der Sicht seines Verfassers auch deshalb geworden, weil die Juden in Deutschland das Hebräische nur durch Sprachpraxis und ohne grammatische Regeln lernten, zumeist des Lateinischen unkundig waren und deshalb als Lehrer dieser Sprache für Christen kaum in Betracht kamen. Überdies verschärften die Verfolgungen der Juden in weiten Teilen Europas und ihre Emigration ins Osmanische Reich die Gefahr, dass die Kenntnisse des Hebräischen in der Christenheit weiter zurückgingen, schilderte Reuchlin. Sodann sei zu hoffen, dass «alle, die sich um die christliche Religion bemühen», eine «Einführung in das Hebräische» lieber aus seiner und der seines priesterlichen Bruders Dionysius Reuchlin, dem das Werk gewidmet war, Hand annähmen «als von den Juden». Jemandem ein Druckwerk zu widmen bedeutete, dessen «Namen der Nachwelt zu überliefern und für künftige Zeiten unsterblich zu machen».[18] Beschlagene «Männer des Buches» setzten das Instrument der Widmung geschickt ein – um damit um Mächtige und deren Unterstützung zu werben, die Bedeutung ihrer Kontakte repräsentativ zu inszenieren und bestimmte Personen zu «verewigen».

Da sich Reuchlin als Erster unter den Lateinern darum bemüht hatte, die Kenntnis der hebräischen Sprache lehr- und lernbar weiterzugeben, erhoffte er sich von der Nachwelt «immerwährenden Ruhm».[19] Der Druck der *Rudimenta* schloss mit einem Horazvers, der diesem Selbstbewusstsein entsprach: «Ein Denkmal habe ich geschaffen, beständiger als Erz.»[20] Dass sich Reuchlin bei der Ausarbeitung der *Rudimenta* insbesondere der Werke der großen jüdischen Gelehrten Mose und David Kimchi bedient hatte, überging er. Indem er die eigene, höchst aufwändige Lerngeschichte des Hebräischen in ein dreibändiges Lehrwerk überführte, ermöglichte er nicht nur die Emanzipation von jüdischen Instruktoren, sondern mittelbar auch die institutionelle Etablierung dieser Sprache an der Universität.[21] Doch im Kern ging es dem schwäbischen Juristen um eine ganz persönliche Art von philologischem Priesterdienst: Sein Anliegen war es, die ursprüngliche Würde der heiligen Schriften dadurch wiederherzustellen, dass man ihrer Veralltäglichung in der bekannten lateinischen Sprachform entgegenwirkte und sie in ihrer ursprünglichen Gestalt vernehmbar machte. «Was durch eine allzugroße Vertrautheit der täglichen Schriftlesung wirkungsvoll verpufft ist, erfassen wir dann als eine in der Heiligen Schrift neuartige und ursprüngliche Art des Sprechens, wie der Mund Gottes zu uns geredet hat [...].»[22] Die Verfremdung des vertrauten biblischen Textes durch die Begegnung mit seiner ursprünglichen sprachlichen Gestalt gebot der Säkularisierung Einhalt, ja, ermöglichte eine Resakralisierung und bannte den Hochmut der Schriftausleger. Überdies wollte Reuchlin durch die Verbreitung des Hebräischen die Voraussetzung für die Beschäftigung mit der jüdischen Mystik, der Kabbala, schaffen, die das eigentliche Zentrum seiner eigenen philosophischen Interessen bildete.

Unter ökonomischen Gesichtspunkten stellte sich das Lebenswerk des berühmtesten deutschen Humanisten als ein erhebliches Problem dar, denn die finanziellen Aufwendungen hatte er im Wesentlichen selbst getragen. Zum einen waren angesichts des Umfangs und der Auflagenhöhe die Papierkosten sehr hoch, zum anderen war die Beschaffung des Drucktypensatzes für die Herstellung der *Rudimenta* nicht unproblematisch gewesen. Im Reich wurden hebräische Typen erstmals in den 1470er-Jahren in antijüdischen Drucken des Dominikaners Petrus Nigri verwendet.[23] Sonst aber sind sie vorerst nicht mehr nachgewiesen. In Spanien und Portugal, vor allem aber in Italien hatten hebräische Drucke hingegen schon im 15. Jahrhundert eine gewisse Konjunktur. In seinen *Rudimenta* behauptete Reuchlin sogar, dass «nun überall in Italien hebräische Bibeln gedruckt» würden und «jeder» sie «für wenig Geld mühelos erwerben»[24] könne. Eine 1494 in Brescia gedruckte kleinformatige hebräische Bibel[25] etwa gelangte auch in Martin Luthers Besitz. Der sächsische Augustinereremit wurde im Übrigen, wie auch Zwingli und Karlstadt, einer der durch Reuchlins *Rudimenta* ins Hebräische eingewiesenen Auto-

Johannes Reuchlins kostspieliges Projekt

6 *Biblia*, hebräischer Druck, Brescia, Gershom Ben Mosheh Soncino, 1494. Luther benutzte dieses Exemplar neben mindestens einem anderen hebräischen Druck während der Arbeit an seiner Bibelübersetzung. Die Beispielseite dokumentiert seine Arbeitsweise. Die Annotation zu Gen 6,3 reflektiert die Bedeutung der Abwendung des Gottesgeistes im Lichte von Jes 66,2. (Edition der Glosse in: WA 60, S. 259 f.)

didakten.[26] Bei seiner epochalen Bibelübersetzung arbeitete Luther mit diesem Druck. Für die Herstellung der *Rudimenta* hatte sich der in Pforzheim als Drucker niedergelassene ehemalige Basler Student und Gelehrte Thomas Anshelm einen entsprechenden Typensatz in hebräischer Quadratschrift eigens aus Italien beschaffen müssen. Im Vorjahr des Drucks der *Rudimenta*, 1505, hatten er und Reuchlin sich noch mit bescheideneren rabbinischen Lettern begnügt.[27]

Die finanziellen Belastungen durch den Druck der *Rudimenta* hielten über mehrere Jahre an, wie wir aus der Korrespondenz ihres Verfassers erfahren. Reuchlin hatte tausendfünfhundert Exemplare

7 Johannes Reuchlin, *tütsch missive. Warumb die Juden so lang im ellend sind*, Pforzheim, Thomas Anshelm 1505. Reuchlin verwendete in dieser Schrift, die darlegt, dass die Juden wegen der Schuld am Tode Christi verworfen und ins Elend geraten sind, erstmals hebräisches Typenmaterial.

größtenteils auf eigene Kosten herstellen lassen. Hinter dieser Auflagenhöhe stand gewiss die Erwartung, dass die gelehrte Welt begierig nach seinem Lehrbuch greifen werde. Doch der Verkauf ließ sich mühsamer an als erwartet, und Anshelm dachte offenbar gar nicht daran, Reuchlin am Gewinn zu beteiligen. In seiner Not wandte sich dieser ein Jahr nach dem Erscheinen der *Rudimenta* an den Verleger Johann Amerbach in Basel, der ihm folgenden Rat erteilte: Er solle Anshelm bitten, eine Abrechnung über die bisher verkauften Exemplare vorzulegen, und sich seinen Anteil, sofern Anshelm ihn auszuzahlen verweigere, in Büchern erstatten lassen. Diese solle er einem zuverlässigen Buchhändler in Frankfurt aushändigen, der sie nach und nach, insbesondere bei den Messen, verkaufen werde. Die entsprechende Rendite, die sich mit der Zeit gewiss einstelle, werde zweifellos höher ausfallen als bei den üblichen Geldanlagen. Außerdem werde

8 Johannes Reuchlin, *De rudimentis hebraicis*, Pforzheim, Thomas Anshelm 1506, S. 11. Vorstellung und Erläuterung des hebräischen Alphabets in Reuchlins Grammatik.

die Nachfrage nach den *Rudimenta hebraica* und mit ihr der Kaufpreis spätestens dann steigen, wenn Amerbachs Hieronymus-Ausgabe erschienen sei. Denn diese werde unter den Gelehrten das Bedürfnis anfachen, unverzüglich Hebräisch zu lernen.[28] Der weiteren Korrespondenz Reuchlins ist allerdings zu entnehmen, dass sich an der Situation mit Anshelm vorerst nichts änderte.

Im Sommer 1509 stellte sich dann heraus, dass Amerbach wegen intrikater Lesarten für die Fertigstellung der Hieronymus-Edition die philologische Expertise des Gräzisten und Hebraisten Reuchlin brauchte.[29] Dieser aber nutzte diese Situation, um seine Geldnot endlich zu beenden, indem er Amerbach einen Handel vorschlug: Die ihm zustehenden siebenhundert Exemplare seines Lehrbuchs solle Amerbach zum Herstellungspreis von einem Drittel Gulden pro Stück übernehmen. Im Gegenzug werde er, Reuchlin, die Unkosten für die Recherche-Reisen in Sachen Hieronymus-Edition selbst tragen.[30] Der Handel kam zustande. Amerbach kaufte schließlich sechshundert Exemplare der *Rudimenta* zum Preis von zweihundert Gulden auf. Amerbachs Kompagnon Johannes Froben veranlasste die Versendung der Bücher nach Straßburg, wo sie zunächst der Buchdrucker Johannes Knobloch in Empfang nahm. Reuchlins Schwester Elisabeth organisierte die Fracht von Pforzheim aus. Die Kosten für den Fuhrlohn, die Fässer und die Verpflegung der Handwerker beliefen sich auf fünf Gulden, vier Schilling Heller und zwei Pfennige: «Mein Nachbar hat es mir ausgeliehen und muß es wieder haben. So bitte ich Euch [sc. ihren Bruder Johannes Reuchlin] freundlich, daß Ihr mir es wieder schickt.»[31] Reuchlin versuchte seinerseits, sich die Frachtkosten von Amerbach zurückzuholen, was dieser unter Hinweis auf den schlechten Zustand einiger Exemplare verweigerte.[32] Enervierend hartnäckig pochte Reuchlin zudem darauf, er habe für die Hieronymus-Ausgabe sehr großen Einsatz gezeigt und überdies durch eine bei Anshelm erschienene Wort-für-Wort-Auslegung des hebräischen Textes der sieben Bußpsalmen[33] unlängst dazu beigetragen, dass «Euer Hieronymus und Eure *Rudimenta*, die ihr von mir gekauft habt, sich leichter und besser verkaufen lassen».[34] Aber bei diesem Basler Drucker biss er auf Granit. Als universaler «Mann des Buches» war Reuchlin alles in einer Person: Autor, Finanzier, Händler, Sammler, Editor, Korrektor und Lektor, Werbeakteur in eigener und fremder Sache, Berater und Mitarbeiter der Drucker.

Erasmus von Rotterdam und sein Bestseller

Das Schicksal des wohl spektakulärsten und wirkungsreichsten Buches des Erasmus von Rotterdam – des *Novum Instrumentum*, einer griechisch-lateinischen Ausgabe des Neuen Testaments von 1516 – unterschied sich in beinahe jeder Hinsicht von dem der Reuchlin'schen *Rudimenta hebraica*: Es war nicht das Ergebnis jahrelanger planmäßiger und einsam-gelehrter Vorarbeiten, sondern trug in der Form, in der es erschien, eher den Charakter einer gemeinschaftlich zu Wege gebrachten philologischen «Sturzgeburt». Das wirtschaftliche Risiko lag allein bei dem Basler Drucker Johannes Froben, der sich mit humanistischen Druckerzeugnissen in hebräischer, griechischer und lateinischer Sprache profilieren wollte.[35] Erasmus und seinen Mitarbeitern zahlte Froben Honorare, insbesondere den als Korrektoren hinzugezogenen humanistischen Gelehrten Nicolaus Gerbel, einem Straßburger Juristen, und Johannes Oekolampad, einem Basler Theologen. Die Auflage von rund tausendzweihundert Exemplaren, die wohl zu einem Kaufpreis von zwei Goldgulden[36] pro Stück vertrieben wurden, verkaufte sich rasch, sodass schon bald, 1519, eine gründlich korrigierte und in mancher Hinsicht veränderte Neuauflage[37] unter dem Titel *Novum Testamentum omne* bei Froben herauskommen konnte.

Der enorme Erfolg des *Novum Instrumentum* lässt sich wohl wie folgt erklären: Die Kenntnisse des Griechischen waren im zweiten Jahrzehnt des 16. Jahrhunderts verbreiteter als die des Hebräischen zehn Jahre zuvor. Für eine Druckfassung des griechischen Neuen Testaments, auf die an verschiedenen Orten hingearbeitet wurde, war also die Zeit in besonderer Weise reif. Die Kombination aus erster im Druck erschienener griechischer Textausgabe und eigenständiger lateinischer Übersetzung durch Erasmus, verbunden mit Kommentaren zu exegetischen Annotationen, aber auch der Dokumentation divergenter Textüberlieferungen, machte diese Neuausgabe der heiligsten Texte der Christenheit zu einem verwegenen, fundamental autoritätskritischen und insofern spektakulären Buch. Nicht zuletzt der Widerspruch, dem es von Seiten einiger Traditionalisten wie Maarten von Dorp, Edward Lee und dem spanischen Theologen Diego López de Zúñiga (Jacobus Stunica) ausgesetzt war, steigerte die Aufmerksamkeit und gewiss auch die Nachfrage, die sich in der auf zweitausend Exemplare erhöhten zweiten Auflage[38] niederschlug. Der an den Sprachgebrauch von Hieronymus und Augustin angepasste Titel *Novum Instrumentum* entsprach dem textuellen, buchlichen Charakter, denn Tafeln oder Urkunden, so Erasmus, hießen «instrumenta», und ein «Testament» liege auch vor, wenn nichts Schriftliches existiere – wie etwa beim «Kelch des Neuen Bundes» (Lk 22,20).[39]

Erasmus, der 1466 oder 1469 als Sohn eines niederländischen Priesters in Rotterdam geboren wurde, früh verwaist war, im Kloster heranwuchs und zum Priester geweiht wurde, galt als bedeutendster europäischer Intellektueller seiner Zeit. Seit etwa 1500 hatte der promovierte Theologe eine konsequent auf exegetische und philologische Kompetenzen zentrierte Gelehrtenexistenz begonnen. Bei John Colet in London und Oxford wurde er mit einer am griechischen Text orientierten, theologisch auf Paulus zentrierten Bibelexegese bekannt. In den Folgejahren entstanden Kommentierungen zu den paulinischen Briefen, die allerdings vorerst unpubliziert blieben. 1505 edierte er aus dem Manuskript die von ihm aufgefundenen *Annotationes* des Lorenzo Valla. Seine Jahre in England (1509–1514) widmete er der neutestamentlichen Textforschung. Er vertiefte seine griechische Sprachkenntnis und das Wissen über die Kirchenväter, insbesondere Hieronymus, und begab sich immer tiefer in eine als «castigatio», als Reinigung des Textes des Neuen Testaments verstandene Arbeit hinein.[40]

Bei einer Italienreise 1507 hatte Erasmus Kontakt zu dem Venezianer Aldus Manutius, dem führenden Drucker griechischer Autoren, aufgenommen. In diesem Jahr ist auch seine Verwunderung darüber dokumentiert, dass noch immer kein griechisches Neues Testament im Druck erschienen sei.[41] Bei Manutius brachte Erasmus seine *Adagia* heraus, eine überaus publikumswirksame, viel gelesene und ständig zitierte Sammlung antiker Sprichwörter. Dabei erlebte er die venezianische Druckwerkstatt als editorisches Laboratorium: Mit Aldus verbundene Gelehrte brachten Handschriften herbei, die Erasmus nützlich waren. Der Drucker selbst stellte ihm seine reichhaltige Bibliothek zur Verfügung.[42] Der zu edierende Text existierte also nicht in einem vorab von Erasmus erstellten Manuskript, sondern entstand in einem durch kommunikativen Austausch geprägten Arbeitsprozess in der Offizin selbst, gleichsam als *work in progress*. Sobald der Text konstituiert war, ging er umgehend in den Satz. Eine ähnliche Praxis dürfte Erasmus später in der Offizin Johannes Frobens in Basel etabliert haben, den er – wiewohl ein Handwerker, der der alten Sprachen nicht kundig war – zum Aldus «diesseits der Alpen» stilisierte.[43] Für Erasmus' Entscheidung, das Neue Testament schließlich bei Froben zu drucken, dürfte auch wichtig gewesen sein, dass dieser, etwa im Vergleich zu dem gelehrten Drucker Matthias Schürer in Straßburg, für zügigeres Arbeiten bekannt war.[44]

Als Erasmus im August 1514 nach Basel kam, existierten noch keine präzisen Publikationspläne für eine griechische Ausgabe des Neuen Testaments. Gleichwohl führte Erasmus allerlei gelehrte Materialien mit sich, die zu zahlreichen Froben'schen Druckvorhaben führten. Fortan sollte dem Basler Drucker ein exklusiver Zugriff auf die Werke und Editionen des Niederländers sicher sein.[45] Eines der von Erasmus mitgeführten Manuskripte enthielt über tausend korrigierende Anmerkungen zu der als kanonisch geltenden lateinischen Übersetzung des Neuen Testaments, der Vulgata. Erasmus setzte voraus, dass in Basel geeignete Handschriften des griechischen Textes des Neuen Testaments vorhanden seien.[46] Gleich zu Beginn seines Baselaufenthaltes bat er Reuchlin, von dem er gehört hatte, dass er eine «ganz fehlerfreie Handschrift» des Neuen Testaments besitze, diese an Froben auszuleihen. Er werde damit nicht nur Froben und ihm, «sondern auch allen anderen Jüngern der Wissenschaft einen Gefallen tun». Erasmus beteuerte, dass die Handschrift «unversehrt und sauber»[47] zu Reuchlin zurückkehren werde. Allerdings stellte sich heraus, dass Reuchlin sie aus dem Basler Dominikanerkloster, in dem Erasmus weitere Handschriften benutzte, ausgeliehen hatte.[48] Der gemeinsame Dienst für die «litterae» und die stetige Arbeit an Büchern begründete den Zusammenhalt dieser beiden «Männer des Buches».

Schon bald nach dem Start des Projekts muss die Entscheidung gefallen sein, dass dem in Spalten gesetzten griechischen Text des Neuen Testaments eine eigene lateinische Übersetzung des Erasmus beigegeben werden sollte. Sie entstand offenkundig erst in Basel. Diese Entscheidung war wegweisend, denn sie stellte sicher, dass auch Leser, die des Griechischen noch wenig kundig waren, die Ausgabe mit Gewinn nutzen und ihre Sprachkompetenzen erweitern konnten. Dadurch, dass die *Annotationes* – entgegen typographischen

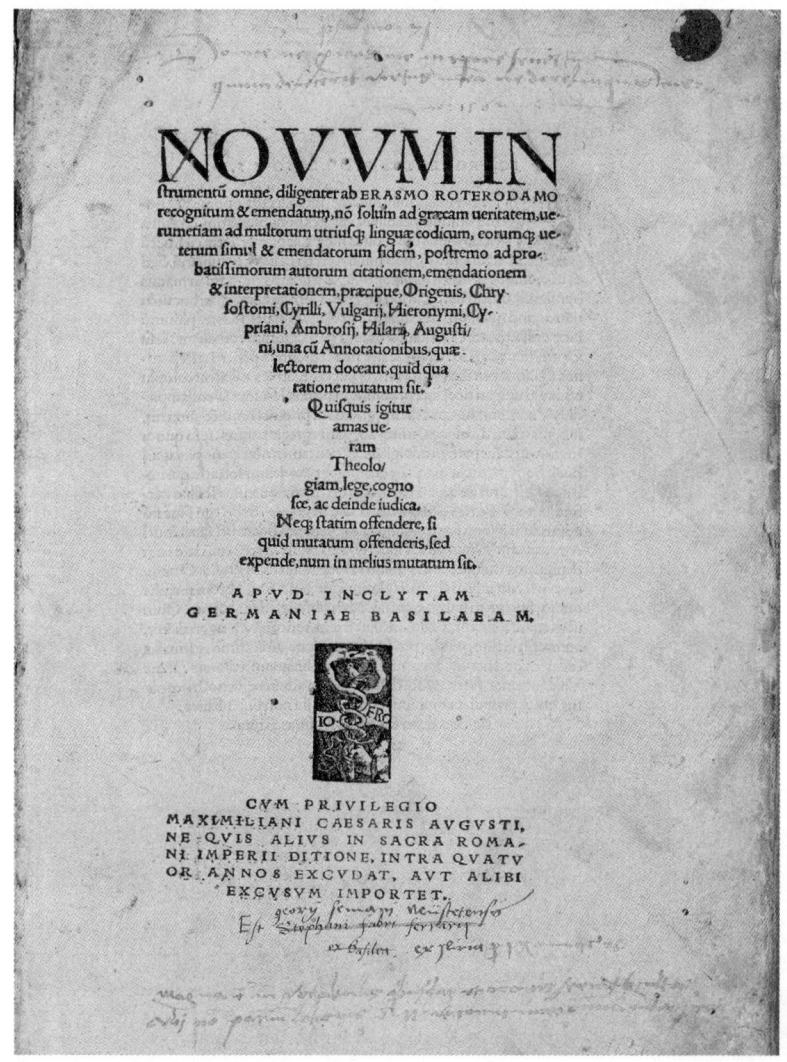

9   *Novum Instrumentum omne, diligenter ab Erasmo Roterodamo recognitum …*, Basel, Joh. Froben 1516. Im Titel der ersten Druckausgabe des Neuen Testaments informiert Erasmus darüber, dass der Text auf dem Vergleich vieler lateinischer und griechischer Handschriften basiert, aber auch die Bibelzitate der besten altkirchlichen Autoren berücksichtigt sind. Sodann verweist er auf die exegetischen Hilfen, die er in seinen Annotationen bietet. Adressaten der Ausgabe sind die «Liebhaber wahrer Theologie».

Konventionen im Umgang mit Kommentierungen[49] – als eigener Teil nach dem griechischen und lateinischen Neuen Testament abgedruckt wurden,[50] rückte der heilige Text gleichsam dominierend in den Vordergrund. Dem ausführlichen Titel des Drucks war zu entnehmen, dass Erasmus den Text des Neuen Testamentes anhand griechischer und lateinischer Handschriften und aufgrund von Zitaten, Übersetzungen und Verbesserungen bei zahlreichen Kirchenvätern sorgfältig geprüft, korrigiert, ja konstituiert hatte. Die Anmerkungen, so die Ankündigung im Titel weiter, gäben Aufschluss darüber, aus welchem Grund einzelne Lesarten geändert worden seien und wie sich die Varianten darstellten. Der Titel mündete in einen Appell: «Du, der du die Theologie liebst, lies, erkenn und dann urteile. Wenn Du auf etwas Geändertes stößt, nimm nicht sogleich Anstoß, sondern ermesse, ob nicht zum Besseren geändert wurde.» Dem philologisch sorgsam hergestellten griechischen Text und seiner adäquaten lateinischen Übersetzung sollte ein an den philologisch-theologischen Anmerkungen geschulter, abwägend-urteilsfähiger Umgang entsprechen.

An zahlreichen Stellen führte Erasmus in den *Annotationes* verschiedene Lesarten des griechischen Textes vor. Auch Dissonanzen zwischen dem griechischen Original und der seit Jahrhunderten im kirchlichen Gebrauch befindlichen Vulgata legte er offen. In dieser textlichen «Verflüssigung», die nach Auffassung mancher Zeitgenossen die Autorität der Heiligen Schrift relativieren musste, ist seine epochale Leistung zu sehen. Dass man Erasmus' griechischen Text später, zumal im Protestantismus, kanonisieren sollte und als *textus receptus* behandelte, hat als paradoxes Rezeptionsphänomen zu gelten. Das Spektrum der *Annotationes* reichte von punktuellen philologischen Beobachtungen bis hin zu kleineren Abhandlungen lexikographischer Art, von Auseinandersetzungen mit Kritikern oder kritischen Hinweisen zu veräußerlichten kirchlichen Ritualen bis zu eher knappen textgeschichtlichen Bemerkungen. So hielt er etwa das *Comma Johanneum*, einen Zusatz zu 1 Joh 5,7–8,[51] der die altkirchliche Trinitätslehre ins Neue Testament eintrug, für nicht ursprünglich.

In den jeweils späteren Ausgaben (1519, 1522, 1527 und 1535) unterzog Erasmus die *Annotationes* einer stetigen Revision. Wer auf der Höhe der zeitgenössischen Wissenschaft bleiben wollte, war deshalb gut beraten, die jeweils neueste Ausgabe zu benutzen oder gar zu erwerben. Printing Natives wie Erasmus und sein Drucker-Verleger Froben verstanden es, die Nachfrage nach neuen Büchern ständig wachzuhalten. Jedes Buch führte zu vielen anderen.

Der Druck des Werkes nahm etwa ein halbes Jahr – vom Spätsommer 1515 bis Ende Februar 1516 – in Anspruch und wurde auf zwei Pressen ausgeführt.[52] Die Textkonstitution und -korrektur, bei der Gerbel und Oekolampad Erasmus zur Seite standen, wurde sukzessive, Bogen für Bogen, vorangetrieben. Die Produktionsleistung dürfte bei durchschnittlich vier Folioseiten am Tag gelegen haben. Dem *Novum Instrumentum* waren textliche Beigaben angefügt, die manches über die Intentionen und Strategien offenbaren, die Erasmus mit seiner Veröffentlichung verband. Die wichtigsten und – wegen volkssprachlicher Einzelausgaben der Texte – wirkungsreichsten Paratexte waren drei Einzelstücke[53] am Eingang des Drucks.

Dazu gehört zunächst die *Paraclesis* («Ermahnung»), die alle Christenmenschen, Kleriker wie Laien beiderlei Geschlechts, zur Bibellektüre auffordert. Entgegen amtskirchlichen Tendenzen, die volkssprachliche Bibeln und laikales Bibellesen mit Abscheu zurückwiesen,[54] pries sie die Begegnung mit Christus in der Schrift als exklusiven Weg der religiösen Vergewisserung an:

> Ich [sc. Erasmus] würde wünschen, dass alle Weiblein das Evangelium lesen, auch dass sie die paulinischen Briefe läsen. Wären doch diese in die Sprachen aller Völker übertragen [...]. [...] Wenn doch der Bauer mit der Hand etwas davon [sc. der Bibel] vor sich sänge, der Weber etwas davon mit seinem Schiffchen im Takt vor sich summte und der Wanderer mit Erzählungen dieser Art seinen Weg verkürzte.[55]

Da diese Forderung bald auch in Gestalt volkssprachlicher Kleinstdrucke verbreitet wurde, kam ihr eine enorme Bedeutung für die

10   *Erasmi Roterodami Paraclesis Teütscht wie ein teürberlich unaussprechlich schatz vnd klainet sey das Ewangelium und haylig wort gottes*, Augsburg, Johann Schönsperger d.J. 1520. Die ins Deutsche übersetzte *Paraclesis* war ursprünglich als Vorrede zu Erasmus' Ausgabe des Neuen Testaments erschienen; darin warb dieser für das Studium der Heiligen Schrift durch Laien. Texte dieser Art dürften den Hunger auf die Bibel, der dann vor allem Luthers Übersetzung zugutekam, verstärkt haben.

Mobilisierung breiter Kreise von Bibellesern zu, deren Bedürfnisse dann in der frühen Reformation befriedigt wurden.

Der zweite einleitende Paratext, der *Methodus* («Methode»), den Erasmus dann 1519 zu einer programmatischen Handreichung zum Theologiestudium erweiterte, leitete dazu an, das Neue Testament in angemessener Weise zu lesen. Es gelte, die neutestamentlichen Schriften auch als historische Zeugnisse und im Lichte ihrer Gattungsmerkmale kritisch zu verstehen. Einer Inspiration des Wortlautes widersprach er deutlich. Mittels der der antiken Rhetorik entstammenden Loci-Methode (auch Lokalmethode), die Texte nach bestimmten «Gemeinplätzen» (*loci communes*) erschloss, solle sich ein bibellesender Theologe Sachzusammenhänge in der Schrift in ihrer Breite aneignen und einprägen.

In einem dritten Einleitungsstück, der *Apologia* («Verteidigung»), rechtfertigte Erasmus sein Vorgehen und äußerte sich zu dem Vorwurf, dass seine Übersetzung die Vulgata und damit die kirchliche Autorität relativiere.

Im *Novum Instrumentum* wurden überdies vier Briefe abgedruckt, die das Buch medienpolitisch flankieren und seine Durchschlagskraft erhöhen sollten: Den Anfang bildete ein Brief Frobens an den Leser, in dem er das Bemühen um Frömmigkeit und gute Sitten (*pietas, mores*) in einen engen Zusammenhang damit brachte, dass Oekolampad und Erasmus um einen sorgfältigen Text und er selbst um einen akkuraten Druck rangen.[56] Zugleich warnte Froben den Leser davor, unzuverlässige Nachdrucke zu kaufen. Ein Buch voller Fehler sei eigentlich kein Buch, sondern nur Ärger,[57] schärfte er ein. Es folgte, durch Zierleisten hervorgehoben, ein Widmungsbrief des Erasmus an Papst Leo X.,[58] in dem er die Mühen um den Text und seine Sichtung der ältesten und besten griechischen und lateinischen Handschriften herausstellte, dazu die Bedeutung der Förderung, die er durch den Erzbischof von Canterbury, William Warham, erhalten hatte. In England entfalte dieser eine ähnliche Wirkung wie Leo und im weltlichen Bereich die Medici. Dank Warham blühten die Wissenschaften auf der Insel. Seine zweisprachige Ausgabe des Neuen Testaments sei dadurch wesentlich gefördert worden. In einem eigenen Vorwort zu den *Annotationes*[59] betonte Erasmus seine Verbundenheit mit John Colet in London, hob erneut die Mühsal bei der Sichtung der alten Handschriften und die vor allem von Oekolampad, dem *vir trilinguus*, überprüften Textbezüge zur Septuaginta und zum masoretischen Text, also der griechischen und der hebräischen Version des Alten Testaments, hervor. Dass Oekolampad schließlich in einem Nachwort an den Leser Erasmus' einzigartige Leistung und Frobens Sorgfalt lobte,[60] war eine abschließende feierliche Bestätigung durch einen der Ihren. Drucker, Herausgeber, hochrangige Widmungsempfänger und Leser wurden durch die Paratexte des *Novum Instrumentum* effektvoll verbunden – neben der Novität und dem revolutionären Charakter des Inhalts gewiss kein unwichtiger Faktor seines Erfolges.

Das Buch als Objekt der Begierde

Bibliophile gestalteten ihre vielfältigen Beziehungen in Büchern, mit Büchern und durch Bücher. Gedruckte Werke sicherten ihnen im Kreis der Lesewilligen eine öffentliche, räumlich und zeitlich entgrenzte, partiell nicht zu kontrollierende Wahrnehmbarkeit. Bücher stifteten Gemeinschaft und inszenierten Loyalität durch ihre Widmung, Überreichung oder Versendung. Die «Männer des Buches» begründeten auch die eigene Bedeutsamkeit oder die anderer durch literarische Repräsentationen im Buch. Und sie trugen mittels des Buches Kontroversen aus.

Die am Buchmarkt Beteiligten unterhielten besondere Kontakte untereinander; Buch- und Briefkultur hingen in jener Zeit engstens zusammen. Manche Korrespondenz handelte vor allem von Büchern: Man informierte sich über Neuerscheinungen, sandte sie zu, bekräftigte Freundschaften durch Buchgeschenke oder -ausleihen, bat um die Beschaffung neuer Bücher, wies auf Kontaktpersonen zu Druckern oder Händlern hin und demonstrierte mit alledem, dass man wusste, was vor sich ging in der Welt der Bildung, der Wissenschaft, der Politik, der Bücher. Außerhalb der Städte betätigten sich sogenannte

Buchführer häufig als Informanten und Briefboten, die zwischen verschiedenen «Männern des Buches» herumreisten. Einige von ihnen waren Schlüsselfiguren in weiträumigen Kommunikationsnetzen, bei denen vielfältiges Wissen um geplante Projekte und die beteiligten Akteure zusammenliefen: Georg Spalatin etwa, der Sekretär Kurfürst Friedrichs von Sachsen, der auch die Buchanschaffungen für die *Bibliotheca Electoralis*[61] tätigte, verfügte über ein ausgeprägtes Netzwerk, um Bücher zu beschaffen und zu verbreiten, Manuskripte zu lancieren und Buchinformationen aller Art zu erlangen und zu verbreiten.

Die Professoren der Universität Wittenberg nutzten diese Beziehungen und die beschleunigten Kommunikationswege des Hofes insbesondere in die Handels- und Buchdruckmetropole Nürnberg. Konrad Pellikan, ein elsässischer Franziskaner und späterer Reformator, war als Lektor, Autor und Herausgeber in Basler Offizinen tätig. Er korrespondierte im ober- und mitteldeutschen Raum, organisierte zahlreiche Nachdrucke, wirkte als Editor, fertigte Inhaltsverzeichnisse und Register an und war für manche anderen «Männer des Buches» ein wichtiger Ansprechpartner und Kontaktmann. Ähnliches gilt für Beatus Rhenanus, einen humanistischen Gelehrten, der vor allem in Schlettstadt, Straßburg und Basel tätig war. Er akquirierte Manuskripte aller Art für oberdeutsche Drucker, betreute und bearbeitete Nachdrucke und beobachtete aufmerksam den internationalen Buchmarkt. Auch für andere Humanisten oder spätere Reformatoren – Johannes Oekolampad, Konrad Peutinger, Johannes Reuchlin, Erasmus von Rotterdam, Ulrich Zwingli, Philipp Melanchthon, Johannes Lang, Willibald Pirckheimer, Wolfgang Fabritius Capito und andere mehr – lässt sich ziemlich präzise nachweisen, dass sie engstens mit Druckern zusammenarbeiteten, über Entwicklungen auf dem Buchmarkt bestens informiert und ständig damit beschäftigt waren, eigene oder Texte anderer für den Druck zu empfehlen, vorzubereiten oder im Herstellungsprozess zu betreuen. Auch Nachdrucke andernorts erschienener Texte und Schriften kamen vielfach durch Vermittlung bestimmter Insider, deren Unterstützung die Drucker benötigten, zustande.

Persönlicher Buchbesitz wurde von vielen Bibliophilen erstrebt und, je nach finanziellen Möglichkeiten, systematisch gepflegt. Sich wegen des Erwerbs von Büchern zu verschulden, galt nicht als unehrenhaft, ja war nicht unüblich. Die Reuchlin gelegentlich zur Last gelegte «Gewohnheit», «Bücher anderer an [s]ich zu nehmen, ohne sie je wieder zurückzugeben»,[62] musste nicht unbedingt das Ende einer Freundschaft bedeuten, denn man hatte Verständnis für bibliophile Gier. Als Reuchlin im Sommer 1519 wegen eines in Württemberg ausgebrochenen Krieges mit seiner Familie «in höchster Gefahr»[63] war, galt seine größte Sorge seinen Büchern: «Ich wurde daran gehindert, auch nur die hebräischen und griechischen [...] aus der Stadt wegzubringen, während ich andere, mehr als 250 lateinische, bei mir zurückhalten konnte, um die ich nicht so besorgt bin, weil sie jeden Tag käuflich zu erwerben sind.»[64] Die unikale Quelle, das mühsam beschaffte oder teuer erworbene, das einzigartige Buch – und das galt nach wie vor insbesondere für Handschriften – behielt eine besondere Aura. Und als Liebhaber der Bücher hielten die «Männer des Buches» einzelnen Exemplaren lebenslang die Treue.

Als Reuchlin knapp zwei Jahrzehnte zuvor, 1502, vor der Pest ins Kloster Denkendorf bei Esslingen geflohen war, klagte er gegenüber Aldus Manutius, dem «hohe[n] Priester der Gelehrtenrepublik», in einem Brief vom 10. November, dass er «von [s]einer Bibliothek getrennt [...] zum Einsiedler geworden» sei.[65] Bei dem venezianischen Drucker kaufte er direkt, und zwar vor allem griechische Ausgaben. «Lateinische kann ich nämlich bei unseren Buchhändlern hier viel billiger einkaufen», teilte er ihm mit, gleichzeitig um einen passablen Preis bittend: «[...] nimm mir gegenüber nicht die Aufgabe eines Versteigerers, sondern die eines Freundes wahr, damit ich mich nicht dafür schämen muß, bei Kleinhändlern billiger kaufen zu können als bei Dir, dem so berühmten Kaufmann», schrieb er Aldus. In seiner Antwort versicherte der Drucker, dass er seine Bücher in Venedig zu keinem geringeren Preis verkaufe als dem, den er von Reuchlin verlange. Als einzige Erklärung für den angeblich niedrigeren Preis eines Buchhändlers komme in Betracht, dass dieser «sehr viele Bücher von unserer

Gesellschaft in Venedig als Gesamtpaket» erhalten habe, «und zwar billiger, als sie als Einzelstücke verkauft werden, damit er auch, wie es ja richtig ist, selbst etwas daran verdienen kann». Mengenrabatte und Kommissionshandel gab es also bereits. Da der Buchhändler, so Manutius weiter, diese aber vorläufig nicht bezahlt habe «– wir überlassen sie ihm nämlich auf Zeit –, glaubt er vielleicht, dass er sie kostenlos erhalten habe». Gewiss schwang in dem Preisgeplänkel zwischen Aldus und dem sparsamen Schwaben Reuchlin auch ein wenig Humor mit. Die Wertschätzung, die der Stuttgarter Jurist dem gelehrten italienischen Drucker entgegenbrachte, ließ es unmöglich zu, dass die finanziellen Fragen im Verhältnis zum Buch dominierten oder man sich gar darüber entzweite. Wenn ein «Mann des Buches» wie Reuchlin Bücher günstiger zu kaufen hoffte, dann ohnehin nur, um noch mehr Bücher kaufen zu können.

In einem für seine Nachfahren verfassten *Chronicon* erinnerte sich der im Jahre 1478 geborene Pellikan, dass er, der aus bescheidenen Verhältnissen stammte, in seiner Schulzeit in Rufach kein einziges gedrucktes Buch besessen habe. Deshalb habe er «mühsam Alles aufschreiben»[66] müssen. Wohlhabendere Mitschüler hätten gedruckte Exemplare des «Donat», des nach seinem Verfasser Aelius Donatus, einem römischen Grammatiker des 4. Jahrhunderts, benannten Lehrbuchs des Lateinischen, besessen. Als Fünfzehnjähriger, schreibt Pellikan, lieh er sich Bücher bei den Franziskanern in Rufach aus; wenig später trat er, primär wegen des dadurch eröffneten Zugangs zu höherer Bildung, in den Orden ein. Er wurde Amanuensis, also Sekretär des gelehrten Franziskanerguardians Paul Scriptoris, der ihm in Tübingen seinen Sentenzenkommentar diktierte, und kümmerte sich in dieser Funktion auch um den typographischen Herstellungsprozess bei dem Drucker Johann Otmar – wohl sein erster näherer Kontakt zur Schwarzen Kunst. Über den Franziskanerpater Paul Pfedersheimer, einen jüdischen Konvertiten, gelangte Pellikan in den Besitz einer hebräischen Bibelhandschrift. Pfedersheimer hatte ihn wissen lassen, dass er in Mainz «von lange her hebräische Handschriften liegen [habe], die ich meinem Vater wegnahm, als ich Christ wurde».[67]

Das Buch als Objekt der Begierde 71

Jahrzehnte später fasste Pellikan die einzigartige Bedeutung dieses Buchgeschenks zusammen:

> In meinem ganzen Leben war mir noch keine so große Freude zuteil geworden, wie beim Anblick dieses hebräischen Riesenbuchs, das ich nun mein eigen hieß. Es war auf Pergament geschrieben in höchst zierlichen Buchstaben – eine wahre Pracht! – und mit der Masora [d. i. grammatische Glossen rabbinischer Kommentatoren] von einem Umfange, daß beim Binden wohl ein ganzes Kalbsfell nötig gewesen ist.[68]

Als Bettelmönch musste Pellikan unkonventionelle Wege gehen, um in den Besitz begehrter Bücher zu gelangen. Das war zum Beispiel der Fall, als er im Jahr 1500 erfuhr, dass ein Tübinger Buchhändler eine in Pesaro gedruckte kleinformatige hebräische Bibel[69] aus Italien mitgebracht hatte. Sofort eilte er «zu dem Manne, wie der Hirsch zum frischen Wasser, schier atemlos vor brennendem Verlangen». Der Buchhändler ließ sich darauf ein, Pellikan das Exemplar einige Tage zu überlassen; als Preis nannte er eineinhalb Gulden, was Pellikan in höchstem Maße erfreute, da er mit dem Vier- bis Fünffachen gerechnet hatte. Sein Guardian war zu zahlen bereit, «und so bekam ich die Bibel, bezeichnete die Kapitel und war herzensfroh, den Reichtum eines Krösus erworben zu haben».[70] Ein anderes Mal ging Pellikan seinen Onkel, einen Weltgeistlichen, wegen der Bezahlung von Büchern an. Als in Nürnberg ein aus Venedig gekommener Pentateuch, also eine Ausgabe der fünf Bücher Mose, «ein prächtiger hebräischer Druck (ganz neu, von 1515) mit der chaldäischen Uebersetzung des Onkelos und dem Kommentar Rabbi Salomons [Raschi]»,[71] zum Kauf angeboten wurde, erstand die gelehrte Äbtissin des Klaraklosters, Caritas Pirckheimer, Schwester des bekannten Humanisten Willibald, das Buch für Pellikan. Der erinnerte sich in der Hauschronik an sein Glücksgefühl: «Wie ein Krösus kam ich mir vor mit diesem Buch, da ich bisher nur eine gewöhnliche hebräische Bibel besessen hatte.»[72] Für seine Dienste bei Amerbach und Froben – vor allem knappe, kapitelweise Inhaltszusammenfassungen für die Ausgaben der Kirchenväter Augustin, Cyprian und Tertullian steuerte er bei – revanchierten sich die berühmten Basler Drucker durch «Wohltaten», die sie seinem Orden erwiesen. Auch ihn selbst, so erinnerte sich Pellikan, «der ja sonst bettelarm war, [ließen sie] nie Mangel an nützlichen Büchern leiden».[73] Der Erwerb von Büchern wurde manchmal geradezu verewigt. So trug Karlstadt in seinen Band mit den Predigten des Mystikers Johannes Tauler das Kaufdatum sowie den Preis für Druck und Bindung ein,[74] und im Vorwort seiner eigenen gedruckten Auslegung von Augustins Schrift *De spiritu et littera* (*Vom Geist und Buchstaben*) schrieb er dem Erwerb der Amerbachschen Augustinausgabe am 1. Januar 1517 den Charakter einer schicksalhaften Wende zu.[75] Pellikan erinnerte sich noch viele Jahre später, wo und wie er das erste Exemplar der soeben erschienenen Erstausgabe von Erasmus' *Novum Instrumentum* gesehen hatte: vor einem Haus mit Basler Wappen unweit der Notre Dame in Paris, und zwar «offene Ballen, die eben aus Basel gekommen waren und lauter neue Testamente mit den Anmerkungen des Erasmus enthielten, vollständig frisch von der Presse weg».[76]

Persönlicher Buchbesitz ermöglichte Selbstbildung. Reuchlin hatte mit seinen *Rudimenta* beabsichtigt, dass «jeder Lernwillige umso leichter bei sich zu Hause – nur auf sich selbst gestützt und ohne die Hilfe eines Lehrers allein durch die Lektüre des Buches [...] jegliche Eigenheit der heiligen Sprache erlernen könne».[77] Die Veröffentlichung entsprechender Bücher bedeutete, «unter den wißbegierigen Schülern eine Saat»[78] auszubringen. Außer einer grammatischen Frage, die Pellikan bei einem Besuch in Tübingen an Reuchlin richten konnte, hatte dieser sich das Hebräische noch «ohne Lehrer lediglich durch Vergleichung mit den Uebersetzern und unverdrossene[m] Fleiß angeeignet». Denn bei seinen Kontakten mit Juden im Elsass, in Worms, Frankfurt, Regensburg «oder sonstwo»[79] war er nirgends einem Juden begegnet, der ihm grammatische Fragen erklären konnte. Insofern war für die Generation der Reformatoren beim Erlernen des Hebräischen das Autodidaktentum das Übliche. Dass die Lektüre eines Buches auch den Wunsch, seinen Autor persönlich kennenzu-

Das Buch als Objekt der Begierde 73

lernen, hervorrief, war ein Grundmotiv im Leben der «Männer des Buches». Wie war Pellikan ergötzt, Jakob Faber Stapulensis, den berühmten Philologen und Theologen, dessen Werke er «seit langer Zeit fast sämtlich besaß und gelesen hatte»,[80] 1516 in einer Pariser Kirche eine Stunde lang unter vier Augen sprechen zu können! Bücher intensivierten, wo immer möglich, direkte, briefliche oder persönliche Kommunikation.

Viele «Männer des Buches» waren als Übersetzer tätig – vor allem aus dem Griechischen ins Lateinische oder aus beidem in eine Nationalsprache. Bücher zu mehren, indem man sie von der einen Sprache in eine andere übertrug und fremde Welten einander annäherte, wurde eine kulturelle Praxis, die man durch den Buchdruck in bisher unbekanntem Ausmaß intensivierte und in breitere Leserkreise hinein vermittelte. Dabei beschränkte man sich nicht nur auf Texte, deren Inhalte man affirmierte. Reuchlin etwa hatte den seiner christologischen Irrlehren wegen auf der Synode von Ephesus im Jahr 431 verurteilten Patriarchen Nestorius übersetzt; dies begründete er 1488 damit, dass es lehrreich sei, sich vor Augen zu führen, «mit welch windigen Worten er heranschleicht, mit welch süßem Sirenengesang er in die Tiefe zieht».[81] Im sogenannten Bibel- und Kirchenväterhumanismus der vor allem von Erasmus nachhaltig geprägten jüngeren «Männer des Buches» hatten lateinische oder deutsche Übersetzungen von altkirchlichen Autoren hingegen eine orientierende Funktion in theologischen, sozialethischen oder erbaulichen Fragen. So übersetzte Oekolampad eine Predigt Gregors von Nazianz über die Liebe zu den Armen aus dem Griechischen ins Lateinische,[82] und Spalatin dann vom Lateinischen ins Deutsche.[83]

Die zeitweilige Konjunktur der Kirchenväter, die seit dem zweiten Jahrzehnt des 16. Jahrhunderts auf breiterer Front in den akademischen Unterricht einzogen, hing gewiss auch mit den scharfen Polarisierungen zwischen ewiggestrigen «scholastischen Dunkelmännern» und progressiven «Humanisten» zusammen, die seit den publizistischen Kontroversen um Reuchlin zum ideenpolitischen Kampfarsenal gehörten. Sieht man von Erasmus einmal ab, der aus-

11 Sebastian Brant, *Das neue Narrenschiff*, Straßburg, Johann Grüninger 1497. Das *Narrenschiff* war eine Ständesatire, die der zeitgenössischen Gesellschaft ihre Narrheiten, Laster und Eitelkeiten vorhielt; die geschilderte Schiffsreise soll rund hundert Narren in ihre Heimat Narragonien bringen. Das in Versen abgefasste Werk war das verbreitetste deutschsprachige Buch vor der Reformation.

schließlich an Publikationen in griechischer und lateinischer Sprache mitwirkte, dann verweigerten sich die meisten «Männer des Buches» über kurz oder lang auch den Chancen nicht, die sich mit Druckwerken in der Volkssprache verbanden: Man konnte die immer zahlreicheren nicht-gelehrten Leser erreichen, den Druckern weitere Absatzmöglichkeiten verschaffen und damit zugleich das eigene mediale Echo vergrößern. Insofern war die prominente Rolle, die die Volkssprache dann innerhalb des reformatorischen Kommunikationsprozesses spielen sollte, durch die vorangegangenen Jahrzehnte und das Wirken von «Männern des Buches» vorbereitet und teilweise auch ermöglicht worden. Neben Reuchlin waren dies etwa der «Bestseller»-Autor Sebastian Brant oder ausstrahlende Prediger wie Johannes Geiler von Kaysersberg. Brants *Narrenschiff*, ein die zeitgenössische Gesellschaft und ihre Eitelkeiten schonungslos ironisierendes Versepos, erschien erstmals zu Fastnacht 1494 in Basel.[84] Schon im selben Jahr wurde es dreimal nachgedruckt und brachte es zu Lebzeiten seines Verfassers (1457–1521) auf insgesamt sechs Originalausgaben. Drei Jahre nach dem Erstdruck erschien eine lateinische Übersetzung von Jakob Locher (Philomusus); im selben Jahr, 1497, kam auch eine erste niederdeutsche Ausgabe heraus. 1498 legte Geiler das *Narrenschiff* einem Zyklus von einhundertsechsundvierzig Predigten zugrunde. Auf der Grundlage von Lochers lateinischer Version erfolgten Übersetzungen ins Französische, Englische, Flämische und Niederländische. So trugen die «Männer des Buches» durch Übersetzungen zur Ausformung eines europäischen Kommunikationsraums bei.

Gelegentlich wurden auch Texte und Bücher besonders erfolgreich, die eher am Rande des literarischen Wirkens ihrer Verfasser lagen. Dies war der Eigendynamik des Marktes geschuldet, hing aber auch mit der Originalität mancher Bücher oder schlicht deren Umfang zusammen. Je weniger aufwändig ein Druck war, desto größer die Wahrscheinlichkeit, dass man ihn reproduzierte. Johannes Reuchlin erlebte dies mehrfach. Die im Denkendorfer Klosterexil verfasste Predigtlehre *De arte praedicandi (Über die Kunst des Predigens)*, mit der er sich für die Gastfreundschaft der Chorherren bedankte, wurde eines der am weitesten verbreiteten Handbücher dieser Art. Reuchlin orientierte seine aus der antiken Rhetorik schöpfenden Empfehlungen, die Aspekte der Gedächtnisschulung, der Affektsteuerung und der Disposition enthielten, an den Bedürfnissen seelsorgerlicher Praxis. Auch mit seinen an die römischen Komödiendichter Terenz und Plautus anknüpfenden satirischen Dramen *Sergius* und *Scaenica progymnasmata* schuf er überaus wirkungsreiche Werke. Sie wurden in über zwanzig bzw. dreißig Ausgaben nachgedruckt und beeinflussten das humanistische Schultheater maßgeblich; Reuchlin dürfte auch diesen Erfolg kaum erwartet haben.[85] *Sergius* handelte von der Auffindung des Schädels des «nestorianischen» Mönches Sergius, der eine christologische Irrlehre vertrat und zum Lehrer Mohammeds geworden war.[86] Das im Milieu der Gaukler und Schauspieler angesiedelte Stück mit karnevalesken Zügen avancierte zum Schulstoff, der eingehend kommentiert wurde. Zudem enthielt es, dem intellektuelleren Zuschnitt der Religion bei den Humanisten entsprechend, beißenden Spott über die Reliquienverehrung. Die *Scaenica progymnasmata* gelangten 1497 im Haus des Wormser Bischofs Johannes Dalberg, dem Zentrum eines Humanistenkreises, zur Aufführung und erschienen bald darauf im Druck.[87] Diese erste deutsche Musterkomödie[88] handelte von Geld, Korruption des Rechtswesens, hochnäsigen Akademikern und der Bauernschläue eines Knechts, der die betrogenen Betrüger am wirkungsvollsten betrog. Die *Vorübungen in Schauspielform* wurden auch in deutscher Übersetzung bzw. Adaption ein Erfolg. Publizistische Triumphe und Misserfolge lagen für einen «Mann des Buches» wie Reuchlin dicht beieinander.

Selbstvermarktung und der Schutz von Urheberschaft

Um 1500 vermehrten sich die Anzeichen dafür, dass Künstler, Buchdrucker und Autoren nicht nur einen bestimmten Stand oder Beruf, eine Tätigkeit oder Fähigkeit repräsentierten, sondern als Individuen wahrgenommen wurden und sich selbst so verstanden und inszenier-

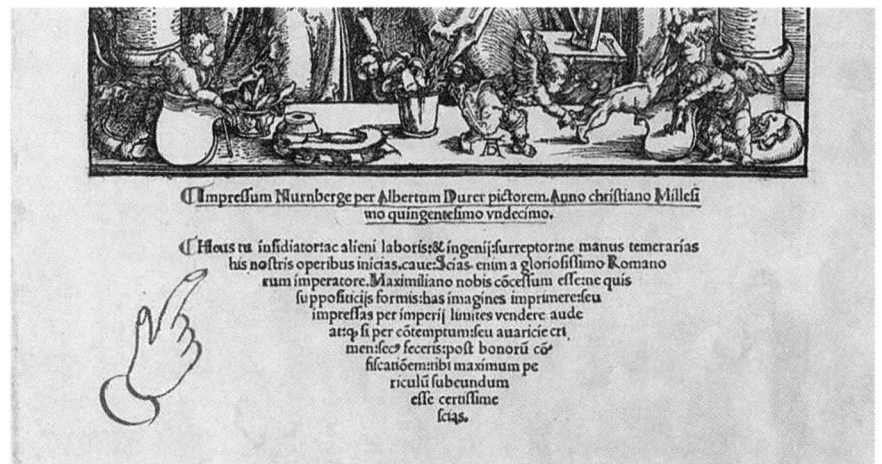

ten.[89] Für einen Künstler wie Albrecht Dürer wurde es selbstverständlich, *seine* Erzeugnisse mit seinem berühmten Monogramm «AD» zu kennzeichnen, also als «Marke» zu labeln. Den druckgraphischen Serien fügte er den Hinweis auf eine kaiserliche Privilegierung bei, die das Kopieren seiner Bilder und deren Verkauf untersagte. Das Eigene sollte also zum einen identifizierbar ausgestellt, zum anderen geschützt werden. An der Schwelle zur frühen Neuzeit gibt sich das künstlerische Individuum als bedrohtes zu erkennen.

12 *Epitome in Divae Parthenices Mariae Historiam ab Alberto Durero Norico per figuras digestam* …, Nürnberg, Dürer, H. Höltzel 1511. Am Schluss seines Marienlebens druckte Dürer einen Kolophon, in dem er unter Verweis auf ein kaiserliches Privileg darüber informiert, dass ein Nachdruck seines Werkes unstatthaft ist.

Ähnliche Interessen wie bei der Kennzeichnung von Druckgraphik dürften auch beim Einsatz aufwändigerer Druckersignete eine Rolle gespielt haben. Der Drucker trat mit seinem guten Namen und seinem das Druckerzeugnis versiegelnden Zeichen für die Qualität des Produktes ein, nutzte also eine Schrift bzw. einen Autor zur Werbung für die eigene Offizin. Zugleich sollte die Kennzeichnung und Inbesitznahme eines bestimmten Druckprodukts das Selbstverständnis und das Können symbolisch unterstreichen und wohl auch die Aneignung durch einen anderen, etwa durch Nachdruck, erschweren.

13 Erasmus von Rotterdam, *Proverbiorum Chiliades ...*, Basel, Joh. Froben 1515. Auf Empfehlung des Erasmus wählte Froben seit 1515 den sog. Caduceus oder Merkurstab als Druckersignet. Er galt als Symbol des Friedens und der Eintracht. Die hebräisch-griechisch-lateinischen Umschriften vereinen alt-, neutestamentliche und klassisch-lateinische Weisheit (Ps 125,4; Mt 10,16; Martial 10,47). Die ungewöhnliche Taube dürfte eine ikonographische Neuerung sein und dem oben und unten auf Griechisch gedruckten neutestamentlichen Vers «Seid klug wie die Schlangen und ohne Falsch wie die Tauben» entsprechen. Die Typensätze der drei alten Sprachen wiesen Froben als kompetenten humanistischen Drucker aus.

Als Beispiel sei das Signet des Johannes Froben in Basel vorgestellt, der seit etwa 1515/16 zunehmend exklusiv Erasmus und seine Editionen druckte.[90] Die Anregung für sein Druckersignet, ein hieroglyphisches Rätselbild, hatte Froben vermutlich von Erasmus selbst empfangen. Es zeigt den sogenannten Caduceus oder Merkurstab, der von einer aus den Wolken herausragenden Hand gehalten wird und an dem sich zwei Schlangen emporwinden. Auf der Spitze des Stabes sitzt ein Vogel, vielleicht eine Taube; gegenüber sonstigen Darstellungen dieses Merkurstabes ist der Vogel auf diesem Bild ein originelles Motiv. Die Köpfe der beiden Schlangen bilden einen Kreis – oder ein Alpha – und schauen sich an; die Windungen der Schlangenschwänze formen ein Omega. Im Caduceus werden verschiedene Aspekte des Wesens des Gottes Merkur in verschlüsselter Weise visualisiert: Frieden, Klugheit, Gerechtigkeit, Handelstreue und -erfolg, Nähe zu den Künsten, besonders zu Dialektik und Rhetorik. Das Kürzel «IO. FRO.» rechts und links neben dem Stab verbindet das Bild mit dem Namen des Buchdruckers. An den vier Seiten des Rahmens, der das Bild umgibt, sind griechische (oben, unten), lateinische (links) und hebräische (rechts) Inschriften angebracht – als Ausdruck des typographischen Leistungsspektrums des humanistischen Druckers, der fähig ist, die Erwartungen der *viri trilingui*, der in allen drei Sprachen Versierten, zu erfüllen. Das griechische Motto nahm Matthäus 10,16 auf («Seid klug wie die Schlangen, ohne Falsch wie die Tauben»); das lateinische kombinierte zwei Epigramme Martials[91] und bedeutete so viel wie «Verständige Einfalt und Liebe des Richtigen». Als hebräisches Motto diente Psalm 125,4: «Herr, tu wohl den Guten und denen, die frommen Herzens sind.»

Offenbar lag Froben bzw. dem hinter dem Entwurf dieses Signets stehenden Gelehrten daran, heidnisches Bildmotiv und christliche Weisheit nahe aneinanderzurücken und die Konsonanz von hebräischer und lateinischer Spruchweisheit zu demonstrieren. Die Verbindung von Schläue und Arglosigkeit im Selbstverständnis eines Druckers war auf die gemeinschaftsfördernden und friedensstiftenden Tugenden des Merkur ausgerichtet. Die Hand Gottes stellte einen

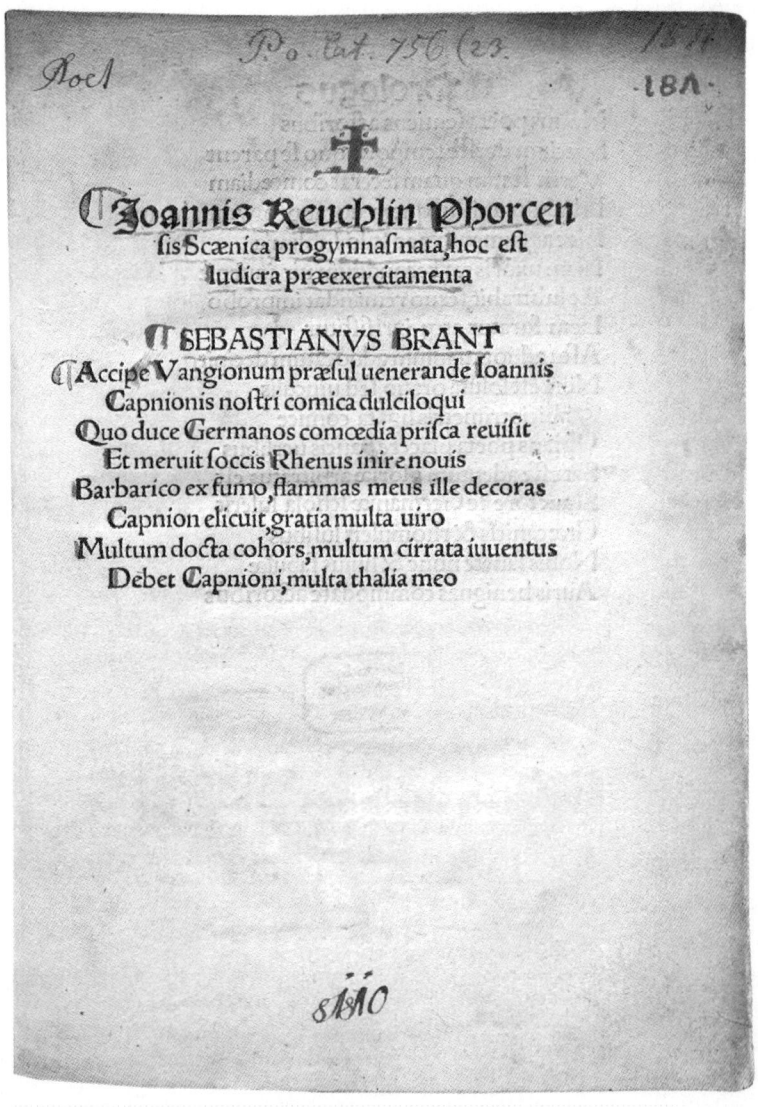

14 Im frühen 16. Jahrhundert rückte der Verfassername allmählich ins typographische Zentrum der Titelblätter – eine Entwicklung, die durch die Reformation noch weiter verstärkt wurde (siehe auch Abb. 15 und 16): Johannes Reuchlin, *Scaenica progymnasmata, hoc est ludicra praeexercitamenta*, Tübingen, Th. Anshelm 1511.

15   Der Verfasser im Zentrum des Titelblatts: Geiler von Kaysersberg,
     Sermones … fructuosissimi. De arbore Humana …,
     Straßburg, Joh. Grüninger 1519.

16   Der Verfasser im Zentrum des Titelblatts: Erasmus von Rotterdam, *In Iacobum Stunicam ... Apologia ...*, Straßburg, U. Morhart d. Ä. 1522.

Weltlauf sicher, der durch menschliche Tugend und Vernunft geprägt sein sollte. Mit einem Signet wie diesem brachte ein Drucker zum Ausdruck, wie sehr er sich mit den Inhalten der Schriften seiner humanistischen Autoren identifizierte und seine Arbeit in den Dienst ihrer Ideale stellte. Für einen «Mann des Buches» wie den sich in seinem Signet als unverwechselbares Individuum präsentierenden Johannes Froben konnte es bei der Herstellung und dem Vertrieb von Büchern nie nur um Profit gehen.

Auch die Exposition eines Autors als Individuum schritt im frühen 16. Jahrhundert sukzessive, aber weder zügig noch völlig linear voran. Die Tendenz, Autor und Titel in derselben Type ohne besondere Akzentuierung zu setzen, ja den Autor im Titel aufgehen zu lassen und gleichsam zu verstecken, blieb verbreitet. Erst nach und nach wurde es in einzelnen Druckereien üblich, die Namen prominenterer zeitgenössischer Autoren vom Rang Reuchlins, Johannes Geilers von Kaysersberg oder Erasmus' auf den Titelblättern ihrer eigenen Schriften hervorzuheben – sei es, indem man sie in Kapitalis oder mit einer größeren Type setzte, sei es, dass man ihnen eine eigene Zeile einräumte, oder beides. Eine weitere Steigerungsstufe bei der Kreierung eines Autors als «Marke» konnte im Einsatz medallionartiger oder sonstiger graphischer Elemente bestehen,[92] die kleine oder auch größere Porträts besonders geschätzter Autoren[93] auf die Vorderblätter ihrer Schriften setzten. Ein Lutherporträt auf der Titelseite einer seiner Schriften zu präsentieren, wie dies außerhalb Wittenbergs geschah, setzte diese Tendenz zur Emphatisierung und Aufwertung eines Autorindividuums fort.

In Wittenberg selbst prägte man die «Marke Luther»[94] vor allem durch die typographische Hervorhebung seines Namens oder, ab einem bestimmten Stadium seines Bekanntwerdens, allein seiner Initialen «D.M.L.» in Verbindung mit dem Herkunftsnamen «Wittenberg» und ansprechend gestalteten Zierleisten. Als Luther und die Wittenberger Druckerszene immer stärker mit konkurrierenden Nachdrucken vor allem aus Nürnberg und dem fränkischen Raum zu kämpfen hatten, kreierte der Reformator eine Schutzmarke, die er

17 *Das Ander teyl des alten Testaments* …, Wittenberg, Cranach, Döring 1524. Diese Schutzmarke benutzte Luther erstmals am Schluss des zweiten Teils seiner Übersetzung des Alten Testaments, der die Bücher Josua bis Esther umfasste. Es verbindet das Lamm mit Salvatorfahne als Christussymbol nach Joh 1,29 mit der «Lutherrose», Luthers Wappen, und dem Monogramm seines Namens. Mit diesem Zeichen wollte Luther die Authentizität der von ihm in Druck gegebenen Schriften sichern und Nachdrucke einschränken. Das Instrument erwies sich allerdings als wirkungslos, weshalb es rasch wieder verschwand.

erstmals 1524 einem Druck des zweiten Teils des Alten Testaments (der Bücher Josua bis Esther)[95] beifügte. Die Marke zeigt ein Wappenschild mit geschweiftem Rand, auf dem das Christuslamm mit der Salvatorfahne zu sehen ist, sowie ein Medaillon mit der «Lutherrose» und dem Monogramm «ML». Ein kurzer Text erläutert die Funktion des Zeichens: «Dis zeichen sey zeuge / das solche bucher durch meine hand gangen sind / denn des falschen druckens und bucher verderbens / vleyssigen sich ytzt viel.» Luther wollte also die von ihm bearbeiteten und autorisierten Drucke durch dieses Zeichen authentifizieren und die Wittenberger Originaldrucke von den Nachdrucken unterscheidbar machen. Die Tatsache, dass er schon bald wieder auf den Gebrauch dieses Zeichens verzichtete, zeigt wohl, dass es seine Wirkung verfehlte.

In Zürich, wo alle Schriften Zwinglis bei demselben Drucker, Christoph Froschauer, herauskamen, erfolgte ein «Branding» dadurch, dass sie mit demselben Bibelspruch, dem sogenannten Heilandsruf «Kommet her zu mir, alle die ihr mühselig und beladen seid, ich will euch erquicken» (Mt 11,28) ausgestattet wurden, die meisten zusätzlich mit einem Bildchen des heilenden und helfenden Christus auf der Titelseite. In Anknüpfung an Zwingli wählte auch Ludwig Hätzer, sein früherer Anhänger und späterer Gegner im täuferisch-spiritualistischen Lager, ein Motto, das er allen seinen Schriften beigab: «O Gott erlöß die Gefangenen.» Der Satz dürfte Psalm 126,1, Psalm 146,7 oder Jesaja 42,7 aufnehmen und an die von Hätzer angeprangerte Inhaftierung von Glaubensbrüdern erinnern, die gegen Bilder im Kirchenraum gekämpft hatten – ein rares Beispiel für buchpolitisches Branding bei einem «Mann des Buches» unter den radikalen Verfechtern der Reformation.

Der «Judenbücherstreit» als Medienereignis

In der fast siebzigjährigen Lebensspanne des 1455 geborenen Johannes Reuchlin zeichneten sich wesentliche Entwicklungsdynamiken des Buchdrucks und des kulturellen Habitus der «Männer des Buches» deutlich ab. Als er ein alter Mann war, hatte sich sein Ideal des *vir trilinguus*, des dreisprachig gebildeten Mannes, als Leitbild einer vor allem über das Buch vermittelten Gelehrtheit etabliert; der Buchdruck mit griechischen und hebräischen Lettern war relativ verbreitet, es existierten europäische Strukturen des Buchmarktes und kommunikative Netzwerke der Humanisten, in denen es vor allem um Fragen rund um die Bücher ging. Der Buchdruck selbst hatte sich in vielen städtischen Zentren etabliert. Volkssprachliche Drucke waren in immer stattlicherer Zahl und mit steigenden Auflagen neben altsprachliche getreten. Die typographischen, satztechnischen und ästhetischen

Präsentationsformen der Schwarzen Kunst waren immer ausgefeilter geworden. Die Gesellschaft der Lesenden hatte sich stetig vergrößert, und mit ihr wuchs die kulturelle Bedeutung der Bücher und der «Männer des Buches» stetig an.

Erasmus war der Hohepriester der *litterae*, der Wissenschaften, in seiner Zeit. Er war das Symbol der befriedenden Macht der Gelehrsamkeit, der Weise, den Kaiser und Päpste verehrten und konsultierten, dessen Rat Fürsten, Prälaten und Patrizier suchten, um dessen Aufmerksamkeit zahllose kleinere Geister buhlten, dessen Bücher nachdruckte, wer immer konnte – kurz: Erasmus verkörperte die durch den Buchdruck induzierten kulturellen Wandlungsprozesse. Ohne das gedruckte Buch, aber auch ohne das, was ein Älterer wie Reuchlin aus dem Buch gemacht hatte, wären Erasmus und der Triumph der *litterae* im frühen 16. Jahrhundert nicht möglich gewesen.

In Bezug auf den Austrag kontroverser Meinungen vermittels des Buchdrucks und die Verlagerung eines gelehrten Streites aus dem Hörsaal in die Öffentlichkeit wurden in Reuchlins Lebenszeit und an seiner Person die Möglichkeiten der neuen Technologie erstmals umfassend sichtbar, auch in Hinblick auf ihre abgründigen, polemischen und destruktiven Potentiale.[96] Der Streit um Reuchlin und die Duldung der «Judenbücher» war das erste Medienevent der Gutenberg-Ära und eine Art Präludium zu den Kontroversen um Luther.

Seit 1507 ging Johannes Pfefferkorn, der 1504 mit sechsunddreißig Jahren und dem Vornamen Josef in Köln zum Christentum übergetreten war, publizistisch gegen seine ehemaligen Glaubensgenossen vor. Pfefferkorn hatte sich zunächst als weitgehend erfolgloser Judenmissionar verdingt, wandte sich dann aber verstärkt als antijüdischer Publizist an eine christliche Leserschaft. Seine Schriften – *Der Joeden spiegel* (1507),[97] *Der iuden peicht* (1508)[98] und *Der Juden veindt* (1509)[99] – erreichten einige Nachdrucke und brachten allbekannte Stereotype der Judenfeindschaft erneut in Umlauf, nun vor allem in der Volkssprache und somit für ein breiteres Publikum. Die Absonderung der Juden von der christlichen Gemeinschaft berge große Gefahren in sich, so hetzte er; durch Pfandleihe und Wucher machten sie Christen von sich abhängig. Juden beteten unablässig gegen die Christen, trieben Blasphemie und beschwörten dadurch den Zorn Gottes über die Christen herauf. Ständig pervertierten und verhöhnten sie den christlichen Kult. Pfefferkorns pauschales Urteil wurde für die Verschärfung des Judendiskurses und die Mobilisierung von Hass mit den Mitteln der typographischen Textreproduktion wegweisend:

> Wie wol vil mangerlai Seckten unnd glauben in der welt gefunden werdenn / So ist doch unter allen kain diebischer dückischer unnd der Cristenhait schedlicher volck. Dan die unrainen und verfluchten Juden / weliche alle zeit tag unn nacht […] embsiglich dar nach trachten / wie si die macht unn gewalt d' christen ußryten.[100]

Propaganda, Fake News, Hassbotschaften – durch den Buchdruck erreichten sie eine bisher nicht gekannte Verbreitung. Gemäß der seit alters in die christlichen Gesellschaften tief eingeprägten Feindschaft waren Juden die ersten Opfer der abgründigen Möglichkeiten des neuen Mediums.

In seinem Kampf gegen den jüdischen Glauben hatte Pfefferkorn ein Mandat Kaiser Maximilians I. gegen jüdische Bücher erwirkt, die den christlichen Glauben schmähten. Der Konvertit hatte auch Reuchlin dafür zu gewinnen versucht, in den Dienst der Aufspürung solcher Bücher zu treten, doch der führende Hebraist seiner Zeit verweigerte sich. Dass Pfefferkorn den Gelehrten für einen Gesinnungsgenossen im Kampf gegen die Juden hielt, wird wohl von dessen *Tütsch missive … warum die Juden so lang im Elend sind*[101] von 1505 herrühren. Denn dort hatte auch Reuchlin den Juden unterstellt, Christus und Maria unablässig zu schmähen. Dass der strafende Zorn über die Tötung des Gottessohnes auf ihnen liege, könne allein das Elend erklären, in dem sich die Juden seit 1400 Jahren befänden.

Im Auftrag des Kaisers bat der Erzbischof von Mainz, Uriel von Gemmingen, im Sommer 1510 den schwäbischen Juristen Reuchlin um eine gutachterliche Stellungnahme zu der Frage, wie mit den jüdischen Büchern zu verfahren sei. Auch die Universitäten Köln, Mainz, Erfurt und Heidelberg und der Theologe und Inquisitor Jakob

Hoogstraeten wurden befragt. Sie bestätigten allesamt, dass Pfefferkorns Anliegen berechtigt seien. Sollten die Judenbücher, wie dieser und andere profilierte Judenfeinde forderten, ausnahmslos verbrannt werden – oder nur, sofern sie Schmähungen der Christen und des Christentums enthielten? Reuchlin nahm sich dieser Frage im Oktober 1510 in einem «ratschlag» in der Weise an, dass er lediglich die Konfiskation offenkundiger Schmähschriften bejahte. Da die Juden Bürger des *Imperium Romanum* und «Kammerknechte des Kaisers» seien – so der Rechtsstatus der Juden, der die Grundlage ihrer jeweiligen befristeten Duldung bildete –, müsse auch ihr Eigentum geschützt werden. Überdies enthielten einige jüdische Schriften – neben dem Talmud vor allem solche der jüdischen Mystik, der sogenannten *Kabbala* – theologische Argumente zugunsten der Gottessohnschaft Jesu. Dieser könne man sich bedienen, um Juden von der Wahrheit des christlichen Glaubens zu überzeugen und sie zum Konvertieren zu bewegen.

Pfefferkorn war in den Besitz von Reuchlins vertraulichem Gutachten gelangt[102] und hatte es zum Anlass einer polemischen Gegenschrift, eines *Handspiegels*,[103] genommen. Der Titel sollte zum Ausdruck bringen, dass er «allen menschen zu geschriben» sei – also so etwas wie ein Handbüchlein darstelle, in dem wiedergegeben werde, was jedermann über das angeblich brandgefährliche Judentum wissen solle. Unter Rekurs auf seine eigenen Erfahrungen insistierte der Konvertit darauf, dass die Juden unablässig gegen den christlichen Glauben hetzten, die Herrschaft der Christen zu unterwandern trachteten und «mortschaden» stifteten. Sie seien als Ketzer und nicht, wie Reuchlin forderte, als Bürger des Römischen Reiches zu behandeln. Der Talmud, von dem Reuchlin «keinen verstandt» besitze und den er «nye gelesen»[104] habe, so Pfefferkorn, sei wegen seiner antichristlichen Inhalte zu vernichten.

Reuchlin war nicht nur wegen der Indiskretion im Umgang mit seinem «ratschlag», wegen der Diffamierung seiner Person – eines hoch geachteten Gelehrten durch einen Ungelehrten – und wegen der Inhalte des *Handspiegels* empört. Auch dass Pfefferkorns Mach-

HAndt Spiegel.

Johannis Pfefferkorn / wider vnd gegē die Jüden / vnd Judischen Thalmudischen schrifftenn So / sie vber das Cristenlich Regimēt / singen vn̄ lesen Welche pillich Gots lesterer / ketzer vnd aberglauber / des altē Newen / vnd des Naturlichen gesetzen gezelt / geheissen / verthümbt vn̄ ab// gethan / werden mögen. Darumb sich etliche cristen wider mich setzen / anfechten Solliche artickel zū widlegen Dar// gegen ich antwurdt vn̄ mit bescheidene redē vffgelöst hab.

Welcher daß püchlein lesen will Der thū nit wieder hanū So er vber die glüende kolen fleücht Vill gelesen / vnd we// nig verstanden ist besser vnterlassen.

18 Johannes Pfefferkorn, *Handt Spiegel*, Mainz, Joh. Schöffer 1511. Mit dieser Schrift des Konvertiten aus dem Judentum wurde die lebhafteste literarische Kontroverse im Reich vor Ausbruch der Reformation eröffnet.

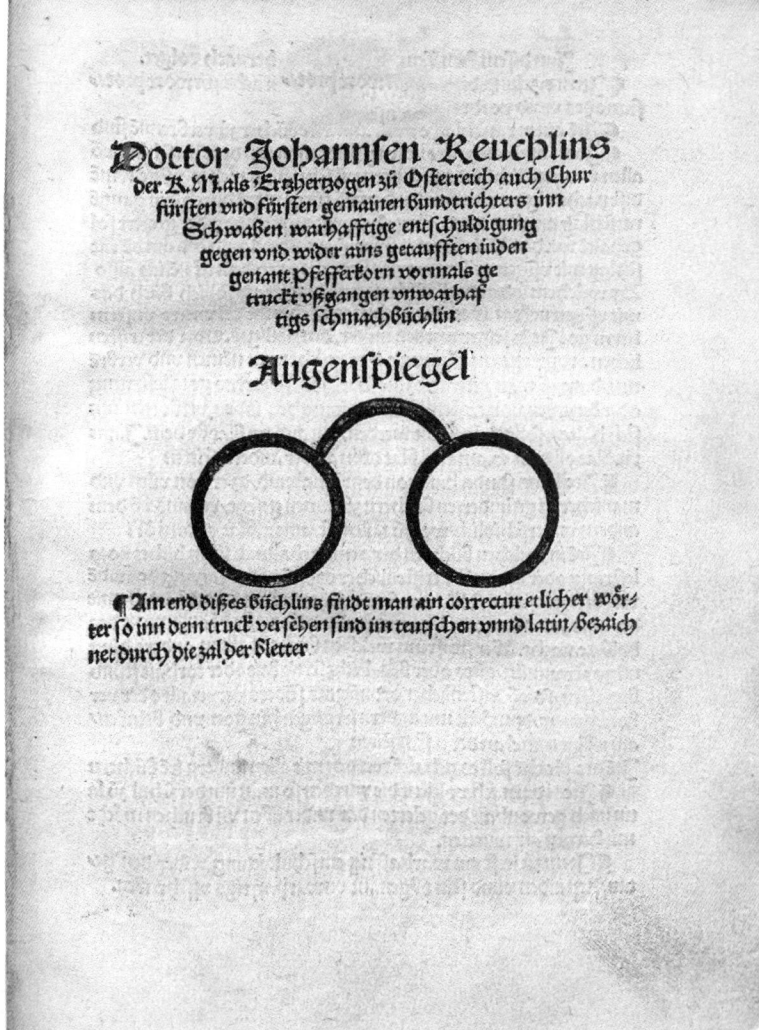

19 Johannes Reuchlin, *Augenspiegel*, Tübingen, Th. Anshelm 1511. Nicht zuletzt wegen des gezielt eingefügten graphischen Elements wurde Reuchlins «Augenspiegel» zur Ikone. Die Bedeutung des Auges als hochrangiges menschliches Organ stellte bereits im Titel eine Abwertung seines ungleichen Gegners Pfefferkorn dar.

werk in einer Auflagenhöhe von tausend Exemplaren[105] zur Frankfurter Frühjahrsmesse erschienen war und deshalb eine besonders weite Verbreitung erlangt hatte, erregte seinen Ärger: Pfefferkorn habe sein Elaborat dort «selbs umb getragenn und verkaufft / und durch sein weib inn offen grempelkraum [Kramladen] yederman faill gebotten».[106] Reuchlin lag deshalb sehr daran, dass seine Erwiderung, der *Augenspiegel*,[107] rechtzeitig zur Frankfurter Herbstmesse gedruckt vorlag, um möglichst wirkungsvolle Verbreitung zu finden.

Das Titelblatt von Reuchlins *Augenspiegel* visualisierte den Namen der Schrift – als eine Brille. Darin wurde der Anspruch deutlich, eine klare Sicht auf die Verhältnisse zu vermitteln: Wer diese Schrift des mit größerer Drucktype, akademischem Grad und beruflicher Stellung prominent bezeichneten Verfassers lese, so die implizite Botschaft, werde angesichts der Invektiven des rhetorisch schonungslos degradierten «getaufften iuden genant Pfefferkorn»[108] den richtigen Durchblick gewinnen. Reuchlins *Augenspiegel* bestand aus verschiedenen deutschen und lateinischen Textstücken. Neben einem einleitenden Bericht über den Ablauf der Ereignisse kamen amtliche Texte des Kaisers und des Mainzer Erzbischofs zum Abdruck, die Reuchlin um ein Gutachten baten, dazu das Gutachten selbst («ratschlag»), eine auf Latein verfasste Begründung der darin verwendeten Argumente sowie eine auf Deutsch verfasste Zurückweisung der von Pfefferkorn in Umlauf gebrachten Lügen. Durch die Bilingualität des *Augenspiegels* sprach Reuchlin zum einen dasselbe Lesepublikum an wie sein Herausforderer, zum anderen zielte er auf gelehrte Adressaten, die seine im Stil einer lateinischen Disputation vorgetragene Argumentation nachvollziehen sollten. Reuchlin nahm also die Verlagerung eines akademischen Diskurses in die publizistische Öffentlichkeit des gedruckten Buches prinzipiell an, beschränkte aber zugleich die möglichen Teilnehmer durch die Wahl der Sprachen. Ein Jahr nach dem *Augenspiegel*, 1512, brachte er allerdings auch eine volkssprachliche Erklärung der juristischen Argumentation heraus.[109]

Die weitere Entwicklung der Kontroverse vollzog sich in beiden Sprachen. Pfefferkorn erhielt Unterstützung durch den Kölner Theologieprofessor Arnold von Tongern, der im Auftrag seiner Fakultät Reuchlin auf Latein replizierte und so den kirchlich-universitären Diskussionsprozess fortsetzte.[110] Reuchlin erwiderte seinerseits ebenfalls auf Latein, begründete dies aber vor allem damit, dass seine Gegner diese Sprache gewählt hätten und er auf die verheerenden Folgen ihrer Diffamierungen – auch vor der gelehrten, internationalen Leserschaft – angemessen reagieren müsse.[111] Ein kirchlicher Prozess begann. Von Tongern und Ortwinus Gratius, sein Kölner Kollege, publizierten Voten der Theologischen Fakultäten von Löwen, Köln, Erfurt und Mainz, die feststellten, dass die Verbrennung des *Augenspiegels* als eines ketzerischen Werkes rechtens sei.[112] Aber auch Pfefferkorn veröffentlichte weiter; einige seiner Schriften erschienen in lateinischer Übersetzung. Sein Ton wurde immer schriller, die Titel der Schriften, die Reuchlins *Augenspiegel* auszulöschen und zu vernichten trachteten – *Brandspiegel* (1512)[113] und *Sturmglocke* (1514),[114] letztere mit einer Glocke auf dem Titelblatt –, wurden immer drängender, agitatorischer, alarmierender. Der als päpstlicher Inquisitor tätige Dominikanerprior Jacobus Hoogstraeten trieb einen Prozess gegen Reuchlin und seine Verlagerung nach Rom voran. Dem schwäbischen Juristen und führenden Hebraisten wurde zur Last gelegt, durch seine Schonung bestimmter jüdischer Bücher den Irrglauben der verstockten Judenheit zu befördern. Erst 1520 sollte der Prozess mit einer Verurteilung Reuchlins zum Abschluss kommen. Auf die publizistische Dynamik der Kontroverse wirkte die allenthalben über Reuchlin schwebende Gefahr der Verketzerung verschärfend ein.

Etwa zeitgleich mit Reuchlins *Defensio* erschien 1514 eine Sammlung von Briefen berühmter Männer an ihn (*Clarorum virorum epistolae … ad Ioannem Reuchlin*).[115] Sie enthielt unter anderem Briefe griechischer, italienischer, englischer, französischer, auf Hebräisch schreibender jüdischer Gelehrter etc. und bot eine Heerschau der führenden Intellektuellen, der «Männer des Buches» im Reich und in Europa. Diesen Mann, dem Aldus Manutius, Marsilio Ficino und Giovanni Pico della Mirandola, die Brüder Adelmann von Adelsmannfelden, Geiler von Kaysersberg, Peutinger, Pirckheimer und

20   Johannes Pfefferkorn, *Sturm ... uber und wider die drulosen Juden ...*, Köln, H. Quentel Erben 1514. Pfefferkorn oder sein Drucker versuchten mit Reuchlins minimalistischer ikonographischer Titelblattgestaltung Schritt zu halten. Offenbar rechnete man damit, auch mit einfachen bildlichen Mitteln größere Wirkungen zu erzielen als ohne sie.

Amerbach, auch Heinrich Bebel, Josias Simler, Beatus Rhenanus, Rudolf Agricola, Johannes Cuspinian, Georg Spalatin, Mutianus Rufus, sogar Kaiser Friedrich III. und viele andere innigst verbunden waren, wagten Nullen vom Schlage Pfefferkorn, Tongern, Hoogstraeten und Ortwinus Gratius zu diffamieren und zu verketzern?! Vermutlich war diese Briefsammlung von Reuchlin selbst mitinitiiert und zielte ganz auf die Verherrlichung seines Gelehrtenruhmes ab. Sie propagierte den im Konflikt um die «Judenbücher» Angefochtenen als ruhmreiches Glied einer europäischen *res publica litteraria* und inszenierte, transformierte und prinzipialisierte die Auseinandersetzung um die «Judenbücher». Denn nun ging es nicht mehr nur um den Umgang mit jüdischer Literatur, sondern um den fundamentalen Gegensatz zwischen den progressiven, berühmten, auf der Höhe der zeitgenössischen Wissenschaft stehenden «Humanisten» einerseits und den borniert, obskuranten, unbedeutenden Gegnern – den «Scholastikern», «Dunkelmännern», ewig Gestrigen – andererseits. Vor dem weithin leuchtenden Strahlenkranz des vollkommenen Meisters der drei Sprachen nahmen sich seine Gegner – der des Lateinischen unkundige «getaufte Jude» Pfefferkorn[116] und die literarisch minderbemittelten akademischen Provinzgrößen der Kölner Fakultät – erbärmlich aus. Die publizistische Inszenierung Reuchlins als eines illustren und bedeutenden Mannes der Wissenschaften und des Buches verklärte ihn, entrückte ihn den Niederungen des Streites und des kirchlichen Prozesses und zog auch diejenigen, die dies erkannten und ihm anhingen, nämlich die Humanisten, in eine höhere Sphäre hinan.

Die Edition der, wie Melanchthon in seiner Vorrede betont hatte,[117] literarisch vorbildlichen *Clarorum virorum epistolae* regte auch eine brillante Travestie der hohen Briefkunst an, und zwar in Gestalt der *Dunkelmännerbriefe* (*Epistolae virorum obscurorum*). Beiden Briefsammlungen, der echten Reuchlins und der fingierten seiner Gegner, war gemein, dass sie jeweils in erweiterten Versionen erschienen. Herausgebern und Druckern gelang es offenbar, eine neue Nachfrage, eine Neugier auf frische, freche oder bewunderungswürdige Texte zu schaffen, eine Leserschaft zu binden, Ansätze literarischer Serialität zu begründen.

Die *Dunkelmännerbriefe* erschienen in einer ersten Sammlung 1515, in einer erweiterten Ausgabe dann 1516 oder 1517 anonym, unter dem fingierten Druckort «Venedig» und mit dem Namen der berühmtesten Offizin der Zeit, der des Aldus Manutius.[118] Es war dies eine Kollektion persiflierter Briefe literarisch stümpernder, auf eitle akademische Ehren fixierter «Scholastiker», die sie an ihren über alle Maßen verehrten Lehrer Ortwinus Gratius aus Deventer sandten. Ihre Namen waren zum Teil komisch oder grotesk, auf Deutsch etwa: Federleser, Gänseprediger, Ziegenmelker, Honiglecker, Bollwein von Großflaschenberg, Durchleierer, Flaschenklirrer, Schafmaul, Fotzenhut. Mittelalterlicher Namensetymologie entsprechend, offenbarten sie Geheimnisse über ihre Träger. Die lächerlich-aufgeblasenen Magister, die da in erbärmlichstem Latein Banalitäten austauschten und ihre, aber auch der Kirche und der Universitäten moralische Verfallenheit – Freß- und Saufgelage, Frauengeschichten, Pfründenschacher, Korruption etc. – demonstrierten, führten einem lateinkundigen Lesepublikum unübersehbar vor Augen, dass das traditionelle scholastische Bildungs- und Graduierungssystem, das sie repräsentierten, irreparabel verkommen war. Die «Theologisten» – ein von Reuchlin in Analogie zu den «Sophisten» gebildeter,[119] von seinen Parteigängern prominent und inflationär verwendeter Kampfbegriff – taten der Religion Christi und den heiligen Schriften, die sie im Grunde nicht kannten und in den Ursprachen nicht lesen konnten, ein Unrecht an.

Die jüngeren Reuchlinverehrer, die man gemeinhin für die *Dunkelmännerbriefe* verantwortlich machte – Crotus Rubeanus etwa, Hermann von dem Busche, Ulrich von Hutten und andere –, waren wie die späteren Reformatoren zumeist in den 1480er-Jahren geboren worden. Wegweisende, zu Büchern verdichtete Impulse der «ersten Generation» der Humanisten, allen voran Reuchlins, hatten sie in ihrer Adoleszenz begierig aufgenommen und daran ihre Maßstäbe sprachlicher und literarischer Bildung entwickelt. In der Begegnung mit dem überkommenen scholastischen Wissenschaftssystem, das die meisten von ihnen von innen kennengelernt hatten, waren sie unduldsamer und drängten auf Veränderung: Rhetorik und Poetik, klassische

21 (Ulrich von Hutten), *Triumphus Doc. Reuchlini* ..., Hagenau, Th. Anshelm 1518. Reuchlin, lorbeerbekränzt auf einem Wagen sitzend, zieht auf eine Stadt zu, die ihn begeistert empfängt. Im Bildzentrum werden Untugenden der scholastischen Gegner in Form heidnischer Götterstatuen als Siegestrophäen getragen; im Bildvordergrund wird Pfefferkorn gepeinigt.

Autoren, das Griechische und das Hebräische sollten eine zentrale Rolle an den Universitäten spielen. Was zunächst aus Büchern angeeignet war, rüttelte an den etablierten Institutionen. Die Publizistik um Reuchlin, die noch eine Weile weiterlief und dessen Verherrlichung immer weiter vorantrieb, sogar ins Bild setzte,[120] verband sich seit 1518 mit einem anderen «Freiheitsherold» – Martin Luther. Dass in dessen Namenswechsel von Luder über Eleutherius zu Luther das Pseudonym des rastlosen Büchermachers und Reuchlin-Verherrlichers Ulrich von Hutten – Eleutherius Bizen, das ist: «Freiheitsherold» – nachwirkte, besitzt eine gewisse Wahrscheinlichkeit.[121] Auf der Seite des Fort-

schritts, der Wissenschaften, der Sprachen und der Bücher zu stehen und diejenigen mit größtem Nachdruck zu bekämpfen, die Bücher verbrannten, war eine wesentliche Gemeinsamkeit derer, die in Reuchlin ihr großes Vorbild sahen. Und auch dies verband die humanistischen Verteidiger Reuchlins und die frühen publizistischen Akteure der von Wittenberg ausgehenden Reformation: ein unduldsames Weiterschreiben und -drucken, ein Hang zum überreizten *publish or perish*, mit dem sie ihre Gegner mit immer neuen Drucken polemischer Schriften überzogen. Die «Männer des Buches» schrieben und druckten um ihr Leben.

3

Publizistische Explosionen

Ohne die Erprobung und Evolution, die das Medium des gedruckten Buches innerhalb des ersten halben Jahrhunderts seiner Existenz erfahren und durchlaufen hat, wären die verdichteten und intensivierten Kommunikationsprozesse, die die frühe Reformation prägten, undenkbar gewesen. Die mit dem Ablassstreit im Herbst 1517 einsetzende Publizistik konnte an die rasante Zunahme städtischer Laienbildung im späteren 15. Jahrhundert und an bestimmte Eigenschaften, die das gedruckte Buch inzwischen angenommen hatte, unmittelbar anknüpfen: Das Buch hatte begonnen, zwischen gelehrten und volkssprachlichen Lesern, Klerikern und Laien Brücken zu schlagen; auch Humanisten publizierten in den oder übersetzten in die europäischen Nationalsprachen.

Leistungsstarke typographische Infrastrukturen standen in vielen Städten im Reich und in mehreren Ländern Europas zur Verfügung. Zensurmaßnahmen – ausgehend zunächst von geistlichen Instanzen – waren nahezu wirkungslos; kleinräumige politische Strukturen ließen umfassendere Repressionen von vornherein scheitern. Einzelne Schriftsteller traten als exponierte Autoren auf Titelblättern bereits prominent hervor. Schmuckelemente wie Bordüren oder Titelholzschnitte erhöhten die Attraktivität der Druckwerke für das Publikum. Auch Themen und Aspekte aktueller Berichterstattung drangen in

Druckschriften vor. Kommunikationsräume europäischen Ausmaßes entstanden, weil und insofern Menschen über dieselben Sachverhalte lasen: die Bedrohung durch die Türken, die Heilsangebote der Kirche, etwa in Form von Ablasskampagnen, die Reliquienpräsentationen, sogenannte Heiltumsschauen oder die Wallfahrten, die Entdeckungen ferner Länder, als Wunderzeichen gewertete Irregularitäten am Himmel – etwa Kometen – wie auf Erden, etwa Unwetter, als Monstren gedeutete Missgeburten, spektakuläre Inthronisationen, Epidemien, Kriege und Katastrophen. Die Auflagenhöhen der Drucke vor allem wenig umfänglicher Schriften stiegen stetig an. Ein Markt mit weitläufigen europäischen Distributionsstrukturen bildete sich bzw. existierte in der Zeit um 1500 bereits. Die Printing Natives favorisierten den Erwerb, den Besitz, die Herstellung und die Verbreitung von gedruckten Büchern gegenüber Handschriften.

Der vorreformatorische Druck volkssprachlicher Bibeln, der von einzelnen kirchlichen Instanzen inkriminiert worden war, dürfte die Neugier, ja den Hunger auf das «heilige Gotteswort» gesteigert haben, gerade im deutschsprachigen Raum.[1] Einzelne Theologen schrieben der Lektüre von Büchern neben oder gar anstelle der Predigt und der Sakramente eine Bedeutung für das Heil der Gläubigen zu. In der Vorrede zu einem Druck des Straßburger Münsterpredigers Geiler von Kaysersberg etwa hieß es in einer beinahe reformatorisch anmutenden Diktion, dass ein Christ «alwegen gern wöl lesen die heilig geschrifft [...] damit er Got seinen schöpffer und herren ler erkennen / dan d[er] gnad dy der mensch von lesen oder hören der heiligen Geschrifft von got erholen mag / der ist kein zal». Wer «die heilig geschrifft / das wort Gottes» «trüwlich zu hertzen» nehme, werde durch die «gnad des heiligen geists»[2] getröstet. Dass man durch das Lesen gedruckter Bücher Gottes- und Heilserfahrungen machen konnte, war ein der lateineuropäischen Christenheit schon vor der Reformation geläufiger Gedanke.

Viele der genannten Eigenschaften, die das Buch bereits um 1500 entwickelt hatte, wurden dann für die Reformation und ihren Erfolg zentral wichtig. Vor allem in der anglo-amerikanischen Forschung ist es üblich geworden, den Begriff der «Reformation» im Plural zu verwenden und damit diverse Aufbrüche in Luthertum, Katholizismus, Reformiertentum oder radikaler Reformation, insbesondere Täufertum, zu bezeichnen oder die Vielfalt reformerischer Tendenzen zu akzentuieren.[3] Den folgenden Ausführungen liegt dagegen ein traditionelles Verständnis des Terminus zugrunde: «Reformation» bezeichnet hier die durch Luthers Kritik an der Ablasspraxis der römischen Kirche und seine publizistischen Wirkungen initiierten Prozesse der Umgestaltung von Kirche und Gesellschaft; sie folgten Leitvorstellungen, die als biblisch galten und mittels der Autorität weltlicher Obrigkeiten gegen das geltende Kirchenrecht durchgesetzt und implementiert wurden. Ungeachtet der Eigendynamik, die den entsprechenden Vorgängen in den einzelnen europäischen Ländern zukam, ist davon auszugehen, dass keine dieser Entwicklungen – in welcher rezeptionsgeschichtlichen Gebrochenheit auch immer – unabhängig von Luther vonstatten ging. Insofern stellten Luther, der Ablassstreit und seine Verurteilung durch die Papstkirche ein alle Reformationsprozesse der lateineuropäischen Christenheit mittel- oder unmittelbar beeinflussendes Moment dar.

Die Lawine rollt: Der Streit um den Ablasss

Am Anfang und im Zentrum der frühen Reformation stand die Druckerpresse. Denn Luther veröffentlichte seine Thesen gegen den Ablass, die als *95 Thesen* bekannt geworden und in das kulturelle Gedächtnis eingegangen sind, aller Wahrscheinlichkeit nach gleich zweimal im Druck: ein erstes Mal, den Statuten der Universität gemäß, in Wittenberg, wo sie wahrscheinlich auch in der üblichen Weise an den Kirchentüren, die als Schwarzes Brett dienten, angeheftet wurden,[4] und ein zweites Mal in Leipzig, der etwa eine Tagesreise von Wittenberg entfernten Druckmetropole. Die Veröffentlichung der *95 Thesen* erfolgte in engster zeitlicher Nähe zum Allerheiligenfest (1. November), einem Datum, an dem Wittenberg mit zahlreichen Besuchern rechnen konnte, da in der Schlosskirche umfängliche Ablässe zu erwerben waren. Entgegen der üblichen Praxis, eine Disputation im Kreis der eigenen Universität abzuhalten, hatte Luther es nach Maßgabe der *Intitulatio* der *95 Thesen* von vornherein darauf angelegt, dass diejenigen, «die nicht anwesend sein und sich mündlich mit uns unterreden können, dies in Abwesenheit schriftlich [...] tun»[5] sollten. Ähnlich wie es Luthers Fakultätskollege Karlstadt bereits ein halbes Jahr zuvor, aus Anlass des zweiten großen Ablassfestes in Wittenberg, getan hatte,[6] suchte der Theologieprofessor aus der traditionslosen Provinzuniversität für seine Auseinandersetzung mit der kirchlichen Ablasspraxis eine breitere Öffentlichkeit außerhalb seiner eigenen Universität. Dafür nahm er – ähnlich wie es Johannes Eck kurz vorher mit einer Wiener Disputation getan hatte[7] – einen Bruch mit akademischen Usancen in Kauf: Nicht mehr der traditionelle institutionelle Ort des intellektuellen bzw. wissenschaftlichen Konfliktaustrags – die Disputation – wurde gesucht, sondern der freie, räumlich entgrenzte Diskurs derer, die sich zu einer Meinungsäußerung über anspruchsvolle Thesen berufen fühlten.[8] Dass eine solche Strategie die Erfindung des Buchdrucks voraussetzte und dem habitualisierten Verhalten eines Printing Native entsprach, ist evident.

Eine Disputation über die *95 Thesen* fand nie statt; es ist nicht einmal bekannt, dass sich Luther darum bemüht hätte. Insofern spricht alles dafür, dass eine publizistische Resonanz bzw. schriftliche Reaktionen im Vordergrund dessen standen, was er erreichen wollte und erwartete. Angesichts der offenen Situation im Herbst 1517 und des literarischen Charakters der komplizierten akademischen Thesen über den Ablass sollte man jedoch nicht unterstellen, Luther habe es bereits auf jene Breitenwirkung abgesehen, die seine Ablasskritik dann tatsächlich erreichte. Denn dass die Thesen nicht einmal in übersetzter Form geeignet waren, den «gemeinen Mann» angemessen über den Ablass aufzuklären, wusste niemand besser als der Wittenberger Bibelprofessor selbst.[9] Später behauptete der ihm nahestehende Verehrer Friedrich Myconius, «ehe 14 Tag vergingen» hätten die *95 Thesen* «das ganze Deutschland und in vier Wochen schier die ganze Christenheit durchlaufen, als wären die Engel selbst Botenläufer und trügen's vor aller Menschen Augen».[10] Dies übertreibt allerdings die publizistische Wirkung der 95 Thesen deutlich bzw. vermischt sie mit der Aufsehen erregenden Wirkung des im Frühjahr 1518 erschienenen *Sermon von Ablass und Gnade*, Luthers erstem großen literarischen Erfolg.

Die publizistische Dynamik des Ablassstreites entfaltete sich in doppelter Richtung: Die erste ergab sich gleichsam unabhängig von Luther und betraf die lateinkundige Öffentlichkeit; die zweite war das Ergebnis seines eigenen Agierens und bezog sich vor allem auf die volkssprachliche Verbreitung.

Ad 1: Wohl in Abhängigkeit von dem verschollenen Wittenberger Erstdruck der 95 Thesen erschien auf Veranlassung Christoph Scheurls, eines ehemaligen Wittenberger Juraprofessors, der 1511 als Ratskonsulent in seine Heimatstadt Nürnberg zurückgekehrt war, ein Nachdruck in der fränkischen Reichsstadt; er bildete seinerseits die Grundlage einer Basler Ausgabe.[11] Diese Drucke erschienen anonym, das heißt ohne Angabe der Offizin und des Druckortes. Dass akademische Thesen in dieser Form außerhalb des eigentlichen Universitätsortes nachgedruckt wurden, war ungewöhnlich und ist nur durch die Brisanz des Inhalts zu erklären. Mit Ausnahme des Basler Drucks handelte es sich um Plakat- oder Einblattdrucke im Folioformat – die bei akademischen Thesenreihen übliche typographische Form.[12] Adam Petri, der Basler Drucker, traf hingegen eine folgenschwere Entscheidung: Er druckte die Thesen auf einem Quartbogen – einem doppelt gefalteten Druckbogen, der vier Blätter und acht Buchseiten ergab – nach und verpasste der so entstandenen Flugschrift ein eigenes Titelblatt und, gleichsam nebenher, einen Titel: *Disputation des Theologen Dr. Martin Luthers von der Kraft der Ablässe* (*Disputatio D. Martini Luther Theologi, pro declaratione virtutis indulgentiarum*).[13] Interessanterweise übernahm Luther selbst später diesen Titel.[14] Die Zahl der erhaltenen neun Exemplare dieses Basler Drucks der 95 Thesen – von den beiden Plakatdrucken existieren immerhin noch insgesamt sechs Exemplare[15] – entspricht der im Vergleich mit Einblattdrucken ungleich günstigeren Überlieferungslage bei Quartdrucken; diese wurden wie andere Flugschriften geringeren Umfangs in aller Regel in Sammel-

22 Konrad Wimpina, Johann Tetzel, *Quo veritas pateat: Erroresque supprimant: redditaque ratione contra Catholicam veritatem obiecta solvantur – Frater Joannes Tetzel ordinis praedicatorum, sacre Theologie Baccalaureus, ac heretice pravitatis inquisitor, Subscriptas positiones sustinebit in florentissimo studio Franckofordensi Cis Oderam, Ad laudem dei proque fidei catholice defensione, Obque sancte sedis apostolice honorem*, Frankfurt a. d. O., Hanau 1518. Diese Thesen hat Tetzel in Frankfurt/O. in öffentlicher Disputation verteidigt. Die Menge der Thesen und ihre typographische Präsentation lassen darauf schließen, dass dies in mehreren Veranstaltungen über einen längeren Zeitraum erfolgte.

bände eingebunden.[16] Angesichts der internationalen Vertriebsstrukturen, in die die Basler Drucker etwa über die Frankfurter Messe integriert waren, war es höchstwahrscheinlich Petris Ausgabe der *95 Thesen*, die Luther auch in den Netzwerken der Humanisten bekannt machte und den beginnenden Ablassstreit rasch außerhalb des sächsischen Raumes wahrnehmbar werden ließ. So dürfte auch die Ausgabe der *95 Thesen*, die Erasmus von Rotterdam im Frühjahr 1518 an den mit ihm befreundeten Thomas Morus in London schickte, eine in Basel gedruckte gewesen sein.[17]

Durch die Druckgeschichte überschritt Luthers Kritik am Ablass rasch den thüringisch-sächsischen Raum, in dem der eigentliche Anlass des Konflikts zunächst lokalisiert war: der Petersablass für die Erzdiözese Magdeburg und das Bistum Halberstadt sowie die unter der Autorität Albrechts von Brandenburg vor allem in Leipziger Drucken[18] propagierten speziellen Heilsangebote. Die Präsenz des Ablasses, die Stereotypie und Regelhaftigkeit seiner Distribution, wohl auch Indizien eines massiven Unbehagens gegen ihn[19] trugen dazu bei, dass das Thema samt seiner medialen Aufnahme in gedruckten Texten in Gelehrtenkreisen auf Interesse stieß.

Ad 2: Das zweite Moment, das die publizistische Dynamik des Ablassstreites entscheidend vorantrieb, ging direkt auf Luther selbst zurück. Der Ablasskommissar Johannes Tetzel[20] hatte auf seine *95 Thesen* mit einer akademischen Replik gekontert, und zwar in Gestalt von *106 Thesen*, die unter der Ägide des Theologieprofessors Konrad Wimpina an der Universität Frankfurt/O. disputiert und in einem Plakatdruck verbreitet wurden.[21] Luther entschloss sich, darauf mit einem

Quo veritas pateat: Errores[que] supprimantur: redditaq[ue] ro[n]e co[n]tra Catholica[m] veritate[m] obiecta soluantur. Frater Joa[n]nes Tetzel ordinis p[re]dicato[rum]/sacre Theologie Baccalaure[us]/ac heretice pravitatis inquisitor/Subscriptas positio[n]es sustinebit in florentissimo studio Franckofordie[n]si Cis Oderam/Ad laude[m] dei p[ro]q[ue] fidei catholice defensione/Ob[que] sancte sedis apostolice honorem.

Confisus denique de veritate Subijcit cuncta prescripta sancte sedi apostolice in causis fidei supreme discriminatrici Ordinorum/et heretice pravitatis inquisitoribus/Et ne subiectio suspecta existat/Submittit ea quoq[ue] iudicanda/quatuor Achademijs primoribus Italie/Gallie/et Germanie/immo quibuslibet Nationis non suspectis Achademijs/Paratus illarum iudicium in omnem eventum et perferre ac subire/Ad laudem dei.

volkssprachlichen Sermon zu reagieren, und verlagerte so die Auseinandersetzung um den Ablass auf das Forum der Laien. Theologisch war dies aus seiner Sicht sachgemäß, ja zwingend. Denn der Ablass bedrohte – da war sich Luther sicher – das Seelenheil aller Christen; er vermittelte ihnen trügerische Sicherheiten und verhinderte wahre Buße.

Dieser publizistische Schritt in die außerakademische Öffentlichkeit korrespondierte in gewisser Weise damit, dass auch Wittenberger Studenten die Auseinandersetzung ihres Professors um den Ablass aus dem Hörsaal auf die Straße getragen hatten: Im März 1518 sollen achthundert Exemplare der Tetzel-Wimpina'schen Thesen, die ein von dem Dominikanerpater geschickter Buchführer aus Halle nach Wittenberg gebracht und dort zum Kauf angeboten hatte,[22] von Studenten zum Teil erworben, zum Teil entrissen worden sein. Schließlich wurden sie, nach einer entsprechenden Ankündigung, der «Verbrennung und dem Leichenbegängnis der Tetzelschen Thesen» zugeführt.[23] Auch andernorts, etwa in Erfurt, erfuhr man davon.[24] Bemerkenswert an dieser Nachricht ist nicht nur die studentische Mobilisierung,[25] die verdeutlicht, welche Wirkung Luther auf die Kommilitonen ausübte, sondern auch die Höhe der Druckauflage des Frankfurter Thesendrucks. Geht man nämlich bei akademischen Plakatdrucken in aller Regel von einer Auflagenhöhe von maximal hundert Exemplaren aus,[26] hätten Luthers Gegner ihre *106 Thesen* bereits als Medium eingesetzt, das deutlich über den Rahmen der konkreten Frankfurter Disputation vom 20. Januar 1518 hinaus wirken sollte. Auch bei dem Leipziger und dem Nürnberger Plakatdruck der *95 Thesen*, von denen sich mehr Exemplare als von jeder anderen frühen Wittenberger Disputation erhalten haben, wird man wohl mit einer für Disputationsthesen ungewöhnlich hohen Auflage zu rechnen haben. Insofern trugen die Printing Natives beider Konfliktparteien, die sich im Ablassstreit herausbildeten, von Anfang an dazu bei, dass sich eine über den akademischen Kontext hinausdrängende publizistische Dynamik entfaltete. Nur weil sich die entscheidenden Akteure beider Lager hinsichtlich ihres Dranges in die Öffentlichkeit des gedruckten Wortes einig waren, wurde die publizistische Explosion der frühen Reformation möglich.

Luthers *Sermon von Ablass und Gnade*, dessen Erstdruck die damals einzige Wittenberger Offizin Johannes Rhau-Grunenbergs herstellte,[27] war ein in publizistischer Hinsicht geniales Werk: Sein geringer Umfang von nur einem Quartbogen ermöglichte einen zügigen und wenig aufwändigen Nachdruck. Bei vorliegendem Satz konnten mit einer einzigen Presse etwa fünfhundert Exemplare dieses Textes innerhalb eines Tages reproduziert werden. Die entsprechenden Kosten waren für einen Drucker mühelos kalkulierbar, der schnelle Verkauf sicherte rasche Renditen und Rückflüsse. Grunenberg stellte 1518 insgesamt vier Ausgaben mit zweimaligem Neusatz her;[28] das deutet darauf hin, dass die Nachfrage die Erwartungen des Druckers deutlich übertraf. Dass zwischen 1518 und 1519 insgesamt neunzehn hoch- und zwei niederdeutsche Ausgaben dieses «Sermons» hergestellt wurden,[29] trug die Kunde von Luthers Ablasskritik gewiss in die Kreise der Lesefähigen bzw. in die mit diesen in Verbindung stehende zeitgenössische Gesellschaft. Die geographische Streuung der Druckorte war erheblich: Sie reichte von Braunschweig im Norden über Breslau im Osten bis nach Nürnberg, Augsburg und Basel im Süden und Südwesten. Mit dieser ersten Erfolgsschrift hat Luther gewiss weitaus mehr Menschen erreicht als jeder seiner Zeitgenossen.

In literarischer Hinsicht erinnerte der Sermon an Disputationsthesen; Luther überführte also die Auseinandersetzung mit seinen akademischen Gegnern in einen volkssprachlichen Disput. Zum einen stellte er dabei in Grundzügen die von ihm verworfene scholastische Ablasslehre dar, zum anderen führte er aus, dass ein Christ lieber die geforderten guten Werke erbringen und die göttliche Strafe erleiden solle, als sich dem in der Bibel nicht gelehrten Ablass zu überlassen.[30] Auch vor sehr direkten Appellen an einen verantwortungsbewussten christlichen Leser schreckte er nicht zurück: «laß die faulen und schlefferigen Christen ablas loßen, gang du fur dich.»[31]

Sodann sprach Luther die Gewissheit aus, dass dem «geplerre»[32] derer, die ihn einen «ketzer»[33] schalten, keine große Bedeutung zu-

23 Martin Luther, *Eynn Sermon von dem Ablasz unnd gnade ...*, Wittenberg, Rhau-Grunenberg 1518. Diese nur einen Quartbogen umfassende Schrift Luthers bildet den Ausgangspunkt seiner beispiellosen Erfolgsgeschichte als Publizist. Neben dem spektakulären Inhalt, der die Ablassfrage in einer für Laien verständlichen Weise abhandelte, trug der geringe Umfang entscheidend dazu bei, dass diese Schrift allein im Jahr ihres Erscheinens elfmal nachgedruckt wurde.

kommen werde. Es handle sich lediglich um «ettlich finster gehyrne, die die Biblien nie gerochen, die Christenliche lerer nie geleßen, yhr eygen lerer nie vorstanden» und nichts als «lochereten und tzurissen opinien»[34] zu bieten hätten. Diese Mischung aus sachlicher Bestimmtheit, werbender seelsorgerlicher Verantwortung für alle Christenmenschen, biblischer Argumentation und pointierter Polemik gegen ungenannte Angreifer, die ihn der Irrlehre bezichtigt hatten,[35] dürfte Interesse geweckt und Leser angesprochen haben. Der beispiellose publizistische Erfolg, der den «wirdigen doctornn Martinum Luther»[36] weit über die durch die *95 Thesen* erreichten Gelehrtenkreise hinaus bekannt machte, war nicht allein dem Charisma des «religiösen Volksschriftstellers»[37] geschuldet, sondern einem ungewöhnlichen literarischen Talent, das sich hier erstmals einer lesenden Öffentlichkeit als selbstbewusster Bibeltheologe, engagierter Seelsorger und kämpferischer Polemiker präsentierte.

Johannes Tetzel, der Ablasskommissar der Kampagne Albrechts von Brandenburg aus dem Orden der Dominikaner, nahm die Herausforderung des Wittenberger Augustinerpaters und seines *Sermons von Ablass und Gnade* an und reagierte seinerseits mit einem volkssprachlichen Traktat. Er gab ihm den Titel *Vorlegung ... wyder eynen vormessen Sermon von twentzig irrigen Artickeln Bebstlichen ablas und gnade belangende*.[38] Durch diese Überschrift stellte er Luther umgehend in Opposition zum Oberhaupt der römischen Kirche. Der Text selbst war mit Anspielungen auf John Wiclif und Jan Hus, den auf dem Konstanzer Konzil verurteilten englischen Theologen aus dem 14. und seinen böhmischen Nachfolger aus dem 15. Jahrhundert, durchzogen.[39] Denn beide hatten der Heiligen Schrift eine vorrangige Rolle in allen theologischen und kirchlichen Fragen zugemessen; beide werteten die Laien auf und prangerten hierarchische Strukturen in der Kirche an; beide waren dem Ablasswesen abhold. Aus der Perspektive eines professionellen Inquisitors,[40] wie Tetzel es war, lag nichts näher, als Luther mit jenen Häretikern der lateinischen Kirche in Verbindung zu bringen, die als Letzte verurteilt worden waren. Die von Tetzel gewählte literarische Strategie entsprach der gängigen Praxis scholastisch gebildeter Häresiologen: Er zitierte Luthers *Sermon* Artikel für Artikel und widerlegte diesen jeweils, stereotyp eingeleitet mit «Vorlegung». Dabei verwendete er Argumente aus der Tradition, der Bibel oder dem Kirchenrecht. Er benötigte für dieses Verfahren den vierfachen Umfang des Luther'schen Textes. Dass Tetzels *Vorlegung* nur in einem einzigen Druck erschien, in der Leipziger Offizin Melchior Lotters d. Ä.,[41] des leistungsstärksten Druckers Mitteldeutschlands, spiegelte gewiss die nur geringe Nachfrage, war aber wohl auch dem inquisitorischen Stil des Dominikaners geschuldet. In einer weiteren (lateinischen) Publikation, *50 Thesen*, präsentierte Tetzel dann eine streng an der Autorität des Papstes orientierte Ablasslehre und verstärkte das Ketzerurteil über Luther.[42] Interessanterweise hielt Luther eine Entgegnung auf diese Thesen für überflüssig.[43] Anders sein ihm theologisch seit 1517 näher getretener Kollege Andreas Bodenstein, genannt Karlstadt, der, der Logik akademischer Diskurskultur folgend, mit Gegenthesen gegen Tetzel aufwartete.[44] Ähnliche publikationsstrategische Differenzen zwischen den beiden Wittenberger Kollegen sollten sich im Umgang mit Johannes Eck wiederholen. Luther ließ von Kontroversen ab, sobald er seinen Standpunkt unmissverständlich und wirkungsvoll dargelegt hatte und zu der Gewissheit gelangt war, einen Gegner mit argumentativen Mitteln nicht mehr überzeugen zu können; einen rein akademischen Sprach- und Stilrahmen hatte er hinter sich gelassen. Karlstadt hingegen konnte und wollte nichts, was er für unwahr oder ehrenrührig hielt, unwidersprochen lassen; er agierte in den ersten Jahren vornehmlich im Horizont einer sich des Buchdrucks bedienenden universitären Diskurslogik.

Im direkten publizistischen Duell, das sich die Printing Natives Tetzel und Luther lieferten, hatte der Ablasspropagandist, obgleich mit dem Druckmedium innig vertraut, eindeutig das Nachsehen. Luther reagierte auf Tetzels *Vorlegung* prompt mit einer abermals recht knappen, immerhin zwei Druckbogen umfassenden Entgegnungsschrift.[45] Auch sie fand rasch ein breites Echo; noch 1518 erschienen neun Ausgaben in Wittenberg, Leipzig und Nürnberg. Hier führte Luther seinen Gegner als Dilettanten im Umgang mit der Heiligen Schrift gnadenlos vor. Schritt für Schritt – und unter dem Gesichtspunkt der Nachfrage nach Luther'schen Texten gleichsam diskursbeherrschend – rückte er nun die Auslegung der Bibel als Dreh- und Angelpunkt jeder theologischen Auseinandersetzung ins Zentrum.

Die sich bereits zu Beginn des Ablassstreites abzeichnende Konstellation änderte sich vorerst nicht mehr: Luther dominierte durch die Menge der Nachdrucke seiner Schriften den gesamten deutschsprachigen Buchmarkt und strahlte mit seinen lateinischen Texten, bald auch einigen nationalsprachlichen Übersetzungen, ins europäische Ausland aus. Seine Gegner erreichten nur spärliche Druckquoten; selten gelangten sie über eine regionale Verbreitung hinaus. Nach und nach wurde es für sie sogar immer schwieriger, Drucker zu finden, die bereit waren, ihre Schriften zu veröffentlichen.

Luthers Publizistik unter Druck

Luthers Schriftstellerei entfaltete unter dem Druck, unter den er zusehends geriet, produktive Wirkungen; er erkannte aber auch die Grenzen der typographischen Kapazitäten, die ihm in Wittenberg zur Verfügung standen. Dabei traten nun, seit Frühjahr 1518, deutlich zwei unterschiedliche publizistische Strategielinien zutage.

Zum einen veröffentlichte er exzessiv Frömmigkeitsliteratur zu elementaren Fragen des christlichen Glaubens: teils sehr kurze, nur einen Druckbogen füllende lateinische Predigten über Grundthemen der Frömmigkeitspraxis – etwa das Verständnis der Buße, die Disposition beim Abendmahlsempfang, die Kraft der Exkommunikation – und einen längeren Predigtzyklus über die Zehn Gebote.[46] Bei Letzterem, aber auch beim Sermon über den Abendmahlsempfang,[47] trat eine von Luther gewiss nicht vorausgesehene Entwicklung ein, die vorwegnahm, was fortan immer wieder geschehen sollte: Seine Texte wurden andernorts, zunächst in Augsburg, dann in Basel, ins Deutsche übersetzt. Auch *Eine kurze Erklärung der 10 Gebote*, eine Psalmenauslegung sowie die erweiterte Ausgabe eines später als *Theologia deutsch* bezeichneten Traktates im Geiste der Tauler'schen Mystik, den Luther zwei Jahre zuvor in einer unvollständigen Handschrift entdeckt und in den Druck befördert hatte, kamen als ursprünglich in der Volkssprache abgefasste Erbauungsschriften heraus.[48] In einer zweiten publizistischen Strategielinie führte Luther die Kontroversen mit seinen Gegnern weiter. Gleichsam als Ersatz für die nie gehaltene Disputation über die *95 Thesen* verfasste er eine ausführliche Kommentierung der einzelnen Thesen (*Resolutiones disputationum de indulgentiarum virtute*).[49] Sein publizistisches Vorgehen war in diesem Fall allerdings einigermaßen verwickelt. Das Werk selbst hatte er vermutlich frühzeitig in Angriff genommen, denn im Kern lieferte es die Argumente zur Begründung seiner Ablasskritik, derer er sich – vielleicht noch in der Erwartung einer Disputation – hatte versichern wollen. Im Februar 1518 sandte er das Manuskript der *Resolutiones* an den für Wittenberg zuständigen Bischof von Brandenburg, Hieronymus Scultetus.[50] Diesen Schritt wird man vornehmlich als einen Akt kirchenpolitischer Diplomatie zu deuten haben; als Professor unterstand Luther nicht der bischöflichen, sondern allenfalls einer universitären Zensur.[51] Aber offenbar wollte er Scultetus seinen Gehorsam gegenüber der kirchlichen Hierarchie dokumentieren, zugleich aber den Stil seiner Gegner brandmarken; er wollte die Offenheit des kirchlichen Lehrstandes in Bezug auf den Ablass unterstreichen, an seine Pflicht als theologischer Doktor erinnern, zweifelhaften Lehren entgegenzutreten, und betonen, dass es in einer Disputation um diskussionswürdige (*disputabilia*), nicht aber um bereits als gültig zu behauptende Sachverhalte (*asserta*)[52] gehe.

Möglicherweise war die verzögerte Antwort des Bischofs mit dafür verantwortlich, dass Luther den *Sermon von Ablass und Gnade* veröffentlichte.[53] Jedenfalls erschien es ihm zwingend, auf Tetzels *106 Thesen* publizistisch rasch zu reagieren. Die Drucklegung der *Resolutiones* zog sich allerdings noch bis in den Sommer hin. Ende März, vielleicht schon unter dem Eindruck von Luthers *Sermon*, hatte Bischof Scultetus den Abt des Klosters Lehnin nach Wittenberg geschickt und dem streitbaren Augustinerpater einen Brief aushändigen lassen. Darin bat er darum, vorerst von einer Veröffentlichung der

Resolutiones und anderer Texte zum Ablass abzusehen.[54] Doch Luther verfolgte den Publikationsplan für die *Resolutiones* trotzdem konsequent weiter.[55] Die unterbliebene Autorisation des Druckes durch den brandenburgischen Bischof, der überdies an seinem *Sermon über die Kraft der Exkommunikation* Anstoß genommen hatte,[56] kompensierte Luther nun dadurch, dass er Widmungsbriefe an seinen Ordensoberen Johann von Staupitz und an Papst Leo X. verfasste und den *Resolutiones* voranstellte.[57] Ob Luther mit Staupitz, dem er kurz vorher beim Generalkapitel der Augustinereremiten in Heidelberg begegnet war, abgesprochen hatte, dass dieser ein Manuskript mit den Widmungsbriefen nach Rom senden sollte,[58] ist eher ungewiss. Alles spricht aber dafür, dass Luther die Widmungen benutzte, um sich strategisch abzusichern. Dabei dominierte die Absicht, die *Resolutiones* zügig erscheinen zu lassen.

Mit der Widmung an den Papst verband er explizit die Hoffnung, vor den Verfolgungen seiner Feinde sicherer zu sein.[59] Zugleich bot sie ihm die Gelegenheit, seine Sicht auf den bisherigen Verlauf des Ablassstreites öffentlichkeitswirksam zu lancieren: Die Bücher der Ablassprediger dokumentierten ihre fahrlässigen Lehren; Luther selbst habe, seiner ihm vom Papst übertragenen amtlichen Vollmacht entsprechend, eine Disputation allein mit Gelehrten angestrebt; die weite Verbreitung seiner Thesen erscheine ihm, der niemals aus dem Winkel habe hervorkommen wollen, als «miraculum»;[60] Luther sei ein demütiges Glied der römischen Kirche und werde Leos Stimme als die Christi hören und anerkennen.[61]

Der Druckprozess der fünfzehn Quartbogen umfassenden *Resolutiones* zog sich wohl etwa zwei Monate hin; Luther litt unter der Langsamkeit Rhau-Grunenbergs.[62] Dabei druckte dieser wohl bereits mit zwei Pressen und hatte das Volumen der bedruckten Bogen gegenüber 1517 annähernd verdrei-, die Zahl der Drucke sogar verfünffacht.[63] Fast zwei Drittel seiner Produktion waren Luthertexten gewidmet. Die Engpässe bei den Druckaufträgen nötigten Wittenberger Autoren seit 1518 dazu, auch Erstdrucke ihrer Schriften in Leipzig herstellen zu lassen – eine Tendenz, die sich im Folgejahr noch verstärkte. Erst zu

24 *Replica F. Syluestri Prieriat[is], sacri Palatij Apostolici Magistri, Ad. F. Martinum Luther Ordinis Eremitarum*, Leipzig, Melchior Lotter d. Ä. 1519. Luther ließ diese Erwiderungsschrift des römischen Kurientheologen in Leipzig nachdrucken. Er beschränkte sich auf eine auf das Titelblatt gesetzte Vorrede, in der er davon ausging, dass die Leserschaft ihm zustimmen würde. So signalisierte er, dass er die Schrift des Prierias einer Entgegnung nicht für würdig erachtete.

Beginn des Jahres 1520 konnte sie durch die Ansiedlung der von Melchior Lotter d. J. geleiteten Wittenberger Filiale des Leipziger Großdruckers gleichen Namens überwunden werden.[64]

Noch während die *Resolutiones* unter der Grunenberg'schen Presse lagen, erreichte Luther eine in Rom gedruckte Schrift[65] des führenden Kurientheologen Sylvester Prierias – zusammen mit seiner Zitation nach Rom.[66] Prierias' *Dialogus* bot ein kompaktes Kompendium einer ganz am Papsttum ausgerichteten Lehre von der Kirche: Der Papst sei die Kraft und Macht der Kirche, die essentiell aus der Versammlung aller Gläubigen bestehe und in den Kardinälen repräsentiert werde. Wenn der Papst von Amts wegen ein Urteil fälle, sei dieses unfehlbar. Sich nicht an die Lehre der römischen Kirche und ihres Oberhauptes zu halten, sei Ketzerei. Dies gelte auch für Gewohnheiten, Traditionen und Praktiken, die die römische Kirche zulasse. Die im Namen der römischen Kirche vertriebenen Ablässe anzugreifen sei deshalb ketzerisch.

Luther reagierte umgehend, und da in Wittenberg keine Druckkapazitäten zur Verfügung standen, wandte er sich nach Leipzig. Hatte Prierias, auch um die Subalternität des deutschen Ketzers zu betonen, kokett erwähnt, dass er für die Abfassung seines *Dialogus* lediglich drei Tage gebraucht habe,[67] so demütigte ihn der Wittenberger durch Unterbietung: Nur zwei Tage habe er benötigt,[68] um die leichtfertigen, ziemlich italienischen und reichlich thomistischen Zumutungen zurückzuweisen. Mit dieser neuen, römischen Front war die Papstfrage, die Luther Tetzel gegenüber außen vor zu halten versucht hatte, ins Zentrum der Auseinandersetzungen getreten.

Melchior Lotter d. Ä. in Leipzig druckte den *Dialogus*[69] des Prierias in derselben Aufmachung, das heißt mit denselben Typen und derselben Titelbordüre, wie Luthers *Responsio*[70] auf ihn. In dem Nach-

Replica.F.Sylue-
stri Prieriat?, sacri Palatij Apo-stolici Magistri, Ad.F.Martinū Luther Ordinis Eremitarū.

Martinus Luther, optimo Lectori Salutem.

Has Syluestri mei Replicas, tibi: optime lector:
enixe commẽdo. Cõmendatione eſm mirũ
in modũ indigent, vel hoc nomie, qd'
minas, nescio quas, parturiunt.
Ora(quæso)pro ipsis, ne
abortiãt. Bene vale,
& Theologorũ
eiusmodi
misere-
re.

druck als solchem ein «scharfes Urteil»[71] des Wittenbergers selbst zu sehen, dürfte allerdings an den Realitäten des Buchgewerbes vorbeigehen. Denn wahrscheinlicher ist es wohl, dass Lotter selbst es für sinnvoll hielt, Luthers Entgegnung parallel zu jener in Italien erschienenen Schrift zu verbreiten, auf die sie sich bezog. Als Drucker wahrte er so die Neutralität – und verdiente doppelt. Offenbar machte sich die paarweise Herstellung von Luthers und seines Gegners Text bezahlt, denn auch Prierias' *Dialogus* verkaufte sich gut; Lotter musste ihn, wie auch Luthers *Responsio*, nachdrucken.[72] Dass der Wittenberger kolportierte, die dominikanischen Ordensbrüder des Prierias hätten wohl die ganze Auflage aufgekauft, um den Text zu unterdrücken,[73] deutet eher darauf hin, dass ihn der gute Absatz der Schrift seines Kontrahenten ärgerte. Der Paarausgabe Lotters jedenfalls war es geschuldet, dass Prierias' *Dialogus* in die erste lateinische Sammelausgabe von Schriften Luthers einging, die der Basler Theologieprofessor Wolfgang Fabritius Capito für Johannes Froben besorgte.[74]

Die weitere Kontroverse mit Prierias, der noch zwei andere Schriften gegen Luther in Italien veröffentlichte, führte der Wittenberger Augustinerpater in der Form, dass er dessen Texte mit eigenen Zusätzen verbreitete. Mit einer *Replica*[75] reagierte der Kurientheologe auf Luthers *Responsio* und seine *Resolutiones*, bestätigte ihren Erhalt, lobte das demütige Widmungsschreiben an den Papst, stimmte einen versöhnlichen Ton an und kündigte eine umfänglichere Antwort an. Luther ließ die *Replica* mit einem ironischen, gleich auf das Titelblatt gesetzten Vorwort bei Lotter in Leipzig nachdrucken.[76] Der knappe Text signalisierte dem Leser zweierlei: Schau, was für ein miserabler Theologe! Siehe, sie drohen mir! Luthers souveräner, ja überheblicher Gestus setzte voraus, dass er die Leser ohnehin auf seiner Seite wusste und als jemand agierte, der das publizistische Feld beherrschte. Im Frühsommer 1520, zu einem Zeitpunkt also, als Luther bereits um den bevorstehenden Bannspruch aus Rom wusste, erhielt er eine schmale, *Epitoma Responsionis ad Martinum Lutherum* titulierte Schrift des Kurientheologen.[77] Sie sollte einer umfänglichen Abhandlung über Luthers Irrtümer publizistisch vorausgehen und gleichsam die

Waffen präsentieren, mit denen der Wittenberger in Prierias' großer Apologie des Ablasses und der Papstherrschaft zur Strecke gebracht werden sollte. Luther tobte – zunächst brieflich gegenüber Spalatin,[78] sodann öffentlich in einem nun bei Melchior Lotter d.J. in Wittenberg erschienenen Nachdruck der *Epitoma*,[79] dem er Vorwort, Nachwort und scharf kommentierende Glossen beifügte.[80] Luther sah nun als erwiesen an, dass der Antichrist die Herrschaft in Rom übernommen und die Kurie in eine «Synagoge Satans» verwandelt habe.[81] Etwa zu jener Zeit, als die Bannandrohungsbulle *Exsurge Domine* gegen ihn promulgiert wurde (15.Juni 1520) – Luther erhielt sie erst Anfang Oktober –, sah er keine andere Möglichkeit mehr, als dass die weltlichen Obrigkeiten – Kaiser, Könige und Fürsten – «mit Waffen gerüstet, diese Pest der ganzen Welt angreifen und der Sache [...] mit dem Schwert ein Ende machen».[82] Da es üblich sei, «Diebe mit dem Galgen, Räuber mit dem Schwert, Ketzer mit dem Feuer zu bestrafen», sei es auch angemessen, «diese Lehrer des Verderbens, diese Kardinäle, Päpste und diesen ganzen Unrat Sodoms» zu vernichten und «unsere Hände in ihrem Blut zu waschen».[83] Im Sommer 1520 hatte Luthers publizistische Auseinandersetzung mit dem Exponenten der römischen Kurie eine Schärfe und Radikalität erreicht, die keine weiteren Worte, Schriften und Drucke mehr zuließ.

Wittenberg gegen Ingolstadt: Luther und Karlstadt gegen Eck

Die publizistische Auseinandersetzung der Wittenberger mit Johannes Eck folgte einer eigenen Dynamik.[84] Sie zeigt, dass die beteiligten Printing Natives den Buchdruck mit der größten Selbstverständlichkeit handhabten und damit die Eskalation der Auseinandersetzungen im Nachgang von Luthers Ablassthesen bewusst vorantrieben.

Über den ehemaligen Wittenberger Juraprofessor Christoph Scheurl waren Luthers Thesen frühzeitig an Johannes Eck, den Ingolstädter Theologieprofessor, Eichstätter Domherrn und Augsburger Domprediger, gelangt. Nach einem Gespräch mit Bischof Gabriel von Eyb aus Eichstätt hatte ihn dieser gebeten, seine Bedenken gegen die 95 *Thesen* zu verschriftlichen. Diese kritischen Anmerkungen – *Obelisci*, «Spießchen», nach gelehrten Annotationszeichen genannt – gelangten vom Bischof an den humanistisch gebildeten Eichstätter Domherrn Bernhard Adelmann von Adelmannsfelden, einen Cousin von Eybs. Der gab sie an Luthers Nürnberger Ordensbruder Wenzeslaus Linck weiter, und dieser ließ sie wiederum Luther zukommen. Der verfasste daraufhin eine Gegenschrift, die *Asterici,* d. i. «Sternchen», die gleichfalls für eine handschriftliche Verbreitung bestimmt waren. Beim Generalkonvent in Heidelberg traf er auch seinen Nürnberger Ordensbruder Linck, dem er eine Abschrift der *Asterici* aushändigte. Diesem Verhalten kann man entnehmen, dass Luther an einer Verbreitung seiner Kritik an Eck interessiert war, einen Druck aber vorerst nicht ins Auge fasste. Vermutlich war dabei die Absicht leitend, keine weitere publizistische Front, nun gegen den versierten Gelehrten und begabten Polemiker Johannes Eck, zu eröffnen. Über Linck ließ er Eck seine *Asterici* schließlich zukommen.

Im Stadtarchiv von Kamenz hat sich eine Handschrift erhalten, die eine von der sonstigen Textüberlieferung der *Asterici* abweichende, in Dialogform umgearbeitete Version bietet. Sie deutet darauf hin, dass Luther im Sommer 1518 doch daran gedacht haben könnte, die *Asterici* in den Druck zu geben.[85] Möglicherweise gaben am Ende die damals noch bescheidenen Druckkapazitäten in Wittenberg den Ausschlag. Vielleicht war es aber auch der Dynamik, die dadurch entstand, dass Karlstadt Eck öffentlich attackierte, geschuldet, dass der Druck nie ausgeführt wurde. Ähnlich wie Karlstadt Tetzel entgegengetreten war, wies er auch Ecks Einwände gegen seinen Kollegen Luther in einer Abteilung seiner *CCCLXX et Apologeticae conclusiones*[86] *(370 und weitere Thesen zur Verteidigung)* zurück. Karlstadt empfand die Angriffe des Ingolstädter Theologen als Angelegenheit der gesamten Universität Wittenberg, die sich innerhalb der zeitgenössischen akademischen Welt soeben durch eine bestimmte Lesart der radikalen Gnadenlehre des Paulus und Augustins zu profilieren begann. Mit der gewaltigen Zahl von mehr als vierhundert Thesen, die überdies in einem flug-

> D. Andree Carolstatini docto-
> RIS ET ARCHIDIACONI VVITTEN-
> BVRGENSIS: CCCLXX: ET APOLOGE-
> ticę Coclusiões p sacris literis & Vuitten-
> burgen, ita editę vt & lectoribus
> pfuturę sint.
>
> Puerulo legitime docente
> palinodiam cano.

25 Andreas Bodenstein von Karlstadt, *CCCLXX Et Apologeticae Conclusiones* …, Wittenberg, Rhau-Grunenberg 1518. Mit der Publikation dieser in mehreren Wittenberger Disputationen zu behandelnden Thesenreihe in Gestalt eines Quartdruckes eröffnete Karlstadt jene Kontroverse mit, die schließlich in die Leipziger Disputation einmündete. Der gegen Eck gerichtete Teil der Thesenreihe verselbständigte sich publizistisch in eigenen Nachdrucken.

schriftenartigen Quartdruck verbreitet wurden,[87] löste Karlstadt den Bezug auf eine konkrete Einzeldisputation allerdings publizistisch auf. Er beabsichtigte, eine ganze Sequenz an Disputationen über diese Thesen durchzuführen, und ließ die gelehrte Öffentlichkeit daran vorab schon einmal teilhaben. Dass ihm bei der stattlichen Zahl der Thesen das Vorbild des legendären Giovanni Pico della Mirandola vor Augen stand, der neunhundert Thesen mit den Gelehrten der ganzen Welt hatte disputieren wollen, ist höchst wahrscheinlich.[88]

In einem privaten Brief an Karlstadt bedauerte Eck Ende Mai 1518, dass die *Obelisci* in Luthers Hände geraten waren.[89] Die etwa gleichaltrigen, ehrgeizigen, gegenüber dem Humanismus aufgeschlossenen Weltgeistlichen und Karrieretheologen Karlstadt und Eck[90] hatten sich zunächst um eine Gelehrtenfreundschaft bemüht und sahen sich in einer gemeinsamen Front gegen «Dunkelmänner» wie Tetzel oder Wimpina. Dass Karlstadt die durch Indiskretion nach Wittenberg lancierten, nur handschriftlich verbreiteten *Obelisci* in seinen gedruckten *Apologeticae conclusiones* öffentlich zurückwies, musste Eck als Vertrauensbruch erscheinen. Im August 1518 reagierte er deshalb mit einer *Defensio*,[91] in der er Karlstadts Behauptung, er habe die Wittenberger angegriffen, harsch zurückwies. In einem Vorwort teilte Eck seinen Lesern mit, dass er eine private Stellungnahme zu Luthers Ablassthesen gegenüber dem Eichstätter Bischof abgegeben habe, die Karlstadt irritierenderweise zum Anlass eines öffentlichen Angriffs gemacht habe. In formaler Hinsicht ging Eck ganz scholastisch vor: In Aufnahme der disputatorischen Form, die Karlstadt gewählt hatte, zitierte und erläuterte er Annotationen aus seinen *Obelisci*, ging dann die insgesamt 109 Thesen, die Karlstadt gegen ihn formuliert hatte, durch und formulierte schließlich 111 Gegenthesen. Seine Konfliktbereitschaft unterstrich Eck dadurch, dass er auf dem Titelblatt unübersehbar darauf drängte, die Universitäten in Rom, Paris oder Köln um ein Urteil darüber zu bitten, wer recht lehre.

Karlstadt replizierte seinerseits mit einer *Defensio*,[92] die methodisch ganz analog verfuhr, die Thesen des Ingolstädters allerdings ausführlich einzeln widerlegte. Offenbar konnte man auf Sympathien rechnen, wenn man sich als Angegriffener gerierte und eine Verteidigung vorbrachte. Vermutlich trug Karlstadt seine Entgegnung in den Wittenberger Hörsaal hinein. Auf das Titelblatt seines Druckes ließ er setzen, dass er neben den von Eck genannten Lehrinstanzen das Urteil all jener anerkennen wolle, die die antipelagianischen, das heißt einer radikalen Gnadentheologie verpflichteten Schriften Augustins und andere Kirchenväter bis hin zu Bernhard von Clairvaux kannten. Die Erweiterung der Autoritäten um die Gebildeten, an der gewiss jeder Humanist seine Freude gehabt hätte, implizierte zugleich, dass der Wittenberger Theologe die von Eck anerkannten Institutionen relativierte. Das skizzierte Hin und Her der gedruckten Schriften stellte in gewisser Weise so etwas wie die publizistische Substitution einer tatsächlichen Disputation dar. Indem Karlstadt die Gebildeten als Urteilsinstanzen in Stellung brachte, machte er sie quasi zu Teilnehmern eines diskursiven publizistischen Prozesses.

Die nun folgende Etappe der Kontroverse wiederum blieb für die Öffentlichkeit unsichtbar: Briefe gingen zwischen den Akteuren hin und her; Luther übermittelte im Herbst 1518 bei einem Aufenthalt in Augsburg, bei dem er Eck traf, dass Karlstadt zu einer Disputation in Erfurt oder Leipzig bereit sei. Eck entschied sich für die sächsische Messestadt und verständigte umgehend den Herzog und die Universität: Die Theologische Fakultät möge das Urteil über die Disputation sprechen. Diese lehnte mit Verweis auf die Zuständigkeit der Bischöfe bzw. des Papstes ab. Nun war es Eck, der erneut an die Öffentlichkeit ging und einen Plakatdruck herstellen ließ. Darin umriss er zum einen – in einem vorangestellten Widmungsbrief an den Salzburger Bischof Kardinal Matthäus Lang[93] – den bisherigen Verlauf der Auseinandersetzung und präsentierte zum anderen zwölf Thesen, die er gegen die «neue Lehre» aus Wittenberg in Leipzig verteidigen wolle. Trotz der getroffenen Vereinbarung bezüglich der «Leipziger Disputation» kritisierte er, dass Karlstadt «mit Hilfe der Drucker» seine «privatim» erstellten *Obelisci* attackiert habe. In Erwartung einer «realen» wurde die publizistisch geführte Disputation nun nachträglich ins Unrecht gesetzt. Dazu bediente er sich wiederum publizistischer Mittel.

Indem Eck in seinen zwölf Thesen allerdings vorrangig Luther attackierte, leitete er eine neue Eskalationsstufe ein. Luther reagierte prompt, und zwar mit einer kleinen Flugschrift im Umfang eines Quartbogens. Sie gab zum einen Ecks Einblattdruck wieder, zum anderen druckte sie – in Analogie zu Ecks Schreiben an Lang – einen Eck scharf attackierenden Brief an Karlstadt und fügte schließlich zwölf eigene Thesen «gegen alte und neue Irrtümer»[94] an. Durch den Titel der Schrift – *Disputatio D. Johannis Eccii et P. Martini Luther in Studio Lipsensi futura* (*Künftige Disputation Johannes Ecks und Martin Luthers in der Leipziger Universität*) ließ Luther keinen Zweifel daran, dass er sich ebenfalls als künftiger Opponent des Ingolstädters in Leipzig sah. Die literarische Replik diente also dazu, sich als realer Widerpart im Rahmen der geplanten Veranstaltung zu profilieren. Wie immer, wenn Luther schrieb, erreichte sein Text mehr Nachdrucke als die Schriften anderer. Das literarische Vorgeplänkel symbolisierte, in welchem Maße die mit dem Buchdruck verbundene Verbreitungsdynamik den Charakter der geplanten Disputation selbst verändern musste – aus einem akademischen Ritual wurde ein öffentliches Event.

Eck konnte das natürlich nicht auf sich beruhen lassen. In einem weiteren, analog zu dem vorangegangenen konzipierten Einblattdruck publizierte er nun dreizehn Thesen;[95] die früheren hatte er um eine gegen Karlstadt gerichtete These erweitert. Eine neue Qualität erhielt seine Polemik dadurch, dass er Luther nun explizit der Ketzerei bezichtigte. Damit war ein definitiver Bruch mit den Usancen des mittelalterlichen Disputationswesens gegeben.

Einen Monat vor dem Beginn der Leipziger Disputation, der auf den 27. Juni 1519 angesetzt war, zog Karlstadt mit einer knappen Flugschrift[96] nach: In einem scharfen Brief apostrophierte er Eck – entsprechend der Anrede der «Dunkelmänner» in den *Epistolae obscurorum virorum* (*Dunkelmännerbriefe*) – als «unseren Magister» (Magister noster) und als «Verfechter einer metaphysischen Theologie» – also als Epigonen des Aristoteles, der die einfachen Leute in die Irre führe. Mit siebzehn eigenen Thesen nahm Karlstadt die Herausforderung durch den Ingolstädter an. Luther hingegen imitierte Ecks letzte Schrift erneut und fügte eine dreizehnte These hinzu. Außerdem nahm er die mit Ecks Ketzereivorwurf gegebene Herausforderung an und bekannte sich zu einigen Artikeln des Jan Hus. Schließlich, wohl auch, da noch immer ungewiss war, ob er zur Disputation zugelassen würde, lieferte Luther in einem letzten Druck vor der Disputation eine gründliche Auslegung seiner dreizehnten These: Die Bibel und die ältere Kirchengeschichte stünden der Behauptung eines päpstlichen Primates entgegen.[97] Damit war das reformatorische Schriftprinzip theologisch grundgelegt.

Niemals zuvor war eine akademische Disputation durch einen derartig aufwändigen publizistischen Vorlauf vorbereitet und inhaltlich antizipiert worden. Die monatelangen Mobilisierungsscharmützel der Kombattanten, die Aufsehen erregende mehrwöchige Disputation selbst, an der einige Hundert Zuschauer teilnahmen, die anschließende reichhaltige Streitliteratur beider Seiten,[98] das Ringen um ein Lehrurteil, die der Vereinbarung widerstreitende anonymisierte Veröffentlichung einer Mitschrift des Disputationsverlaufs[99] – all dies trug dazu bei, dass das akademische Format der Disputation sowohl popularisiert als auch fundamental transformiert wurde. Die herausragende historische Bedeutung, die Disputationen im Nachgang der Zürcher Disputationen Zwinglis seit 1523 im Zusammenhang der jeweiligen Einführungsprozesse der städtischen Reformation erhalten sollten,[100] wäre kaum vorstellbar gewesen ohne die Leipziger Disputation, die den akademischen Rahmen und die diesem eigenen Entscheidungsprozesse überschritt. Die theologische Überzeugung der Wittenberger, dass die Laien als Urteilsinstanz nicht übergangen werden durften, ließ es als geradezu zwingend erscheinen, permanent zu publizieren. Die theologische Idee des «Priestertums aller Gläubigen» war exakt die Kirchen- und Sozialtheorie, die dem durch das Printmedium heraufgeführten kommunikationskulturellen Wandel entsprach.

Nichts mehr zu verlieren: Luthers Veröffentlichungen 1520

Im Nachgang der Leipziger Disputation begann sich Luthers Schriftstellerei in einer Hinsicht deutlich zu verändern: Bei den Erbauungsschriften, die er weiterhin in höchst produktiver Form und mit riesigem Verbreitungserfolg abfasste, traten nun Themen und Akzente hervor, die die Differenzen gegenüber der bisherigen rituellen oder liturgischen Praxis akzentuierten. Der Fortgang des römischen Prozesses, der in die Promulgation der Bannandrohungsbulle *Exsurge Domine* mündete, bildete das chronologische und sachliche Gravitationszentrum dieses Entscheidungsjahres, das auch Luthers publizistisches Handeln mittel- und unmittelbar bestimmte. In der Deutung von Buße, Taufe und Abendmahl rückten die als Zusage (*promissio*) interpretierten Spende- und Absolutionsformeln in den Vordergrund. Die Darreichung nur eines Elementes im Abendmahl – des Brotes – wies Luther vom Neuen Testament her deutlich zurück.[101] Wallfahrten, Sakramentalien, äußerliche Inszenierungen aller Art gerieten in Misskredit. Im Verständnis dessen, was die christliche Kirche sei bzw. was sie ausmache, traten die Verkündigung des Evangeliums und die Verwaltung der Sakramente in den Vordergrund.

In einer literarischen Fehde unterlag der Leipziger Franziskanermönch Augustin von Alveldt, der eine Publikationsoffensive gegen den Wittenberger gestartet hatte, der publizistischen Übermacht Luthers.[102] Da der Franziskaner dabei in die Volkssprache gewechselt war, hatte er den Augustiner zur Erwiderung provoziert;[103] zuvor hatte dieser zweien seiner Schüler das Antworten überlassen.[104] Wenige Wochen vor dem offiziellen Ausschluss aus der römischen Kirche entfaltete der Wittenberger Reformator nun die Umrisse eines neuen, «evangelischen» Kirchenwesens: Predigt des Evangeliums, Taufe und Abendmahl seien die Kennzeichen der wahren Kirche – nicht Reliquien oder heilige Orte, weder ein autoritatives Amtsgefüge noch das Kirchenrecht. Aus der ständigen Auseinandersetzung mit seinen Gegnern erwuchsen Luther konstruktive und zukunftsfähige Impulse für einen kirchlichen Neubau; die sich in zahllosen Publikationen ergießende Kontroverstheologie erwies sich als Motor der intellektuellen Bewegung.

Wichtiger als die Texte, in denen er auf Angriffe reagierte, wurden aber jene, in denen er einer selbst gewählten Agenda folgte. Eck hatte sich bald nach der Leipziger Disputation nach Rom begeben und dort Luthers Verurteilung betrieben. Immer wieder erreichten den Wittenberger entsprechende Nachrichten; im Laufe der ersten Hälfte des Jahres 1520 verdichtete sich die Gewissheit, dass er zum Ketzer erklärt und exkommuniziert werden würde. Luther setzte offenbar voraus, dass nach seiner Bannung nicht nur sein Überleben, sondern auch die Möglichkeiten seiner publizistischen Betätigung ungewiss sein würden. Deshalb schrieb er nun eine Reihe von Texten, die nicht durch gegnerische Herausforderungen bestimmt waren und in denen er Themen verfolgte, die ihm ein besonderes Anliegen waren.

In Luthers gesamter publizistischer Lebensleistung bildet das Jahr 1520 sowohl in qualitativer als auch in quantitativer Hinsicht einen Höhepunkt. Insgesamt 28 Schriften mit einem Umfang zwischen 2 und 58 Blatt Quart (= ½ bis 14,5 Bogen) kamen in diesem einen Jahr heraus, 11 ursprünglich lateinische, 17 deutsche, die in insgesamt 262 Einzeldrucken (64 lateinische, 198 deutsche bzw. Übersetzungen) erschienen. Das Gesamtvolumen der bedruckten Bogen, die Luther in diesem Jahr mit Texten gefüllt hatte, betrug 502 Blatt, also 1004 Seiten (125,5 Bogen). Etwa zwei Drittel des Volumens der Wittenberger Erstdrucke produzierte die Offizin Lotters d. J., das dritte Drittel Rhau-Grunenberg. Dieses Textvolumen entsprach einer Schreibleistung Luthers von knapp drei Seiten täglich.[105] Die Übersetzungen ins Lateinische, Deutsche, Niederdeutsche oder in andere europäische Nationalsprachen (Französisch, Niederländisch, Tschechisch, Dänisch) spielten nun erstmals eine signifikante Rolle.

1520 schrieb Luther geradezu um sein Leben. Offenbar bestand die Strategie des Printing Native darin, dass die Resonanz, die er durch den Druck und die Verbreitung seiner Gedanken erzielte, seine Überlebenschancen vergrößern würde. Ohne die großen Texte, die er in diesem Jahr verfasste – häufig werden die wichtigsten von ihnen unter den Begriff der «reformatorischen Hauptschriften» subsumiert –, wäre die «reformatorische Bewegung» und schließlich die Reformation selbst schwerlich zustande gekommen. Die mit der Lotter'schen Filiale seit Beginn dieses Jahres in signifikanter Weise verbesserte typographische Infrastruktur der kleinen Universitäts- und Residenzstadt Wittenberg bildete die entscheidende praktische Voraussetzung dafür.

Mithilfe der Handschrift von Luthers Text *Von den guten Werken*, des ältesten erhaltenen Druckmanuskriptes von ihm,[106] lässt sich nachweisen, dass er zum Zeitpunkt ihrer Abfassung im Frühjahr 1520 bereits eine ausgefeilte Produktionsroutine entwickelt hatte, die direkt auf die Drucklegung abzielte: Luther schrieb sehr gut lesbar, sauber und ebenmäßig, so dass ein fehlerfreier Satz aus dem Manuskript möglich war. Er gliederte den Text und legte durch Ziffern, Überschriften und Unterstreichungen eine entsprechende Strukturierung des Satzes nahe. Dem Druck kann man dann entnehmen, dass seine Vorgaben unmittelbar umgesetzt wurden. Wohl entsprechend den verfügbaren Kapazitäten in der Offizin gab er noch vor der Fertigstellung des Manuskriptes Teile an den Setzer ab. Luther tat somit sein Möglichstes, um die verfügbaren typographischen Ressourcen konsequent und schnell zu nutzen. Je stärker die Wittenberger Druckindustrie in den kommenden Jahrzehnten wuchs,[107] desto intensiver bemühte er sich, alle Drucker zu mobilisieren, beschäftigt zu halten und mit entsprechenden Druckaufträgen – nicht selten aus seiner eigenen Feder – zu versorgen.

Anhand der Drucke von *Von den guten Werken* wird auch deutlich, dass Melchior Lotter d. J. mit der Auflagenhöhe herumexperimentiert haben muss. Denn er ließ die Schrift insgesamt dreimal neu setzen,[108] hatte also immer wieder den Absatz unterschätzt. Die Nachricht, dass Lotter die erste Auflage der im August erschienenen Schrift *An den christlichen Adel deutscher Nation von des christlichen Standes Besserung*[109] mit einer ungewöhnlich hohen Startauflage von viertausend Exemplaren druckte,[110] war vermutlich das Ergebnis entsprechender Erfahrungen. Gleichwohl musste er die *Adelsschrift* noch zweimal neu setzen und drucken lassen, was abermals darauf hindeutet, dass trotz der hohen Auflage und der gewiss umgehenden Leipziger Nachdrucke[111] eine große Nachfrage bestand. Der Publizist Luther übertraf alle Erwartungen – immer wieder und immer neu.

Im Falle der *Adelsschrift* hatte die stattliche Zahl von vierzehn Ausgaben, die wohl noch 1520 auch in Augsburg (5 ×), Basel (1 ×) und Straßburg (2 ×) herauskamen, zweifellos mit dem Interesse an ihrem bahnbrechenden Inhalt zu tun. Denn Luther lieferte hier ein umfassendes Programm der Kirchen-, Gesellschafts- und Bildungsreform; es sollte der maßgebliche Reformtraktat im Heiligen Römischen Reich Deutscher Nation bleiben. In einer einleitenden theologischen Grundlegung stellte er heraus, dass sich das Papsttum durch «drei Mauern» als quasi uneinnehmbare Bastion gegen notwendige Reformen verschanzt habe: die Überordnung der geistlichen über die weltliche Gewalt, ein päpstliches Vorrecht der Bibelauslegung und die Unterordnung der Konzile unter den Papst. Jede dieser Mauern bringt Luther durch konträre Lehrpositionen zum Einsturz: Geistlicher und weltlicher Stand sind qua Glaube und Taufe gleichwertig; eine Prärogative eines Standes in der Deutung der Schrift gibt es nicht. Der allein durch das kanonische Recht begründete Anspruch des Papsttums, über den Konzilen zu stehen, fällt mit der Einsicht in den weltlichen Charakter dieses Rechtssystems in sich zusammen. Das Konzept des «Allgemeinen Priestertums der Glaubenden», das die religiöse Bildung von Laien förderte und die Befähigung zum theologischen Urteil forderte,[112] verband sich kongenial mit den kommunikationsgeschichtlichen Bedingungen des Öffentlichkeit erzeugenden Druckzeitalters.

Die konkreten Reformmaßnahmen, die Luther ansprach, nahmen vielfach Forderungen auf, wie sie in den sogenannten «Gravamina der deutschen Nation», Katalogen mit «Beschwerden» des Reichs, der Reichskirche und der Gläubigen durch Papst und Kurie, seit der zweiten Hälfte des 15. Jahrhunderts formuliert und auf den Reichstagen verabschiedet worden waren.

Einen erheblichen Raum nahmen auch bei Luther die finanziellen Aspekte ein. Insbesondere in maximilianeischer Zeit war dem «ge-

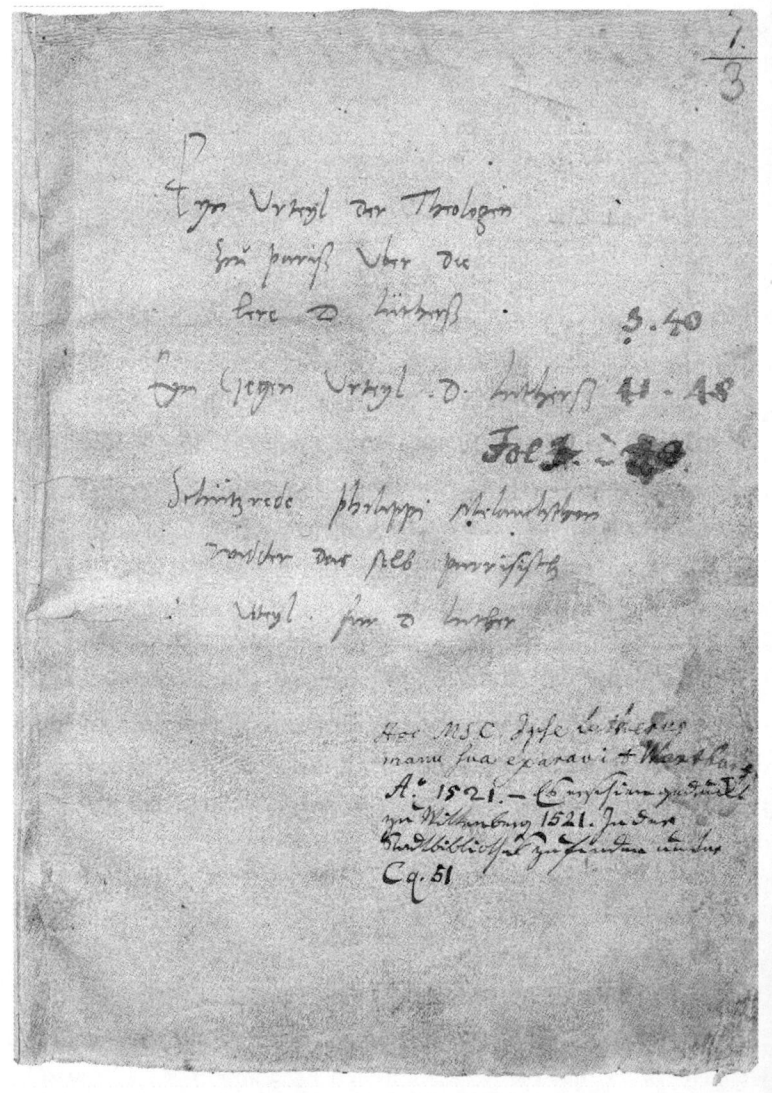

26 In der Gestaltung des Titelblatts setzte die Grunenberg'sche Offizin den Entwurf aus Luthers Handschrift unmittelbar um. Ähnliches gilt auch für die Textgliederungen in der Schrift selbst. Durch seine Manuskripte konnte Luther also unmittelbar auf die Gestalt seiner Druckschriften einwirken: Titelseite von Luthers Manuskript zu der Schrift *Eyn Urteyl der Theologen zu Pariß über die Lehre Luthers*; Stadtbibliothek Gdansk.

Eyn Urteyl d̈ Theologen
zu Pariß vber die lere Doctor Luthers.

Eyn gegen Urteyl
Doctor Luthers.

Schutzrede Philippi Melanchthon widder das selb parisisch vrteyl für D. Luther.

1 5 2 1.

27   Martin Luther, *Eyn Urteyl der Theologen zu Pariß* ...,
     Wittenberg, Rhau-Grunenberg 1521.

fühlten Leid» der deutschen Nation infolge der finanziellen Aussaugung durch Rom propagandistisch eine größere Bedeutung zugewachsen, als es den realen Verhältnissen entsprach.[113] Luther knüpfte hieran an und attackierte diverse römische Geldbeschaffungsmaßnahmen: Abgaben für die Übertragung geistlicher Ämter (Annaten), Dispensgelder oder finanzwirksame Reservatfälle, das heißt Sachverhalte, bei denen nur der Papst gegen bestimmte Zahlungen die Absolution gewähren konnte.

Ansonsten umfasste seine Agenda grundsätzliche Aspekte wie die Ächtung eines Vorrangs der Päpste vor den Kaisern; die Infragestellung des Personenkultes um den Papst, der Wallfahrten, des Mönchtums, des Pflichtzölibats; eine Reform der Seelenmessen, des Festkalenders, der Armenversorgung, der Bruderschaften und Eide; eine Klärung des Verhältnisses zu den böhmischen Hussiten und einen großen Abschnitt zur Reform des Bildungs- und Universitätswesens. Manche Themen verhandelte Luther in seiner literarisch eher disparaten Schrift mehrfach. Vermutlich hatte er Teile des Manuskriptes bereits in den Satz gegeben und inzwischen vergessen, was schon behandelt war, während er noch weiterschrieb.

Die heute berühmteste Schrift Luthers, *Von der Freiheit eines Christenmenschen* bzw. in der lateinischen Version *De libertate christiana*,[114] nimmt unter den Texten, die Luther bis zum Herbst 1520 veröffentlicht hatte, eine Sonderstellung ein, denn es handelt sich um die erste Schrift, die er selbst sowohl in einer lateinischen als auch in einer deutschen Version abgefasst und in den Druck gegeben hatte. Aufgrund der Korrespondenz Luthers ist klar, dass er die Datierung seines *Sendbriefs an Papst Leo X.*, der in Verbindung mit der *Freiheitsschrift* erschien, fingierte: Er setzte ihn auf einen Zeitpunkt vor dem Bekanntwerden der Bannandrohungsbulle. Obwohl die Texte der lateinischen und der deutschen Fassung der *Freiheitsschrift* in inhaltlicher Hinsicht weitestgehend identisch sind und parallel entstanden, wurden sie in publizistischer Hinsicht unterschiedlich inszeniert: Die lateinische Version des *Tractatus* erschien zusammen mit der *Epistola ad Leonem X.* als typographische Einheit. Die deutsche Fassung der *Frei-*

heitsschrift hingegen erschien separat mit einer eigenen Widmungsvorrede an den Zwickauer Bürgermeister Hermann Mühlpfordt. Auch vom *Sendbrief an Papst Leo* galt, dass er als separater Druck auf Deutsch erschien. Die Nähe der deutschen und der lateinischen Version lässt es als sehr unwahrscheinlich erscheinen, dass Luther die eine früher zum Drucker gab als die andere. Da alle drei Urdrucke – der *Sendbrief an Papst Leo*, die deutsche Version *Von der Freiheit eines Christenmenschen* und die gemeinsam mit dem *Tractatus de libertate christiana* gedruckte *Epistola Lutheriana*[115] – in der Wittenberger Offizin Johannes Rhau-Grunenbergs hergestellt wurden, folgte ihre Erscheinungsweise höchstwahrscheinlich einem publizistischen Kalkül des Reformators.

Entstehungs- und Publikationsgeschichte der lateinischen und der deutschen Version der *Freiheitsschrift* und des *Sendbriefes* bzw. der *Epistola ad Leonem X.* stehen in einem direkten Zusammenhang mit dem Wirken des sächsischen Adligen Karl von Miltitz, der als Notar und Geheimkämmerer in päpstlichen Diensten stand. Seit 1518 hatte er sich darum bemüht, die sich zuspitzenden Konflikte um Luther diplomatisch zu entschärfen. Nachdem die Bannandrohungsbulle in Kraft gesetzt und durch Johannes Eck im Reich verbreitet wurde, verringerten sich die Chancen auf eine diplomatische Deeskalation. Luther hatte sich auf Drängen seiner Ordensoberen Johann von Staupitz und Wenzeslaus Linck und des sächsischen Kurfürsten Friedrich III. im Laufe des Sommers 1520 bereit erklärt, sich auf dieses Versöhnungsunternehmen einzulassen. Seit Eck jedoch die Verdammungsbulle gegen ihn auch in Leipzig zu verbreiten begonnen hatte,[116] sah er darin keinerlei Sinn mehr. Spalatin, Luthers wichtigstem Korrespondenzpartner bei Hofe, war es allerdings doch noch einmal gelungen, Luther umzustimmen. Am 11. und 12. Oktober – kurz vorher hatte er die Bannandrohungsbulle gelesen – traf Luther mit von Miltitz zusammen. Der *Sendbrief* bzw. die *Epistola* sind jeweils auf den 6. September 1520[117] datiert. Luther lag offenbar daran, einen Termin zu wählen, der deutlich vor dem Eintreffen der Bannandrohungsbulle in Wittenberg lag. Durch die Rückdatierung erschien seine kirchenpolitische Situation offener, als sie im Lichte der Bannandrohungsbulle tatsächlich war. Dadurch gewann der Wittenberger publizistische Handlungsspielräume zurück, die er, nachdem er den Papst in der *Adelsschrift* (August 1520) als Antichristen bezeichnet hatte, im Grunde nicht mehr besaß.

Die publizistische Entscheidung, den *Sendbrief* in der deutschen Version separat von der *Freiheitsschrift* erscheinen zu lassen, nötigte den Drucker zu der unwirtschaftlichen Entscheidung, zwei Seiten (Bogen B $4^{r/v}$) unbedruckt zu lassen. Der für den Luther des Jahres 1520 ganz ungewöhnlich bescheidene publizistische Erfolg des *Sendbriefes*, der lediglich zwei [Augsburger] Nachdrucke erreichte,[118] zeigt, dass das Interesse an einer unpolemischen Auseinandersetzung des Wittenbergers mit dem Papst gering war. Luther selbst war auch kaum daran gelegen, dass die *Freiheitsschrift*, die eine Summe seiner Theologie bot, im deutschsprachigen Raum durch eine Widmung an den Papst an Wirkung einbüßte. Dass die von allen Bezügen auf den Papst befreite *Freiheitsschrift* in ihrer deutschen Fassung bis 1522 dreizehnmal gedruckt wurde, also ungleich erfolgreicher war als der *Sendbrief*, macht plausibel, dass die Trennung beider Texte einem richtigen publizistischen Kalkül gefolgt war.

In jenen Tagen und Wochen, als Rhau-Grunenberg den *Sendbrief*, die *Freiheitsschrift* und die *Epistola* mit *Tractatus* druckte, ließ Luther bei dem leistungsstärkeren, wohl meist auch höhere Auflagen produzierenden Wittenberger Drucker Melchior Lotter d. J. seine scharfe Polemik gegen die *Bulle des Endchrists* auf Latein und Deutsch herstellen.[119] Durch die Art und Weise, in der der *Sendbrief* und die *Freiheitsschrift*' im Deutschen verbreitet wurden, unterlief er die ursprüngliche Funktion ihrer Abfassung. Der Wittenberger Reformator hatte sich auf ein diplomatisches Manöver eingelassen, das er durch sein publizistisches Handeln vor allem in Bezug auf die deutschen Ausgaben konterkarierte. Im Zusammenspiel mit seinen Druckern agierte Luther in diesem Entscheidungsjahr 1520 als virtuoser Publizist.

Auch im *Sendbrief an Papst Leo* spielte die Freiheitsthematik eine zentrale Rolle. Zum einen zielte der Wittenberger darauf ab, den

Papst als Gefangenen des römischen Systems darzustellen. Leo, gegen dessen «person» Luther angeblich «altzeyt das erlichst und beste [...] gesagt» habe, sei wie ein «Daniel zu Babylonen», wie «Daniel unter den lawen» – Leo unter den Löwen: feine Ironie! –, wie «eyn schaff unter den wolffen»,[120] wie der Prophet Ezechiel unter Skorpionen, eine von giftigen, machthungrigen Schmeichlern umgebene und bedrängte, lautere, zutiefst gefährdete Seele. Sich selbst inszenierte Luther im Gegensatz zu dem Drangsalen ausgesetzten Papst: Denn er bekenne «frey und offentlich»,[121] erhebe keine Macht- und Herrschaftsansprüche, wie es die «Schmeichler» im Namen des Papstes täten, wolle nichts anderes, als sich jedermann gern unterordnen, aber doch treu zum Worte Gottes stehen.[122]

Der Angriff auf den «Romischen stuel, den man nennet Romischen hoff», jenen Hort des Verderbens, der schändlicher sei als Sodom, Gommorha und Babylon, erfolgte, so stellte der Wittenberger Theologieprofessor fest, weil es ihn «vordrossen» habe, dass unter Papst Leos Namen «und der Romischen kirchen scheyn das arm volck ynn aller welt betrog[en] und beschedigt» werde. Deshalb müsse er gegen die römische Kurie ankämpfen, «ßo lang yn myr meyn christlicher geyst lebet». Luther handelte also aus einem elementaren christlichen Anspruch heraus; er wolle ein «diener [...] aller Christen menschen» sein. Dass ein Widerruf nicht infrage kam, war unstrittig: «Das[s] ich aber solt widerruffen meyne lere, da wirt nichts auß [...].» Auch zur Anerkennung irgendeiner etwa von der römischen Kirche vorgegebenen «regel oder masse [im Sinne von Richtmaß], die schrifft außzulegen», war Luther nicht bereit. Denn «das wort gottis, das alle freyheyt leret, nit soll noch muß gefangen seyn».[123] Aus der befreienden Botschaft des Wortes Gottes ergab sich eine freie, von normativen Vorgaben der kirchlichen Tradition und des römischen Lehramtes unabhängige Verkündigung und Auslegung der Schrift, wie sie vor allem der Publizist Luther praktizierte.

In Anwendung der der Nachfolge Christi entsprechenden christlichen Existenzdialektik von Freiheit und Knechtschaft bei Paulus – «Denn obwohl ich frei bin von jedermann, habe ich doch mich selbst zum Knecht gemacht, damit ich möglichst viele gewinne» (1 Kor 9,19) – stellte sich der «Befreite und zugleich Knecht und Gefangene»[124] Luther selbst als «diener [...] aller Christen menschen»[125] und als freien Ausleger des befreienden Wortes dar. Den Papst behaftete der Wittenberger Reformator mit der seit der Spätantike geläufigen Pontifikatstitulatur eines *servus servorum dei*: Als ein «knecht aller knecht gottis» sei er in einem «ferlichern, elendern stand, denn keyn mensch auff erden».[126] Deshalb dürfe er sich nicht von jenen Schmeichlern und Heuchlern betrügen lassen, die ihm einredeten, er sei der «herr der welt».[127] Als Christ sei der Papst aus der wunderbaren Freiheit des in Christus gründenden Glaubens heraus jedermann ein dienstbarer Knecht, ja der Niedrigste von allen.

Das Modell des «Christlichen leben[s]»,[128] das er im Folgenden in der *Freiheitsschrift* entfaltete, exemplifizierte Luther zunächst im *Sendbrief* einerseits an sich selbst, andererseits am Papst. Im *Sendbrief* verdichtete der Wittenberger die maßgeblichen theologischen Überlegungen seiner großen Schriften des Jahres 1520 zu einem unpolemischen Appell an den Papst, sich aus den Verstrickungen seines Herrscheramtes zu befreien. Dieser seelsorgerliche Rat, den der Mönch aus Wittenberg unter Anspielung auf Bernhard von Clairvaux' Schreiben an Papst Eugen III.[129] seinem Papst Leo X. gab, unterlief, ignorierte, ja konterkarierte jenen Rechtsakt der Bannandrohung, der Luther veranlasst hatte, den Sendbrief zu schreiben.

Die «Freiheit eines Christenmenschen» verdankt sich Christus, der sie «erworben und geben», also begründet und mitgeteilt hat. Diese Freiheit weist eine doppelte Struktur auf; sie bedeutet zum einen, dass ein Christenmensch «eyn freyer herr über alle ding und niemand unterthan» sei, zum anderen, dass er «eyn dienstpar knecht aller ding und yderman unterthan»[130] sei. Luther begründete diese existentielle Dialektik der christlichen Freiheit durch einschlägige Schriftworte aus den paulinischen Briefen (1 Kor 9,19; Röm 13,9; Gal 4,4). Im Kern wurzele diese Freiheit im Geheimnis der Person Christi selbst, der Gott gleich war, eine Knechtsgestalt angenommen habe (Phil 2,6 f.) und die Christen, die an ihn glauben, an seiner geistlichen Herrschaft teilhaben lasse. Luthers publizistisches Agieren realisierte eine performative Dimension der christlichen Freiheit.

Ein weiteres zentrales Thema auf Luthers literarischer Agenda des Jahres 1520 war die Neufassung der Sakramentslehre. Zunächst legte er einen *Sermon vom Neuen Testament*[131] vor, in dem er wesentlichen Aspekten der römischen Lehre entgegentrat: dem Empfang des Abendmahls nur in der Geatalt des Brotes und dem Verständnis des Abendmahls als eines Gott dargebrachten Opfers. Entscheidend sei die Relation von Wort und Glaube; in den Einsetzungsworten ergehe die Verheißung der Sündenvergebung, die im Glauben aufgenommen werden solle. Brot und Wein, Leib und Blut Christi, seien lediglich äußere Zeichen, die die im Wort ergehende Verheißung bestätigten und versiegelten. In der im Oktober 1520 erschienenen, bereits im Wissen um seine Verurteilung abgefassten und deshalb besonders radikal ausgefallenen Schrift *De captivitate Babylonica* (*Von der babylonischen Gefangenschaft der Kirche*) trieb Luther diese Überlegungen auf die Spitze, indem er sie auf die Sakramente im Ganzen anwandte. Entgegen der geltenden Lehre und dem Verständnis der Kirche als Sakralinstitut rückte er die biblischen Grundlagen ins Zentrum. Demnach hatte Christus nur zwei mit äußeren Zeichenhandlungen verbundene Sakramente – die Taufe und das Abendmahl – eingesetzt. Für beide waren den Glauben weckende Zusagen konstitutiv. Die sich daraus ergebenden Kriterien für ein Sakrament – Einsetzung durch Christus; Verheißung; äußeres Zeichen – erfüllte in Luthers Sicht keines der anderen so genannten Sakramente – Buße, Ehe, Firmung, Priesterweihe, letzte Ölung –, die die römische Kirche kannte. Die nicht biblisch legitimierten sakralen Handlungen der Kirche seien menschliche Erfindungen und könnten keinerlei Verbindlichkeit beanspruchen, ja seien deshalb schädlich, weil sich die Kirche willkürlich Heilshandlungen anmaße, die ihr nicht zustünden. Insofern stellte *De captivitate Babylonica* eine radikale Infragestellung der überkommenen römischen Tradition, der Autorität der kirchlichen Hierarchie und aller wesentlichen Elemente ihres Selbstverständnisses dar. So verwundert es nicht, dass sich an dieser Schrift auch außerhalb des Reiches die Geister schieden wie an keiner anderen. Indem Luther der Schrift den Titelzusatz «*Praeludium*» (*Vorspiel*) beifügte, deutete er auf weitere künftige Konflikte und publizistische Kontroversen voraus.

Unter den Gegenschriften, die *De captivitate Babylonica* provozierte, fand besonders die unter dem Namen des englischen Königs Heinrich VIII. erschienene (*Assertio septem sacramentorum;*[132] *Beteuerung der Siebenzahl der Sakramente*) eine größere internationale Aufmerksamkeit. Welche zentrale Bedeutung gedruckte Bücher erlangt hatten, zeigte sich vielleicht an kaum einem Vorgang deutlicher als an diesem. Der Monarch betraute den englischen Kardinal Thomas Wolsey mit der Aufgabe, alle Schriften des Wittenbergers einer Prüfung zu unterziehen; im Mai 1521 wurde in der Londoner St.-Pauls-Kathedrale eine Art Tribunal über Luther und seine Anhänger vollzogen. Den Papst informierte man vorab über die geplante Widerlegung von *De captivitate Babylonica*; im September 1521 wurde Leo X. ein Exemplar des Londoner Erstdrucks übergeben, der Heinrich VIII. dafür mit dem erblichen Titel eines *Defensor fidei*, eines Verteidigers des Glaubens, bedachte. Eine noch gegen Ende des Jahres 1521 vorliegende römische Ausgabe der *Assertio* enthielt den Abdruck einer Bulle Leos X., die den Lesern Ablass anbot. In Straßburg, wohl veranlasst durch den seit Jahresende 1520 gegen Luther publizierenden Franziskaner Thomas Murner, erschien eine deutsche Übersetzung der *Assertio*, desgleichen in Dresden durch den Hoftheologen Herzog Georgs, Hieronymus Emser. In der Umgebung Kaiser Karls V., bei dessen Beichtvater Jean Glapion, ähnlich bei Erasmus von Rotterdam, verfestigte sich aufgrund von *De captivitate Babylonica* die Überzeugung, dass der Bruch mit Luther nicht mehr zu beheben sei.[133] Für den Kardinallegaten auf dem Wormser Reichstag, den humanistischen Gelehrten Hieronymus Aleander, manifestierte sich Luthers Ketzerei in dieser Schrift wie in keiner anderen.[134]

Auch in der im Gefolge der Leipziger Disputation erbetenen Beurteilung der Lehre Luthers durch die Sorbonne, die nach längerem Zögern erst im April 1521 erschien, spielte *De captivitate Babylonica* eine herausragende Rolle. Eine ganze Reihe der hundertundvier aus Luthers Schriften zitierten Sätze stammten aus dieser Schrift.[135] Für die Pariser Theologen stand fest, dass die hier enthaltene «pestilentisch lere» mit «manicherley yrthum» angefüllt sei, «das es mocht vorgleycht werden dem Alkorano».[136] Luther erwecke die abgründigsten alten Ketzereien zu neuem Leben; mit dem Nachweis, dass die von der rechtgläubigen Kirche lange widerlegten Irrlehren der Waldenser, der Hussiten, der Wiclifiten u.v.a.m. bei Luther fröhliche Urständ feierten, sah die angesehendste theologische Fakultät Europas ihre Aufgabe als erledigt an. Insbesondere Luthers Behauptung, die sieben bekannten Sakramente der Kirche seien ein menschliches Fündlein und nicht durch die Autorität Christi gedeckt, empfand man – von römisch-kanonistischen Voraussetzungen ausgehend völlig zu Recht – als eine unüberbietbar ketzerische Lehre.[137] Dass *De captivitate Babylonica* den Charakter der Kirche als heilsvermittelndes Sakralinstitut mit einer völlig neuen Radikalität infrage stellte, nahm man also sehr deutlich wahr. Faktisch hatte der Wittenberger Theologe in dieser Schrift nämlich die gesamte Entwicklung, die die Kirche seit der Spätantike genommen hatte, attackiert: Er verwarf die Vorstellung von einer Wirkung der Sakramente allein schon durch die sakramentale Handlung (*ex opere operato*) und wies die Rechtsprinzipien zurück, aufgrund derer die Papstkirche die Sakramente eingesetzt hatte. Die Verbrennung des kanonischen Rechts vor dem Wittenberger Elstertor am 10. Dezember 1520 zerstörte die Fundamente, auf denen die in *De captivitate Babylonica* infrage gestellte Heilsanstalt ruhte.

An Luthers Publizistik der zweiten Hälfte des Jahres 1520 begannen sich die Geister zu scheiden. Der Freiburger Jurist Ulrich Zasius etwa verübelte ihm seinen in der *Adelsschrift* ausgesprochenen Angriff auf den Zölibat.[138] Der Humanist Beatus Rhenanus nahm Luthers Treiben gegen Ende des Jahres 1520 mit Besorgnis auf und rückte die Nachrichten von der Verbrennung des kanonischen Rechts und der überaus «freiheitlichen» Behandlung «höchster Dinge» in *De captivitate Babylonica* in einen inneren Zusammenhang.[139] Von Erasmus kursierte das Gerücht, dass er sich wegen *De captivitate Babylonica* defintiv von

Luther abgewandt habe.[140] Auch wenn Erasmus sich um die Jahreswende 1520/21 herum in diplomatischen Wendungen zu Luther äußerte – er habe ohnehin kaum etwas von ihm gelesen[141] –, sah er in dem Wittenberger Mönch, nicht zuletzt wegen seiner Sakramentsschrift, einen Aufrührer.[142] Seine Einschätzung, *De captivitate Babylonica* habe Luther viele Anhänger gekostet,[143] dürfte in Bezug auf das Milieu der älteren Humanisten zutreffend gewesen sein. Möglicherweise hatte auch der kaiserliche Rat Jakob Spiegel bereits *De captivitate Babylonica* im Blick, als er die Schlettstädter *Sodalitas* um seinen Onkel Jakob Wimpfeling im Dezember 1520 dazu aufforderte, von den unlängst erschienenen Schriften Luthers wegen ihrer verdächtigen Lehre Abstand zu halten.[144]

Für diejenigen, die sich ihm immer enger anschlossen, war *De captivitate Babylonica* hingegen ein Schlüsseldokument. Der spätere Straßburger Reformator Martin Bucer bemühte sich um eine Verbreitung dieser Schrift;[145] für ihn und die anderen Reformatoren der elsässischen Metropole war sie der entscheidende Ausgangspunkt ihrer eigenen abendmahls- bzw. sakramentstheologischen Entwicklung.[146] Wolfgang F. Capito, der Herausgeber der ersten Sammelausgabe Luther'scher Schriften aus dem Oktober 1518, ein Erasmusvertrauter und – seit Frühjahr 1520 – Rat des Erzbischofs Albrecht von Mainz, der sich im Laufe des Jahres 1523 definitiv der Reformation anschloss, sah in dieser Schrift einen Befreiungsakt, der alles abgeschüttelt habe, was der Freiheit des Geistes und der Heiligen Schrift entgegengestanden habe.[147]

Ungeachtet der späteren Auseinandersetzungen um das Verständnis insbesondere des Abendmahls und der Taufe innerhalb des sich formierenden reformatorischen Lagers: Die in *De captivitate Babylonica* vollzogene Absage an die Siebenzahl der Sakramente und die Orientierung an der Einsetzung Christi als dem einzig sachgerechten Kriterium dessen, was als Sakrament anerkannt zu werden verdiene, haben sich in allen Richtungen des Protestantismus auf Dauer durchgesetzt. Insofern markiert die in dieser Schrift dargelegte Sakramentslehre so etwas wie einen antirömischen gemeinreformatorischen Basiskonsens in der Sakramentstheologie. Luthers Abendmahlslehre, die er in *De captivitate Babylonica* darlegte, hielt einerseits an der leiblichen Realpräsenz Christi in Brot und Wein fest, erkannte aber andererseits dem mit Christus identischen Element lediglich die Funktion eines äußerlichen Versiegelungszeichens für das ungleich wichtigere Verheißungswort zu. Eben dies dürfte den mit lebhaften publizistischen Mitteln geführten innerreformatorischen Abendmahlsstreit, der im Herbst 1524 ausbrechen sollte, implizit ermöglicht oder gar befördert haben.

Die Verbrennung der päpstlichen Bulle und Luthers Auftritt in Worms

Im zeitgenössischen Verständnis war das von dem Verb «eröugen» abgeleitete «Ereignis» ein In-die-Augen-Fallen, In-Erscheinung-Treten, eine geschehnishafte Emanation, die mit der Vorstellung verbunden war, «wie es ‹eigentlich gewesen›» sei. Eine «bislang unsichtbare Bedeutung» tritt im Ereignis «gleichsam selbst in der Realität in Erscheinung».[148] In diesem Sinne einer spezifischen Sinnverdichtung, die sich in einem Ereignis quasi offenbart, wurden bestimmte Vorgänge und Phänomene der frühen Reformation zu «Ereignissen» – heute würde man vielleicht von Events sprechen. Die mediale Vermittlung durch gedruckte Schriften war der entscheidende Weg, um solche Ereignisse herzustellen.

🕮 *Die Verbrennung der Bannandrohungsbulle.* Ein Event dieser Art war die Verbrennung der päpstlichen Bulle und des kanonischen Rechts am 10. Dezember 1520. An diesem Tag lief mutmaßlich die Widerrufsfrist, die man Luther in der Bannandrohungsbulle eingeräumt hatte, definitiv ab. Allerdings war das mediale Echo – etwa im Unterschied zu Ereignissen wie dem Wormser Reichstag oder dem Bauernkrieg – überschaubar. Eine kaum über Wittenberg hinaus bekannt gewordene, wohl gedruckte plakatartige Einladung zum «frommen und gottesfürchtigen Spektakel» (*pium ac religiosum spectaculum*)[149] der Bücherverbrennung am Morgen des 10.12. um 9 Uhr, die von Melanchthon stammte,[150] war an öffentlichen Orten in Wittenberg ausgehängt worden. Dazu erschienen recht bald nach dem Ereignis anonym gedruckte *Acta*:[151] die lateinische Dokumentation der Vorgänge rund um die Verbrennung, die dann auch noch in einer deutschen Übersetzung als Einblattdruck herauskam.[152]

Zu einem weithin bekannten Phänomen aber wurde die spektakuläre Bücherverbrennung vor allem durch eine Schrift Luthers selbst (*Warum des Papsts und seiner Jünger Bücher ... verbrannt sind*),[153] in der er die Gründe für seine ungeheuerliche Tat darlegte. Für den Erfolg der Schrift, die elf deutsche, drei lateinische und je eine niederländische und eine tschechische Ausgabe erreichte, war gewiss der geringe Umfang von nur zwei Quartbogen von Bedeutung. Aber schon der einleitende sprachliche Gestus des Enfant terrible aus Wittenberg war bestechend, imitierte und konterkarierte er doch das Incipit päpstlicher Bullen: «Ich Martinus Luther, genant Doctor der heyligen schrifft, Augustiner tzu Wittenbergk, fug meniglich zu wissen, das durch meyn willen, radt und zuthat auff Montag noch Sanct Nicolai ym M.D.xx. Jar vorprennet seyn die Bucher des Pabsts von Rhom und ettlich seyner Jungernn.»[154] Und dass Luther zum Zeitpunkt des Feuerspektakels erste Kenntnisse von jener Brandspur besaß, die der römische Gesandte Hieronymus Aleander auf seinem Weg ins Reich hinter sich herzog, steht außer Zweifel: Am 17.10. waren in Lüttich, am 28.10. in Löwen, am 12.11. in Köln und am 29.11. in Mainz Stapel mit Luther'schen Schriften, teils mühsam zusammengetragen, verbrannt worden.[155]

Insofern war das Ketzergericht, das Luther vor dem Wittenberger Elstertor vollstreckte – er soll die an Psalm 21,10 angelehnten Worte gesprochen haben: «Weil Du [sc. der Papst] die Wahrheit Gottes verderbt hast, verderbe dich heute der Herr»[156] –, auch eine Antwort auf die Verbrennung seiner eigenen Bücher. Er berief sich dafür auf die in der Bibel (Apg. 19,19) bezeugte Praxis der Bücherverbrennung, die ihm durch den Apostel Paulus legitimiert war. Sodann begründete er sein Tun damit, dass er «unwirdig ein getauffter Christen», «eyn geschworner [eidlich gebundener] Doctor der heyligen schrifft» und ein «teglicher prediger» sei, der die Pflicht habe, «unchristliche lere zuvortilgen odder yhe [zu] wehren».[157] Durch einen den Verwerfungssätzen der Bannandrohungsbulle *Exsurge Domine* nachempfundenen Katalog an Zitaten aus dem kanonischen Recht führte Luther dann seinen Beweis, dass der Papst als «eyn rechter Endchrist» zu gelten habe, der es verdiene, «das yhn Christus vom hymel selbst mit seynem regiment zurstore, wie Paulus vorkundigt hat [sc. in 2 Thess 2,3 ff.]». Denn das kanonische Recht dokumentiere, dass sich der Papst «ubir got und menschen» stelle und «yderman yhm, auch gott und die engell, unterthan» sein sollen.[158] Durch diese öffentliche Proklamation der Exkommunikation des Papstes, die er durch die Bücherverbrennung rituell bekräftigte, machte der «durch anregen […] des geystes»[159] handelnde Repräsentant der «wahren Kirche» mit publizistischen Mitteln weithin bekannt, dass das traditionelle römische System der Ketzerverfolgung nicht mehr funktionierte.

☙ *Luthers Auftritt auf dem Wormser Reichstag.* Als mit Abstand aufsehenerregendstes Event in der Geschichte der frühen Reformation hat – jedenfalls im Spiegel quantitativer publizistischer Befunde – Luthers Auftritt auf dem Wormser Reichstag von 1521 zu gelten. Mehr als hundert Drucke sind aus diesem Anlass erschienen;[160] durch keinen anderen Sachverhalt ist Luther so bekannt geworden wie durch diesen. Niemals seit Gutenbergs Erfindung war über ein Ereignis zeitnäher und dichter geschrieben, berichtet, publiziert worden. In Worms stand neben der Person des Ketzers sein gedrucktes Schrifttum vor dem Gericht des Reiches und seiner höchsten Repräsentanten. Bereits auf der Hinreise zum Reichstag war Luther durch ein vorab publiziertes sogenanntes *Sequestrationsmandat* Karls V.[161] damit konfrontiert worden, dass der Besitz und die Verbreitung seiner Schriften unter Strafe gestellt wurden. Die in Luthers lateinischen und deutschen Büchern enthaltenen Auffassungen, so stellte das Dokument fest, seien «unserm heiligen glauben cristenlicher ler, satzung und gebrauch […] ganz widerwertig und verletzlich». Deshalb habe sie der Papst «zum höchsten verdampt». Luthers Vorladung zum Wormser Reichstag sei erfolgt, um «ine zu fragen und zu hören, ob er derselben wort, schriften und bücher gestendig sein und die widerruffen oder darauf beharren wölle».¹⁶² Damit war in ziemlich präziser Weise programmiert, wie Luthers Verhör vor dem Reichstag am 17. und 18. April tatsächlich ablaufen sollte.

Seine Antworten auf die Fragen, ob die vor ihm auf einem Tisch ausgebreiteten Bücher seine seien – es handelte sich vornehmlich um erst unlängst erschienene Schriften aus Aleanders Besitz mit einem gewissen Vorrang lateinischer, in Basel gedruckter Werke¹⁶³ – und ob er sie zu widerrufen bereit sei, geben interessante Hinweise darauf, wie er selbst sein literarisches Handeln deutete. In Bezug auf die Frage, ob es sich um seine Schriften handle, antwortete er mit einem für den Printing Native charakteristischen Differenzierungsimpuls: «Es sind meine von mir unter meinem Namen veröffentlichten Schriften, sofern nicht beim Abdruck durch gegnerische List oder durch Besserwisserei etwas an meinem Text verändert oder entstellt worden ist.»¹⁶⁴ Luther hatte demnach einen klaren Begriff textlicher Authentizität, die nur dann gewährleistet war, wenn er selbst oder vertrauenswürdige Buchakteure den Produktionsprozess der Bücher begleiteten.

Sodann teilte er sein Schrifttum in drei unterschiedliche Kategorien ein. Das Ziel dieses Argumentationsverfahrens bestand gewiss darin, die pauschale Widerrufsforderung ad absurdum zu führen. Zunächst, so betonte Luther, habe er Schriften verfasst, die auf eine einfache und evangelische Weise von Glauben und Sitten (*pietatem fidei et morum [...] simpliciter et evangelice*¹⁶⁵) handelten. Sie würden sogar von seinen Gegnern als nützlich eingestuft; und selbst die Bulle bezeichne einige seiner Schriften als unschädlich. Diese zu widerrufen sei also widersinnig. Zur zweiten Gruppe gehörten, so Luther, Schriften, die sich gegen das Papsttum und was mit ihm zusammenhing richteten. Die schlechten Lehren und Beispiele der Papisten hätten den ganzen christlichen Erdkreis zugrunde gerichtet.¹⁶⁶ Nun schloss Luther eine sehr pointierte Polemik gegen die gewissensbindende, dem Evangelium und den Kirchenvätern widerstreitende Tyrannei des Papsttums an. Diese Schriften zu widerrufen hieße, der Gottlosigkeit Vorschub zu leisten. Einer dritten Kategorie ordnete

Luther jene Schriften zu, die er gegen einzelne und Privatpersonen (*aliquot privatos et singulares [...] personas*)[167] gerichtet hatte, die die «römische Tyrannei» verteidigten. Zwar räumte er ein, dass er hier schroffer gewesen sei, als es einem Mönch gezieme. Doch er folgerte: «Auch diese Schriften kann ich aber nicht widerrufen; denn wenn ich sie widerriefe, würden Tyrannei und Gottlosigkeit unter Berufung auf mich heftiger denn je herrschen und gegen das Volk Gottes wüten.»[168] An seinen gedruckten und weithin verbreiteten Schriften festzuhalten bedeutete für Luther also nichts anderes, als für die theologische Wahrheit, die ihm aufgegangen war, offensiv einzutreten.

Die Bücher waren die entscheidenden materiellen Träger der Wahrheit des Evangeliums; sie galt es zu erhalten. Indem Aleander die Vernichtung der Luther'schen Bücher zum zentralen Ziel seines Kampfes gegen ihn erhob, stimmte er mit dem Wittenberger Ketzer hinsichtlich der Bedeutung des Mediums gänzlich überein. Schon im Frühjahr 1521, zur Zeit des Reichstags, wären Luthers Ideen nur dann noch aus der Welt zu schaffen gewesen, wenn man alle seine Werke hätte vernichten können. Ein Martyrium des Augustinereremiten hätte die Wirkungen seiner häretischen Gedanken nicht mehr verhindern können.

Unter den Bedingungen der typographischen Textreproduktion bestand Aleanders Tragik darin, dass es wirkungsvolle Mechanismen der totalen Buchvernichtung nicht gab – zumal in dem ihm weitgehend unverständlichen politischen Raum des Heiligen Römischen Reichs Deutscher Nation. Andere Zeitgenossen hatten dies erkannt: In einem Brief an den Basler Druckersohn Bonifacius Amerbach ergötzte sich etwa der Lektor, Editor und humanistische Buchakquisiteur Beatus Rhenanus daran, dass Aleanders Versuch einer Bücherverbrennung auf dem Mainzer Marktplatz zunächst ziemlich kläglich gescheitert war. Der Henker habe sich nämlich geweigert, den Brand zu legen, als die Volksmenge brüllte, Luther sei nicht rechtmäßig verurteilt. Zudem, so Rhenanus weiter, freuten sich die Pressen über Aleanders Treiben, denn für jedes verbrannte Exemplar würden zahlreiche neue gedruckt.[169] Der sächsische Kanzler Gregor von Brück vermutete sogar, Aleander müsse die Bücher, die er verbrennen lasse, eigens kaufen.[170] In den Depeschen, die der römische Nuntius vornehmlich an Leo X. und den Papstnepoten Giulio de' Medici sandte, überging er seinen fast hoffnungslos erscheinenden Kampf gegen Luthers Bücher. Allerdings konnte er zufrieden davon berichten, dass er Karl V., den jungen Kaiser, dazu gebracht habe, in den Niederlanden Bücherverbrennungen durchführen zu lassen. Ein entsprechendes Mandat aus Löwen, wo immerhin achtzig Exemplare von Lutherschriften auf dem Marktplatz verbrannt worden waren, trug Aleander, so bekannte er, immer bei sich.[171] Sein Ziel bestand in einem Zensurmandat für das Reich, das dem des V. Laterankonzils entsprach.[172] Der Nuntius setzte voraus, dass das Volk, das durch Luthers Schrifttum verführt sei, «infolge unserer Predigten und Bücherverbrennungen» «von Tag zu Tag» «[ge]bessert»[173] werde. Nach Aleanders Eindruck stand die Mehrheit der Deutschen jedoch im Banne Luthers. Ende März 1521 waren drei Wagenladungen mit Lutherschriften von der Frankfurter Messe nach Worms gelangt.[174] «Wenn ich all diese Schandschriften einsenden wollte, müs[s]te ich einen Wagen befrachten»,[175] ließ er seine römischen Korrespondenzpartner wissen. Sein Kampf gegen die Lutherdrucke schloss auch druckgraphisch reproduzierte Bildnisse des Wittenbergers ein.[176] Die Deutschen verehrten Luther wie einen Heiligen, so war er gewiss. Am Sequestrationsmandat kritisierte Aleander, dass es den Einzug von Luthers Büchern, nicht aber deren definitive Vernichtung vorschrieb.[177] Der wichtigste Inhalt des *Wormser Ediktes*, mit dem Luther und seine Anhänger der Reichsacht verfielen, bestand für Aleander denn auch in der Verbrennung der Bücher bzw. in den Zensurmaßnahmen gegen die Drucker; der entsprechende Passus des Edikts stammte aus seiner Feder.[178] Es sollte den Kurs der kaiserlichen Religionspolitik in den folgenden Jahrzehnten bestimmen. Mit sechs Druckausgaben war das *Wormser Edikt* der publizistisch erfolgreichste Beitrag der Gegner Luthers zum Wormser Reichstag.[179]

Neben einzelnen Bücherverbrennungen, die sogar zur reformato-

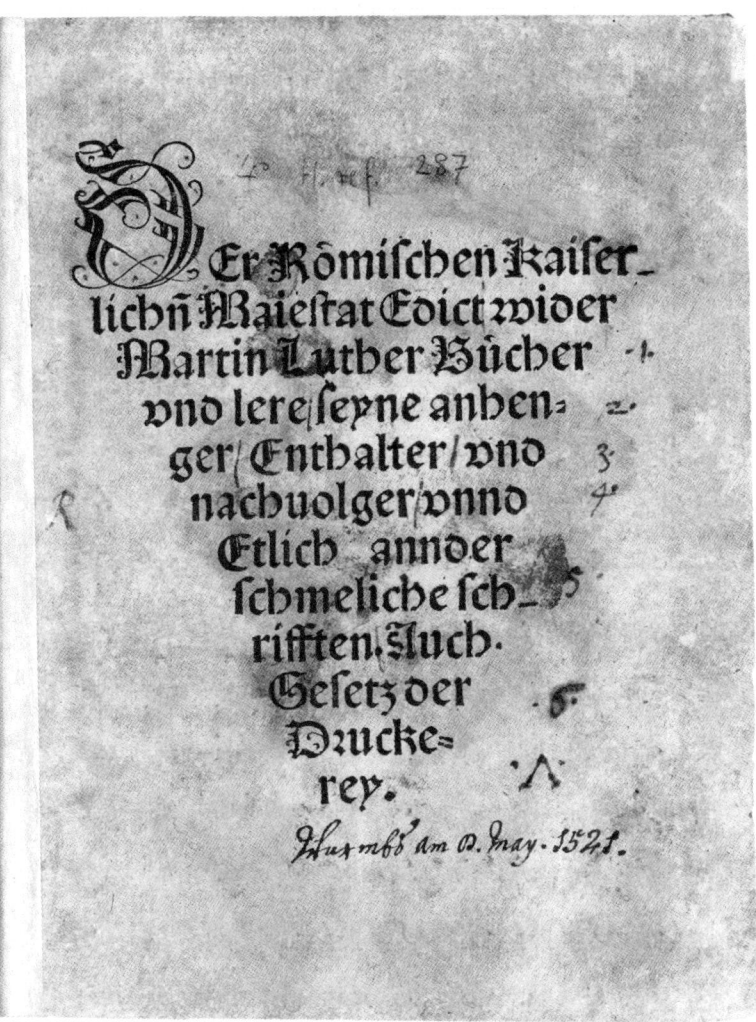

28 *Der Romischen Kaiserlichen Maiestet Edict wider Martin Luther Buecher …*, Worms, Hans von Erfurt 1521. Erstdruck des Wormser Edikts, das die Grundlage der Religionspolitik Karls V. bildete. Es war vor allem gegen Luthers Bücher gerichtet.

> **Ein vntertenige Cristliche schrifft des doctor Martinus Luthers an K.M. des gliche an die Churfürsten/Fürsten/vnd alle stende des heiligen Rychs/vff dem Rychstag zů Wormbs versamelt nach synē abscheid von dannen zů ruck geschriben.**

> vnd schütz ich mich in allen gehorsam/ welche ewer K. M. Got der almächtig vns allen zů heyl vnd trost gnediglich regir vnnd behüt Amen. Datum zů Fridburg Sontags Cantate Anno dñi xv C.xxi.
>
> E. K. M.   Vntertenigster Caplan M. Lüther

29, 30   *Ein untertenige Cristliche schrifft des doctor Martinus Luthers an K.M. des glichen an die Churfürsten, Fürsten, vnd alle stende des heiligen Rychs, uff dem Rychstag zů Wormbs versamelt nach synem abscheid von dannen zu ruck geschriben,* Hagenau, Th. Anshelm 1521. Mit dieser Schrift nahm Luther seinen Abschied vom Reichstag – und teilte einer interessierten Öffentlichkeit sogleich mit, dass er den Widerruf aus Gewissensgründen verweigert habe. Die Unterschrift als ‹demütiger Kaplan› insinuiert eine Unterwürfigkeit, die dem eigentlichen Inhalt der Schrift widerstreitet.

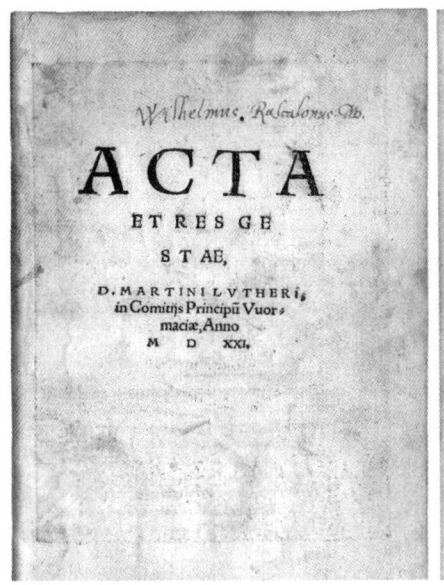

rischen Propaganda genutzt werden konnten, war es das reichhaltige Schrifttum zum Wormser Reichstag selbst, das wesentlich zum Entstehen einer reformatorischen Bewegung beitrug. Die Publizistik zum Wormser Reichstag wurde von niemandem effizienter angefacht als von Luther selbst.[180] Am dritten Tag seiner unter kaiserlichem Geleit begonnenen Rückreise verfasste er einen lateinischen Brief an Karl V. und einen deutschen an die Stände des Reiches.[181] Beide nur je einen Bogen langen Texte, die inhaltlich weitgehend übereinstimmten, erschienen in anonymisierten Erstdrucken in der Offizin des Hagenauer Humanistendruckers Thomas Anshelm, der mit der Reisegruppe Luthers in Verbindung stand. Die Verbreitung der deutschen Version – dreizehn hochdeutsche und eine niederdeutsche Ausgabe – trug maßgeblich dazu bei, dass die entschei-

31 *Acta et res gestae D. Martini Lutheri in Comitijs Principum Vuormaciae, Anno M D XXI*, Straßburg, Joh. Schott 1521. Von Straßburg aus wurde seit Ende 1520 besonders intensiv an der Verbreitung von Lutherporträts im Holzschnitt gearbeitet. Die *Acta* bilden die wichtigste Quelle zum Verlauf der Verhandlungen um Luther auf dem Wormser Reichstag und gehen in ihrem Grundbestand auf eine Person in Luthers Umfeld zurück.

32 *Doctor Martini Luthers offenliche Verhoer zu Worms Im Reichstag …*,
Augsburg, M. Ramminger 1521. Diese Schrift beschränkte sich auf die
Wiedergabe der Reden bzw. des Verhörs vom 17. und 18.1.1521, fügte
aber auch Luthers Sendbrief an die Stände (s. Abb. 29) ein.

33 *Ain grosser Preisz so der Fürst der hellen genant Lucifer yetzt den gaystlichen als B[ae]pst Bischoff Cardinel und der gleychen zů weyßt vnd empeüt...*, Augsburg, M. Ramminger 1521.

34 *Ain anzaigung wie D. Martinus Luther zů Wurms auff dem Reichstag eingefaren durch K. M. Jn aygner person verh[oe]rt vnd mit jm darauff gehandelt*, Augsburg, M. Ramminger 1521. Der Drucker Ramminger verwendete den Titelholzschnitt einer antiklerikalen Flugschrift pragmatisch weiter, indem er den Holzblock spaltete und an die Stelle des Teufels die Figur Luthers setzte. In der Konkurrenz der vielen Drucke zum Thema «Luther in Worms» versprachen Abbildungen offenkundig in jedem Fall gewisse Vorteile beim Absatz.

denden Anliegen, für die Luther in Worms eingetreten war, nun weithin bekannt wurden: Er habe seine Bücher nicht widerrufen, da sie nicht durch die Heilige Schrift widerlegt worden seien; sein Gewissen sei durch das Wort Gottes gebunden, das frei bleiben müsse. Dabei sprach Luther im Namen der «ganzen Kirche» (*totius Ecclesiae nomine*),[182] womit er – ähnlich wie im Zusammenhang mit der Verbrennung des kanonischen Rechts – seinen Anspruch unterstrich, Lehrer und Repräsentant der «wahren Kirche» zu sein. Ein weiterer entscheidender publizistischer Impuls von seiner Seite ergab sich daraus, dass er oder seine Begleiter – unter ihnen etwa der gewandte humanistische Publizist Justus Jonas – seine Reichstagsrede vom 18. April zum einen bei Rhau-Grunenberg in Wittenberg, zum anderen bei Anshelm in Hagenau[183] drucken ließen. Das Motiv der Widerrufsverweigerung aufgrund seines in der Schrift gebundenen Gewissens wurde damit zum eigentlichen Ereignis des Wormser Reichstags. Durch eine lange Sequenz weiterer Drucke, die – in lateinischer, hoch- oder niederdeutscher, tschechischer oder niederländischer Textform – diese Rede reproduzierten, aber auch Luthers Aufenthalt in Worms breit dokumentierten,[184] wurde dieses Event von allen wichtigen Druckorten, aber auch von Wien, Prag, Basel oder Antwerpen aus bekannt gemacht.

Mit dieser Schriftenwelle ging, wohl initiiert durch die Straßburger Offizin Johann Schotts,[185] auch eine Verbreitung von Lutherporträts einher. Der Bekenner von Worms, der den Widerruf verweigerte, wurde als vom Geist Gottes inspirierter Mönch und heiliger Schriftausleger in Szene gesetzt und bekannt gemacht. Manches deutet darauf hin, dass die vor allem in Oberdeutschland verbreiteten heroisierenden Holzschnitte mit Lutherporträts, die in Druckschriften aus dem Kontext des Wormser Reichstages reproduziert wurden, eine weitaus größere zeitgenössische Wirkung entfalteten als die vergleichsweise nüchternen Cranach'schen Kupferstiche,[186] die heute das Bild des jungen Luther prägen. Im Zuge der wuchtigen Publikationslawine im Zusammenhang mit dem Wormser Reichstag wurde es üblich, den dem Kaiser oder dem Papst entgegentretenden Luther auch bildlich hervorzuheben. So verbreiteten nun immer mehr Drucker reformatorisches Schrifttum, bisher unbekannte Frauen[187] und Männer wurden zu reformatorischen Flugschriftenautoren, und es entstand jene publizistische Hochphase der Jahre 1521/22 bis 1524/25, die die reformatorische Bewegung auslöste, begleitete und trug.[188]

Lagerbildung in der reformatorischen Bewegung

Eine Ereigniskette eigener Art war die Aufspaltung der von Wittenberg und Luther ausgehenden reformatorischen Bewegung in unterschiedliche Lager. Ohne das publizistische Echo, das der von der Wartburg zurückkehrende «Junker Jörg»[189] mit seinem Widerspruch gegen die Wittenberger Reformationsprozesse und den Fakultätskollegen Karlstadt auslöste – ihn machte er vor allen anderen für die seines Erachtens problematischen Entwicklungen verantwortlich –, ohne Karlstadts publizistisch inszenierten offenen Bruch mit Luther und ohne das literarische Echo auf ihre in Präsenz ausgetragenen Konflikte in Jena und Orlamünde hätte dieser Prozess schwerlich mit einer solch breiten Öffentlichkeit stattgefunden. Insofern sind die höchst folgenreichen kirchen- und theologiepolitischen Dissoziationsprozesse, die die reformatorische Bewegung schließlich in verschiedene konfessionelle Gruppierungen auseinandertreten ließen, durch das Agieren der notorisch in die Öffentlichkeit des gedruckten Wortes drängenden Printing Natives erzeugt worden.

Luthers «Invokavitpredigten», die er in der Fastenzeit 1522 in der Wittenberger Stadtkirche hielt, wurden – zumal in der Retrospektive seiner ein konfessionelles Geschichtsbild ausarbeitenden Schüler[190] – zu einer historischen Zäsur stilisiert: Der ordnungsstiftende Reformator sei chaotisch-aufrührerischen Fehlentwicklungen, zu denen es unter der Führung Karlstadts in seiner Abwesenheit während des Wartburgaufenthaltes gekommen sei, kraftvoll entgegengetreten und habe das Ruder herumgeworfen. Dieses Narrativ hat sich seither zu einem kanonischen Geschichtsbild verfestigt. Aus unterschiedlichen

Gründen ist es nicht haltbar: Zum einen lässt sich von einer auf Veränderung drängenden Führungsrolle Karlstadts allenfalls seit der Einführung des Abendmahls unter beiderlei Gestalt zu Weihnachten 1521 sprechen;[191] sie nahm eine zentrale abendmahlstheologische Forderung Luthers auf. Zum anderen agierte Karlstadt im Rahmen der Beschlusslagen, die durch die am 24. Januar 1522 angenommene Wittenberger Stadtordnung[192] definiert waren. Die Richtungen, die Luther und Karlstadt repräsentierten, sind nicht – so die konfessionell lutherische Sicht – durch die Orientierung an der weltlichen Obrigkeit hier, durch Aufruhr dort zu charakterisieren, sondern durch die Spannung zwischen einem landesherrlichen und einem gemeindereformatorischen Modell: Präferenz für die Landesherrschaft versus Autonomie der Kommune.[193] Zu den in der Wittenberger Stadtordnung enthaltenen Forderungen bezüglich der Neuordnung des Bettels und der Abschaffung der Bilder hatte Karlstadt in einer Predigt umgehend Stellung bezogen, die auch im Druck erschien.[194] Da die Wittenberger Stadtordnung zu einem unbekannten Zeitpunkt außerhalb Sachsens in den Druck kam,[195] Luther sie vielleicht nicht einmal kannte, musste ihm aufgrund der publizistischen Verhältnisse insbesondere die Forderung der Abschaffung der Bilder als ein genuin Karlstadt'sches Ansinnen erscheinen. Dieser hatte in seiner Predigt nichts anderes als eine umfassende Begründung dafür geliefert, warum die Entfernung der Bilder aus dem Kirchenraum theologisch geboten sei – zu einer obrigkeitlich angeordneten Bildentfernung war es in Wittenberg gekommen, nicht aber zu einem «Bildersturm».[196] Nun aber nutzte Luther gezielt die publizistische Konstellation, um den seit einiger Zeit als schwierig empfundenen, zur Subordination nicht bereiten Kollegen Karlstadt zu inkriminieren und zu isolieren.[197]

Bei der Drucklegung der «Invokavitpredigten», die seit 1523 als Sammlung aus acht Predigten publiziert wurden,[198] ist zu beachten, dass sie außerhalb Wittenbergs erschienen sind. Allerdings duldet die sprachliche Gestalt dieses Predigtzyklus keinen Zweifel daran, dass Luther sie abschließend literarisch gestaltet hat. Dass er den Druck nicht in Wittenberg ausführen ließ, wird damit zusammenhängen, dass er die Universitätszensur, die v.a. Karlstadts wegen aktiviert worden war,[199] umgehen wollte, denn er formulierte direkte Angriffe auf seine «widersacher» und nannte Karlstadt auch namentlich.[200] Die ursprünglich gehaltenen und die schließlich gedruckten Predigten waren nicht identisch, wie sich aus handschriftlichen Zeugnissen folgern lässt.[201] Die Predigt vom Mittwoch nach Invokavit, die von den Bildnissen und vom Fasten handelte, war vermutlich aufgrund einer nicht autorisierten Mitschrift zuerst in einem nicht-firmierten Druck bei Melchior Ramminger in Augsburg erschienen und hatte es auf sieben Nachdrucke gebracht.[202] Dort konnte man lesen, dass die Wittenberger bei ihrem Umgang mit Bildern, die an sich «weder gut noch böß» seien, dem Teufel verfallen seien. Und Luther stellte heraus: «dahin solt ers noch lang nit gebracht haben / wer ich hie gewesen / in dem hochmut hat er uns abgeiagt».[203] Für eine lesefähige Öffentlichkeit war damit klar, dass Luther das, was in der Bilderfrage in Wittenberg geschehen war – und wofür niemand so sichtbar verantwortlich zu sein schien wie Karlstadt –, mit Abfall an den Teufel konnotierte. Durch die mutmaßlich von Luther selbst in den Druck außerhalb Wittenbergs lancierte Sammlung der «Invokavitpredigten» wurde zu Karlstadt, der inzwischen in ein Pfarramt in Orlamünde bei Jena ausgewichen war, eine definitive Grenze gezogen. Die publizistische Form des Konfliktaustrags verschärfte dies entscheidend.

In den Jahren 1521/22 hatte sich Karlstadt eine gewisse Unabhängigkeit gegenüber der Wittenberger Druckerszene verschafft, indem er «in seinem Haus» (*in aedibus Carolostadii*)[204] eine eigene kleine Druckerei untergebracht hatte, die Nickel Schirlentz leitete – nunmehr der dritte Wittenberger Drucker. Dessen Tätigkeit für Karlstadt umspannte ziemlich genau die Zeit der Abwesenheit Luthers infolge seiner Reise zum Wormser Reichstag und des anschließenden Aufenthaltes auf der Wartburg (April 1521 bis Februar 1522); sie endete mit Luthers Rückkehr. Denn nun ließ Doktor Martinus dem «Drucker Karlstadts» Erstdrucke eigener Schriften zukommen[205] und band ihn auf diese Weise an sich; Karlstadt geriet in das Visier der Universitätszensur. Eine bereits im Druck befindliche Schrift samt Manuskript wurde konfisziert und vernichtet: Darin war er der nach Luthers Rückkehr durchgeführten Restitution bereits abgeschaffter Elemente der altgläubigen Messe in Wittenberg entgegengetreten. Vorerst publizierte Karlstadt nicht mehr.[206] Die von ihm zwischenzeitlich übernommene Rolle, zentrale theologische Themen zu platzieren und den reformatorischen Diskurs voranzutreiben – über den Zölibat, die Priesterehe, die Gelübde, die liturgische Gestaltung der Messe, die Deutung der Abendmahlselemente Brot und Wein, die Bilder –, hatte Karlstadt spielen können, weil und solange er über den unmittelbaren Zugriff auf einen Drucker verfügte. Mit Schriften, die er eindeutig selbst in den Druck beförderte, konnte sich Karlstadt erst im Dezember 1523 aus dem Orlamünder Pfarramt zurückmelden. Zwischen Spätherbst 1523 und Frühjahr 1524 stand ihm nun mit dem von Erfurt nach Jena übergesiedelten Drucker Michael Buchführer erneut eine Art Hausdrucker zur Verfügung.[207] Eine kämpferisch explizit gegen Luther und Wittenberg gerichtete Publizistik, der eine herausragende Wirkung beschieden war, setzte allerdings erst nach seiner Vertreibung aus Kursachsen im Herbst 1524 ein; diese löste den innerreformatorischen Abendmahlsstreit aus.

Zu einem weithin sichtbaren Ereignis aber wurde das Zerwürfnis unter den bis dahin wichtigsten und sichtbarsten Repräsentanten der frühen Wittenberger Reformation – Martin Luther und Andreas Bodenstein, genannt Karlstadt – vor allem wegen der Publizistik, und zwar zunächst in Gestalt einer anonym erschienenen Flugschrift mit dem Titel *Wes sich ... Karlstadt ... mit Luther beredet zu Jena.*[208] Sie dokumentierte die konfliktreichen Begegnungen der beiden Kollegen, die sich am 22. und 24. August 1524 vor jeweils zahlreichen Zeugen in Jena und Orlamünde an der Saale, Karlstadts Pfarrei, abgespielt hatten. Der Verfasser dieser Dokumentation muss ein Augenzeuge gewesen sein, der die Gespräche protokolliert hat.[209] Durch den Druck wurde das tiefe Zerwürfnis weithin bekannt. Der dann seit Herbst 1524 ausgetragene innerreformatorische Abendmahlsstreit, der sich zu einem theologischen Flächenbrand entwickeln sollte,[210] wurzelte in dieser Konstellation. Er wurzelte aber auch in der gemeinsamen Überzeugung der Printing Natives, dass es notwendig und der Wahrheit dienlich sei – wie Luther es wenige Wochen zuvor den sächsischen Fürsten in Bezug auf Müntzer nahegelegt hatte –, «die geyster auff eynander platzen und treffen»[211] zu lassen.

Karlstadt warf Luther in Jena vor, ihn hinsichtlich strittiger Lehrfragen nicht brüderlich unterwiesen, sondern «offentlich auff» ihn «[einge]stechet»[212] zu haben; in publizistischer Hinsicht war dies wohl seit den Invokavitpredigten geschehen. Außerdem behauptete er, Luther widerspreche eigenen früheren Lehrauffassungen. Luther seinerseits unterstellte Karlstadt eine klandestine und subversive Agitation und forderte ihn dazu auf, öffentlich gegen ihn aufzutreten.[213] Eine Art Höhepunkt des Streitgesprächs im «Schwarzen Bären» zu Jena bildete folgender Wortwechsel:

> Luth[er:] Ich sag wie vor: Ich hab hewt [sc. bei seiner Predigt in Jena am 22.August 1524 um 7 Uhr morgens] wyder die geyster [i.S. von «Schwarmgeister», Spiritualisten] gepredigt unnd wils ytzt wyder thun, trutz dem der mirs werenn will. Karl[stadt:] Nur lieber herr doctor, so predigt und machts gut, ander lewt werden auch das ire dazu thun. Luth[er:] Frisch her, habt ir etwas, so schreibts frey herauß. Ka[rl]stadt:] Ich wils unerschrocken thun. Luth[er:] Ir steet bey den newen propheten. Karl[stadt:] Wo sie recht und warheit haben; wo sy unrecht sein [sc. z.B. in der von Müntzer bejahten Gewaltfrage], do stehe der teuffel bey. Lut[her:] Schreybt wyder mich offentlich und nicht heimlich.[214] Karl[stadt:] Wenn ich dann wist, das euch so not darnach were, es dörfft euch zu teyl werden. Lu[ther:] So thut es. Karl[stadt:] Wol an. Luther[:] Thuts, ich will euch einen gulden da zu schenken. Karl[stadt:] Einen gulden? Luth[er:] Wenn ichs nit thu, so sey ich ein schalck. Karl[stadt:] Gebt ir yn mir dann, so nem ich in warlich an. Do greyff Doctor Luther in sein taschen und zog einen golt gulden herauß und gab in dem Karolstat Und sprach: nempt hin und greifft mich nur tapffer an, frysch auff mich.[215]

Der Goldgulden, der in Jena seinen Besitzer wechselte, besiegelte gleichsam als sichtbares, äußeres Zeichen die Vereinbarung zum öffentlichen publizistischen Konfliktaustrag. Dieses Agreement war von der gemeinsamen Überzeugung der Printing Natives getragen, dass sich die Wahrheit durchsetze. Für Luther waren «Gottis wort und gnade [...] ein farender platz regen, der nicht wider kompt».[216] Seine Botschaft, das Wort Gottes, so war er gewiss, hatte sich ausgebreitet, obschon er nur «geprediget und geschrieben»,[217] ansonsten Bier getrunken und geschlafen habe. Diese elementare Erfahrung des Erfolgs frühreformatorischer Publizistik im Kampf gegen Papst und Ablass, die den kulturellen Habitus der Printing Natives verstärkt und gleichsam religiös intensiviert hatte, bestimmte auch ihre Umgangsweise mit dem innerreformatorischen Lehrkonflikt. Der unablässige literarische Wortwechsel, die gleichsam auf bedrucktem Papier geführte Dauerdisputation wurde im Zuge der Reformation zu einem Kennzeichen der theologischen Diskurskultur – zwischen den sich ausformenden konfessionellen Lagern, aber auch innerhalb derselben.

Karlstadt nutzte die ihm erteilte, durch das sichtbare Zeichen des Goldguldens vor Zeugen besiegelte Lizenz zum öffentlichen theologischen Widerspruch gegen Luther, indem er eine «Publikationsoffensive»[218] startete. Aus Not oder aus Kalkül? Jedenfalls erschienen die insgesamt acht Schriften, die vornehmlich das Thema Abendmahl behandelten, allesamt außerhalb Kursachsens und wurden von Karlstadts Schwager Gerhard Westerburg, der mit den Manuskripten in die deutschsprachige Schweiz, nach Zürich und Basel, gereist war, in den Druck befördert. Westerburg war ein aus Köln stammender Jurist, der mit einer Gruppe inspirierter Laien, den sogenannten «Zwickauer Propheten»,[219] in engeren Kontakt gekommen war. In Zürich suchte er die Verbindung zu einem Karlstadt gegenüber aufgeschlossenen[220] Kreis ehemaliger Anhänger Zwinglis, die sich von diesem aus ähnlichen Gründen abgewandt hatten wie Karlstadt von Luther; bald sollten sie sich als täuferische Gemeinschaft konstituieren: aus Kritik an einer dominierenden Rolle der weltlichen Obrigkeiten bei der Reform der Kirche und wegen ihres Erachtens falscher Kompromisse bei der Durchsetzung eindeutiger biblischer Normen. Im Unterschied zu dem Zwickauer Dissidentenmilieu unterhielten die Zürcher engste Kontakte zu Buchakteuren, und dies half Westerburg bei seiner Mission.

In Basel gelang es ihm schließlich, sieben der acht Schriften in den Druck zu bringen.[221] Die letzte in dieser Serie von Publikationen behandelte die Umstände, unter denen Karlstadt aus Kursachsen ausgewiesen worden war;[222] er hatte die Texte wohl selbst mit in den Süden gebracht. Sie erschienen schließlich in einem Straßburger Druck; vorher waren Westerburg und er in Zürich und Basel zusammen aufgetreten. Als sie von dort in Richtung Elsass abreisten, befand sich ein Karlstadt'scher Dialog über die Taufe noch unter der Presse. Seine Fertigstellung musste allerdings aufgrund einer Intervention des Basler Rates abgebrochen werden. Erst Jahre später kam er dann anonym in der wichtigsten Offizin des sich formierenden Milieus der sogenannten «radikalen Reformation» heraus: bei Peter Schöffer d. J. in Worms.[223]

Karlstadt erzielte mit dieser «Publikationsoffensive» ein erhebliches Echo. Die Straßburger Prediger sprachen gegenüber Luther davon, dass seine Schriften «wie ein Heereszug» (*uno velut agmine*)[224] in die reformatorischen Milieus Oberdeutschlands eingedrungen seien. Wieder einmal war es eine besonders kurze Schrift, noch dazu mit einem provokativen Titel – *Wider die alte und neue papistische Messe* –, die am häufigsten nachgedruckt wurde, immerhin fünfmal.[225] Karlstadt brachte die in Wittenberg praktizierte gottesdienstliche Gestaltung des Abendmahls in einen engen Zusammenhang mit der «altgläubigen» Opfermesse (die Luther ja nachdrücklich bekämpfte): Die von Luther beibehaltene liturgische Präsentation der Hostie, Elevation genannt, enthalte eine Reminiszenz an die Präsentation von Opfergaben. Auf diese Weise trug Karlstadt seine Behauptung, Luther sei sich untreu geworden und hinter eigene Einsichten zurückgefallen, wirkungsvoll in die Welt.

Unter Karlstadts Abendmahlsschriften befand sich auch ein *Dialogus*,[226] der immerhin viermal gedruckt wurde. Die Verwendung der noch recht jungen literarischen Gattung des volkssprachlichen Dialogs, die vor allem durch deutsche Übersetzungen Hutten'scher

35 Andreas Bodenstein von Karlstadt, *Dialogus oder ein gesprechbüchlin Von dem grewlichen unnd abg[oe]ttischen mißbrauch des hochwirdigsten sacraments Jesu Christi. Andres Carolstat.*, Basel, Joh. Bebel 1524. Im Rahmen der Publikationsoffensive des Herbstes 1524, die den innerreformatorischen Abendmahlsstreit auslöste, veröffentlichte Karlstadt auch einen Dialog. Darin erweist sich der exemplarische Laie «Peter» als Einziger, der mit seinem unverstellten, gesunden, freilich vom Gottesgeist erleuchteten Verstand fähig ist, den Sinn der Einsetzungsworte zu verstehen. Die literarische Form des Dialogs entsprach der theologischen Vorstellung Karlstadts, dass sich die Laien unabhängig von Klerikern gegenseitig aufklärten und belehrten.

Dialoge seit 1520 populär geworden war, wurde von den theologischen Exponenten der reformatorischen Bewegung sonst nicht genutzt, allenfalls anonym. In Karlstadts Fall aber hatte der Gebrauch dieser Form eine programmatische Bedeutung:[227] Er setzte einen exemplarischen Laien namens «Peter Ley» literarisch in Szene, der durch eine Mischung aus gesundem Menschenverstand und Geistbegabung den eigentlichen Sinn der Einsetzungsworte Christi freilegte: Christus habe, als er die Worte «Das ist mein Leib» sprach, auf sich selbst, seinen auf Golgatha dahingegebenen Leib, verwiesen. Den «verkehrten Gelehrten»[228] sei dieser Sinn verborgen, da sie in Eitelkeit und Selbstsucht befangen seien. Die antiklerikale Haltung des sich selbst laisierenden Priesters und Theologen Karlstadt, der seit Frühjahr 1523 sein Selbstverständnis als «neuer Laie» demonstrativ hervortreten ließ,[229] fand in der literarischen Form des Dialogs eine genuine publizistische Ausdrucksform. Sie entsprach überdies einem ekklesiologischen Konzept, bei dem sich Laien über die Grundfragen des christlichen Glaubens gleichsam selbst aufklärten. In einigen städtischen Laienmilieus, etwa in Straßburg, scheint dies auf fruchtbaren Boden gefallen zu sein.[230] Mit den innerreformatorischen Dissoziations- und Pluralisierungsprozessen gingen kommunikations- und publikationsgeschichtliche Dynamiken einher, die dadurch gekennzeichnet waren, dass zusehends für bestimmte Echokammern, also Rezipientenmilieus der eigenen Anhängerschaft (siehe Seite 172 ff.) geschrieben und publiziert wurde.

Die Wirkungen der Karlstadt'schen «Publikationsoffensive» waren vor allem im oberdeutschen Raum beträchtlich. Erstdrucke beinahe

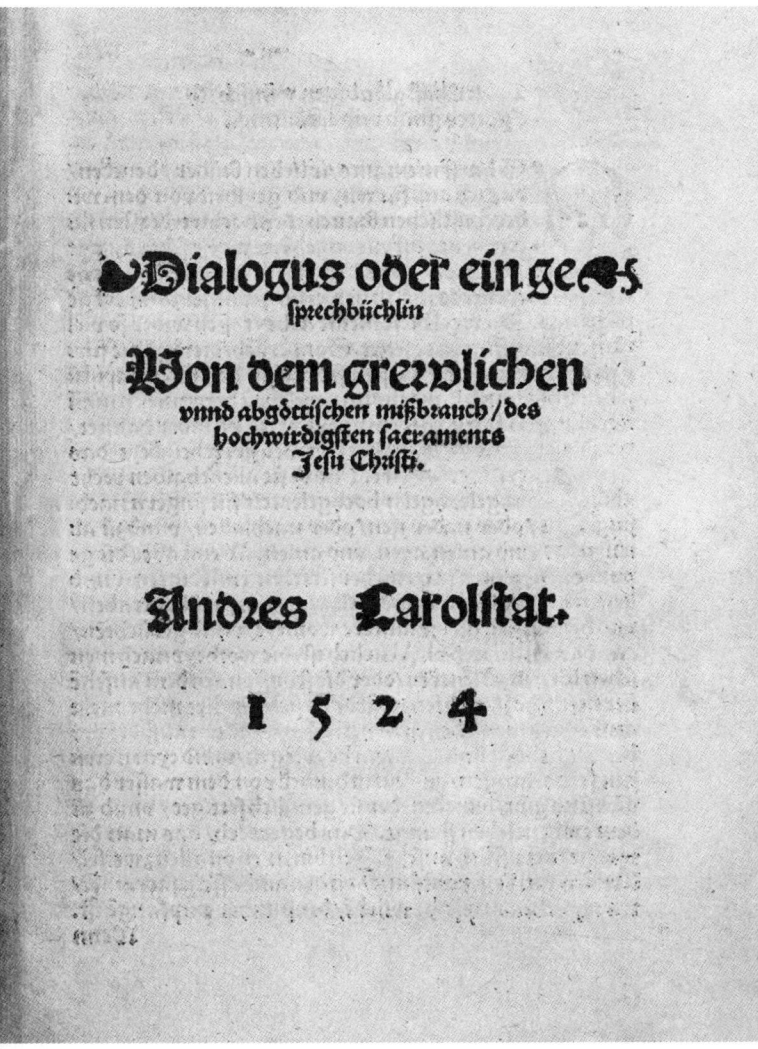

aller Schriften waren in Basel erschienen; von der Mehrheit der Texte kamen Nachdrucke in Straßburg und in Einzelfällen auch in Nürnberg, Bamberg, Augsburg und Erfurt heraus. Auch die ersten publizistischen Reaktionen – eine Schrift des Straßburger Reformators Wolfgang F. Capito[231] und eine des Augsburger Predigers Urbanus

Rhegius[232] – bewegten sich innerhalb jenes oberdeutschen Verbreitungsradius, den Karlstadt erreicht hatte. Dieser Befund sollte cum grano salis gesehen – bis auf die Schriften Luthers – auch für die rege Publizistik des Abendmahlsstreits im Ganzen gelten. Dadurch, dass Karlstadt diese theologische Kontroverse in die Volkssprache getragen hatte, sahen sich Capito und Rhegius genötigt, den Wirkungen des Wittenberger Dissidenten in ihren Gemeinden entgegenzutreten. Rhegius etwa sprach in seiner Schrift – in direkter Anrede an Karlstadt – davon, dass er sich deshalb öffentlich und literarisch äußere, «damit die einfeltigen nit ab dem geferbten schein deins vermainten grunds und etlicher spiegelursachen verwirrt und in irrtumb abgefürt werden / sondern vest stehen bleiben auf dem grund gesunder leer».[233] Diese Bezogenheit auf ein gemeinchristliches bzw. allgemeines laikales Publikum, um dessen Zustimmung man rang, entsprach der Kommunikationssituation in der Auseinandersetzung mit den Verteidigern der «alten» Kirche, die seit 1519/20 dominierte.

Die Publizistik des Abendmahlsstreites in extenso zu untersuchen, ist hier nicht der Ort.[234] Vor allem in den oberdeutschen Städten wurde er als vielstimmiger Kampf um die theologische Meinungsführerschaft ausgetragen. Im Wesentlichen zwei Gruppen kristallisierten sich nach und nach heraus: die eine, die mit Luther an der leiblichen Gegenwart Christi im Sakrament festhielt, und eine andere, die sie relativierte oder bestritt. Zu letzterer gehörten auch jene Dissidenten der reformatorischen Bewegung, die sich vom Hauptstrang einer obrigkeitsgeleiteten, magistralen Reformation abkehrten; Täufer und Spiritualisten waren einer leiblichen Präsenzvorstellung abhold. Auch die Frage der Autorität Luthers – er war der alle anderen Autoren an Einfluss weit überstrahlende, wichtigste Publizist seiner Zeit – spielte bei diesen Auseinandersetzungen, die zwischen 1525 und 1528 ihren Höhepunkt hatten, eine wichtige Rolle. Sollte man dem bedeutenden Mann, dem überragenden Exegeten, auch in einer Lehrfrage folgen, in der seine Argumente nicht durchweg überzeugen konnten? Hatte Luther nicht dadurch, dass er dem äußeren Zeichen in Taufe und Abendmahl lediglich die Funktion einer Bestätigung des Verheißungswortes zuerkannte, die Aushöhlung einer Konzeption der Realpräsenz vorbereitet?!

Luthers literarischer Vernichtungsschlag gegen Karlstadt, seinen «höchste[n] feynd [...] der lere halben»[235] – die hochpolemische, in zwei Teilen erschienene Schrift *Wider die himmlischen Propheten* aus dem Jahr 1525[236] –, sollte sich, vor allem in Oberdeutschland, mit den negativen Wirkungen seiner Schriften im Bauernkrieg verbinden. Sie verfestigte den Eindruck, er sei ein hochfahrender, unberechenbarer Polemiker, und beendete jene einzigartige Periode der frühreformatorischen Publizistik, in der er der unbestrittene Repräsentant aller oder doch der ganz überwiegenden Mehrheit der Deutschen gewesen war.

Neben Luther: Zwingli und Oekolampad

Neben Luther und Karlstadt, deren Schriften in den maßgeblichen Druckzentren des Reichs – Augsburg, Basel, Leipzig, Straßburg, Erfurt und Nürnberg – nachgedruckt wurden, traten nach und nach an verschiedenen Orten andere reformatorische Autoren hervor.

Zum einen waren dies Geistliche, die in ihren Gemeinden reformatorisch zu predigen begannen und in engem Zusammenhang damit dann erstmals literarisch, überwiegend in der Volkssprache, hervortraten und sich dazu ortsansässiger Drucker bedienten. Matthäus Zell und Martin Bucer in Straßburg, Ulrich Zwingli in Zürich oder Andreas Osiander und Wenzeslaus Linck in Nürnberg bzw. Altenburg waren reformatorische Erstpublizisten dieses Typs. Daneben traten Schriftsteller zugunsten der Ideen Luthers und anderer hervor, die zum Teil bereits eine längere Publizistenkarriere im Zeichen der *studia humaniora* vorzuweisen hatten, mit unterschiedlichen Druckern zusammenarbeiteten und zunächst überwiegend auf Latein veröffentlichten: Wolfgang F. Capito in Basel, Mainz und Straßburg, Konrad Pellikan in Basel, Johannes Oekolampad in Heidelberg, Augsburg, auf der Ebernburg und in Basel oder Philipp Melanchthon in Tübingen und Wittenberg. Für die Publizisten des ersten Typus kann man im Ganzen voraussetzen, dass sie, gewiss auch aufgrund ihrer Bildungsgänge, hochgradig buchaffin waren. Denn in aller Regel verfügten die sich der Reformation anschließenden Geistlichen, die sogenannten «Reformatoren»,[237] über einen universitären Bildungshintergrund. Sie wuchsen mit gedruckten Büchern auf, beschafften sie sich, korrespondierten ständig über Neuerscheinungen, waren «Männer des Buchs». Allerdings traten sie erst im Zuge der reformatorischen Bewegung literarisch-publizistisch hervor.

Bei den Autoren des zweiten Typs ist hingegen evident, dass sie bereits vor der Reformation über engere Kontakte zu Buchdruckern verfügten, als Lektoren oder Korrektoren tätig gewesen waren und vor und unabhängig von den mit Luthers Namen verbundenen Entwicklungen als humanistische Publizisten agiert hatten. Als exemplarische Vertreter je eines der beiden Typen seien Zwingli und Oekolampad, die prominentesten Vertreter des sich herausbildenden Reformiertentums, vorgestellt.

☙ *Huldrych Zwingli.* Von seinen frühesten Zeiten als Basler Student an war Zwingli ein leidenschaftlicher Buchkäufer und -besitzer und ein emsiger Leser gewesen. Der Großteil seiner Bibliothek hat sich bis heute in der Zentralbibliothek Zürich erhalten.[238] Die Buchbestände dokumentieren die Breite seiner gelehrten humanistischen Interessen, und die Benutzungsspuren zeigen, wie intensiv er an diesen Beständen gearbeitet hat. Durch den Bucherwerb gelang es ihm in seinen Pfarrämtern an den universitätsfernen Orten Glarus und Einsiedeln, sich als Autodidakt weiterzubilden, den Anschluss an die literarischen Diskussionen unter den Humanisten zu finden und ihren Respekt zu erwerben. Mittels handschriftlicher Manuskripte und gedruckter Bücher lernte er autodidaktisch Griechisch und begründete so seine Zugehörigkeit zu dem exklusiven Club der Humanisten im Umkreis des Erasmus.[239]

Seinen teils reich annotierten Buchbeständen ist zu entnehmen, wie er sich aus der geistigen Welt der Scholastik hinaus- und in die der

Renaissancephilosophie hineinlas bzw. beide miteinander verband.[240] Aus einzelnen Bänden geht hervor, dass er von Druckern, bei denen er ein besonders guter Kunde war, auch ab und zu eine Schrift geschenkt bekam.[241] Viele seiner frühen Briefe handelten vor allem von bereits erschienenen oder demnächst erwarteten Büchern bzw. den Möglichkeiten ihres Erwerbs. Auch die Ausleihe von Titeln, derer man nicht mehr habhaft werden konnte, die man aber doch unbedingt lesen wollte, spielte in der Korrespondenz regelmäßig eine Rolle. Man lieh sich gegenseitig Bücher, erwartete aber auch, dass man sie zügig zurückerhielt. Buchführer, die vor allem für Basler Drucker tätig waren, suchten Zwingli regelmäßig auf. Die finanziellen Aufwendungen für den stattlichen Buchbesitz werden in seinem Fall, wie auch bei anderen Weltpriestern, beträchtlich gewesen sein. Dies galt wohl selbst für einen Bettelmönch wie Martin Bucer, geboren 1491, der mit Anfang dreißig immerhin achtzig Bände an scholastischer und humanistischer Literatur sein Eigen nannte und schon bei seinem Klostereintritt als Fünfzehnjähriger eigene Bücher mitgebracht hatte.[242] Bei dem über ein Jahrzehnt älteren Pellikan, geboren 1478, war dies noch anders gewesen; er lieh sich Bücher für die Schule und trat wegen der Bibliothek in den Franziskanerorden ein.[243]

Zu einem Publizisten wurde Zwingli erst im Zusammenhang mit seiner in Konflikte mit «altgläubigen» Gegnern führenden reformatorischen Predigttätigkeit, für die er in retrospektivischen Selbstdeutungen seit 1523 Unabhängigkeit von und Eigenständigkeit gegenüber Luther in Anspruch nahm.[244] Mit seiner ersten Druckschrift *Von Erkiesen und Freiheit der Speisen,*[245] in der Zwingli ein Aufsehen erregendes Fastenbrechen im Frühjahr 1522, an dem er beteiligt war, theologisch rechtfertigte, trat er dann in eine intensive publizistische Betätigung ein, die bis zu seinem Tod ein knappes Jahrzehnt später (1531) andauerte.

Die publizistische Tätigkeit rückte bei dem Reformator Zwingli ins Zentrum seines Handelns. Für seine Wirkung aber war nicht nur wichtig, dass er mit Christoph Froschauer einen leistungsstarken, engagierten, sich der Reformation zügig öffnenden Buchdrucker vor

Ort an der Hand hatte,[246] sondern dass seine Schriften, wohl nicht zuletzt wegen der weitläufigen Geschäftsbeziehungen dieses aus Augsburg stammenden Druckers, rasch auch in anderen Orten des Südwestens bekannt und nachgedruckt wurden. Der Ausbreitungsradius der Zwingli'schen Theologie koinzedierte in auffälliger Weise mit der Streuung der Druckorte seiner Schriften.

Dabei startete Zwingli in dem Jahr des Beginns seiner Publikationstätigkeit, 1522, geradezu kometenhaft: Insgesamt sieben Schriften, drei lateinische, vier deutsche – und eine Übersetzung ins Deutsche – erschienen von ihm. Der durchschnittliche Nachdruckkoeffizient seiner deutschen Schriften lag bei vier Ausgaben;[247] eine solche Größenordnung erreichte sonst kaum je ein Schriftsteller außer Luther. Neben theologischen Zentralthemen wie der Frage nach der «Klarheit und Gewissheit des Wortes Gottes», der Bedeutung Mariens oder seiner auf Latein verfassten Antwort an den Konstanzer Bischof im Fastenstreit (*Apologeticus Archeteles*)[248] begann Zwingli sich in der politisch brisanten Debatte des Söldnerdienstes bei ausländischen Mächten an die Eidgenossenschaft als Ganze zu wenden. Die Resonanz, die er bald finden sollte, dürfte mit den politischen Dimensionen seines Handelns eng verbunden gewesen sein. Mit Beginn seines literarischen Sichtbarwerdens wurde er also vor allem im Südwesten des Reichs weithin bekannt.

Diese publizistische Ausgangssituation verstärkte sich durch Zwinglis umsichtiges Agieren im Zusammenhang mit der sogenannten *Ersten Zürcher Disputation*.[249] Sie war die erste Begebenheit dieser Art. Für die Aushandlungs- und Entscheidungsprozesse bei der Einführung der Reformation in den Städten erlangte sie rasch eine Art Modellcharakter. Letzteres war vor allem infolge des publizistischen Echos, das diese Veranstaltung auslöste, der Fall. Der Zürcher Rat lud, im Bruch mit der Tradition, die Geistlichen des Stadt- und Landgebietes Zürichs dazu ein, am 29. Januar 1523 vor Bürgermeister und Großem Rat zu erscheinen. Er wollte die «tzwittracht unnd tzweyung»[250] in Sachen Religion mittels einer Disputation überwinden. Vor allem mit biblischen Argumenten sollte in der Volkssprache diskutiert werden.

Der Rat selbst nahm für sich die Entscheidungsfindung in Anspruch, womit er radikal in die Rechte des Konstanzer Bischofs eingriff, zu dessen Diözese die Stadt an der Limmat gehörte. Zwingli hatte zu dieser Disputation *67 Artikel* vorgelegt, die allerdings bei den Gesprächsgängen der Veranstaltung selbst keine Rolle spielten. Gemäß dem wohl ursprünglich als Plakatdruck verbreiteten Ausschreiben des Rates ging es darum, die seit einiger Zeit gepredigte reformatorische Lehre durch Gelehrte prüfen zu lassen; dann würde der Rat entscheiden, ob sie fortgesetzt oder eingestellt werden sollte. Die Delegation des Konstanzer Bischofs wurde in eine Art Zuschauerrolle gedrängt und marginalisiert. Der «Abschied» des Rates fiel gemäß dem strategischen Kalkül aus. Dadurch, dass man die Veranstaltung *ex post* als «Disputation» und Zwinglis *67 Artikel* publizistisch als Thesen inszenierte, wurde der Eindruck erzeugt, dass das Ergebnis zugunsten der Lehre Zwinglis in einem ergebnisoffenen intellektuellen Wettstreit erzielt worden war.

Wenige Wochen später veröffentlichte der Zürcher Magister Erich Hegenwald eine Schrift, die umfassend über die Veranstaltung informierte und Zwinglis überragende Rolle bei der «Disputation»[251] herausstellte. Weil diese Schrift in insgesamt sieben Drucken – Zürich, Augsburg, Colmar und Leipzig[252] – erschien, erlangte sie eine erhebliche Strahlungswirkung, bis hinein nach Mitteldeutschland. Dadurch, dass die Zürcher Disputation konsequent in der Volkssprache inszeniert wurde – das Ausschreiben, die Artikel Zwinglis und seine nachträgliche Auslegung, der «Abschied» des Rates und die Berichte über die Disputation erschienen auf Deutsch –, konnte der Eindruck entstehen, dass die theologische Urteilsbildung durch Ungelehrte und Laien, also das Allgemeine Priestertum, hier gleichsam exemplarisch realisiert worden war. In seinen ausführlichen *Ußlegen* der *67 Artikel*[253] dokumentierte Zwingli dann seine Überlegenheit gegenüber den Vertretern der Papstkirche, mit denen eine ernsthafte theologische Auseinandersetzung unmöglich sei. Die Publizistik der Jahre 1522/23 trug entscheidend dazu bei, dass das reformatorische Handeln des Zürcher Predigers auch in den Wahrnehmungshorizont der Witten-

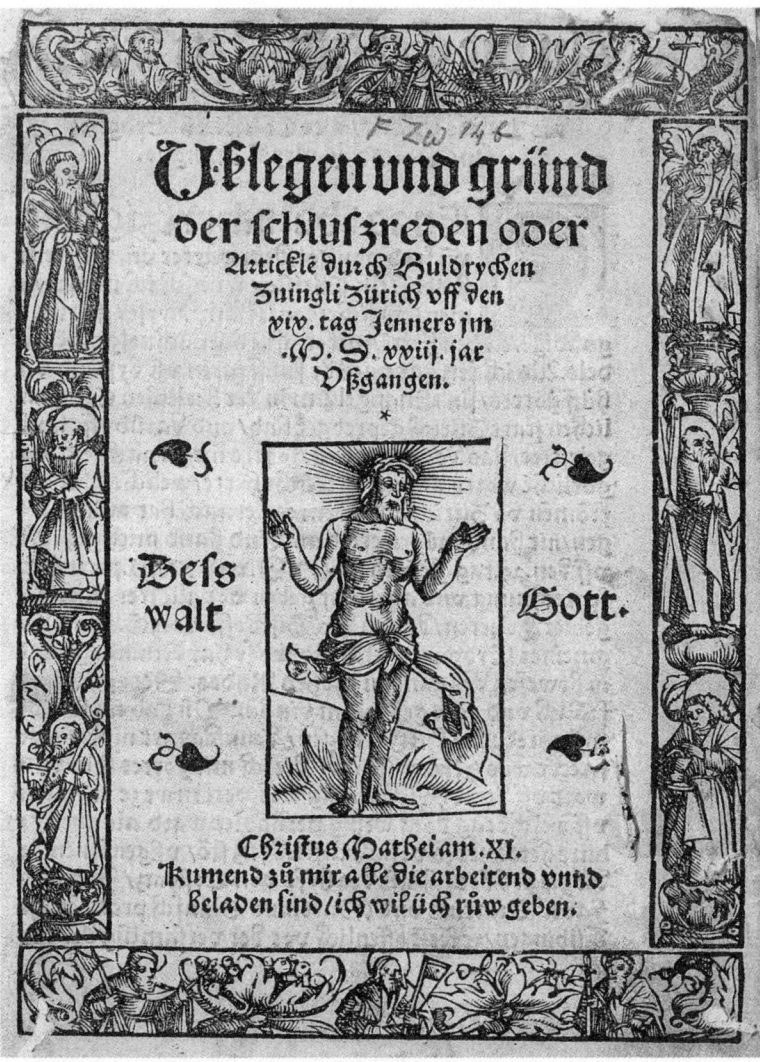

36 Die Titelblätter der Froschauer'schen Zwinglidrucke weisen bei variierenden Bildmotiven eine einheitliche Tendenz auf: Sie rücken Christus in den Mittelpunkt. Dies wird durch das von Zwingli durchgängig auf das Titelblatt gesetzte Motto Mt 11,28 verstärkt. Offenbar ging es Drucker und Autor darum, eine «Marke Zwingli» zu prägen (vgl. Abb. 37): Ulrich Zwingli, *Ußlegen und gründ der schlußreden oder Articklen …*, Zürich, Chr. Froschauer 1523.

Elche ursach gebind ze ufzůren / welches die waren vfrůrer sygind / vnd wie man zů Cristlicher einigheit vnd fryden komen möge / durch Huldrych Zuinglin zů Zürich.ꝛc.

Lisz bis ans End vnd ermiß nit allein wie ruch / sunder wie waar es sye.

Christus Matth. xj.
Kumend zů mir alle die arbeytend vnd beladen sind / vnd ich wil üch růw geben.

37 Ulrich Zwingli, *Welche ursach gebind ze ufrůren welches die waren vfrůrer sygind vnd wie man zů Cristlicher einigheit vnd fryden komen mo[e]ge …*, Zürich, Chr. Froschauer 1525.

berger Reformatoren geriet und zeitweilig ein Bewusstsein der transregionalen Zusammengehörigkeit entstand.

Zwinglis theologisches Lebenswerk ließ ihn nicht zuletzt infolge des innerreformatorischen Abendmahlsstreites und seiner vor allem 1526/27 ausgetragenen profilierten Kontroversen mit Luther[254] zum wichtigsten Exponenten des sich bildenden reformierten Lagers werden – aber ohne die kontinuierliche Zusammenarbeit mit dem Drucker Christoph Froschauer wäre dies undenkbar gewesen. Beide waren etwa gleichzeitig, 1519, als Stadtfremde nach Zürich gekommen und hatten sich sogleich freundschaftlich miteinander verbunden. Das legendäre Wurstessen in der Fastenzeit 1522, das den Anfang der in die Öffentlichkeit drängenden reformatorischen Entwicklungen und das Initial für Zwinglis Publizistik bildete, hatte in Froschauers Haus stattgefunden. Ein sich dort regelmäßig mit Zwingli versammelnder Kreis lesender Laien, zu dem auch spätere Täufer wie der Buchführer Andreas Castelberger gehörten, bildete den Nukleus reformatorischer Aktivitäten in Zürich. Predigt, Buchdruck und laikale Rezeption hingen im Fall der frühen Zürcher Reformation besonders eng zusammen. Zwingli wurde Froschauers wichtigster Autor, und Froschauer blieb Zwinglis entscheidender Drucker.

Durch typographische Elemente wie ähnliche Titelholzschnitte und den immer gleichen Bibelvers als Motto des Zürcher Theologen (Mt 11,28) sicherte Froschauer Wiedererkennungsmerkmale und schuf so etwas wie eine Marke Zwingli. Die Expansion seines Unternehmens, dem nach und nach eine Buchbinderei, eine Schriftgießerei, ein Sortimentsbuchhandel, eine Zeichen- und Formschneiderwerkstatt und eine Papiermühle angeschlossen wurden, war nicht zuletzt der engen Verbindung zwischen ihm und den Spitzen des reformatorischen Zürcher Kirchenwesens geschuldet. Diese exklusive Beziehung trug auch entscheidend dazu bei, dass die sich zu Täufern entwickelnden Dissidenten der Zürcher Reformation nach alternativen Pressen suchen mussten. Die Homogenität der typographischen Infrastruktur, die Stabilität der politischen Verhältnisse in Zürich und die exponierte Rolle des Stadtreformators und Publizisten Zwingli wirkten auf je eigene Weise daran mit, dass die erste erfolgreiche Stadtreformation eine herausragende und eigenständige historische Bedeutung neben Wittenberg erlangte.

Johannes Oekolampad. Der spätere Basler Reformator, der neben Zwingli wichtigste Repräsentant des sich formierenden Reformiertentums, ist dem Typus des humanistischen Frühpublizisten zuzuordnen. Bereits als Heidelberger Student im zweiten Semester hatte Johannes Oekolampad ein Tetrastichon, einen metrischen Vierzeiler, zu einer Erziehungsschrift seines Lehrers Jakob Wimpfeling, des führenden Humanisten Oberdeutschlands, beigesteuert.[255] Dies war eine Art Eintrittskarte in die gelehrte Welt; es dokumentierte, dass angesehene Exponenten der Gruppe der Humanisten den jungen Mann für hoffnungsvoll, förderungswürdig und insofern zugehörig hielten. Mit Unterstützung durch prominente humanistische Förderer wie Wimpfeling und den Juristen Ulrich Zasius wurde dann 1512 ein Band mit Passionspredigten Oekolampads bei dem hoch angesehenen Humanisten und Drucker Matthias Schürer in Straßburg publiziert.[256] Der Abdruck der empfehlenden Schreiben und die Widmung des Bändchens an den württembergischen Kanzler Georg Lamparter segneten Oekolampads publizistische Anfänge mit reicher Anerkennung. Als ihm zwei Jahre später durch den Schlettstädter Beatus Rhenanus – eine Schlüsselfigur der oberdeutschen Humanistenszene und ihr wohl einflussreichster Buchakteur[257] – ein Exemplar der *Dunkelmännerbriefe* übersandt wurde,[258] kam dies einer definitiven Aufnahme in den erlauchten Kreis der Sodalität der Humanisten gleich.

Dann wurde Oekolampad, der inzwischen in der einschlägigen Szene als Gräzist, Hebraist und Theologe Anerkennung gefunden hatte, von Johannes Froben eingeladen, an Erasmus' Erstausgabe des griechischen Neuen Testaments, des *Novum Instrumentum,*[259] mitzuwirken; er durfte gar ein den Fleiß des Erasmus verherrlichendes Nachwort zu dem epochalen Werk beisteuern – größere Achtungserweise waren kaum vorstellbar. Ähnlich wie im Falle Capitos oder Melanchthons war es die Reputation des humanistischen Philologen

Oekolampad, die die spätere Wirkung des reformatorischen Publizisten begünstigte und beförderte.

In Basel baute Oekolampad dann auch eine intensive Zusammenarbeit mit dem humanistischen Drucker Andreas Cratander auf, der sich 1518 selbständig gemacht hatte. Oekolampads griechische Grammatik war das erste eigene Buch, das Cratander herausbrachte.[260] Im Vorwort lobte der Drucker nicht nur die weite Übersicht des Autors über die griechische Literatur und seine Fähigkeit zu Kürze, Prägnanz und systematischer Ordnung, sondern empfahl auch sich selbst und seinen Betrieb der gelehrten Öffentlichkeit für lateinische und griechische Drucke.

Dass Oekolampad durch Vermittlung des Nürnberger Patriziers und Humanisten Willibald Pirckheimer, mit dem ihn vor allem das Interesse an Büchern und an Strategien ihrer Beschaffung auf den europäischen Märkten verband, eine Anstellung als Augsburger Domprediger fand, hing mit zwei weiteren Bücherfreunden, den Augsburger Kanonikern Bernhard und Konrad Adelmann von Adelmannsfelden, zusammen. Seinen Dank gegenüber den Förderern brachte Oekolampad dann erneut in publizistischer Form zum Ausdruck: Insgesamt zehn Drucke, die Übersetzungen patristischer Texte gewidmet waren, trugen Widmungen an die beiden Brüder oder Bernhard allein.[261]

Auch mit dem Druck einer ersten, proreformatorischen Schrift Oekolampads, die allerdings anonym erschien, dürfte Bernhard Adelmann, der auch Lutherdrucke in oberdeutsche Offizinen lancierte,[26] in Verbindung gestanden haben.[263] Die «Antwort» der «ungelehrten Kanoniker» bezog sich auf eine Aussage Johannes Ecks, der gegen «irgendeinen beliebigen Kanoniker, der die lutherischen Irrlehren ausbreite» polemisiert hatte.[264] Der Anonymus alias Oekolampad verteidigte den Wittenberger gegen Ecks Angriffe und stellte in der Tarnung des «Ungelehrten» heraus, dass die Lehre Luthers dem Evangelium entspreche. Da Luther mit seinen Ablassthesen ja auch unter den «Allergelehrtesten» Erfolg gehabt habe, dürften die Lutheranhänger wohl doch so «ungelehrt» nicht sein, wie Eck unterstelle. Ein deutsche Übersetzung der anonymen Schrift Oekolampads, die wahrscheinlich von Melanchthon stammte,[265] erschien um die Jahreswende 1519/20 in Wittenberg. Sie enthielt ein anonymes Nachwort, das hervorhob, dass die «Layen / von dem geystlichen Gottis Corper / als untuchtige gliedmaß»[266] abgeschnitten seien, obschon sie gemäß der Bibel durch Taufe und Glauben zum Leib Christi gehörten. Die volkssprachliche Publikation der anonymen Schrift ermöglichte also, einen laientheologischen Akzent zu setzen. Damit hatte sie an einem Trend teil, der für die seit den frühen 1520er-Jahren ins Kraut schießende anonyme reformatorische Flugschriftenpublizistik im Ganzen galt.[267]

Der Übergang zu einer Existenz als reformatorischer Publizist vollzog sich bei Oekolampad – ähnlich wie bei anderen bereits vor der Reformation hervorgetretenen Autoren, etwa Capito, dem er auch persönlich nahestand – zögerlich und sehr allmählich. In einer Phase der biographischen Klärung hielt sich der Philologe für etwa ein halbes Jahr auf der Ebernburg Franz von Sickingens auf, von wo aus er Kontakte zu humanistischen Freunden und Buchdruckern unterhielt.[268] Dass eine in insgesamt acht Ausgaben verbreitete volkssprachliche Messliturgie, die aller Wahrscheinlichkeit nach nicht von Oekolampad stammte,[269] aber unter seinem Namen umlief, war gewiss auch dem Umstand geschuldet, dass er als Publizist Prominenz und Autorität erworben hatte, von der ein unbekannter Autor zu profitieren hoffte. Im Kern ging es darum, reformatorisch gesinnten Christenmenschen durch Verhaltensvorschläge und Deutungsangebote zu ermöglichen, an einer altgläubigen Messe teilzunehmen. Oekolampad selbst vermied damals noch verbindliche Festlegungen auf die reformatorische Lehre. Seine Rückkehr nach Basel im Herbst 1522 diente vor allem dem Ziel, Texte der Kirchenväter durch Übersetzungen ins Lateinische oder Deutsche zugänglich zu machen. Weiterhin blieb der Anteil lateinischer Werke hoch. Allerdings traten den Übersetzungen und Editionen vor allem griechischer Kirchenväter bald umfängliche Kommentare zu biblischen Schriften und nach und nach auch einige volkssprachliche Texte an die Seite.

Oekolampads literarisches Werk spiegelt auch die spezifischen Verhältnisse eines Doppelamtes als Pfarrer und Professor, das er seit 1523 wahrnahm.[270] Es unterstreicht, dass viele der reformatorischen Autoren neben Luther in ihrer Publizistik individuelle und typische Züge vereinten. Ähnlich wie im Falle Zwinglis, der rasch und vornehmlich in der Volkssprache zugunsten einer zügig entschiedenen Stadtreformation publizierte, dürfte zwischen Oekolampads aspektreichem, aber wenig fokussiertem Schrifttum und dem dissimulierenden Verlauf der Reformation in Basel ein innerer Zusammenhang bestanden haben.

Echokammern der radikalen Milieus: Hätzer und Müntzer

Die Prozesse der Ausgrenzung und Ablösung dissentierender Personen und Gruppen von den sich herausbildenden Hauptrichtungen einer magistralen, an den weltlichen Obrigkeiten orientierten Reformation in Zürich, Wittenberg und andernorts wirkten auch auf die publizistische Praxis der Betroffenen zurück. Alternative Publikationsmöglichkeiten jenseits der etablierten und von obrigkeitlichen Instanzen gegebenenfalls kontrollierten Offizinen wurden zwar immer wieder gesucht, aber selten für längere Zeiträume gefunden. Doch einige wenige Drucker, allen voran Philipp Ulhart in Augsburg und Peter Schöffer d. J. in Worms,[271] blieben für Autoren der radikalen Szene – also Täufer, Spiritualisten, Mystiker und Dissidenten – in den 1520er-Jahren gesuchte Anlaufpunkte. Zumeist produzierten sie anonym; nicht selten wird man bei diesen Erzeugnissen mit niedrigeren Auflagen und vielleicht auch damit zu rechnen gehabt haben, dass die Autoren oder ihre Mittelsmänner die Druckaufträge subventionieren mussten. Vielfach wird das klandestin hergestellte Schrifttum der radikalreformatorischen Szene nicht auf den konventionellen Vertriebswegen verbreitet, sondern durch personelle Vermittlung Einzelner in die Netzwerke der betreffenden Kreise eingeschleust worden sein.

Die Suche nach alternativen Publikationsmöglichkeiten setzte in engster chronologischer und sachlicher Verbindung mit den Separa tionsprozessen selbst ein. Der Drang in die publizistische Öffentlichkeit war jedoch nicht allen radikalen Geistern gleichermaßen eigen. Während sich etwa der täuferische Theologe Balthasar Hubmaier in seinem Publikationsverhalten nur wenig von den etablierten Reformatoren unterschied, stellte sich dies bei einem radikalen Apokalyptiker wie dem Buchführer Hans Hut, der wohl zeitlebens keinen einzigen eigenen Text in den Druck gegeben hat, völlig anders dar.[272] Nach den 1520er-Jahren, mit dem Ende der stark intellektuell geprägten, meist humanistisch gebildeten ersten Generation, verlagerte sich die Verbreitung radikalreformatorischen Schrifttums in der Szene zusehends auf die Ebene der Handschriften.[273] Anhand der Publizistik zweier Radikaler – Ludwig Hätzer und Thomas Müntzer – sollen im Folgenden bestimmte Tendenzen hin zur Milieuliteratur veranschaulicht werden.

Ludwig Hätzer. Seine publizistischen Anfänge[274] wurden wohl dadurch ausgelöst, dass er sich der von den Zürcher Predigern Huldrych Zwingli und Leo Jud vorangetriebenen Bilderfrage annahm und anhand biblischer Befunde nachwies, dass ihre Abschaffung zwingend geboten sei. Seine entsprechende Flugschrift, die weitaus größere Verbreitung fand als Karlstadts Bilderschrift aus dem Vorjahr, erschien Ende September 1523 bei Zwinglis Drucker Christoph Froschauer. Sie stand noch in ungebrochener Übereinstimmung mit den führenden Zürcher Theologen.[275] Damals war es zu einer Reihe von Bildschändungen in Kirchen der Stadt und des Landgebietes gekommen. Im Rahmen der Zweiten Zürcher Disputation (26.-28. Oktober 1523) wurde dann auch die Bilderfrage verhandelt, ihre Abschaffung aber im Ergebnis aus Hätzers Sicht nicht mit der nötigen Eindeutigkeit umgesetzt. Bei dieser Disputation waren deutliche Richtungsdifferenzen innerhalb des reformatorischen Lagers erstmals unübersehbar hervorgetreten. Hätzer führte das Protokoll; er neigte dem Kreis um Konrad Grebel, Simon Stumpf und Balthasar Hubmaier zu, die eine radikale Umsetzung notwendiger Reformen forderten. Zwingli schloss sich, weniger aus theologischen Gründen als

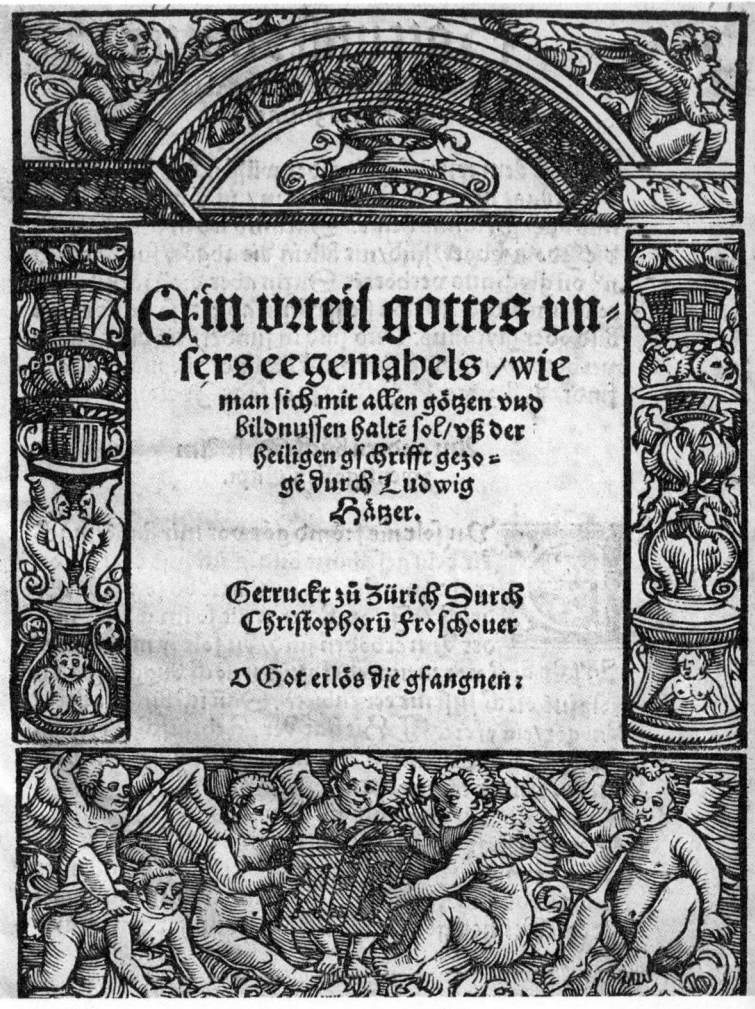

38   Seit der zweiten Auflage seiner «Bilderschrift», dem verbreitetsten Text zur Sache in der frühen Reformationszeit, verwendete Hätzer auf allen seinen Schriften das Motto «O Gott erlös die Gefangenen». Er orientierte sich dabei an der Praxis von Zwingli. In dem Motto klingen Ps 126,1, Ps 146,7 oder Jes 42,7, an (vgl. Abb. 39): Ludwig Hätzer, *Ein urteil gottes unsers ee gemahels wie man sich mit allen go[e]tzen und bildnussen halten sol uß der heiligen gschrifft gezogen …*, Zürich, Chr. Froschauer 1523.

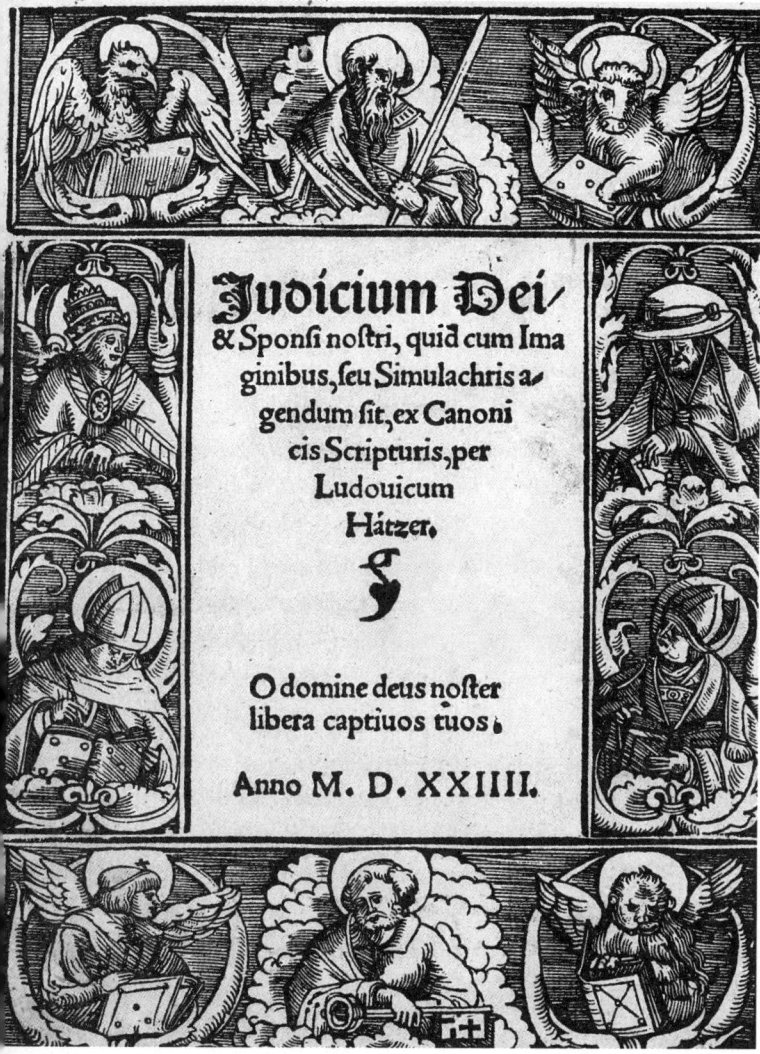

39 Ludwig Hätzer, *Judicium Dei & Sponsi nostri, quid cum Imaginibus, seu Simulachris agendum sit, ex Canonicis Scripturis* …, Augsburg, S. Otmar 1524.

aus Motiven politischer Opportunität, nach und nach der eher zögerlichen Haltung der Ratsmehrheit an.

In der dann im Druck verbreiteten Dokumentation dieser Veranstaltung[276] stellte Hätzer tendenziös heraus, dass die «Götzen» ebenso wenig zu dulden seien wie unbiblische Zusätze beim Abendmahlsritus. Als dann im November 1523 scharfe Urteile über die Bilderstürmer gefällt wurden, nahm er öffentlich Partei für sie, indem er das Motto «O Gott erlöß die gfangnen» auf die *Acta* der Disputation und eine Neuauflage seiner Bilderschrift setzen ließ.[277] Fortan blieb dieses Motto sein Markenzeichen.

In den kommenden Jahren wirkte Hätzer in Augsburg und Basel in enger Verbindung mit der dortigen Druckerszene. Er übersetzte aus dem Lateinischen ins Deutsche bzw. seine Bilderschrift aus dem Deutschen ins Lateinische. Dabei zeigte er eine besondere Sensibilität für aktuelle und innovative Themen und Texte, die Umsatz versprachen: zum Beispiel einen ins Deutsche gebrachten mittelalterlichen Traktat zum Judendiskurs,[278] alttestamentliche Bibelkommentare Oekolampads in volkssprachlicher Übersetzung,[279] einen verdeutschten Beitrag desselben zum Abendmahlsstreit,[280] einen Bugenhagen'schen Kommentar zu den Paulusbriefen auf Deutsch[281] oder eine eigene Schrift zur zeitgenössischen Geißel der Säuferei.[282] Diese disparate publizistische Betätigung brachte Hätzer in keinen offenen Gegensatz zu den sich formierenden reformatorischen Lagern und Gruppierungen und dürfte vor allem seiner eigenen Subsistenzsicherung gedient haben. Anders wurde dies, als Hätzer in einen engeren Kontakt zu dem Wormser Drucker Peter Schöffer d.J. geriet, bei dem er, anknüpfend an die Übersetzungsarbeit von Oekolampads Kommentaren zu Maleachi und Jesaja, 1527 eine aus dem Hebräischen übersetzte Ausgabe der alttestamentlichen Propheten herausbrachte.[283] Bei der Übersetzung hatte ihn Hans Denck, ein 1525 wegen des Verdachts der Irrlehre aus Nürnberg ausgewiesener Schulmeister, unterstützt.[284] Später teilte er der Öffentlichkeit auch noch mit, dass ihm «etliche Hebräer»[285] wohl vor allem bei einem Fortsetzungswerk zu den alttestamentlichen Apokryphen geholfen hatten.

In publikationsstrategischer Hinsicht war die auf Hätzers Initiative[286] zurückgehende Prophetenausgabe, die sogenannten *Wormser Propheten*, ein großer Wurf. Sie bot die erste in der Reformationszeit erschienene Neuübersetzung der anspruchsvollen Texte, füllte damit eine bisher bestehende Lücke der Wittenberger Übersetzung des Alten Testaments und ermöglichte Schöffer gute Umsätze: 1527/28 konnte er immerhin vier Ausgaben – eine Folio-, zwei Oktav- und eine Sedezausgabe – auf den Markt bringen.[287] Infolge der Verbindung mit Denck und Hätzer wurde nun eine ganze Reihe von Texten der beiden in nicht-firmierten Schöffer-Drucken herausgebracht.[288] Für den kurzen Zeitraum von knapp zwei Jahren hatten die mystisch-spiritualistischen Dissenter einen Weg gefunden, um zumindest für ihresgleichen vernehmbar zu sein. Vermutlich war dies aufgrund der Einnahmen aus dem Verkauf der *Wormser Propheten* möglich geworden. In einer sprachlich einfühlsam bearbeiteten Neuausgabe der zuerst von Luther edierten *Theologia deutsch*[289] brachte der begabte Publizist einen Text zur Geltung, der für seine eigene, gegenüber der traditionellen Sünden- und Sühnopfertheologie skeptische Theologie zentral war. Durch eine Vorrede identifizierte sich der Drucker Schöffer mit dem Werk. Darin betonte er, dass die sprachliche Bearbeitung durch den «knecht Gotts», den namentlich nicht genannten Hätzer, einen neuen Zugang zu dem anspruchsvollen Text ermögliche:

> Dann ich [sc. P. Schöffer] inn gegenhaltung voriger getruckten exemplaren wol ersehen kunde / das es mit sunderm fleiß und arbeyt allenthalben widerumb durchlesen / und wol corrigiret war / ja dermassen / das nich zuverwundern / ob schon solichs büchlin vormals dunckel / grob und unverstendig von vilen erachtet / weil es doch wol verstendig / und gantz nit verworren in jm selbst ist / Dann der geyst Gottes (der diese zeugnuß eröffnet) nit so dunckel und unverstendlich redet noch zeuget.[290]

Der herausragenden Bedeutung der Pneumatologie in seiner Theologie entsprechend hatte Hätzer mit der *Theologia deutsch* einen Text in den Druck befördert, der dank seiner philologisch sorgfältigen Bearbeitung dem Wirken des Geistes diente.

Die publizistischen Entfaltungsmöglichkeiten in Hätzers letzter Lebensphase vor seiner spektakulären Hinrichtung wegen einer Bigamieaffäre im Februar 1529[291] waren kontingent. Wahrscheinlich kann ihm ein illustriertes Flugblatt, der *Kreuzgang*,[292] zugeschrieben werden. Es ist das bisher einzige bekannte Beispiel dafür, dass sich auch Dissenter dieses Mediums bedienten. In skeptischer Distanz gegenüber einer kirchlichen Soteriologie, die in Christi Leiden den Grund der Versöhnung sah, schärfte Hätzer einem Laienpublikum den unbedingten Ernst der Leidensnachfolge ein. Möglicherweise war der «Sitz im Leben» eines solchen Blattes die Unterweisung einer kleineren Schar Getreuer «in der Zerstreuung». Einige Jahre nach Hätzers Tod gelangten Lieder von ihm in den Druck;[293] sie zeigen eine Frömmigkeit des Vertrauens in Gottes Führung durch den Weg des Leidens hindurch:

> Solt du bey got deyn wonung han
> unnd seinnen hymel erben
> So bleyb nur städs auff seiner pan,
> mit Christo must du sterben.[294]

Ein wohl gegenüber der orthodoxen Trinitätslehre kritisches *Büchlein von Christo* aus Hätzers Feder ist vermutlich nie in den Druck gelangt, sondern kursierte in Abschriften.[295] Die Ausgrenzung und Verfolgung, die den Täufern und Spiritualisten seit den späten 1520er-Jahren zuteil wurden, engten die Verbreitung ihrer Überzeugungen zusehends auf die geschützten Räume des eigenen Gesinnungsmilieus ein und ließen die Drucklegung ihres Schrifttums immer weniger zu.

🙢 *Thomas Müntzer.* Seine publizistische Betätigung war auf einen sehr schmalen Zeitraum (1523/24) und auf spezifische Umstände seines Wirkens begrenzt.[296] Als er in Allstedt über eine eigene Druckerei verfügte, agierte er vor allem als Publizist. Bereits in Prag (1521) dürfte er bei dem Versuch gescheitert sein, einen Text zu publizieren.[297] Mit der Übernahme seines Allstedter Pfarramtes arbeitete Müntzer dann volkssprachliche Liturgien aus, die er in der Winkeldruckerei Nikolaus Widemars in Eilenburg bzw. in Allstedt produzieren ließ.[298] Der große Druckauftrag des *Deutzsch kirchen ampt*,[299] der wegen der zahlreichen Holzschnittseiten für den Notendruck sehr zeit- und kostenaufwändig gewesen sein muss und Widemar gewiss vier bis sechs Monate beschäftigte, enthielt die Wochengottesdienste des Kirchenjahres. Dabei ging Müntzer so vor, dass er die im Bistum Halberstadt üblichen traditionellen Melodien und Liedtexte aufnahm und ins Deutsche übertrug. Die Aufmerksamkeit, die sein liturgisches Schaffen verursachte, dürfte den schon länger schwelenden Argwohn Luthers gegen ihn angefacht haben.[300]

Nachdem Widemars Tätigkeit in Eilenburg aufgrund einer Intervention Herzog Georgs von Sachsen unmöglich geworden war, richtete Müntzer mit dessen Druckmaterialien eine eigene Offizin in Allstedt ein. Dank eines Druckkostenzuschusses des Allstedter Rates in Höhe von 100 Gulden – das war in etwa das Jahresgehalt eines Wittenberger Professors in der artistischen Fakultät – konnte der Druck der *Deutsch Euangelisch Messze*[301] ausgeführt werden. Allerdings wurden, wohl aus Kostengründen, nicht alle Teile der an der römischen Ordnung orientierten, die Gemeinde in den Mittelpunkt der Liturgie stellenden deutschen Messe gedruckt. Dem «armen hauffen der leyen»[302] die Texte des Gottesdienstes und damit das Evangelium zurückzugeben, war Müntzers Ziel. In Anspielung auf Luthers gegenüber Karlstadt verfochtener Strategie, die «Schwachen zu schonen», stellte er fest:

> [...] so will sich kein vorschonen besser odder füglicher finden lassen, dann die selbige lobgesenge im deutschen zcu handeln, auff das die armen schwachen gewissen nit schwinde herab gerissen werden odder mit losen unbewerten liedlen gesetiget.[303]

Damit bezog sich Müntzer gewiss kritisch auch auf die seit 1523 von Wittenberg aus betriebene Verbreitung reformatorischen Liedgutes (siehe Seite 237 ff.). In die «Evangelische Messe» nicht erneut aufgenommene Texte und Melodien für einzelne Zeiten des Kirchenjahres

40 Die Gestaltung der Titelblätter dieser beiden Müntzerschriften mit dem Allstedter Stadtwappen sollte wohl Müntzer als eine Art Sprachrohr eines politischen Gemeinwesens inszenieren. Diese ikonographische Politisierung war vermutlich programmatisch gemeint – und wurde von Luther auch entsprechend verstanden (vgl. Abb. 41): Thomas Müntzer, *Protestation odder empietung … seine lere betreffende unnd tzum anfang von dem rechten Christen glawben vnnd der tawffe …*, Eilenburg, N. Widemar und J. Stöckel 1524.

41 Thomas Müntzer, *Von dem getichten glawben auff nechst Protestation* …, Eilenburg, N. Widemar und J. Stöckel 1524.

sollten aus dem «Kirchenamt» ergänzt werden. Der fragmentarische Charakter des gedruckten Werkes hing wohl auch damit zusammen, dass Müntzer bereits vor seiner Fertigstellung aus Allstedt hatte fliehen müssen. Wegen der Verweigerung von Abgaben war es zu schwerwiegenden Konflikten zwischen der Landstadt Allstedt und dem sächsischen Kurfürsten gekommen. Schon Anfang August 1524 musste die Müntzer-Presse ihre Arbeit wieder einstellen.

Die weitere Publizistik Müntzers stand ganz im Zeichen seiner Auseinandersetzung mit Luther, der spätestens seit Sommer 1523 gegen ihn vorzugehen begonnen hatte. In zwei von Widemar gedruckten Schriften, die mit dem Allstedter Stadtwappen erschienen waren[304] und somit insinuierten, dass die Stadt ihrem Prediger politischen Rückhalt bot, legte Müntzer die Grundlinien seiner Theologie dar. Dies schloss in kompakter Form auch eine Kritik an der wegen ihrer ethischen Folgenlosigkeit abgelehnten Wittenberger Rechtfertigungslehre ein.[305] Im Falle der zweiten Schrift musste ein vollständiger Neusatz bei Widemar hergestellt[306] werden, offenbar aufgrund der großen Nachfrage. Dass der Text lange nach Müntzers Hinrichtung dann unter dem Pseudonym «Christian Hitz von Salzburg»[307] erneut im Druck erschien, verdeutlicht, dass sich die Verbreitungbedingungen für die Schriften devianter Autoren im Laufe der 1520er-Jahre dramatisch veränderten.

Ein letzter Allsteder Müntzer-Druck dokumentierte eine Predigt, die er im Juli 1524 auf dem Allstedter Schloss vor Johann von Sachsen und dessen Sohn Johann Friedrich gehalten hatte.[308] Möglicherweise wollte er durch diesen Druck demonstrieren, dass er einen Zugang zu den Großen und Mächtigen besaß und dass der von ihm geplante Bund der Gläubigen weite Kreise zog; dass Luther dies als Provokation empfinden musste, versteht sich von selbst. Mit der zwangsweisen Schließung der Müntzer-Presse in Allstedt war einer innersächsischen Meinungs- und Richtungskonkurrenz zu Wittenberg erneut der publizistische Boden entzogen.

Die letzten beiden Schriften Müntzers erschienen außerhalb Sachsens, in Nürnberg. Müntzer ließ sie über Mittelsmänner den

Druckereien des Hans Hergot und des Hieronymus Höltzel zukommen. Im Falle der *Ausgedrückten Entblößung*,[309] einer Auslegung des 1.Kapitels des Lukasevangeliums, hatte er den Buchführer Hans Hut[310] in dessen Heimatort Bibra aufgesucht. Hut reiste zusammen mit Heinrich Pfeiffer, einem gemeinsam mit Müntzer geflüchteten Pfarrer und ehemaligen Zisterziensermönch, in die fränkische Reichsstadt und gewann die Druckergesellen Hergots für das Vorhaben. Den Druckort verschleierte man durch die Ortsangabe «Mülhausen». Als der Nürnberger Rat auf den Vorgang aufmerksam wurde, konfiszierte man die noch auffindbaren vierhundert Exemplare und Müntzers Manuskript; ein theologisches Gutachten hatte der Schrift eine aufrührerische Tendenz attestiert. Hut war es allerdings gelungen, hundert Exemplare der Schrift nach Augsburg zu versenden. Damit erlöste er einen Gewinn, der die Druckkosten für die einkassierten Exemplare deckte. Im Falle der *Hochverursachten Schutzrede*, Müntzers definitiver Abrechnung mit Luther, der ihn in einem veröffentlichten Brief an die sächsischen Fürsten eines «aufrührerischen Geistes»[311] bezichtigt oder überführt hatte, wurde die Drucklegung über einen unbekannten «landfarer»[312] ins Werk gesetzt. Höltzel übernahm diesen Druck wohl parallel mit dem einer Abendmahlsschrift Karlstadts.[313] Vermutlich war der Überbringer ein Buchführer, der regelmäßig zwischen Autoren und Druckern vermittelte. Im Unterschied zum Drucker Höltzel, der über einen Monat lang im Stadtgefängnis inhaftiert wurde, entging der «landfarer» einer Strafe, erhielt allerdings die Auflage, fortan nichts mehr ohne vorhergehende Prüfung durch den Rat in den Druck zu geben. Dass die noch verfügbaren Exemplare von Müntzers *Schutzrede* konfisziert wurden, ist angesichts des Schicksals der *Ausgedrückten Entblößung* wahrscheinlich. Ähnlich wie Karlstadts Beispiel zeigt das Thomas Müntzers, wie die Ausgrenzung der devianten Geister damit verbunden wurde, ihnen Zugriffe auf die typographische Reproduktionstechnologie zu verwehren. Dass die radikalen Reformatoren in der Echokammer der Milieuliteratur endeten, war ihr Geschick – aber auch eine Folge dessen, dass sie nicht schweigen konnten oder wollten.

Laien verfassen Flugschriften

In den Jahren 1523/24 stieg nicht nur die Menge der gedruckten Flugschriften drastisch an;[314] auch die Zahl der Autoren, die nun die publizistische Bühne betraten, vermehrte sich sprunghaft. Der Dynamik der reformatorischen Entwicklung entsprach es, dass Personen, die unter anderen Umständen niemals öffentlich in Erscheinung getreten wären, nun zu Schriftstellern – und Schriftstellerinnen! – avancierten. Einzelne Personen schilderten ihre persönlichen Schicksale – etwa dem Kloster entlaufene Mönche oder Nonnen, die die Erfahrung ihrer Befreiung ausbreiteten,[315] oder Priester, die im Bruch mit dem kanonischen Recht in den Ehestand eingetreten waren.[316] Wie ihre Texte jeweils in den Druck gelangten, ist selten dokumentiert. In nicht wenigen Fällen ist davon auszugehen, dass nicht die Verfasser selbst es waren, die sie publizierten, sondern irgendwelche Akteure, die Verbindungen zu Druckern besaßen und sich Aufmerksamkeit, einen Fortgang der reformatorischen Sache oder schlicht Umsatz versprachen. Texte von Handwerkern,[317] Bauern,[318] die angeblich weder lesen noch schreiben konnten, Frauen,[319] einem Konsortium geheimnisvoller Bundesgenossen[320] – all dies schoss ins Kraut. Zwischen 1522 und 1524 florierten besonders die sogenannten Dialogflugschriften,[321] in denen der «gemeine Mann» und die «gemeine Frau» als schlagfertige, urteilsfähige und bibelfeste Antipoden verblendeter Gelehrter reichlich zu Wort kamen. Viele dieser volkssprachlichen reformatorischen Texte begründeten ausgiebig, warum Laien öffentlich reden durften. Nicht wenige machten reichen Gebrauch von Luthers Übersetzung des Neuen Testaments (sog. *September-* bzw. *Dezembertestament* 1522; siehe Seite 233 ff.), dessen umgehende Wirkung wohl kaum anders so deutlich sichtbar wurde wie in diesen Flugschriften. Einige der Akteure aus dem Laienstand sollen etwas näher vorgestellt werden.

Der Eilenburger Schuhmacher Georg Schönichen ist gewiss jemand, von dem man nichts wüsste, wäre er nicht in eine literarische Fehde mit dem Leipziger Theologieprofessor Hieronymus Dungersheim, einem Repräsentanten des «alten Glaubens», eingetreten.[322] Schönichen hatte sich bereits frühzeitig für die reformatorische Bewegung in seiner Heimatstadt Eilenburg engagiert.[323] Seine Vorfahren und er selbst waren in der rund neunhundert Einwohner fassenden kursächsischen Landstadt mehrfach Bürgermeister gewesen. Er gehörte zur lokalen Führungsschicht und besaß eine lateinische Schulbildung, konnte also die Vulgata lesen und zitieren.

Im Februar 1523 war Schönichen mit einem im Druck erschienenen Schreiben gegen einen Kaplan an der Dresdner Schlosskirche namens Wolfgang Wulffer hervorgetreten, der den Eilenburger Schuster im Auftrag seines altgläubigen Landesherrn Georg von Sachsen wegen seines Einsatzes für die Reformation getadelt hatte.[324] Schönichen überzog verschiedene Repräsentanten des kirchlichen Ancien régime daraufhin mit schärfster Polemik und identifizierte sie mit apokalyptischen Irrlehrern, vor denen Christus gewarnt habe. Offenbar beabsichtigte der Schuster, die antireformatorische Front im albertinischen Sachsen durch gezielte Provokationen zu erschüttern.

Im Mai 1523 hielt er sich als Predigthörer in der Leipziger Nikolaikirche auf und wandte sich daraufhin brieflich an die «Prinzipale» der Universität: Dungersheim als Prediger, Andreas Frank aus Kamenz, Camitian genannt, als ehemaligen und Petrus Mosellanus als amtierenden Rektor. In seinem Schreiben prangerte er an, dass in Leipzig nicht auf der Grundlage der Heiligen Schrift gepredigt werde. In knappen Artikeln fasste Schönichen die «Irrlehre», die Dungersheim von der Kanzel verbreitet habe, so zusammen: Die Kirche ist unfehlbar; man soll sich am Glauben der Kirche orientieren, nicht nach eigener Glaubensgewissheit streben; der Mensch muss sich auf den Gnadenempfang des Heiligen Geistes vorbereiten und für seine Sünde Genugtuungsleistungen erbringen; dem Pfarrer sind Opfergaben zu entrichten. Schönichen unterzog diese Artikel einer gewissenhaften Prüfung nach Maßgabe des Schriftprinzips. Durch wen die Drucklegung[325] seines Schreibens an die Leipziger Autoritäten erfolgt war, ist ungewiss. Schönichen selbst behauptete, daran nicht beteiligt gewesen zu sein.[326]

42 Georg Schönichen, *Allen brudern zcu dresden dy dem Ewangelio Holt sein* …, Eilenburg, N. Widemar und J. Stöckel 1523. Der Schuster Georg Schönichen aus Eilenburg steht am Anfang laikaler Agitation zugunsten der Reformation mit publizistischen Mitteln. In diesem Sendbrief versuchte er in Dresden, also im albertinischen Sachsen, wo reformatorische Tendenzen unterdrückt wurden, zugunsten Luthers und der Wittenberger Lehre zu wirken. Dass Schönichens Laientheologie auch von Karlstadt beeinflusst war, ist wahrscheinlich.

Der Hass auf die Geistlichkeit, der bei Schönichen zum Ausdruck kam, mündete in den politisch brisanten Rat ein, die Leipziger sollten die «hünerfresser und polsterdrucker» enteignen und deren Besitz dem «armen pawer» zuwenden, ja den Repräsentanten der alten Ordnung die vestimentären Symbole ihrer Herrschaft wie Marderschauben und Barette entreißen und sie mit «starcke[m] prugel» «nicht allein tzur stadt / sondern zum lande hinaus»[327] jagen.

Nachdrucke in Augsburg und Straßburg[328] bezeugen, dass die Konfrontation eines weithin unbekannten Schusters mit den Leipziger Gelehrten größere Aufmerksamkeit auf sich zog. Der Eigendynamik des gedruckten Textes war es geschuldet, dass schließlich auch Theologieprofessor Dungersheim aus Ochsenfart öffentlich auf Schönichen replizierte.[329] Schönichen wiederum nutzte seine Antwort darauf erneut, um die für «Pfaffen» wie den Leipziger Theologieprofessor charakteristische Vermischung der biblischen Wahrheit mit der «Tradition» – also Scholastikern, Philosophen wie Aristoteles oder dem kanonischen Recht – anzuprangern:

> Ich habe die warheyt des Ewangely begert / vnd gefragt nach der heyligen schrifft / ßo schuttet er mir sprewen [= Spreu] fuer / frage nach dem richtsteyge / Szwo weyßet er mir den holtsweg / ich begere lauttern vnd reinen wein / Szo vormischt er mirn mith wasser.[330]

In einem nurmehr handschriftlich überlieferten «Fehdebrief» des Schusters an den Theologieprofessor,[331] den er diesem über einen Priester zukommen ließ, baute Schönichen seine laientheologische Argumentation aus: Gott habe die Vertreter der Universität mit Blindheit geschlagen. Einstmals habe der Herr des Himmels den Hirten Amos als Propheten, den Handwerker Paulus und arme Fischer als

Allen brudern zcu dresden
dy den Ewangelio holt sein Wunsch
George Schonichen zu Eylen-
burck. dy Genade Gottes.

Lieben brudere in Cristo / Es ist mir treulich leydt das ir So manchfeldig vberladen seyt mit den falschen propheten welche euch vorleyten vñ vorfuren wu Ir in folget so war als got lebt vnd ein herre ist / Welchen nit genuget /an irer selbest vordamnis/ Sondern wolten gerne alle mensche nach sich zcihen mit irer falschē lere/dy sy dan vberflussig auß gissen vnd beweyssen/ nit allein bey euch sonderen auch von sich schreyben in alle werlt/ wy wols von wenige wirt angenomen/ vñ werden dennoch drob von den grossē hanssen vor from klug vñ weisse gehalden/ Vnd diß ist dy grōst vrsache/ Ein nar ist so klug als der ander Dan Cristo sagt wen ein blinder den andern fuert /fallen sy beide in eine gruben Es sein vor ware arme leut /das irer got erbarm dē sy sein hoch vberladē/mit lesterung gottis/voller geytz vnd hurerey /wy dan naulich der selben einer bey euch beweyset irer heilige reinen keuscheyt nach/welcher etwā meyn schulmeister zcu halle vñ Rector zu leiptzk war nach hat man sy bys herefur frōme heilige keusche leute halden mussen/ So man inn aber in ir hertze sehē kōd / worde mā wol befinden was sy fur leut seyn/wy dan auch Christo saget zcu iren vorfarē den iudischē pristern/ Wee euch dy ir gleich seyt dē toden greberē / von auß wendig schō iwendig voller vnflats vnd außwendig schelten gerecht sein Inwēdig.

¶ Mir ist auch neulich vō der selbigen secten einem/ Ein sende briff von dressen zu geschikt/ wy dē hernach volgen sal Welchem ich seiner bitte nach desselbigē tages/ adtwort gabe/ Aber vil zcu demūtig/ So ists der lesterer gottis art ihn

Apostel berufen; sie hätten sich von ihrer Hände Arbeit ernährt – anders als die parasitäre Klerisei im Dienste des Papstes. Die Kontroverse zwischen Schönichen und Dungersheim wäre ohne den Buchdruck niemals ausgebrochen, geschweige denn eskaliert. Sie spiegelt die Dynamik, die Äußerungen eines Vertreters aus dem Laienstand in den Jahren vor dem Bauernkrieg erreichen konnten.

Ob Schönichens Agieren eine Art Vorbildfunktion für andere Akteure aus dem Laienstand erlangt hat? Auszuschließen ist es nicht. Etwa für die erste und bekannteste weibliche Flugschriftenautorin, die bayerische Adlige Argula von Grumbach, geborene von Stauff, ist dies möglich. Auch sie führte seit September 1523 eine Art Fehde gegen eine Universität – die von Ingolstadt. Auch sie schärfte das Schriftprinzip ein. Zweifelhaft ist, ob sie ihre erste und verbreitetste Flugschrift selbst in den Druck gegeben hat.[332] Sie erreichte eine große, ja überwältigende Aufmerksamkeit jenseits ihres engeren Lebenskreises[333] und könnte zur Inspiration für andere Autorinnen und Autoren aus dem Laienstand geworden sein, etwa für Katharina Schütz-Zell in Straßburg. Durch eine anonyme Vorrede zu ihrem *Sendbrief* an die Universität Ingolstadt wurde Argulas Auftreten in den heilsgeschichtlichen Zusammenhang der Geistausgießung «in diesen letzten tagen»[334] (Joel 2,28) eingeordnet:

> [...] nach dieser zeyt wurd ich giessen meinen Geyst auff alles fleysch, und werden Propheceyen und warsagen euer Süne und euer döchter, auch eure knecht vnd meyde. [...] Wilcher spruch ytzo mancherley weyß, vnd sünderlich ytz in gemeltem weib [sc. Argula] offenlich erscheynet, dieweyl auß iren nachgeschriben Sendbrieff funden wirt, das sie darinnen die schrifftgelerten der Hohenschul zu Jngoldstat [...] mit vil eingefürten vnüberwindtlichen Götlichen schrifften [...] straffet, ermanet vnd vnderweiset.[335]

Argula brandmarkte öffentlich, dass der ehemalige Wittenberger Student Arsacius Seehofer im September 1523 von der Universität Ingolstadt gezwungen worden war, siebzehn Artikel reformatorischen Glaubens zu widerrufen. Weitere kurze Schriften, die im Wesentlichen um diese Thematik kreisten, schlossen sich an. Durch ihre Verbreitung im Druck erregte die Affäre Aufmerksamkeit. Sie trug wesentlich dazu bei, dass es in bestimmten Laienmilieus selbstverständlicher wurde, von Klerikern Rechenschaft für ihre Lehren und Predigten zu fordern. Nichts dürfte die öffentliche Vernehmbarkeit laikaler Stimmen in der frühen Reformation mehr gefördert haben als die ersten Flugschriften von Autorinnen und Autoren aus dem Laienstand selbst.

Dass sich die Straßburger Bürgertochter Katharina Schütz, die gegen Ende des Jahres 1523 den ersten reformatorischen Prediger der elsässischen Reichsstadt, Matthäus Zell, geheiratet hatte, durch das Vorbild Argulas und die in Straßburg erschienene Sammelausgabe ihrer Schriften[336] ermutigt fühlte, ihrerseits als reformatorische Schriftstellerin in Erscheinung zu treten, ist sehr wahrscheinlich.[337] Im Juli 1524 veröffentlichte sie eine erste Schrift: einen Trostbrief an die Frauen der Stadt Kentzingen.[338] Die kleine Stadt im Breisgau hatte sich unter dem antireformatorischen Druck der habsburgischen Regierung von ihrem Prediger Jakob Otter getrennt; rund hundertfünfzig Männer hatten Otter bei seinem Auszug begleitet und in Straßburg, im Pfarrhaus Zells, Unterschlupf gefunden. In ihrem offenen Brief ermahnte Katharina die «leydenden Christglaubigen weyberen der gmein zu Kentzingen» als «mitschwester», bei dem «unüberwintlich wort gottes»[339] zu bleiben. Unter reicher Bezugnahme auf die Bibel schärfte die Straßburger Pfarrfrau den Mitchristinnen ein, dass das von Gott auferlegte Leid ihnen zum Besten geraten werde.[340]

Kurze Zeit später veröffentlichte sie eine Apologie ihrer Eheschließung mit Matthäus Zell,[341] in der sie Einblicke in das neue Sozialinstitut der Pfarrehe gewährte und Gerüchten, die über sie und ihren Mann umliefen, kämpferisch entgegentrat. Die Publikation ließ keinen Zweifel daran, dass Katharina Zell weitere Flugschriften plante. Zugleich trat sie dem Einwand entgegen, dass es ihr als Frau nicht zustehe zu reden, da andere Leute als sie da wären. «Antwurt / Hat doch ein esel ein mol geredet / und den engel gesehen den der Prophet nit sehen wolt [Num 22,23 ff.] Ist es dann ein wunder ob ich die warheit red / so ich doch ein mensch byn.»[342] Den Einwand, dass Paulus in 1 Kor 14,34 anordne, dass die Frauen schweigen sollten, quittierte sie mit folgender Argumentation:

> Weißt aber nit auch das er [sc. Paulus] sagt Galat.iij. Jn Christo ist weder man noch weyb / [Gal 3,28] Und das Gott im Propheten Johel sagt am.ij. capitel [Joel 2,28]. Jch würd ausgiessen von meinem geyst über alles fleisch und euwer sün und döchter werden weiß sagen &c.[343]

Weit über das von Luther anerkannte Notmandat weiblicher Rede – die Frauen dürften dann und nur dann reden, wenn die Männer verhindert seien oder versagten[344] – hinaus argumentierte die selbstbewusste Straßburger Pfarrfrau im Sinne eines in Taufe und Glauben, das heißt im Priestertum aller Gläubigen begründeten Rechtes zu öffentlicher Rede und gedruckter Meinungsäußerung. Der reformatorisch gesinnte Straßburger Rat entsandte daraufhin zwei Emissäre zu Pfarrer Zell und ermahnte ihn, dass so etwas wie die Veröffentlichung des «schmachbüchlein[s]» seiner Frau «nim geschee» und er dafür Sorge tragen solle, dass sie «nichts mehr laß üßgon oder drucken».[345] Die noch vorhandenen Exemplare ihrer Schriften wurden konfisziert und in die Ratskanzlei verbracht. Nachdem einige Stimmen von Laien vernehmbar geworden waren, setzen also sehr rasch Bestrebungen ein, Katharina zum Schweigen zu bringen. Die Möglichkeiten, die die Druckpublizistik im Zuge des frühreformatorischen Aufbruchs zu bieten schien, stellten überkommene soziokulturelle Rollen- und Verhaltensmuster infrage und provozierten entsprechende Abwehrreaktionen.

Der Bauernkrieg und seine Publizistik

Auch der polymorphe, von großer regionaler Vielfalt geprägte Ereigniszusammenhang des sogenannten Bauernkriegs ist in bestimmter Hinsicht als ein publizistisches Phänomen zu interpretieren. Dies gilt zunächst und vor allem für den wichtigsten Programmtext des Bauernkrieges, die *Zwölf Artikel gemeiner Bauernschaft*, einen der meistgedruckten Texte der Zeit überhaupt. Denn durch seine breite Rezeption in den unterschiedlichen Aufstandsgebieten schufen die *Zwölf Artikel* in gewisser Weise erst jenen Zusammenhang, der es sinnvoll und möglich macht, von *dem* Bauernkrieg zu sprechen. Dass es zu einer zeitweilig sehr engen Verbindung zwischen bäuerlichen Aufständen und reformatorischer Bewegung kam, war nicht zuletzt darauf zurückzuführen, dass sich eine Reihe reformatorischer Publizisten gegen das negative, etwa von einigen Humanisten perpetuierte Image der Bauern als einfältig und tumb stellten.

Luther hatte sich 1520 ausdrücklich für einen Vorrang der «acker werck» gegenüber der «kauffmannschafft»[346] als der gottgemäßeren Lebensform ausgesprochen und mit seinem Konzept des Allgemeinen Priestertums auch bäuerlicher Partizipation Tor und Tür geöffnet. In oberdeutschen Dialogen waren «Karsthanse» und andere Landmänner als gewitzte Opponenten «verkehrter Gelehrter» aus dem geistlichen Stand aufgetreten. Entlaufene Mönche wie Diepold Peringer, der «Bauer von Wöhrd», inszenierten sich als geistbegabt-illiterate Bauernprediger; auch der sich als «Bruder Andres» in einen grauen Bauernrock kleidende «neue Laie» Karlstadt ließ eine besondere Nähe zum Bauernstand durchblicken. Thomas Müntzers Theologie wies starke Affinitäten zum «gemeinen Mann» als Träger religiöser Erkenntnisse auf. An Orten wie Waldshut oder Memmingen, den Wirkungsstätten Balthasar Hubmaiers bzw. Christoph Schappelers, hingen städtische und bauernschaftliche Reformbewegungen engstens zusammen.

In der wohl auf den Memminger Pastor Schappeler zurückgehenden anonymen Vorrede zum Druck der *Zwölf Artikel* wurden die sozialen und politischen Forderungen der schwäbischen Bauernschaft deutlich von Aufruhr und Empörung abgesetzt. Der «grund aller articker der bawren», so behauptete die Vorrede, bestünde darin, «daz evangelion zu hören und dem gemeß zu leben».[347] Die Niederschrift der eigentlichen Artikel wird dem Kürschnergesellen Sebastian Lotzer zugeschrieben; im Februar 1525 soll er sie unter Aufnahme von Forderungen des Baltringer Haufens, einer sich seit Jahresende 1524 stetig vergrößernden Bauernvereinigung in Oberschwaben, zusammen-

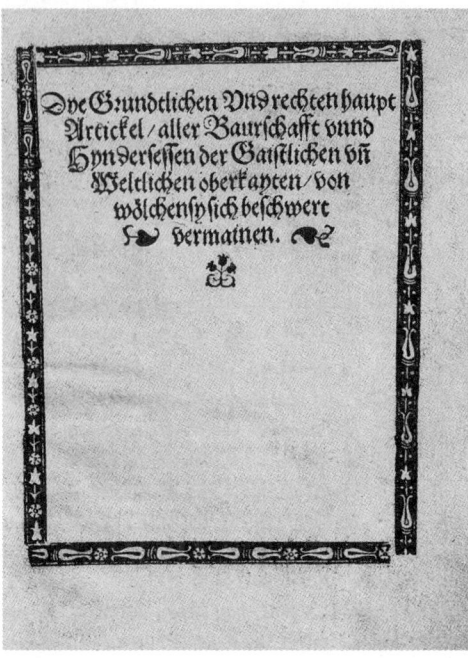

43–46 *Die Gründlichen und rechten Hauptartikel aller Bauuerschaft*, die sog. *Zwölf Artikel*, erschienen in diversen Ausgaben und waren die wohl verbreitetste Flugschrift der frühen Reformationszeit. Die typographische Reproduktion über weite geographische Räume hinweg trug entscheidend dazu bei, dass die unterschiedlichen regionalen Aufstandsbewegungen voneinander erfuhren, teils interagierten und zeitweilig gemeinsame Ziele verfolgten. Ohne Buchdruck hätte es wohl auch keinen Bauernkrieg gegeben.

43   Augsburg, Melchior Ramminger 1525.

44   Erfurt, Johann Loersfeld 1525.

45 Forchheim, Hans Bär 1525.

46 Nürnberg, Hieronymus Höltzel 1525.

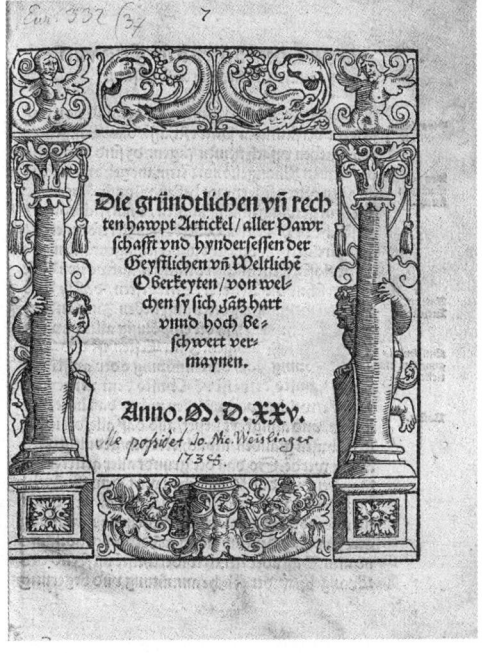

gestellt haben. Dadurch, dass die freie Wahl eines Pfarrers an den Anfang der *Zwölf Artikel* gestellt war, unterstrichen die Bauern, dass die Predigt des «hailig evangeli» und die «Einbildung» und «Bestätigung» des «waren glawben[s]»[348] ihre wichtigsten Forderungen waren.

Sodann ging es um die Abschaffung des Kleinen oder Viehzehnten, die Verwaltung des Großen oder Kornzehnten durch die Gemeinde und die Aufhebung der Leibeigenschaft, die damit begründet wurde, dass «uns Christus all mitt seynem kostparlichen plutvergüssen erlöst unnd erkaufft» habe. Freie Zugriffsrechte auf Wiesen, Wälder, Äcker, Wild, Geflügel und Fisch begründete man mit der dem Menschen durch die Schöpfung verliehenen «gewalt [...] uber alle thier, uber den fogel im lufft und uber den fisch im wasser». Wegen Frondiensten und der Gült, einer Grundsteuer aus Landbesitz, solle man mit den Herren gütliche Vereinbarungen treffen. Der «todtfall», eine beim Tod eines Leibeigenen geforderte Abgabe aus seiner Hinterlassenschaft, sollte abgeschafft werden. Am Schluss der *Zwölf Artikel* wurde betont, dass man sich ganz dem Worte Gottes unterordnen wolle und einzelne Forderungen aufzugeben bereit sei, «wann mans uns mit grundt der schrifft erklert».[349]

Die nur einen Quartbogen umfassenden *Zwölf Artikel* wurden in rund zwei Dutzend Drucken[350] und in einer bemerkenswerten geographischen Streuung – von Augsburg bis Magdeburg, von Zürich bis Zwickau, von Konstanz bis Erfurt, allerdings ohne Wittenberg! – verbreitet und von den Bauernhaufen verschiedener Landschaften angeeignet, ungeachtet mancher gravierender rechtlicher und sozialer Differenzen. Auf diese Weise entstand so etwas wie der ideelle und politische Zusammenhang «aller Baurschafft» – sowohl auf Seiten der Aufständischen als auch in der Perspektive ihrer Gegner aus Klerus und Adel. Die programmatische Verständigung auf der Grundlage der *Zwölf Artikel* dürfte die militärischen Allianzen, zu denen es im Frühjahr 1525 zwischen der «christlichen Vereinigung» des Allgäus, dem «Seehaufen» der Bodenseebauern und dem Baltringer Haufen kam, begünstigt haben.

Einzelne Schlüsseldokumente wie die *Bundesordnung*,[351] die im

Namen des Evangeliums und des göttlichen Rechts ein gemeinchristliches, ständeübergreifendes Friedensreglement unter Minderung drückender Abgabenlasten vorsah, entfalteten eine breitere, integrative Wirkung, weil sie in gedruckter Form eine überregionale Bekanntheit erlangten. Auch für ein Dokument wie den *Weingartener Vertrag*, den der Allgäuer und der Bodenseehaufen mit dem Schwäbischen Bund, einem politisch-militärischen Zusammenschluss der schwäbischen Reichsstände, im April 1525 schloss,[352] wurde die publizistische Verbreitung charakteristisch. Die aufständischen Bauernhaufen verpflichteten sich in diesem Friedensvertrag dazu, in den Gehorsam gegenüber ihren Obrigkeiten zurückzukehren, sich aufzulösen, gestohlenes Gut zu restituieren, der Gewaltanwendung zu entsagen und ihre bisherigen Verpflichtungen wieder aufzunehmen. Auch Luther wurde das für die Bauern im Ergebnis desillusionierende Dokument durch den Druck bekannt; er sah darin «eyne besondere gnade Gottes».[353] Deshalb ließ er es in Wittenberg mit einer Vorrede «widderumb [...] nachdrücken»[354] – in der Hoffnung, dass auch in Mitteldeutschland entsprechend dem *Weingartener Friedensvertrag* verfahren würde:

> [...] ob villeicht Gott seyne gnade auch ynn unsern landen geben wollte, das dem selbigen exempel nach des teuffels werck begegnet und seynem blutgyrigen furnemen möchte geweret werden und auch unsere bawren von yhrem ferlichen, verdampten furnemen absteen und zum fride und freundlichen vertrag sich begeben wollten.[355]

Andere Konfliktlösungen, etwa der *Miltenberger Vertrag*, in dem der Straßburger Bischof Wilhelm III. als Statthalter des Mainzer Erzbischofs seine Kapitulation erklärt und die *Zwölf Artikel* anerkannt hatte,[356] wurden publizistisch nicht weiter bekannt und verbreiteten insofern keine eigene Wirkung.

Die Sicht Luthers und seiner Wittenberger Kollegen auf die Aufstände war entscheidend dadurch bestimmt, dass sie die Bauern unter dem Einfluss ihres «abtrünnigen Schülers» Thomas Müntzer sahen. In Bezug auf das Reich war das keineswegs angemessen und selbst in

Hinblick auf die thüringischen Verhältnisse nur sehr eingeschränkt berechtigt. Luthers eigenes publizistisches Agieren im Bauernkrieg erzeugte vor allem unter den oberdeutschen Anhängern der Reformation den Eindruck, dass Gott ihm wegen seiner Hoffart «den wahrhaftigen geyst entzogen»[357] habe. Der am Schluss seiner letzten Bauernkriegsschrift artikulierte Anspruch, es solle «recht bleyben», was er lehre und schreibe, «sollt auch alle wellt druber bersten»,[358] musste vor allem denen als Hybris erscheinen, die andere und differenzierte Einsichten in die Konfliktkonstellationen des Bauernkrieges besaßen. Doch Luther war nicht bereit, irgendein Zugeständnis zu machen. Dass er den Bogen überspannt hatte, wollte er nicht einsehen. Hatte er sich in seiner *Ermahnung zum Frieden auf die zwölf Artikel*[359] noch in differenzierter Weise mit den Forderungen der oberdeutschen Bauernschaft auseinandergesetzt und Verständnis für ihre Not und manche ihrer Beschwerden gezeigt, so veränderte sich seine Sicht wohl auch infolge einiger Eindrücke, die er bei einer Reise durch das thüringische Aufstandsgebiet gewonnen hatte. Sie schlugen sich in der Schrift *Wider die räuberischen und mörderischen Rotten der Bauern*[360] nieder, in der er das Treiben der Aufständischen als «teuffels werck»[361] bezeichnete, ihre Berufung auf das Evangelium als verlogen zurückwies und die Fürsten dazu aufforderte, den Aktionen der Bauern mit allen Mitteln der physischen Gewalt ein Ende zu bereiten:

> Drumb, lieben herren, loset hie, rettet hie, helfft hie, Erbarmet euch der armen leute, Steche, schlahe, würge hie, wer da kann, bleybstu drüber tod, wol dyr, seliglichern tod kanstu nymer mehr uberkomen[362]

Dadurch, dass die Dresdener Presse des hartnäckigen Lutherfeindes Hieronymus Emser eine Schlüsselrolle bei der Verbreitung dieser Schrift spielte,[363] indem sie sie als Separatum von nur einem Quartbogen Umfang nachdruckte und so ihre weite Rezeption initiierte, rückte Luthers Tötungsappell in einen sehr engen historischen Zusammenhang mit dem Massaker von Frankenhausen: Am 15. Mai 1525 hatte eine überkonfessionelle Fürstenkoalition aus den Grafen von

47 Martin Luther, *Wydder die sturmenden bawren*, Dresden, Emserpresse, 1525. Die in lutherfeindlicher Gesinnung hergestellte Ausgabe seiner scharfen Bauernkriegsschrift wurde in der von Herzog Georg von Sachsen subventionierten Presse Hieronymus Emsers in Dresden gedruckt und trug entscheidend dazu bei, Luthers negatives Image als Verräter der Bauern zu verbreiten.

Mansfeld, Philipp von Hessen, Georg von Sachsen und Heinrich von Braunschweig-Wolfenbüttel ein von Thomas Müntzer apokalyptisch infiltriertes Bauernheer um rund fünftausend Aufständische dezimiert.

Luther, der das «harte Büchlein» ursprünglich in einem Nachdruck seiner *Ermahnung zum Frieden* publiziert hatte, erschien nun als derjenige, der für die maßlose Siegerjustiz der mitteldeutschen Fürsten verantwortlich war. Zwar schob der Wittenberger Reformator eine apologetisch getönte Schrift nach, die dem Eindruck entgegenzutreten versuchte, an seinen Schriften zum Bauernkrieg sähe «man des Luthers geyst, das er blut vergiessen on alle barmhertzickeyt leret».[364] Doch den publizistisch induzierten Imageschaden, den seine literarischen Beiträge zum Bauernkrieg angerichtet hatten, konnte er nicht mehr wirksam korrigieren. Den wechselvollen Verhältnissen im Krieg war er publizistisch nicht gerecht geworden. Auch sein Versuch, Müntzers Hinrichtung als Gottesurteil darzustellen,[365] dürfte kaum mehr jene Überzeugungskraft entfaltet haben, die seinen früheren Schriften zu eigen gewesen war. Im Unterschied zu den spätmittelalterlichen Bauernerhebungen des «Bundschuhs» oder des «Armen Konrads» waren Verlauf, Dynamik und Wertung des Bauernkriegs und seiner Akteure in eminentem Maße publizistisch determiniert.

Neue Konkurrenz auf dem Buchmarkt

Die reformatorische Bewegung wurde durch die Publizistik angetrieben und wirkte ihrerseits auf das Druckwesen zurück. In Druckmetropolen wie Leipzig, Basel, Augsburg, Nürnberg oder Straßburg veränderten sich in nur wenigen Jahren, zwischen 1519 und 1522, die Produktionsprofile der meisten Offizinen mehr oder weniger vollständig. Oft waren es mehrere Drucker an einem Ort, die zunächst Luther, dann aber rasch auch andere literarische Akteure der reformatorischen Bewegung zu drucken und nachzudrucken begannen. Nicht selten hingen die reformatorischen Entwicklungen vor Ort direkt mit der Herstellung entsprechender Texte zusammen. Druckaufträge, die mit dem traditionellen Kirchenwesen eng verbunden waren, etwa Agenden und Breviere oder die bei Wallfahrten, Ablasskampagnen und Heiltumsschauen anfallenden Druckerzeugnisse, brachen deutlich ein. Selbst in Druckerfamilien, die seit der Inkunabelzeit in mehreren Generationen tätig waren – so die Schönsperger in Augsburg und Zwickau, die Petri in Basel und Nürnberg, die Schott in Straßburg, die Schöffer in Mainz, Worms und Straßburg, die Prüss und Schürer in Straßburg und Schlettstadt oder die Lotter in Leipzig, Wittenberg und Magdeburg[366] –, lässt sich nachweisen, dass sie ihre Produktion zügig auf die reformatorische Entwicklung ausrichteten. In den meisten Druckorten, in denen reformatorische Tendenzen erstarkten oder obsiegten, gab es bald kaum noch Drucker, die in den Diensten des «alten Glaubens» und seiner Verteidiger standen. Unter den zwölf Straßburger Druckern etwa produzierte lediglich einer, Johannes Grüninger, antireformatorisches Schrifttum, alle anderen setzten auf die reformatorische Richtung. Die Nachfrage nach «altgläubigen» Texten war gering. Da, wo ein Landesherr den reformatorischen Buchdruck unterdrückte, wie etwa Herzog Georg im albertinischen Sachsen, insbesondere in Leipzig, brach der Buchmarkt weitgehend zusammen. Wittenbergs Aufstieg zum strahlungskräftigsten Druckort Europas war auch eine Folge von Leipzigs Niedergang.

Mit der Reformation verstärkte sich dazu eine Entwicklung, die bereits vorher eingesetzt hatte: Volkssprachliche Drucke erlangten einen immer höheren Anteil an der Gesamtproduktion der Druckwerke; in einigen Orten wie etwa Augsburg[367] wurde nurmehr sehr wenig auf Latein gedruckt. Andere Orte hingegen wie etwas Basel schärften ihr Profil mit einer humanistischen Angebotspalette vor allem für den internationalen Markt. Sodann wuchs der Anteil der wenig umfangreichen, stärker aktualitätsbezogenen Flugschriften gegenüber dem der aufwändigeren und voluminösen Großprojekte – und damit ging eine Beschleunigung und Vermehrung in der Produktion der Einzeltitel einher. Außerdem schwankte die Zahl der Offizinen mancherorts; neue Drucker versuchten ihr Glück an anderen Orten, kurzlebige Offizinen schossen ins Kraut. Doch in Kleinstädten wie Altenburg, Zwickau, Grimma oder Bamberg gelang es kaum je, stabilere Produktions- und Vertriebsstrukturen über einen längeren Zeitraum aufzubauen. Sieht man von Wittenberg einmal ab, erwiesen sich die größeren Druckzentren als dauerhaft marktbeherrschend.

Im Ganzen unterlag die Druckproduktion zwischen 1520 und 1530 gewissen Schwankungen: Zwischen 1520 und 1524 stieg die Zahl der nachgewiesenen Einzeldrucke von 1220 auf 1475 an; bis 1527 fiel sie dann auf 700 ab; 1530 lag sie erneut bei 1200.[368] Exzeptionelle Ereignisse wie «der Türke vor Wien» (1529), der Augsburger Reichstag (1530) und der mit ihm einhergehende Bekenntniszwang, eine polyzentrische innerreformatorische Konfliktdynamik vor allem in der Tauf- und Abendmahlsfrage, aber auch neuerliche Kontroversen mit der altgläubigen Seite dürften den Anstieg der Gesamtproduktion gegen Ende des Jahrzehnts erklären. Dabei lag der Anteil der wichtigsten sieben Druckorte im deutschsprachigen Gebiet (Augsburg, Basel, Erfurt, Leipzig, Nürnberg, Straßburg und Wittenberg) einigermaßen konstant zwischen etwa zwei Dritteln und drei Vierteln. Norddeutschland blieb von den kommunikativen, politischen, gesellschaftlichen und kulturellen Dynamiken des Buchdrucks also weitestgehend unberührt. Profilierungsmerkmale wie bestimmte Autoren, deren Erstdrucke man exklusiv vertrieb, oder aufwändigere Titelgestaltungen, häufig mit Illustrationen, die einen präzisen Bezug zum Inhalt eines Druckwerkes aufwiesen, zielten darauf ab, gewisse Marktvorteile zu erlangen. Das deutet auf eine verschärfte Konkurrenzsituation hin; denn die teils geringen Umfänge der Flugschriften forcierten Nachdrucke und trugen zur Erhitzung der Marktsituation bei. Auch anhand variierter Nachdrucke volkssprachlicher Wittenberger Bibelausgaben (siehe Seite 232 ff.), die gegenüber den Erstdrucken in anderen Formaten, mit innovativer Bildausstattung oder Beigaben wie Registern oder Glossaren versehen wurden, kann man erkennen, wie groß der Konkurrenzdruck gewesen sein muss.

Allzweckwaffe: Illustrierte Einblattdrucke

Im Laufe des 15. Jahrhunderts hatten sich Einblattdrucke als multifunktionale Gattung fest etabliert: Universitäten, kirchliche und weltliche Herrschaftsträger, Orden, Veranstalter besonderer «Events» oder Einzelakteure bedienten sich ihrer,[369] wie gesehen, zu Zwecken der Agitation, Kommemoration, Disputation, Heilsvermittlung und Erbauung, zur Information oder Sozialdisziplinierung. Auch für die persönliche Frömmigkeitspraxis gewannen gedruckte Flugblätter, nicht selten mit Illustrationen aller Art verziert, an Bedeutung.

Im Kontext der frühreformatorischen Publizistik erlangten illustrierte Einblattdrucke ebenfalls eine neuartige Aufmerksamkeit. Insbesondere als polemische und didaktische Medien erfüllten sie neben Holzschnitten in Flugschriften eine wichtige Funktion – nicht zuletzt auch in Bezug auf die Mobilisierung des «gemeinen Mannes».[370] Die illustrierten Flugblätter erschienen vielfach ohne Angabe eines Erscheinungsjahres, Druckers oder Druckortes. Von der bibliographischen Forschung wurden sie bisher nur unzureichend bearbeitet,[371] und aufgrund mutmaßlich sehr hoher Verluste sind sie in ihrer tatsächlichen Menge kaum angemessen zu beurteilen. Daher ist ihre historische Kontextualisierung in konkreten lokalen oder regionalen Reformationsprozessen vielfach noch nicht über Anfänge hinausgekommen.

Das erste reformatorische Flugblatt überhaupt stellt in mancher Hinsicht einen Sonderfall dar. Es stammt in seiner Konzeption von Karlstadt, wurde von Lukas Cranach im Frühjahr 1519 zunächst in einer lateinischen, bald danach in einer deutschen Version ausgefertigt,[372] wies eine gewaltige, unübersichtlich wirkende, das Bild beinahe verdeckende Fülle an Textfeldern auf und blieb wohl für Jahrzehnte das einzige entsprechende Druckerzeugnis aus dem Kreis der Wittenberger Reformatoren. Der finanzielle Aufwand für das Blatt dürfte erheblich, die Rendite wohl eher bescheiden gewesen sein. Modellhaft aber wurde es wegen seiner antithetischen Struktur, die einen positiven Heilsweg einem negativen Unheilsweg gegenüberstellte. Während der exemplarische Christ im oberen Wagen, angelei-

48 Andreas Bodenstein von Karlstadt, *Wagen*; illustriertes Flugblatt, deutsche Fassung; Holzschnitt von Lukas Cranach d. Ä., Wittenberg, Rhau-Grunenberg 1519. Das Blatt gilt als das erste reformatorische Flugblatt und ist antithetisch gestaltet: Der Büßer ist im Himmelswagen auf dem Weg zum Heil – der Sünder, der sich durch das eigene Werk selbst rechtfertigt, im Höllenwagen auf dem Weg zum Unheil.

tet von Paulus und Augustin, durch Buße, Verzicht auf eigene Werke und wahre Gelassenheit auf Christus als Heilsziel zufährt, rast im unteren Wagen ein Repräsentant des kirchlichen Ancien régime, beraten von Lehrern der scholastischen Theologie, im Vertrauen auf das, was er selbst für sein Heil zu tun fähig ist, auf den Höllenrachen der ewigen Verdammnis zu. Diese elementare Grundidee des Blattes wurde durch eine Fülle an präzisierenden Angaben und Zitaten in den Textfeldern angereichert. Der gelehrte Theologe Karlstadt wollte offenkundig auf argumentative Differenzierung und Beweisführung nicht verzichten. Insofern repräsentiert das erste reformatorische Flugblatt in eigentümlicher Weise auch gewisse Grenzen der Gattung.

Andere Blätter bestachen zunächst durch simple Botschaften, etwa indem sie die Repräsentanten der römischen Kirche satirisch mit Tierköpfen darstellten. Ein wohl auf 1521 zu datierendes Blatt dürfte dieses Motiv, das dann auch in verschiedenen anderen Beispielen des reformatorischen Bilderkampfes aufgegriffen wurde,[373] erstmals verwendet haben: Die Luthergegner Murner, Emser, Eck und Jacob Lemp als Katze, Bock, Schwein und Hund flankieren Papst Leo als Löwen auf einer Loggia. Die Botschaft von der Animalität der römischen Klerisei wird auch einem illiteraten Betrachter des Bildes unmittelbar zugänglich gewesen sein. In einem in zwei Textfeldern unter dem Bild platzierten Dialog wird Eck vom Papst mit Geld und einem Kardinalshut gelockt, um Luther zur Strecke zu bringen. In weiteren Textblöcken werden die jeweiligen Tierbezeichnungen erläutert. Die des Deutschen kundigen und lesefähigen Rezipienten erfuhren also etwas über die konkreten kontroverstheologischen Auseinandersetzungen. Durch zwei lateinische Textzeilen, in denen Psalm 119,85f.89f.95 wiedergegeben wurde, erschloss das Blatt dann aller-

Allzweckwaffe: Illustrierte Einblattdrucke 203

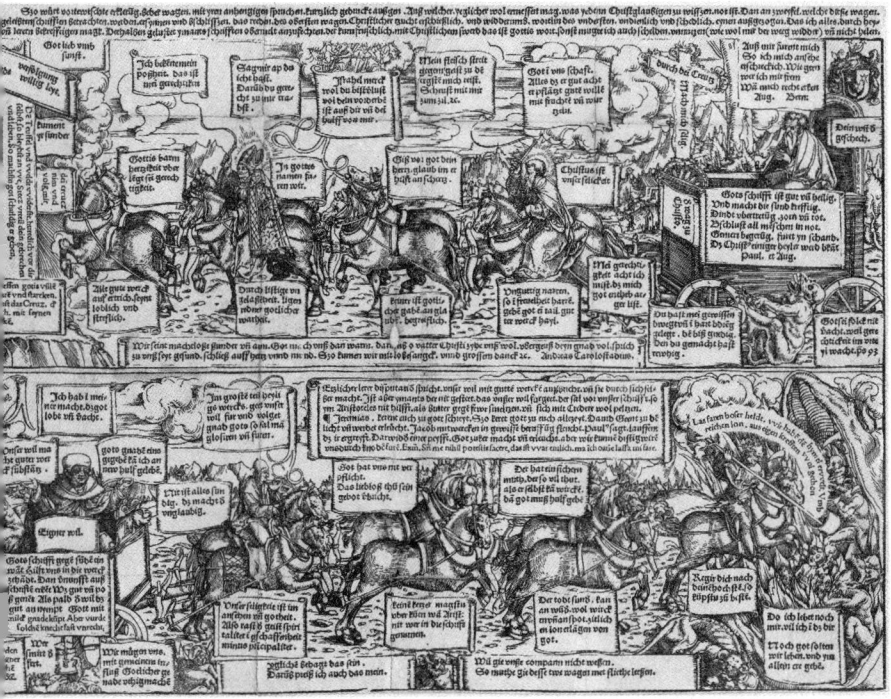

dings eine weitere, nur den Lateinkundigen zugängliche Wahrheit: Die stolzen Repräsentanten der Papstkirche vergehen sich an Gottes ewigem Wort; dies aber bleibt bestehen, und die Frevler werden gestraft. Für die Gelehrten machte dieses Blatt also durchsichtig, dass es in den aktuellen Kontroversen um nichts Geringeres als die Wahrheit des Evangeliums ging. Mehrschichtige Sinnebenen dieser Art bezeugen, dass die Vorstellung, illustrierte Flugblätter seien primär volkspopuläre Medien, zu kurz greift.

Die interessante Kombination eines Einblattholzschnittes mit einer Dialogflugschrift wurde 1524 publiziert.[374] Im Kontext eines relativ stereotyp verlaufenden Gesprächs zwischen einem Christen und einem weit gereisten, nicht bekehrungswilligen Juden kommt ein der Flugschrift offenbar beigelegtes illustriertes Flugblatt zum Einsatz, auf dem mittels einer antithetischen Didaktik die christliche Heils-

49 Illustriertes Flugblatt, das Feinde Luthers zeigt; von links nach rechts sind dargestellt Thomas Murner, Hieronymus Emser, Papst Leo X., Johannes Eck und der Tübinger Theologe Jacob Lemp. Wahrscheinlich entstand das Blatt vor dem 11.12.1521, dem Todesdatum des Papstes. Die fünf tiergestaltigen Figuren sind auf einer Renaissanceloggia dargestellt, vielleicht eine Anspielung auf die pompöse Bautätigkeit in Rom. Es dürfte das früheste Beispiel einer visuellen Verunglimpfung mehrerer Gegner des Wittenberger Reformators sein.

lehre umfassend dargestellt ist (s. Abb. 50). In der Mitte befindet sich der gekreuzigte Christus, der Eckstein, als Erfüllung alttestamentlicher Ankündigungen. Den Symbolen der vier Evangelisten, die Christi Körper eng umgeben, sind vier alttestamentliche Propheten (David, Jesaja, Mose und Hiob) beigeordnet. Die obere Bildhälfte zeigt die himmlische, die untere die irdische Sphäre. Über Christus schweben die beiden anderen trinitarischen Personen; dem reuigen Schächer ist durch eine Inschrift («Evangelische Prediger als Luther und andere») und die hell strahlende Sonne bzw. den heidnischen Hauptmann (oder einen Repräsentanten des *Status politicus*) das Heil zugeordnet. Die darüber befindliche Himmelspforte ist geöffnet. Dem bösen Schächer entspricht ein Prediger, der als «Ablassprediger als [= wie] Eck, Emser und Cocleus», Luthers «altgläubige» Gegner, identifiziert und mit Unheil verbunden wird. Der Gerichtsengel mit einem Schwert bewegt sich vor der verschlossenen Himmelstür. In der unteren Bildhälfte stehen Repräsentanten der alten Kirche über der Hure Babylon; ihr gegenüber ist die wahre Gemeinde versammelt. Auch Kain und Abel und die verschlossene gegenüber der offenen, mit dem Höllenschlund korrespondierenden Tür symbolisieren den doppelten Gerichtsausgang. Es ist gut vorstellbar, dass anhand eines solchen didaktisch eingängigen Blattes für die «wahre Lehre» geworben und vor der falschen gewarnt wurde.

Neben polemischen konnten in ein und demselben illustrierten Flugblatt auch lehrhafte Akzente gesetzt bzw. mit jenen kombiniert werden. Ein Beispiel, das die im Zuge der Auseinandersetzungen zwischen dem altgläubigen und dem reformatorischen Lager hervortretenden Gegensätze zum Thema machte, trägt den Titel *Inhalt zweierley predig / yede in gemein in einer kurtzen summ begriffen* (s. Seite 208). Der Text soll von dem Nürnberger Handwerker Hans Sachs,[375] das Bild von Georg Pencz stammen.[376] Das Blatt ist streng symmetrisch und vertikal-antithetisch komponiert. Zwei mal zwei jeweils zweizeilig mit Bibelzitaten verbundene Textblöcke führen in das Thema der guten, uneigennützigen und der schlechten, selbstbezogenen Hirten ein. Die beiden Bildhälften werden durch eine Säule getrennt; die hinter der Säule stehende Figur eines Hutträgers deutet durch ihre Handhaltungen zwei unterschiedliche Optionen an. Am unteren Rand des Blattes erschließt ein Zweizeiler den Sinn dieser Figur in Form einer direkten Anrede an den Leser: «Hierinn urteil du frumer Christ / Welche leer die warhaffte ist.»

Die Bildhälften und die durch Überschriften abgesetzten, jeweils drei Spalten umfassenden Textblöcke sind parallel aufgebaut: An den Rändern sind Kanzelfässer und Prediger platziert – der eine, schlankere ist in eine Schaube, den Gelehrtenrock, gekleidet und steht auf einer schlichten Kanzel; auf dem Kanzelrand vor ihm liegt ein Buch, vermutlich die Bibel. Auf der gegenüberliegenden Seite steht ein feister Priester; sein Barett ist auf dem Rand des Kanzelfasses abgelegt, die Kanzel ist aufwändig verziert. Die jeweiligen Hörergemeinden

50   Einblattholzschnitt Monogrammist H, Beigabe zu *Ein gesprech auff das kurtzt zwuschen eynem Christen unn Juden auch eynem Wyrthe sampt seynem Haußknecht* …, Erfurt, Michael Buchfürer 1524. Die Bildmitte zeigt Christus, den «Eckstein»; in ihm erfüllen sich die Verheißungen der alttestamentlichen Propheten Daniel, Jesaja, Hiob und Mose, die an den Ecken des äußeren Quaders dargestellt sind; den inneren Quader zieren die Evangelistensymbole. Antithetisch stehen einander die wahre, evangelische und die falsche, papistische Kirche gegenüber. Die Ziffern beziehen sich auf entsprechende Auslegungen in der Flugschrift.

weisen ebenfalls markante Unterschiede auf: Die in der linken Bildhälfte sitzenden Frauen und Mädchen und einige der Männer haben Bücher dabei, die auf der rechten Seite halten Rosenkränze. Die Personen zur Linken repräsentieren eine ständisch gemischte Hörerschaft aus Patriziern, Handwerkern, vielleicht auch Bauern; sie blicken ihren Prediger an. Die Menschen zur Rechten scheinen vor allem dem Patriziat anzugehören und starren vor sich hin, bleiben also gegenüber der Predigt teilnahmslos. Die Textblöcke summieren die Lehren des «Evangelischen» und des «Bepstlichen» Predigers in jeweils 59 bzw. 58 Versen. Der Trost durch das Wort Gottes, das Evangelium, bewirkt eine Neugeburt des Glaubenden, der den Heiligen Geist empfängt. Der Glaube fließt in Werke der Barmherzigkeit. Die entgegengesetzte Lehre entspricht einem Gebot des Papstes; sie führt in heillose religiöse Betriebsamkeit. In ihrem Anspruch auf Irrtumsfreiheit setzt sich die römische Kirche an die Stelle Gottes.

Das Blatt repräsentiert zu kulturellen Mustern verdichtete konfessionelle Differenzen und zielt auf eine Parteinahme zugunsten der evangelischen Seite ab. Didaktisch-polemisches Material dieser Art diente der Identitätsstiftung oder -festigung evangelischer Gemeindebildung nach der frühen Durchsetzungsphase reformatorischer Veränderungen.[377] Es zeigt, dass die Gattung der illustrierten Flugblätter auch über die unmittelbare Kampfphase der frühen Reformation hinaus für die Prägung einer buchorientierten konfessionellen Identität der «Evangelischen» nutzbar war. Die vielfältige Einsetzbarkeit des Mediums illustriertes Flugblatt entsprach der komplexen Dynamik der reformatorischen und frühkonfessionellen Entwicklung.

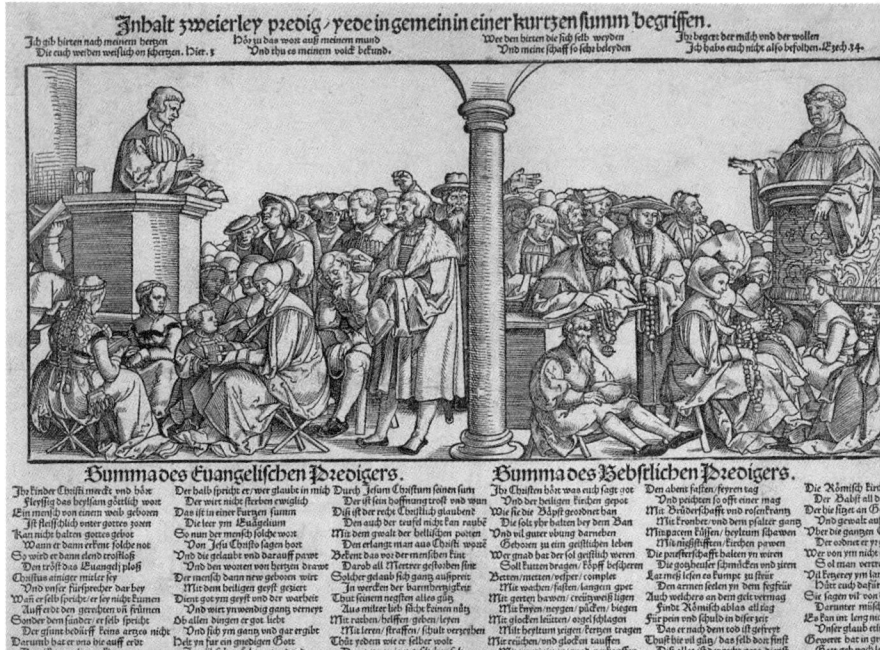

51 *Inhalt zweierlei predig*, Einblattholzschnitt von Georg Pencz, Impressum: Wolfgang Formschneider, Nürnberg um 1529/31; Verse von Hans Sachs. Ein imaginärer, durch eine mittlere Säule geteilter Kirchenraum stellt die evangelische und die katholische Kirche gegenüber. Der dickliche Prediger auf einer reich verzierten Kanzel scheint vornehmlich zu wohlhabenderen Hörern zu sprechen, die allerdings unaufmerksam sind und mit Rosenkränzen hantieren. Der schlanke, in der Gelehrtenschaube auftretende evangelische Kanzelredner bezieht sich auf die Schrift und predigt zu einer sozial diversen, interessierten, mit Büchern versehenen Klientel. Die den Bildhälften exakt zugeordneten Verse legen die Lehren der beiden Kirchen bzw. Prediger dar; für einen vernünftigen Menschen kann es demnach eigentlich nur einen Anschluss an die evangelische Partei geben.

Gedruckt bis in den Tod:
Luthers multimediales Sterben

Dass der Tod exponierter Persönlichkeiten zum Anlass auch publizistisch ausgetragener kontroverser Deutungen wurde, war in der Reformationszeit eher selten der Fall. Luthers Vermutung, dass der Teufel den in Basel an der Pest verstorbenen Karlstadt geholt[378] und dass Müntzer, Zwingli und Oekolampad von Gott durch einen frühen Tod gestraft worden seien,[379] kommunizierte er in Briefen und in seinen «Tischreden», nicht in Druckschriften. Gleichwohl stand die Erwartung elender Tode der Irrlehrer und Verfolger der wahren Kirche in einer langen literarischen Tradition.[380] Luthers eigener Tod allerdings war ein Ereignis von multimedialer Resonanz.[381] Durch einen feierlichen Leichenzug mit Aufbahrung in mehreren Orten und Glockengeläut, in Sterbeberichten, Porträts des Verstorbenen, Predigten, Reden, Gedichten, Epitaphien und einer monumentalen Grablege[382] wurde die Nachricht von Luthers Tod verbreitet, seine Memoria eingeübt und dauerhaft kultiviert. Aus dieser Fülle soll hier nur einigen typographischen Quellen Aufmerksamkeit geschenkt werden.

Mit Luthers exzeptioneller historischer Bedeutung war gegeben, dass sein Tod zu einem berichtenswerten, Interesse und Aufmerksamkeit erheischenden, außerordentlichen «Ereignis»[383] werden konnte, ja musste. Luthers Bedeutung spiegelte sich in nichts deutlicher als in seiner publizistischen Dauerpräsenz – sei es als Autor und Herausgeber, sei es als Zielpunkt gegen ihn gerichteter Druckwerke, sei es als druckgraphisch reproduzierte Ikone der Cranach'schen Werkstatt. Seiner exzeptionellen publizistischen Präsenz entsprach es auch, dass bereits rund ein Jahr vor seinem Tod eine volkssprachige Druckschrift in Rom erschienen war, die von schrecklichen Ereignissen im Zusammenhang mit dem Tod des sächsischen Erzketzers berichtete. Philipp von Hessen wurde sie aus Augsburg zugeschickt; dieser sandte sie zusammen mit einer deutschen Übersetzung nach Wittenberg. Luther entschloss sich kurzerhand, das Textchen unter dem Titel *Eine*

Wellische Lügenschrifft von Doctoris Martini Luthers Tod zu Rom ausgangen[384] auf Italienisch und Deutsch herauszugeben und mit einem Nachwort zu versehen.

In formaler Hinsicht handelte es sich um einen fiktiven Brief, in dem ein Gesandter des französischen Königs über den schrecklichen Tod des an Leib und Seele verdammten Ketzers und einige in diesem Zusammenhang eingetretene mirakulöse Ereignisse berichtet.[385] Kurz vor seinem Tod habe Luther das Abendmahl begehrt und empfangen, bald darauf sei er gestorben. Vor seinem Tod aber habe er veranlasst, dass sein Leichnam auf einen Altar gesetzt und als Gott angebetet werden solle (*come Dio ... adorato*). Als Luther dann ins Grab gelegt wurde, so der schaurige Bericht, entstand ein gewaltiges Rumoren, «als fiele Teufel und Helle in einander»; die von Entsetzen erfassten Anwesenden wandten ihre Blicke gen Himmel und sahen die unwürdig von Luther empfangene Hostie in der Luft schweben. Als sie «zu den heiligthumen ... gethan», also in ein Sakramentshäuschen gelegt worden war, endeten die lauten Geräusche. In der Nacht aber gab es erneut großen Lärm an Luthers Grab, und am nächsten Morgen war der Leib samt Kleidern verschwunden. Schwefliger Gestank erfüllte den Raum, der alle, «die da umbher stunden, krank machte».[386] Diese Begebenheiten hätten viele dazu veranlasst, sich von der Ketzerei loszusagen und zur wahren Kirche zurückzukehren.

Verglichen mit einer unüberbietbar scharfen Folge an Publikationen gegen das Papsttum, die Luther seit 1542 erscheinen ließ,[387] fiel sein Nachwort zu der «welschen Lügenschrift» geradezu ironisch aus: Zunächst bekannte und beurkundete er, dass er das «zornig getichte» am 21. März 1545 sehr «gerne und frölich gelesen» habe. Die «Gotteslesterung», die die Lüge mit der himmlischen Majestät in Verbindung bringe, wies er allerdings zurück. «Sonst thut mirs sanfft auff der rechten kniescheiben und an der lincken Fersen, das mir der Teufel und seine schupen [sc. sein Anhang], Bapst und Bapisten, so hertzlich feind sind, Gott bekere sie vom Teufel.»[388] Ein solch elendes Büchlein dokumentierte für Luther, wie schlimm es in Wahrheit um die Papstkirche stand.

Dass es im Falle von Luthers tatsächlichem Tod darum gehen musste, sein Sterben als ein «seliges» darzustellen, das keinerlei Anhalt für Mutmaßungen über eine Verwerfung bot, verstand sich auch vor dem Hintergrund der römischen Invektive des Vorjahres von selbst. Schon Mitte März 1546, nur wenige Wochen nach Luthers Tod, erschien in Wittenberg ein Bericht des Hallenser Superintendenten Justus Jonas und anderer Reisebegleiter, dem eine sehr weite Verbreitung beschieden war, auch in Sammelausgaben, die bis in die 1550er-Jahre hinein nachgedruckt wurden.[389] Er schilderte Luthers letzte Reise vom Tag des Aufbruchs in Wittenberg (23. Januar 1546) bis hin zur Ankunft des Leichenzuges in der kursächsischen Universitätsstadt (22. Februar 1546) einschließlich der Predigt Johannes Bugenhagens, der lateinischen Leichenrede Melanchthons und der Beisetzung der sterblichen Reste in der Schlosskirche «nicht fern vom Predigstuhl (da er am leben manniche gewaltige Christliche Predigten ... gethan)».[390] Auch der Hinweis auf die Veröffentlichung der Predigt und der Rede fehlte nicht. Die Absicht, dass hier Luthers «christlicher Abschied» in allen seinen Stadien gleichsam lückenlos dokumentiert werden sollte, ist unübersehbar. Am Schluss des Druckes beglaubigten die drei Verfasser und Augenzeugen Justus Jonas, Michael Coelius und Johannes Aurifaber, dass sie «bey des löblichen Vaters seligem ende gewesen sind / von anfang bis auff seinen letzten odem»[391] und auch für all das ansonsten Berichtete zeugen könnten. Das, was von Luthers «christlichem Abschied» publik gemacht wurde, beruhte also auf der Zeugenschaft angesehener Theologen, aber auch einiger adliger Personen, die in unterschiedlichen Phasen an Luthers letzter Reise beteiligt gewesen waren. Der Moment von Luthers Sterben bildete das eigentliche Zentrum der Darstellung:

> Inn dem er [sc. Luther] aber so still ward / rieff ihm D. Jonas / und M. Celius starck ein / Reverende Pater / Wollet ihr auff Christum / und die Lehre / wie ihr die gepredigt / bestendig sterben / Sprach er / das man es deudlich hören kond / Ja. [...] Inn dem kam Graff Hans Heinrich von Schwartzenburg [...] Nach dem erbleicht der Doctor sehr unter dem angesicht / wurden ihm füsse und nase kalt /

52   *Des Ehrwirdigen Doctoris Martini Lutheri Christlicher abschiedt auß dieser Welt*, Nürnberg, Hans Guldemundt 1546. Illustriertes Flugblatt mit Holzschnitt nach dem Todesporträt Cranachs. Die Verse erläutern das Bild und schildern das selige, friedvolle Sterben Luthers.

Thet ein tieff / doch senfft / odem holen / mit welchem er seinen Geist auffgab / mit stille und grosser gedult / das er nicht mehr ein finger noch bein reget / Und kont niemands mercken (das zeugen wir fur Gott auff unser gewissen) einige unruge / quelung des leibes / oder schmertzen des todes / Sondern entschlieff friedlich und sanfft im Herrn.[392]

Auch ein illustriertes Flugblatt, dessen Holzschnitt ein Totenbildnis Cranachs d. Ä. zugrunde lag,[393] wurde umgehend von Nürnberg aus in Umlauf gebracht. Das Porträt des friedlich Verstorbenen authentifizierte ikonisch, dass Luther christlich und friedlich aus diesem Leben geschieden war. Die Schlussverse des beigedruckten Gedichts fassten die Intention wohl der gesamten angestrengten publizistischen Kampagne zu Luthers Ende zusammen:

Darumb alhie gestopffet ist
Den Lestern ir maul alle frist
Welche liegen in hals hynein
Er sey in grosser angst und pein
Verschieden
die laß ymmer hin
Liegen sie habens kein gewin.

Luthers publizistisch inszeniertes Sterben entsprach seinem ganz vom Kampf mit dem gedruckten Wort bestimmten Leben. Ohne den Buchdruck wäre Luther, der Printing Native schlechthin, im Leben, im Sterben und auch in seinem vielfältigen Nachleben bedeutungslos, undenkbar, nicht er selbst, nicht «Luther» gewesen. Luther war eine durch und durch typographische Existenz.

4

Eine veränderte Welt

Der Einsatz gedruckter Medien in der frühen Reformation, der funktional diversifiziert wurde und im Vergleich mit dem späten Mittelalter im Ganzen eine Intensitätssteigerung erfuhr, ist im Zusammenhang komplexer historischer Wandlungsprozesse zu analysieren. Sie setzten bereits im späteren 15. Jahrhundert ein und perpetuierten sich unter den Bedingungen des konfessionellen Zeitalters. Die Erfindung und Nutzung des Buchdrucks bewirkte langfristige Veränderungen in Wissenschaft und Bildung, in Religion, Gesellschaft und kulturellen Praktiken. Denn nach und nach kamen immer mehr Menschen mit den direkten und indirekten Wirkungen gedruckter Medien in Berührung; kirchliche und staatliche Obrigkeiten machten von ihnen einen stetig offensiveren Gebrauch und versuchten gleichzeitig sie zu kontrollieren; immer mehr Texte unterschiedlichster Art und vielfältigsten Gehalts wurden publiziert, kursierten und blieben in den nun verstärkt entstehenden riesigen Wissens- und Datenspeichern, den Bibliotheken, verfügbar.

Die politische Struktur im Heiligen Römischen Reich begünstigte ein besonders produktives und diverses Buchwesen, das in die internationalen Marktstrukturen eingebunden war. Anders als andere Kontinente und Kulturräume, insbesondere Asien, Afrika und die durch die orthodoxen und orientalischen Christentumsvarianten oder den Islam bestimmten Regionen, wurde Lateineuropa während der Reformation und Frühen Neuzeit nachhaltig durch den Buchdruck bestimmt. Die kulturelle Signatur des frühneuzeitlichen Europa, das sich des Globus bemächtigte,[1] hatte eine typographische Grundierung.

Der Buchdruck und die Möglichkeiten, die er bot, forcierten die Alphabetisierung, erweiterten die Nutzungshorizonte der Schriftlichkeit, erhöhten die Möglichkeiten der Partizipation weiterer Gesellschaftskreise, förderten das Wissen der Welt über sich selbst.[2] Sie begünstigten gleichzeitig die Verbreitung von Fake News,[3] dynamisierten apokalyptisch-alarmistische Krisenszenarien und Revolten, initiierten textbasierte Streitkulturen und dadurch mittelbar philologische Präzision. Die Reformation begünstigte überdies die Artikulationsfähigkeit nationaler Sprachkulturen, die sich mittels gedruckter Texte ausbreiten und etablieren konnten und so eine neuartige Bedeutung erlangten. Einige Sprachen wie etwa das Finnische, das Slowenische oder das Gälische wurden erstmals im Zusammenhang reformatorischer Prozesse schriftlich fixiert und durch den Buchdruck verbreitet. Übersetzungsprozesse aus dem Lateinischen, ins Lateinische oder aus einer Volkssprache in eine andere wurden gang und gäbe. Der Buchdruck beförderte inter- und transnationale Sensibilitäten und Wahrnehmungen – und er unterstützte nationale Identitätsbildungen. Volkssprachliche Liturgien, Gemeindelieder und Bibelübersetzungen trugen dazu bei, dass sich europäische Nationalkulturen zu entfalten begannen; Druckwerke aller Art spielten dabei eine wichtige Rolle.

Alle drei Konfessionen (Luthertum, römischer Katholizismus, Reformiertentum), die Denominationen des lateinischen Christentums (Täufer, Schwenckfelder, Spiritualisten und andere), aber auch das europäische Judentum hatten in je spezifischer Weise an den mittel- und unmittelbar mit dem Buchdruck zusammenhängenden gesellschaftlichen und kulturellen Prozessen Anteil. Auch wenn vonseiten der römischen Kirche zunächst primär reaktiv und restriktiv auf die mit dem reformatorischen Buchdruck gegebenen Herausforderungen reagiert wurde,[4] spielten religiöse Texte in der Volkssprache, katechetische Literatur und nationalsprachliche Bibeln[5] schließlich auch in der sich zur Weltkirche entfaltenden katholischen Konfession eine stetig wachsende Rolle. Versteht man den Prozess der «Konfessionalisierung» als einen Einstellungen, Mentalitäten und kulturelle Verhaltensmuster maßgeblich beeinflussenden Vorgang,[6] so wird man die herausragende Bedeutung des Buchdrucks nicht unterschätzen dürfen. Wohl kaum ein einzelnes Phänomen und keine Erfindung prägte die gesellschaftliche und kulturelle Entwicklung Lateineuropas, seinen Zugriff auf die und seinen Umgang mit der Welt so tiefgreifend und dauerhaft wie die Erste Medienrevolution. Dies soll im Folgenden an einigen Aspekten illustriert werden.

Selbststudium und Lehrbetrieb

In Bezug auf Bildung und Wissen, Schule und Universität, Tradierung und Bewahrung von Wissensbeständen führte der Buchdruck zu grundlegenden Veränderungen. Dies betraf die Verfügbarkeit vielfältigen, auch randständigen oder devianten Wissens, die Erfassung in Wörterbüchern, die sich aus dissonanten Überlieferungen ergebenden philologischen Strategien, aber auch den Umgang mit Diversität im Sinne von Toleranz.

Durch den Buchdruck standen Lernenden in einem bisher unbekannten Ausmaß Hilfsmittel zum Eigenstudium zur Verfügung. Das späte 15. und das 16. Jahrhundert waren eine Hochzeit des Autodidaktentums. Das gedruckte Buch ermöglichte eine Autonomisierung der Bildungsprozesse. Dies galt etwa für den Erwerb von Kenntnissen des Griechischen und des Hebräischen, der nicht selten mithilfe von Lehrbüchern erfolgte, zumal in jener Phase, in der entsprechende Lehrpersonen noch nicht zur Verfügung standen. Dass Reuchlins *Rudimenta* der Aneignung durch Selbststudium dienen sollten, ist evident. Die Etablierung von Griechisch- und Hebräischprofessuren im Zuge einer humanistischen Universitätsreform seit den 1510er-Jahren[7] erfolgte, als einschlägige Lehrbücher bereits existierten.

Am Beispiel eines Autodidakten wie Zwingli, der nach dem Erlangen des Magistergrades und einem halbjährigen Theologiestudium im Alter von zweiundzwanzig zum Priester geweiht wurde und in ein Pfarramt in Glarus eintrat, doch sich durch intensiven Bucherwerb und unablässiges Studium weiterbildete, lässt sich in Umrissen nachzeichnen, wie etwa das Erlernen des Griechischen vonstatten gehen konnte. So wandte sich der junge Glarner Pfarrer im Februar 1513 mit der Frage an den humanistisch gebildeten Arzt Joachim Vadian, was er denn nach der *Isagoge* des Manuel Chrysolaras, eines nach Italien emigrierten Byzantiners, der die erste lateinische Elementargrammatik des Griechischen verfasst hatte,[8] zur Hand nehmen solle. Er habe sich, so ließ Zwingli Vadian wissen, wegen der Heiligen Schriften das Studium des Griechischen so fest vorgenommen, dass ihn nichts außer Gott davon abbringen könne.[9] Aus einer Handschrift des griechischen Textes der Paulusbriefe, die Zwingli anfertigte – sie hat sich in der Zentralbibliothek Zürich erhalten[10] –, lässt sich sodann schließen, dass er einer Studienempfehlung des Erasmus gefolgt war. Denn in seinem *Enchiridion militis christianis* (*Handbüchlein des christlichen Streiters*) hatte dieser empfohlen, sich vor allem mit Paulus vertraut zu machen, diesen immer in der Tasche zu haben und am besten auswendig zu lernen.[11] Durch Abschreiben und Auswendiglernen also prägte sich Zwingli die Gehalte der paulinischen Briefe ein und übte zugleich das Griechische. Später soll er es mit allen Schriften des Neuen Testaments so gehalten haben.[12]

Auch die *Margarita philosophica*, eine von dem Kartäuser und Freiburger Philosophieprofessor Gregor Reisch[13] kompilierte Enzyklopädie, sollte ein allgemeines Lehrmittel für jedermann sein. Sie vereinigte den Wissensstoff der «sieben freien Künste», bestehend aus *Trivium* (Grammatik, Rhetorik, Dialektik) und *Quadrivium* (Arithmetik, Geometrie, Musik, Astronomie), dazu der Naturphilosophie, Physiologie und Psychologie, mit dem Anspruch, dass sie in Stil und Form den Ungeschulten nicht ausschließe (*stili simplicitate intellectum rudem non excludet*).[14] Der Dichter Adam Wernher von Themar, der eine Eloge auf das Werk beisteuerte, betonte, dass der Knabe wie der Greis es lesen mögen «und auch jeder, der gern geheimes Wissen gewinnen will, wie es die Philosophie lehrt».[15] Ein beigefügter Index, der die wichtigsten Inhalte aufführte, sollte Reisch zufolge «jedem Lernwilligen» (*studioso cuique*)[16] den Zugang erleichtern. Das durch den Erwerb des Buches ermöglichte Selbststudium galt also als Regelfall.

Auch in Bezug auf Luthers ehemaligen Ordensbruder Michael Stifel, der vor allem wegen seiner Berechnung des Weltendes auf den 19. Oktober 1533, 8 Uhr morgens noch heute bekannt ist,[17] kann vorausgesetzt werden, dass er im Wesentlichen Autodidakt war.[18] Stifel selbst erinnerte sich im Rückblick daran, mithilfe eines Lehrbuchs des Christoph Rudolff über die «wunderbarliche und gantz Philosophische kunst des rechnens / genennet die Coss [d. i. die algebraische Auflösung von Gleichungen mit Variablen]», die auf Deutsch gedruckt worden sei, «gantz getrewlich / und so klar und deutlich / […] die selbige kunst / on allen mündtlichen underricht / verstanden […] (mit Gottes hülff) und gelernet»[19] zu haben. Durch dieses Bekenntnis erwies sich Stifel als idealer Nutzer des Rechenbuches, denn auf dessen Titelblatt war verheißen worden, dass man die Rechenkunst «allein auß vleissigem lesen on allen mündtlichen unterricht»[20] erlernen könne. Stifel, der als «bedeutendster Mathematiker des 16. Jahrhunderts im deutschsprachigen Raum»[21] gilt, war demnach in maßgeblichen Aspekten seiner Wissenschaft ein aus gedruckten Büchern lernender Autodidakt.

Dem Nürnberger Buchdrucker Johannes Petreius widmete er sein *Rechenbuch von der Welschen und Deutschen Practick*[22] mit der Ankündigung, das Werk werde viele erreichen, da «ein yeder einfältiger und schlechter rechner von ihm selbst lernen und verstehen möge».[23] Auch in seinem großen lateinischen Lehrwerk, der *Mathematica Integra* von 1544,[24] stellte Stifel heraus, er habe den Stoff so dargestellt, «dass Studierende diese Darstellung auch ohne Lehrer aufnehmen können».[25] Dies hinderte Melanchthon, der Stifels Werk ein Grußwort voranstellte, nicht daran, eine wichtige Leistung des führenden evangelischen Mathematikers darin zu sehen, die Mathematik als zentralen Teil der Philosophie «in die Schulen zurückzuholen».[26] Doch selbst dann, wenn der Stoff der *Mathematica Integra* im Hörsaal vermittelt wurde – letztlich sollte man sich ihn durch das Buch auch im Selbststudium aneignen können.

Melanchthon blickte auf sein eigenes Autodidaktentum skeptisch und mit ambivalenten Gefühlen zurück. In Fragen der schönen Literatur habe er in Tübingen keine Lehrer gehabt; noch ein Knäblein sei er gewesen, als Reuchlin ihn auf die Professur in Wittenberg geschickt habe. «Und wie klein auch immer die Befähigung ist, der wir gefolgt sind: ohne Führer fügte sie sich für den, der sich selbst unterrichtet.»[27] In seiner Wittenberger Antrittsvorlesung stellte der einundzwanzig Jahre junge Griechischprofessor dann heraus, dass er seine Studenten nach Kräften unterstützen werde, denn der autodidaktische Spracherwerb sei nicht der Weisheit letzter Schluss:

> Ich meinerseits werde all meinen Eifer und all meine Mühe daransetzen, daß ihr in der Erwartung, daß sich die zusätzliche Arbeit [sc. zum Erlernen des Griechischen] lohnt, nicht enttäuscht werdet. Denn gleich von der ersten Stunde an werde ich die Schwierigkeit der Grammatik durch die Lektüre der besten Schriftsteller mildern, damit das, was dort als Regel festgelegt ist, sich hier im Originaltext an Beispielen wiederfindet und bestätigt.[28]

Der pädagogische Eros des später als «Lehrer Deutschlands» apostrophierten Melanchthon wurzelte auch in den unbefriedigenden Erfahrungen eines einsamen Autodidakten.

In Bezug auf den Lehrbetrieb an der Universität Wittenberg, so scheint es, lässt sich eine weitere Entwicklung beobachten, die unmittelbar mit dem Buchdruck zusammenhing. Zunächst war es wie andernorts üblich, dass, anders als in der vor-typographischen Ära, diejenigen Texte, die die Grundlage einer Vorlesung bildeten – etwa ein biblischer, ein philosophischer oder patristischer Text –, nicht mehr diktiert, sondern mit breitem Rand und großen Zeilenabständen als Vorlesungsdruck für studentische Mitschreiber hergestellt wurden. Bald aber begannen die Wittenberger Professoren Karlstadt, Luther und Melanchthon damit, ihre vollständig ausgearbeiteten Vorlesungen

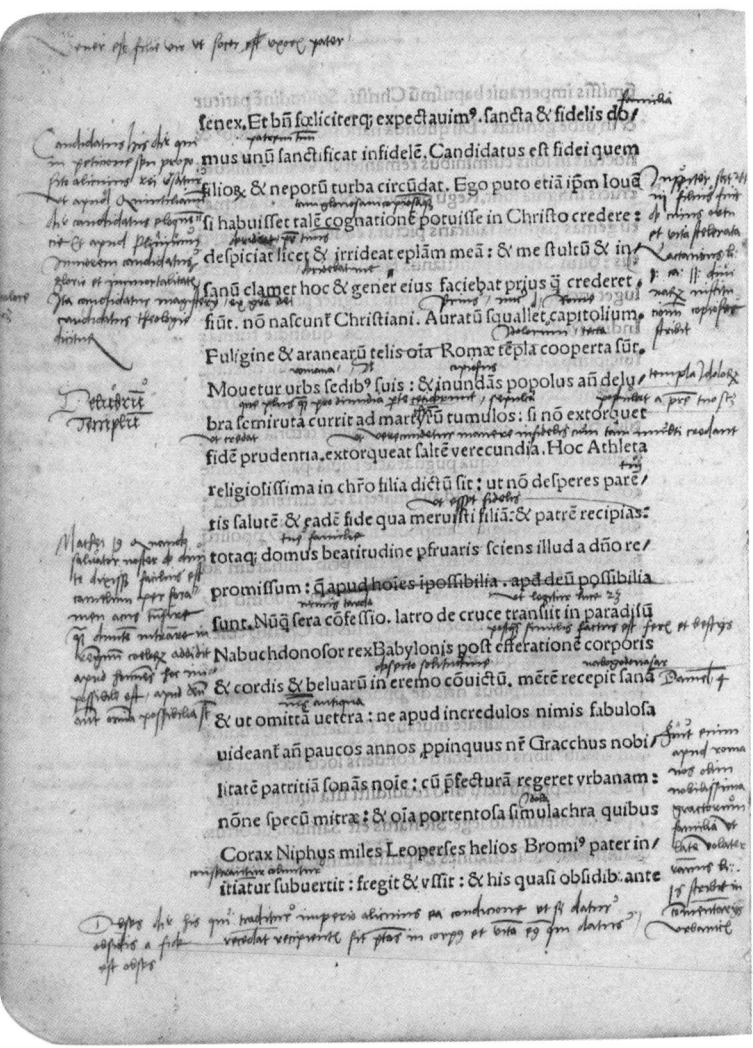

53 *Quae hoc libello habentur divi Hieronymi Epistola ad magnum urbis Oratorem elegantiss. Eiusdem ad Athletam de filiae educatione. F. Philelphi epistola de Hieronymo & Augustino,* Wittenberg, Rhau-Grunenberg 1515. Für eine 1515 in Wittenberg gehaltene Vorlesung über Briefe des Kirchenvaters Hieronymus wurde ein Vorlesungsdruck mit weitem Durchschuss und breitem Rand hergestellt, in den die Hörer kommentierende Bemerkungen des Dozenten eintragen konnten.

in Lieferungen drucken zu lassen und diese dann im Hörsaal mit ihren Studenten durchzugehen.[29] Unter den Bedingungen des typographischen Äons veränderte die «Vorlesung» also ihre Funktion von Grund auf: Es ging nicht mehr primär darum, einen Text zeitraubend zu diktieren und die entsprechenden Erläuterungen eines Professors manuell zu reproduzieren, sondern sich, nach entsprechender Vorbereitung, mit einer komplexen, individuellen Auslegung auseinanderzusetzen. Insofern trug der Buchdruck mittelbar zu einer Intensivierung der persönlichen Aneignung gelehrter Inhalte und des diskursiven Umgangs mit ihnen bei. Deshalb dürfte der durch den Buchdruck gestützte Wittenberger Studienbetrieb Prozesse individueller intellektueller Eigenständigkeit befördert haben. Die medien- und die theologiegeschichtliche Entwicklung verstärkten sich gegenseitig.

Speicherplatz:
Bibliotheken, Kompendien, Enzyklopädien

Eine weitere kultur- und wissensgeschichtliche Konsequenz des Buchdrucks mit unabsehbaren Folgen ist darin zu sehen, dass vermehrt private und öffentliche oder für verschiedene Teilöffentlichkeiten zugängliche Bibliotheken entstanden: Universitäts-, Schul- und kommunale Bibliotheken, Adelsbibliotheken und Bibliotheken der Bischöfe, Superintendenten oder der Geistlichen Ministerien in den Städten.[30] Systematische Sammlungen von Büchern gab es zwar seit der Antike, vor allem in den Klöstern. Doch die Verbilligung der Buchpreise infolge der mechanischen Reproduktion qua Buchdruck führte dazu, dass es im Ganzen immer mehr, aber auch immer mehr Bücher an einem Ort gab. Vielfach waren dies nicht nur Bücher eines bestimmten Themengebietes oder einer einzigen geistigen oder konfessionellen Richtung, im Gegenteil: Man nahm auch die Literatur von Andersdenkenden und Ketzern auf. Selbst wenn die Lektüre ihrer Werke bisweilen verboten oder streng reglementiert werden konnte, bestand doch ein gewisser Konsens der Printing Natives darin, dass man sie kennen oder lesen können musste, um gegen sie gewappnet zu sein oder ihnen gar entgegentreten zu können. Insofern bildeten Bibliotheken Ressourcen devianten, alternativen, unkonventionellen Denkens und der Auseinandersetzung mit diesem. Sie waren Instrumentarien einer nicht-intendierten Pluralisierung, Speicherplätze des Gewesenen, des Möglichen, des Unabgegoltenen oder Verdrängten, Aggregate des Potentiellen.

Dadurch, dass etwa eine lateinische Übersetzung des Korans mit Unterstützung Luthers und Melanchthons durch einen Basler Druck (1542/43) verbreitet wurde[31] oder das atomistische Werk *De natura rerum* (*Über die Natur der Dinge*) des Dichters Lukrez[32] durch die typographische Reproduktion präsent blieb, fanden geistig-kulturelle und religiöse Traditionen, die in einer starken Spannung zu den religiösphilosophischen Grundlagen Lateineuropas standen, einen bibliothekarischen, gegebenenfalls auch mentalen Ort. Dies galt natürlich auch für die theologische Schulliteratur des jeweiligen religiösen oder konfessionellen Gegners. War das Fremde erst bibliothekarisch eingelagert, konnte es allerlei unerwartete, eigenständige Wirkungen entfalten und Interessen auslösen. Auch die jeweiligen Kontrahenten der innerreformatorischen Lager lasen die Texte des anderen kaum weniger gründlich und bewegt als die des gemeinsamen römischen Gegners und sorgten dafür, dass ihre Schriften greifbar blieben. Die interkonfessionelle Kontroverstheologie arbeitete sich an dem Scharfsinn des Gegenübers ab und übte den eigenen gelehrten Nachwuchs in den Umgang mit diesen Diskursen ein. Die durch den Buchdruck hergestellte Kopräsenz konkurrierender Wahrheitsansprüche und einander widersprechender Sinnentwürfe dichterischer, philosophischer oder religiös-theologischer Art bildete ein Ferment der intellektuellen Unruhe, das für die Dynamiken der lateineuropäischen Frühneuzeit charakteristisch werden und bleiben sollte.

Gewiss griffe es zu kurz, sähe man in den Toleranzvorstellungen, wie sie etwa Sebastian Castellio in gedruckten Schriften ausbreitete, eine gleichsam notwendige Frucht der von der Typographie getriebenen lateineuropäischen Entwicklung. Allerdings basierten die Überlegungen des französischen Humanisten auf der Grundhaltung, dass die durch Calvin betriebene Hinrichtung des spanischen Humanisten und Trinitätsleugners Michael Servet 1553[33] und der Versuch, auch seine Ideen durch die Verbrennung seiner Bücher aus der Welt zu schaffen, einen nicht akzeptablen Übergriff der weltlichen Behörden eines christlichen Gemeinwesens darstellte. Das Gleichnis vom Unkraut unter dem Weizen (Mt 13,24–30), so Castellio, widerspricht der Tötung eines Ketzers oder religiös Verirrten. Jemanden durch die Ausrottung seiner Gedanken qua Vernichtung seiner Schriften über seinen Tod hinaus zu verfolgen, sei religiös und theologisch nicht tolerierbar.[34]

Castellios bekanntestes Werk, der unter Pseudonym erschienene Traktat *De haereticis an sint persequendi* (*Von den Ketzern, ob sie verfolgt werden sollen*),[35] setzte die Kenntnis und Nutzung anderer, vor allem im Druck erschienener zeitgenössischer Bücher voraus. Es bestand in wesentlichen Teilen aus einer Anthologie, in der Texte zusammengestellt waren, die die Verfolgung und Tötung von «Ketzern» durch weltliche Obrigkeiten zurückwiesen und bekämpften. Eine besonders prominente Rolle spielte eine längere Passage aus Luthers Schrift *Von weltlicher Obrigkeit* (1523).[36] Darin hatte dieser, noch ganz von den Bedrohungserfahrungen der reformatorischen Bewegung durch altgläubige Obrigkeiten geprägt, dargelegt, dass sich der weltliche Arm nicht auf das Gebiet der Religion erstrecken, seine Untertanen nicht zum Glauben zwingen und keineswegs wegen Glaubensfragen bestrafen dürfe. Neben Luther wurde auch mit Johannes Brenz, der sich in seiner Frühzeit gleichfalls gegen die Verfolgung durch weltliche Obrigkeiten ausgesprochen hatte, ein theologischer Repräsentant des gegenüber devianten Geistern später intoleranten Herzogtums Württemberg breit zitiert.[37] Außerdem führte Castellio eine Reihe altkirchlicher Texte und solche des Erasmus, Sebastian Francks, sein eigenes Vorwort zu einer Bibelausgabe und andere an.

Diese kleine gedruckte Bibliothek toleranzbejahender Texte stellte diese, zum Teil gegen die Entwicklung einiger ihrer Verfasser, einer Öffentlichkeit vor, die durch den spektakulären Genfer Inquisitionsprozess gegen den spanischen Ketzer Michael Servet aufgewühlt war.

Dadurch, dass Castellio auf gedrucktes Material zugreifen konnte, das – wie Luthers *Von weltlicher Obrigkeit* – vergessen oder durch die weitere Entwicklung ihres Verfassers überholt zu sein schien, konnte er es als kritischen Impuls für den Toleranzdiskurs seiner Zeit nutzen. Wie in anderen Zusammenhängen auch,[38] wurde Luther, der sich deutlicher als jeder andere Autor seiner Zeit gegen Glaubenszwänge ausgesprochen hatte, nun als spannungsreicher, komplexer und insofern für das Aushandeln und Tolerieren von Ambivalenzen und Ambiguitäten nutzbarer Autor ins Spiel gebracht. Möglich war dies nur, weil auch seine einmal gedruckten Ideen in der Welt blieben und immer wieder neues Leben entfachten.

Eine weitere gesellschafts- und kulturgeschichtlich folgenreiche Wirkung des Buchdrucks bestand in der Entstehung von quasi-enzyklopädischen Wissensspeichern, die auch in der Volkssprache zugänglich wurden. In der Regel bestanden diese Werke aus Kompilationen anderer Schriften, die sie vielfach aufnahmen und – jenseits irgendeines Urheberrechtsbewusstseins – wiederholten, das heißt plagiierten. Wissensthesaurierungen dieser Art gab es etwa in Form von Pflanzen- und Arzneibüchern, Rechenkompendien, ethnographischem Schrifttum über fremde Religionen und Kulturen,[39] Rechtssammlungen oder Geschichtswerken. Als Beispiel mag Sebastian Münsters zuerst 1544 erschienene *Cosmographia* dienen.[40] Dieses Werk, das sich auch über den deutschsprachigen Raum hinaus zu einem Long- und Bestseller europäischen Formats entwickelte, verschränkte im Anschluss an den griechischen Gelehrten Strabon Historie und Geographie. Es wollte ein «Compendium unn kurtz Begriff von allen Ländern des Erdtrichs dem gemeinen Mann [...] fürschreiben», aber auch den Gelehrten einen Weg «anzeigen, wie man noch [= nach] so viel Teutschen Chronographien / auch gar nutzliche Cosmographien schreiben»[41] könne. Im Unterschied zur Erfahrungsbezogenheit traditioneller Reiseberichte basierte Münsters Werk, wie er selbst herausstellte, vor allem auf der Beschaffung und Auswertung literarischer, häufig gedruckter Materialien. So habe er eine einseitige Darstellung zu vermeiden versucht und Sachverhalte so präsentiert, «wie sie sich

54 Sebastian Münster, *Cosmographey Oder beschreibung Aller Laender herrschafftenn und fuernemesten Stetten des gantzen Erdbodens …*, Basel, Sebastian Henricpetri 1588. Die posthum erschienene Ausgabe inszenierte Münster als Inaugurator eines Werkes, das in überarbeiteter, aktualisierter Form nach ihm weitergedruckt wurde.

verlauffen / unn wie sie von den Historienschreibern sind verzeichnet worden».[42] Achtzehn Jahre lang habe er «weit und breit» in Deutschland und «allenthalben» nach Informationen gesucht und aus ihm zugesandten Berichten und «zugeschickten Büchern»[43] kosmographischen, historischen, annalistischen Charakters und aus Itineraren kompiliert und zusammengetragen. Für einen Printing Native wie Münster war es selbstverständlich, ein Gesamtbild der Welt durch «zusammen lesen»[44] zu gewinnen. Je mehr Bücher es zu einer Sache gebe, desto sicherer könne eine Meinung über sie ausfallen,[45] desto klarer lasse sich zu einem eigenständigen und begründeten Urteil gelangen. Ein enzyklopädisches Werk wie die *Cosmographia* basierte auf der Auswertung und Kompilation vieler Bücher: Die intellektuelle Bemächtigung der Welt erfolgte über die Auswertung gedruckter Quellen. Je mehr es waren, je umfangreicher die Bibliothek, die der gelehrte Verfasser für seine Leser auswertete, desto sachgerechter und gehaltvoller wurde sein eigenes Werk. Der den Printing Natives eigene Hang zur Anhäufung und Vermehrung von Büchern konnte die fortschrittsoptimistisch anmutende Zuversicht mit sich bringen, dass man die Welt in den Griff bekomme und sie durch die Druckerzeugnisse klüger und besser mache.

Ebenso wie die mit reichem Bildmaterial ausgestattete *Cosmographia* Münsters erschien auch das als epochal geltende, mit über fünfhundert Holzschnitten ausgestattete Kräuterbuch des Tübinger Professors Leonhard Fuchs in lateinischen und deutschen Ausgaben.[46] Ähnlich wie Münster erhob Fuchs für sein Wissensgebiet den Anspruch, alle bisher bekannte Literatur zu sichten, auszuwerten und zu überbieten. Dies galt auch für die Menge der behandelten Kräuter; niemals zuvor sei, «on rhum zu reden / dergleichen an tag kommen» wie in seinem Buch. Ähnlich wie Münster wollte Fuchs neben denen, die mithilfe seines Buches «in der loblichen und notwendigen kunst der artzney fruchtbarlich fürfaren und studieren» sollten, den berühmten gemeinen Mann erreichen. Denn es sei «gut und nützlich», dass «die kreüter nit allein von den ärtzten / sonder auch von den Leyen und dem gemeinen man in gärten hin und wider vleissig ge-

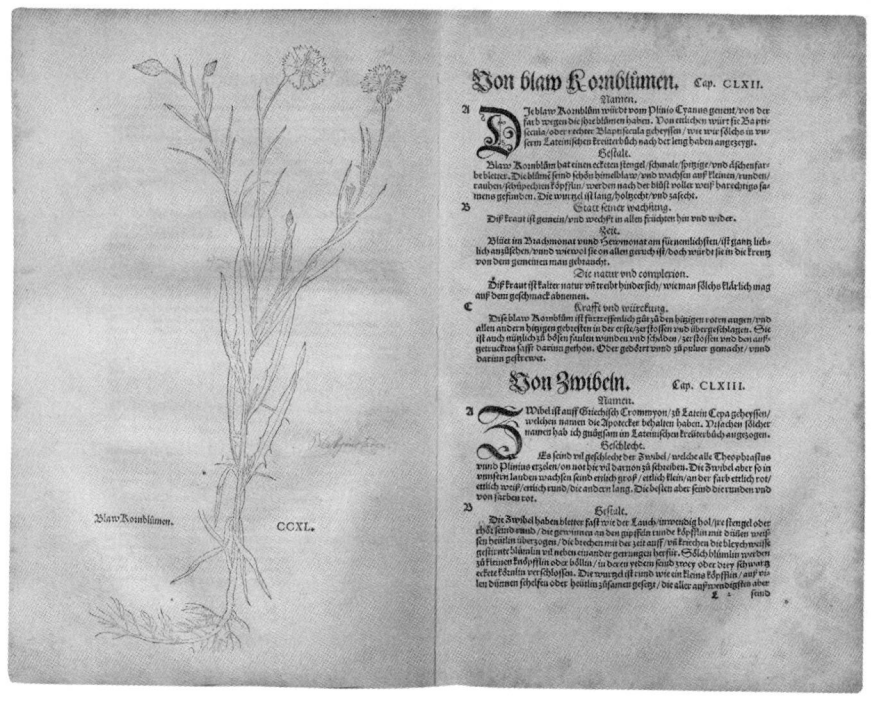

55 Leonhard Fuchs, *New Kreüterbůch in welchem nit allein die gantz histori das ist namen gestalt statt und zeit der wachsung natur krafft und würckung des meysten theyls der Kreüter so in Teütschen unnd andern Landen wachsen mit dem besten vleiß beschriben …*, Basel, Michael Isingrin 1543. Der Abbildung der jeweiligen Pflanze, hier der blauen Kornblume, ist eine ausführliche Beschreibung ihrer Eigenschaften und Heilwirkungen beigegeben.

pflantzt unn aufferzogen werden». Fuchs verband also mit dem Kräuterbuch in seiner deutschen Form die Hoffnung auf sehr praktische Wirkungen. Die Pflanzen und ihre Wirkungen zu kennen, hieß natürlich auch, sie zu beherrschen. Fuchs' Ziel war, dass die «erkantnuß» der Kräuter «in Teütschen landen […] täglich wachs und zuneme / das sie nimmer in vergessung möge gestelt werden».[47] Für einen Printing Native wie ihn war selbstverständlich, dass durch den Buchdruck in die Welt gebrachtes Wissen Bestand hatte und das Verhalten der Menschen zum Besseren veränderte.

Suchmaschinen:
Indizes, kritische Apparate, Editionen

Mit der typographischen Reproduktion von Texten insbesondere älterer, «klassischer» Autoren der Antike gingen verstärkte Bemühungen um philologische Präzision,[48] aber auch Praktiken und Instrumente zur Verbesserung von Zugang oder Orientierung einher: Inhaltsverzeichnisse, Register aller Art, Überschriften und Gliederungen, Randglossen, Annotationen, Referenzen, Zitatnachweise. Bisweilen trieb die Konkurrenz mit anderen Druckern die Perfektionierung dieser Instrumente voran; man machte die eigene Ausgabe attraktiver, indem man solche erschließende Hilfsmittel anfügte, die die Vorgängerdrucke nicht vorweisen konnten. Konrad Pellikan etwa hatte unter vielen Mühen Indizes zur Froben'schen Cyprian-Ausgabe[49] erstellt, wie auch später für eine ganze Reihe anderer Bücher, unter anderem das papstkritische Werk des Marsilius von Padua, *Defensor Pacis*.[50] Das Ziel war offenbar, die Ausgabe dadurch «nützlicher und verkaufbarer» zu machen. Im Falle des Marsilius-Drucks, der ohne Seitenzählung gesetzt worden war, musste Pellikan eine Anleitung voranstellen, die den Leser informierte, wie er die Bogen in eine Seitenzählung umzurechnen hatte, um die Verweise tatsächlich auffinden zu können. In der Cyprian-Ausgabe waren neben einer Vorrede des Erasmus und dessen Anmerkungen zu schwierigen Textstellen ein Glossar mit besonderen Ausdrücken Cyprians, ein von Pellikan erstellter Index seiner Werke und Briefe und schließlich noch Anmerkungen zum Martyrium beigegeben, letztere wieder von Erasmus stammend. Marginalien fassten wesentliche Gedanken zusammen oder boten Stellennachweise zu anderen Schriften oder interne Verweise. Der typographische und editorische Aufwand für qualitativ hochwertige Editionen dieser Art hatte im frühen 16. Jahrhundert ein hohes Niveau erreicht. Dabei dürfte auch die Konkurrenz zwischen den international agierenden Offizinen dieses speziellen Marktsegments ein wichtiger Motor der Entwicklung gewesen sein.

Für Editoren wie Erasmus von Rotterdam war es ein wichtiges

56 Marsilius von Padua, ...
De potestate Papae et Imperatoris ...,
Basel, Val. Curio 1522. Von Pellikan verfasste Gebrauchsanweisung für das von ihm erstellte Register, das helfen soll, die sich auf Seiten beziehenden Zahlenangaben des Registers aus den Bogenangaben zu errechnen. Offenbar hatte Curio erst später, nachdem er bereits ohne Seitenzählung gedruckt hatte, an ein Register gedacht; sonst hätte er wohl Seitenzahlen gedruckt.

Anliegen, mangelhaften Textfassungen, die durch den Buchdruck massenhaft verbreitet wurden, mit Energie entgegenzutreten. In seiner Auslegung des Sprichwortes *Festina lente* – «Eile mit Weile», dem Motto auf dem Druckersignet des legendären Aldus Manutius (siehe Seite 21) – schilderte er temperamentvoll die Herausforderungen und Rückschläge gelehrter Textherstellung. Bei seiner Ausgabe der *Adagia* (siehe Seite 60) boten ihm Manutius' Kontakte zur venezianischen Gelehrtenszene und die reichhaltigen Bibliotheken vor Ort die Möglichkeit, seine Textbasis zu verbreitern und philologisch zu präzisieren. Während er noch im Austausch mit anderen seine Texte konstituierte und schrieb, begann Aldus bereits mit dem Druck. Diese Erfahrungen blieben für Erasmus prägend.[51]

Das Kernanliegen des Philologen und Buchdruckers Manutius habe, so rekapitulierte Erasmus, darin bestanden, die Textgrundlagen «vollständig, rein und unverfälscht wieder zugänglich zu machen». In wenigen Jahren habe dieser eine Mann «die großen Autoren in den vier Sprachen Latein, Griechisch, Hebräisch und Chaldäisch [Syrisch bzw. Aramäisch]» «in vollständigen und guten Ausgaben» zugänglich gemacht. Auf der Basis dieser epochalen Leistung werde nun eine Validierung der sonstigen handschriftlichen Überlieferung möglich sein. Dabei werde sich immer wieder zeigen, «von was für haarsträubenden Fehlern selbst die Texte derjenigen Autoren strotzen, von denen man bisher glaubte, sie seien leidlich gut ediert».[52] Die gedruckten Ausgaben des Aldus Manutius waren aus der Sicht des Erasmus also deshalb so wertvoll, weil sie die intensive Weiterarbeit an der Emendation der Texte, also einen Prozess der fortwährenden philologischen Verbesserung, ermöglichten.

Es ist, beim Herkules!, eine Herkulesarbeit [...]: die großen Schöpfungen, die schon dem Untergang geweiht waren, der Welt wiederzuschenken. Aufzuspüren, was verschollen, auszugraben, was versteckt war, zu rekonstruieren, was zerstört, zu ergänzen, was fragmentarisch, und zu korrigieren, was auf tausenderlei Weise verderbt ist, verderbt hauptsächlich durch die Schuld der durchschnittlichen Drucker.[53]

Denn diese reproduzierten aus reiner Gewinnsucht ungeprüfte, korrupte Texte. Die verantwortungsvollen und guten Drucker hingegen korrigierten die Verfehlungen ihrer liederlichen Kollegen. Sie dienten damit unvergänglichen Werten – und allen Völkern und Generationen. In Erasmus' Worten baute Aldus eine Bibliothek auf, «deren Grenzen die Grenzen der Erde»[54] waren. Der lateineuropäische Universalismus und die typographische Reproduktion allen «relevanten Weltwissens» hingen engstens zusammen.

In der *Apologia*, einer der Vorreden zu seiner Ausgabe des griechischen Neuen Testaments, legte der Humanistenfürst dar, welche Grundsätze ihn leiteten. Er setzte voraus, dass die gebräuchlichen lateinischen Ausgaben des Neuen Testaments nicht den durch Hieronymus geschaffenen, sondern einen im Lauf der Zeit und durch die Fehler der Abschreiber verdorbenen Text enthielten. Deshalb gelte es, ihn am Wortlaut des griechischen Originals zu überprüfen und zu korrigieren. Von Ausgabe zu Ausgabe seines *Novum Instrumentum* bzw. *Testamentum* (1516; 1519; 1522, 1527, 1535) verbreitete Erasmus die handschriftlichen Überlieferungen, die er prüfte; auch bezog er die Textformen biblischer Zitate, die er bei den Kirchenvätern fand, ein. Textkritik wurde so als gleichsam unabschließbarer wissenschaftlicher Prozess verstanden. Dass es aufgrund variierender, vom bisherigen Wortlaut abweichender Lesarten angeblich zu Verunsicherungen komme, akzeptierte Erasmus als Einwand gegen seine Arbeit nicht:

> Wenn aber manche fürchten, daß die Autorität der heiligen Schriften in Zweifel gezogen wird, wenn etwas irgendwo variiert, so mögen diese wissen, daß notwendigerweise schon mehr als tausend Jahre weder die Texte der Lateiner noch die der Griechen übereingestimmt haben.[55]

Demnach konnte der im Feuer der Kritik gereinigte Text neue Gewissheit begründen. Die Schrift wurde ja durch die Säuberung (*castigatio*)[56] strahlender, reiner, makelloser und insofern auch autoritativer. Der durch den Druck veröffentlichte, philologisch bessere Text konnte also eine höhere Autorität erlangen. Die durch die Reformation theologisch dramatisch gesteigerte Geltung der Heiligen Schrift war in kultur- und mentalitätsgeschichtlicher Hinsicht von humanistischer Philologie und typographischer Textreproduktion mittels der Druckpresse nicht zu trennen.

Neue Bibeln für alle

Der Buchdruck hat die religiöse Praxis immer breiterer Kreise der zeitgenössischen Gesellschaft verändert. Dies betraf nicht nur die alphabetisierten und literarisierten Bevölkerungsteile, also ca. 5–10 Prozent der Gesamteinwohnerschaft im Reich, die insbesondere im städtischen Raum zu Beginn des 16. Jahrhunderts wohl noch 10–30 Prozent der Einwohnerschaft ausmachten und bis zur Jahrhundertmitte auf etwa 50 Prozent anstiegen.[57] Durch die typographische

Reproduktion von Bildern schon vor, dann aber auch im Zuge der Reformation und in den sich bildenden Konfessionskulturen wurden gewiss mehr Menschen erreicht und angesprochen, als dies vor Gutenbergs Erfindung der Fall gewesen war. Im deutschen Sprachgebiet zeigte sich auch, dass die Vermehrung der Druckproduktion, die sich vor allem in Bezug auf die Menge der Einzeltitel ergeben hatte, eine Tendenz initiierte, die auch das «konfessionelle Zeitalter» bestimmen sollte: Es wurde dauerhaft mehr gedruckt als in der Frühzeit zwischen 1450 und 1520; gedruckte Texte waren, nicht zuletzt als Einblattdrucke, im öffentlichen Raum, auch und vor allem auf Betreiben der Obrigkeiten, präsent.[58] Und die Zugehörigkeit zu einer bestimmten Kirche ging für immer größere Bevölkerungsgruppen, je länger desto mehr, mit dem Besitz und Gebrauch bestimmter Druckerzeugnisse einher: Bibeln, Katechismen, Gesang- und Gebetbücher, Postillen oder Sammlungen von Heiligenviten. Als kultureller Prozess drang die Konfessionalisierung mittels des gedruckten Wortes tief in die Lebenswelten breiter Gesellschaftsschichten ein.[59]

An den frühen reformatorischen Bibeldrucken, die eine breite Dynamik entfalteten und den wirtschaftlichen Verlust bei umfänglicheren «altgläubigen» Druckaufträgen etwa liturgischer Art kompensierten, lassen sich einige Beobachtungen zum engen Zusammenhang zwischen dem Buchdruck und der Transformation der Frömmigkeit gewinnen. Luthers Übersetzung des Neuen Testaments, die im September 1522 in einer ersten Ausgabe bei dem Wittenberger Drucker Melchior Lotter d. J. in Wittenberg erschienen war (*Septembertestament*),[60] machte sich einen bereits im späten Mittelalter vorhandenen, in vierzehn hoch- und vier niederdeutschen Drucken vorreformatorischer Vollbibeln typographisch materialisierten Hunger nach der Heiligen Schrift[61] zunutze. Die Vorreden, die der Wittenberger Bibelprofessor seinem Neuen Testament anfügte, öffneten hermeneutische Perspektiven auf die einzelnen neutestamentlichen Schriften und halfen den Lesern, Wichtiges von weniger Wichtigem zu unterscheiden. Sie waren also gezielt auf den Leser aus dem Laienstand, den «eynfeltigen[n] man», ausgerichtet, der durch «manche wilde deuttung und vorrhede» verwirrt sei, nicht mehr wisse, was Evangelium und Gesetz, altes und neues Testament bedeute und der «aus seynem allten wahn, auff die rechte ban gefuret und unterrichtet werde» solle. Das Zentrum dessen, «wes er ynn disem buch gewartten solle», annoncierte Luther mit den Begriffen «Euangelion» und «verheyssung Gottis». Der sich in Luthers Vorrede äußernde Anspruch war also alles andere als bescheiden: Er biete den Schlüssel zum Verständnis der wichtigsten Glaubensurkunde der Christenheit. Mit der typographischen Erschließung des in seiner Übersetzung gedruckt verfügbaren Neuen Testaments lieferte Luther die maßgeblichen Gesichtspunkte zum Verständnis dieses Buches mit. «Evangelium» bedeute «gute botschafft, gute meher [= Mär], gutte newzeyttung, gutt geschrey, davon man singet, saget und frolich ist». Das im Druck erschlossene Wort des Evangeliums bzw. der «Gotlich newzeyttung», des «new testament[s]»[62] und das, was es bewirkte, gehörten für den Printing Native Luther untrennbar zusammen.

Die nicht explizit, aber der Sache nach eindeutig gegen Karlstadts Schrifthermeneutik[63] gerichteten Ausführungen in der Vorrede zum Neuen Testament zielten darauf ab, Glauben zu wecken. Die Wirkungsweise des fleischgewordenen, des geschriebenen, des gepredigten und des gedruckten Evangeliums flossen für Luther ineinander. Von dem, was Evangelium heiße, erschloss sich auch der Wert der einzelnen neutestamentlichen Schriften: Paulus, insbesondere der Römer- und der Galaterbrief, das Johannesevangelium und der 1. Petrusbrief als «der rechte kern und marck unter allen buchern, wilche auch billich die ersten seyn sollten, Und eym iglichen Christen zu ratten were, das er die selben am ersten und aller meysten lese».[64] Luthers Präsentation der ersten reformatorischen Übersetzung der Schriftensammlung des Neuen Testament ging also damit einher, den Lesern eindeutige Nutzungsempfehlungen für einen gedeihlichen religiösen Gebrauch zu geben. Bei seinem vielleicht wichtigsten Druckwerk, der Bibel, wollte Martin Luther die Kontingenzen einer beliebigen Rezeption so weit irgend möglich eingrenzen.

In typographischer Hinsicht wies der Lotter'sche Druck des Neuen

Testaments einige Besonderheiten auf: Der Text wurde in einem breiten Block, nicht in Spalten gesetzt; an den Rändern wurden Marginalien gedruckt, die inneren mit biblischen Parallelstellen, die äußeren mit philologischen oder sachlichen Erläuterungen. Illustrationen fanden sich nur zur Offenbarung des Johannes; dass dieses von Luther besonders gering geachtete biblische Buch dadurch eine erhebliche Aufwertung erfuhr, ging wahrscheinlich auf eine Entscheidung des Druckers zurück. Ursprünglich hatten die einundzwanzig Holzschnitte aus Cranachs Werkstatt wohl im Zusammenhang einer deutschen Einzelausgabe der Apokalypse – in Analogie zu einem älteren Werk Dürers – verwendet werden sollen.[65] Aufgrund der Korrespondenz Luthers ist der zügige Herstellungsprozess des zweihundertzweiundzwanzig Blätter umfassenden Druckwerkes zwischen Mai und September, dem Termin der Herbstmesse, rekonstruierbar.[66] Der rasche Erfolg der in einer Auflage von dreitausend Exemplaren gedruckten Ausgabe[67] zeigte sich an dem rasanten Nachdruck, dem *Dezembertestament*. Es wird bereits im Oktober, bald nach der Messe, in Angriff genommen worden sein und wies über 500 überwiegend kleinere sprachliche Korrekturen auf. Sie deuten darauf hin, dass Luther das Buch einer eingehenden Revision unterzogen hat. Der dann bis zur sogenannten «Ausgabe letzter Hand» (1545) fortgeführte permanente Revisionsprozess der Lutherbibel setzte also bereits sehr früh ein. Die Nachdrucke fluidisierten quasi den Text und erlaubten fortgesetzte Korrekturen – ein Umstand, der in einer interessanten Spannung zum Autoritätsgewinn der Heiligen Schrift im Zuge des sogenannten «reformatorischen Schriftprinzips» stand und als elementarer Ausdruck der kulturellen Transformationsdynamik des Buchdrucks zu gelten hat.

An den Nachdrucken des Neuen Testament auch außerhalb Wittenbergs zeigte sich rasch, dass hier eine große Nachfrage, aber auch dramatische Konkurrenz zwischen den Druckern entstand. Vielfach suchten diese nach Möglichkeiten, Lücken und neue Absatzmöglichkeiten zu finden. Der erste Nachdruck des *Septembertestaments* außerhalb Wittenbergs erschien noch im Dezember 1522 bei Adam Petri in

Basel, zu einem Zeitpunkt also, als Lotter seinen eigenen Nachdruck, das *Dezembertestament*, noch nicht oder vielleicht gerade erst gedruckt hatte.[68] Petri nannte weder Luthers Namen noch den Herkunftsort Wittenberg. Über die Lotter'sche Vorlage hinaus gab er dem Druck ein «Register» bei, ein Glossar, das angeblich «außlendische», also in Oberdeutschland unbekannte Vokabeln in der Bibelübersetzung «auff unser teutsch»[69] übertrug. Auch wenn aus lexikographischer Sicht bezweifelt worden ist, dass die hier gebotenen Äquivalente für den oberdeutsch-schweizerischen Raum einschlägig sind,[70] wird man in dem Glossar doch eine interessante Werbemaßnahme zu sehen haben, die das eigene Druckerzeugnis gegenüber der Lotter'schen und bald auch anderer Konkurrenz abzuheben versuchte.

In den letzten Monaten des Jahres 1522 erschienen noch vier flugschriftenartige Teildrucke des Luther'schen Neuen Testaments in Erfurt, Grimma, Augsburg und Straßburg.[71] 1523 legte Lotter dann einen Oktavdruck des Neuen Testaments vor, der möglicherweise auf andere Käuferkreise und eine mobile Nutzung abzielte.[72] Ähnlich dem Druck des ersten Teils des Alten Testament (Pentateuch) im selben Jahr, der Lotters zeitweilige Rolle als Marktführer deutscher Bibeldrucke vorantrieb,[73] erwiesen sich die unterschiedlichen Formate der Bibeltextausgaben etwa auch für Petri[74] als lukratives Geschäft. Die dauerhaft ungebremste Dynamik des Druckes der deutschen Bibel in unterschiedlichen Formaten setzte sich fort: zum einen in Gestalt von Nachdrucken der einzelnen Teile bzw. der Gesamtausgabe der Wittenberger Übersetzung des Alten Testaments (1524 historische Bücher Josua bis Esther; 1524 Hiob bis Hohelied; 1532 Propheten; 1534 erste Wittenberger Vollbibel), zum anderen in alternativen Projekten, etwa den *Wormser Propheten* oder einigen Ausgaben sogenannter «Patchworkeditionen».[75] Letztere kombinierten Teile aus verschiedenen bereits erschienenen Bibelübersetzungen und boten neue, attraktivere und vollständigere Druckwerke der ganzen Bibel, bevor mit der Zürcher Bibel von 1531[76] und der Wittenberger Bibel von 1534 dann die maßgeblichen reformatorischen Bibelübersetzungen auf Deutsch erschienen waren. Bis in Luthers Todesjahr lagen dann über vierhundert Voll- und Teilausgaben seiner Übersetzung vor[77] – etwa eine halbe Million Exemplare. Auch wenn man für die Reformationszeit gewiss nicht voraussetzen kann, dass jeder lesefähige Deutsche im Besitz einer eigenen Teil- oder gar Vollbibel gewesen wäre, so ist die Heilige Schrift doch durch die Printing Natives zu einem Bestseller und einer Art religiösem Volksbuch geworden, wie dies vor Luther und der Reformation undenkbar gewesen wäre.

Die allseitige typographische Präsenz der Heiligen Schrift, die mit einer entsprechenden Nachfrage korrespondiert haben muss, begann insbesondere in den protestantischen Territorien des Reichs, aber auch in anderen europäischen Ländern einen tiefgreifenden Einfluss auf die Frömmigkeit breiter gesellschaftlicher Kreise auszuüben. Worte der Heiligen Schrift auf Häuserfassaden, Grabsteinen, Möbeln, Geschirr sowie im Kirchenraum oder persönlich ausgewählte Bibelworte bei Kasualien wurden zu einem weithin sichtbaren Merkmal lutherischer Konfessionskultur.[78] Sie bilden den kulturellen Echoraum des massenhaft gedruckten Bibelwortes.

Kirchenlieder und Gesangbücher

Gesang- und Gebetbücher avancierten neben Katechismen insbesondere im lutherischen Protestantismus zu den meistgedruckten Büchern, die nach und nach massenhaft auch in den persönlichen Besitz lesefähiger Christenmenschen beiderlei Geschlechts gelangten. Die Anfänge der evangelischen Liedproduktion[79] gehen ins Jahr 1523 zurück. Luthers *Ein neues Lied wir heben an*,[80] das die Martyrien zweier seiner Ordensbrüder in Brüssel dichterisch verarbeitete, gilt als erstes evangelisches Gemeinde- und Bekenntnislied. Die Eröffnungsstrophe verdeutlichte sogleich, dass die Martyrien der verfolgten Glaubensbrüder, wie einst in der Urzeit der Kirche, Anlass zu Dank seien:

Eyn newes lyed wyr heben an,
des wald got unser herre,

Zu singen was Gott hat gethan
zu seynem lob und ehre.
Zu Brüssel in dem niederlandt
woll durch zwen iunge knaben [Johann van Esschen,
  Hendrik Voes][81]
Hat er seyn wunder macht bekandt,
die er mit seynen gaben
So reychlich hatt gezyret.[82]

Auch wenn ein Erstdruck in Gestalt eines Einblattdruckes nicht überliefert ist, wird es hier wahrscheinlich ähnlich wie in anderen Fällen so gewesen sein: Am Anfang stand ein Wittenberger Liedflugblatt, das gegebenenfalls auch andernorts nachgedruckt wurde. Die Verluste dieser Druckerzeugnisse werden beträchtlich gewesen sein. Bereits 1524 setzten von einzelnen Offizinen initiierte Sammeldrucke ein – in Nürnberg zunächst nur aus acht, in Erfurt bereits aus mehr als zwei Dutzend Liedern bestehend. Damit war die möglicherweise an hussitische Traditionen anknüpfende neue Gattung des evangelischen Gesangbuches geboren. In einer anonymen Vorrede zu den Erfurter Drucken des *Enchiridion Oder eyn Handbuchlein*[83] wurde scharf gegen die römischen «Gotlosen Tempell knechte», die nichts zu «der gemein Christi [...] besserung» beitrügen, polemisiert. Von der Bedeutung der evangelischen Lieder für die religiös-sittliche Unterweisung der Christen hatte der Anonymus eine klare Vorstellung: An verschiedenen Orten würden bereits Ordnungen eingeführt, die vorsähen, «deutsche geystliche gesenge und psalmen zcu singen»; dies trage allgemein zur «Besserung», also zur Reformation, bei. Die in der Heiligen Schrift begründeten Lieder, die das Bändchen enthalte, solle ein «yetzlicher Christ billich bey ym [= sich] haben [...] und tragen zur stetter übung in welcher auch die kinder mit der zeyt auf erzogen und underweyst mogen weerden».[84]

Für die Entwicklung der Gattung Gesangbuch war die Verschränkung von privater und öffentlicher, häuslicher und kirchlicher Frömmigkeit maßgeblich, wie sich von Anfang an abzeichnete. Die Beispiele für einen emphatisch-protestativen Einsatz evangelischer Lieder

57 Einblattdruck von Luthers Lied *Nun freut euch, lieben Christen gmein*, Augsburg, Philipp Ulhart 1524. Vermutlich hat hier wie bei anderen Liedern Luthers ein nicht erhaltener Wittenberger Erstdruck existiert. Seit 1524 lassen sich dann Sammlungsprozesse außerhalb Wittenbergs nachweisen, die zu den ersten reformatorischen Gesangbüchern in Nürnberg und Erfurt führten. Die Wiedergabe der Melodie in der damals üblichen Mensuralnotation durch einen aufwändigen Holzschnitt ist für solche Einblattdrucke eher ungewöhnlich.

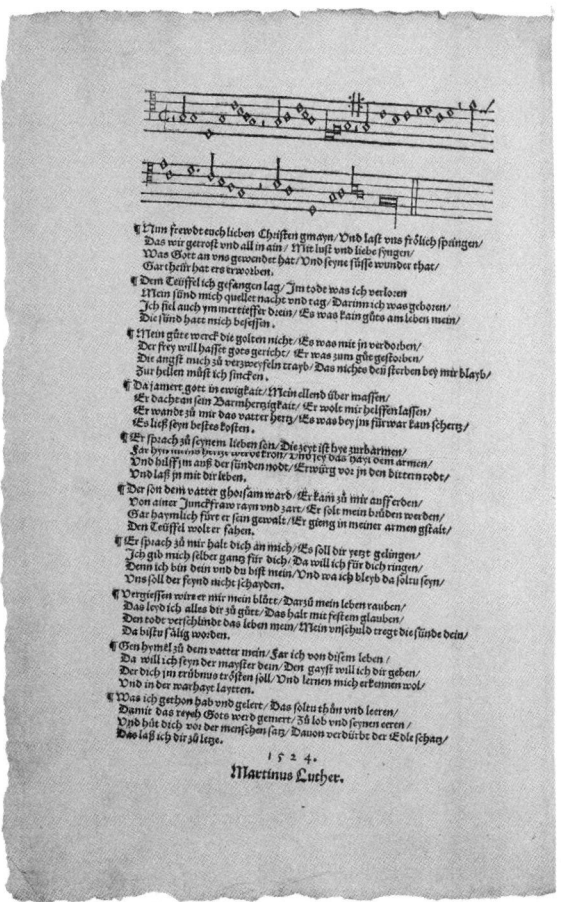

in Kampfphasen städtischer Reformationen etwa in Magdeburg, Göttingen oder Lüneburg[85] bestätigen, dass Laien dieses Medium unmittelbar als Ausdruck ihrer Frömmigkeit anerkannten und verstanden. Dass das Gesangbuch zum frömmigkeitsgeschichtlichen Kristallisationskern religiöser Teilhabe im Luthertum werden konnte, hatte somit tiefe Wurzeln in der Anfangszeit der Reformation.

Rasch machte sich auch Luther die Gattung Gesangbuch zu eigen. In der Vorrede zum Wittenberger Chorgesangbuch[86] von 1524, das die

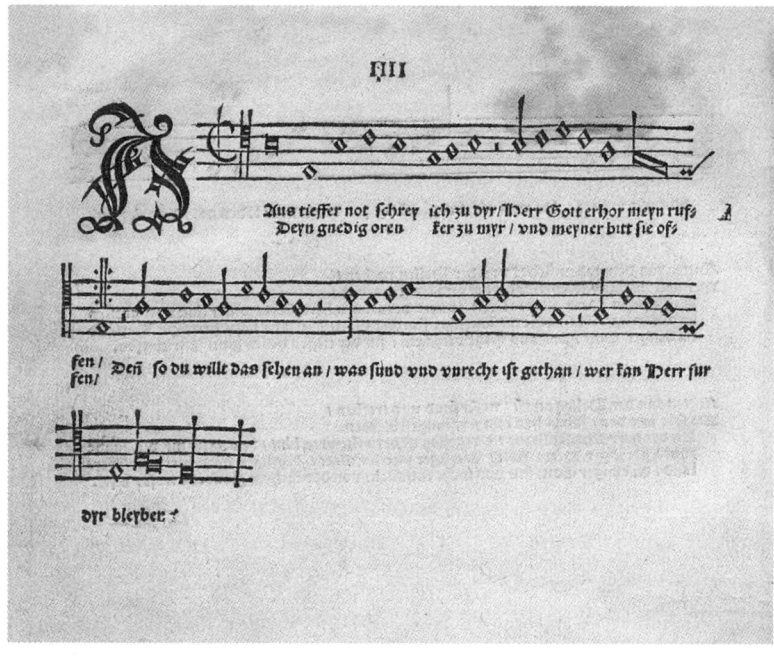

58 *Geystliche gesangk Buchleyn*, Wittenberg, Josef Klug 1524.
Das Wittenberger Choralgesangbuch mit Noten des Kantors
Johann Walter gilt als Auftakt einer großen Tradition
lutherischer Kirchenmusik.

Notensätze des evangelischen «Urkantors» Johann Walter enthielt, betonte Luther, dass durch den Gemeindegesang «Gottes wort und Christliche leere auff allerley weyse getrieben und geübt werden». Die vierstimmigen Sätze sollten insbesondere für die in der Musik zu unterrichtende Jugend attraktiv sein, «damit sie der bul lieder und fleyschlichen gesenge los werde und an derselben stat ettwas heylsames lernete».[87] Auf diese Weise wurde das Kirchenlied für die Verkündigung des Evangeliums in Dienst genommen, gegen die Verachtung der Künste durch die «abergeystlichen»,[88] die «Schwärmer» in den eigenen Reihen – und dies konkretisierte, ja materialisierte sich für den Printing Native Martin Luther im gedruckten Liederbuch.

In der Vorrede zu einem späteren Wittenberger Gesangbuch von

1528 stellte er dann heraus, dass seine Ausgabe auch dazu diente, der permanenten Textverderbnis durch ungeschickte Bearbeiter und Nachdrucker entgegenzuwirken.[89] Deshalb hatte Luther seine Lieder neu durchgesehen und auch jeweils seinen Namen unter seine eigenen Dichtungen gesetzt – «damit nicht unter unserm namen frembde untüchtige gesenge verkaufft wurden». Luther versuchte also den Textbestand seiner Lieder durch eine eigene Ausgabe zu authentifizieren und gleichsam zu kanonisieren: «Bitte und vermane alle, die das reine Wort lieb haben, wollten solch unser büchlein hinfurt ohn unser wissen unnd willen nicht mehr bessern odder mehren.»[90]

Gerade bei einem populären und fluiden Medium wie dem Lied stellte die Sicherung seiner authentischen Form unter den Bedingungen der typographischen Reproduktion eine besondere Herausforderung dar. In seiner letzten Vorrede zu dem 1545 bei dem Leipziger Drucker Valentin Bapst[91] erschienenen «Babstschen» Gesangbuch hob Luther die Bedeutung ansprechend gestalteter Gesangbuchdrucke eigens heraus:

> Darumb thun die drucker sehr wol dran, das sie gute lieder vleissig drucken, und mit allerley zierde den leuten angeneme machen, damit sie zu solcher freude des glaubens gereitzt werden, und gerne singen.[92]

Gerade als «lustig», also sinnlich ansprechend gestaltetes Druckerzeugnis konnte das Gesangbuch zu einem identitätsbildenden, emotional angeeigneten Medium lutherischer Konfessionskultur werden. Im persönlichen Gesangbuch hielt der evangelische Christenmensch typographisch materialisiert in seinen Händen, was ihm Richtung, Hoffnung und Halt gab.

Der Katechismus als Grundausbildung

Schulische Bildung diente in Reformation und konfessionellem Zeitalter vor allem dazu, «leut auf[zu]ziehe[n], [die] geschickt zu leren, in der kirchen, und sonst zu regiren» seien – so hieß es im *Unterricht der Visitatoren* von 1528.[93] Die Schule solle «viel feyner gelerter, vernünfftiger, erbar, wol gezogener burger»[94] hervorbringen, derer ein prosperierendes Gemeinwesen bedürfe. Die Jugend «zu gottes lobe, und im gehorsam» zu erziehen, diene «christlicher lehre und wandel», aber auch «allen guten ordnungen und polizei».[95] Melanchthon sah eine Konzentration auf den Erwerb des Lateinischen vor; eine breit streuende «manchfelitickeit»,[96] die etwa schon frühzeitig das Griechische und das Hebräische unterrichtete und die Kinder «viel mit büchern» beschwere, solle unbedingt vermieden werden. Am Anfang der schulischen Unterweisung stand, dass die Kinder «lernen lesen der kinder handbüchlein, darin das alphabet, vater unser, glaub, und andere gebet innen stehen».[97] Die religiös grundierte Bildung, die dem Gemeinwesen förderlich war, bediente sich also nur einiger weniger ausgewählter Bücher. Kindern «jeden tag ein neu buch für[zu]geben» galt Melanchthon, dem «Lehrer Deutschlands», als kontraproduktiv. Auch bei der an einem Tag der Woche, Mittwoch oder Samstag, erfolgenden «christlichen unterweisung» müsse es darum gehen, die Grundlagen eines «christlichen und gottseligen lebens» zu legen und die Elementartexte – Vaterunser, Glaubensbekenntnis, Zehn Gebote, gegebenenfalls auch einige einfache Psalmen – auszulegen und den Kindern «ein[zu]bilden».[98] Auf keinen Fall solle man die Jugend «mit schweren und hohen büchern […] beladen»;[99] er meinte etwa den Römerbrief, das Johannesevangelium oder den Propheten Jesaja. Gerade weil der Protestantismus hochgradig buchbezogen und engstens mit dem Medienwandel verbunden war, fehlte es bei den Überlegungen zum Recht und zu den Grenzen der Bücher im Bildungsprozess junger Menschen nicht daran, sie im Verhältnis zur Gegenwart eines Lehrers zu relativieren. Je jünger die Kinder, desto wichtiger sei der direkte Kontakt zu einem persönlichen Gegenüber.

Die älteste ausführliche Schulordnung der Reformationszeit, die Urbanus Rhegius, der Reformator Braunschweig-Lüneburgs, 1531 verfasst hatte, setzte voraus, dass man den *Kleinen Katechismus* bzw. die Hauptstücke – Zehn Gebote, Glaubensbekenntnis, Vaterunser – «der jogeth» einmal in der Woche, etwa am Sonnabend, «vorleggehe»[100] (vorlese). Davon, dass jeder Schüler ein eigenes Exemplar von Luthers zuerst 1529 erschienenem einflussreichen Lehrwerk besaß, ging er demnach nicht aus. Angesichts der gewaltigen Zahl an Katechismusdrucken lutherischer Provenienz, die zwischen 1520 und 1620 gezählt wurden – 716 deutsche und 784 lateinische Ausgaben; die römisch-katholischen Vergleichszahlen liegen bei 88 und 111[101] –, ist anzunehmen, dass die lesefähigen Schüler der Latein- und der niederen Schulen nach und nach in den Besitz eines eigenen Exemplars des Katechismus gelangten. Dass der Text des Katechismus oder Teile desselben in Gestalt von Einblattdrucken[102] im öffentlichen wie im privaten Raum präsent wurden, aber auch auf Schriftaltären[103] den liturgischen Raum prägten, unterstreicht, dass der typographisch reproduzierte Lehrtext eine inter- und multimediale Verbreitungsdynamik entfaltete.

Dies entsprach dem dezidierten Willen Luthers, der dem religiös-sittlichen Zustand des «gemeinen Manns» abhelfen wollte. Bei der kursächsischen Visitation von 1528 hatte er erlebt, dass die Gemeindeglieder die Kerntexte des christlichen Glaubens – Vaterunser, Glaubensbekenntnis, Zehn Gebote – nicht kannten und dahinlebten «wie das liebe vihe und unvernünftige sewe». Auch viele Pfarrer auf den Dörfern seien «ungeschickt und untüchtig [...] zu leren».[104] Der Druck des *Kleinen Katechismus* machte also die evangelische Lehre und ihre versittlichende Kraft – so der Anspruch des Reformators – allenthalben gegenwärtig. So war es nur folgerichtig, dass die fromme evangelische Obrigkeit um des Seelenheils der ihr anvertrauten Menschen willen den *Kleinen Katechismus*, andere Lehrtexte, aber auch bestimmte Ausgaben des Gesangbuches verbindlich einführte, und zwar über im Druck verbreitete Kirchen- und Schulordnungen. Die religiös-sittliche Konditionierung der Menschen zu rechtschaffenen Untertanen des Konfessionsstaates, die als integrales Moment frühmoderner Staatsbildung[105] zu gelten hat, erfolgte unter anderem mittels gedruckter Medien. Konfessioneller Konformitätsdruck, obrigkeitlicher Disziplinierungsdruck, ihm sekundierender Selbstdisziplinierungsdruck und Buchdruck spielten ineinander.

Die Grenzen der Zensur

Nachdem Universitäten und kirchliche Instanzen, Bischöfe und Päpste bereits im späten 15. und frühen 16. Jahrhundert versucht hatten, die Verbreitung von Druckwaren zu regulieren und zu kontrollieren, gingen die entsprechenden Bemühungen zusehends auch in die Hände der weltlichen Obrigkeiten über.[106] Karls V. Versuch, durch das *Wormser Edikt* die Verbreitung reformatorischen Schrifttums reichsweit zu verhindern, scheiterte daran, dass die evangelischen Territorien und Städte die Umsetzung verweigerten. Die hinter der Zensur stehenden Handlungsmotive waren, ungeachtet der konfessionellen Zugehörigkeiten, weitgehend dieselben: Es galt, Personen und ihre Überzeugungen auszugrenzen und deren Wirkungen in bestimmten Herrschaftsräumen zu verbieten, da man nicht-konforme Lehren für gesellschaftlich schädlich und politisch aufrührerisch hielt. Weil die christlichen Obrigkeiten jeder der drei Konfessionen Luthertum, Reformiertentum und römischer Katholizismus in dem Bewusstsein lebten, für das Seelenheil ihrer Untertanen mitverantwortlich zu sein, wurde die Zensur «feindlicher» Literatur auch mit ihrem herrschaftlichen Selbstverständnis begründet. Hinsichtlich der Inszenierungspraxis der Buchvernichtung unterschieden sich die Konfessionen; öffentliche Bücherverbrennungen kamen in evangelischen Städten und Territorien nurmehr selten vor. Die Buchzensur war in ein komplexes System von Zuständigkeiten kirchlicher und weltlicher Instanzen eingebettet. Je nach Kirchenverfassung waren Universitäten, Bischöfe, Konsistorien, fürstliche Räte oder Inquisitoren involviert. Vielfach wurde eine Vorzensur angestrebt, also die Kontrolle des Inhalts einer Schrift vor der Drucklegung. Im albertinischen Sachsen etwa begründete man die durch Konsistorium, Universitäten und Fakultäten durchzuführende Zensur «alle[r] schriften» damit, dass «besonders durch den druck» in der Kirche Gottes «grosses ergernis, zwietracht und uneinigkeit angerichtet» und «falsche und unreine lehr leichtlich [...] ausgebreitet»[107] werde. Die Prüfung des Schrifttums vor jeder Drucklegung sollte die Übereinstimmung mit der

Heiligen Schrift und seinen der Erbauung der Kirche dienlichen Charakter feststellen.

Die politische Struktur des Alten Reiches begünstigte, dass das in dem einen Territorium inkriminierte Schrifttum in einem anderen erscheinen konnte und über die zumeist sehr offenen Grenzen hin- und hergelangte. Systematische Erfolge erbrachte die Zensur unter den Bedingungen der relativ bescheidenen polizeilichen Durchgriffspotentiale des frühmodernen Staates nur selten. Das Bewusstsein, dass die «grosse freyheit in den Druckereien», die bestanden habe, «seid sie erfunden seind / und sonderlich zur zeit Lutheri», im weiteren Verlauf des 16. Jahrhunderts eingeschränkt wurde, weil nun «alle weißheit an die Höffe» gelangt sei und die «weltweisen» sich anheischig machten, nicht nur in «weltlichen sachen», sondern auch «in der Theologia und Religionssachen»[108] urteilen zu können, war eine bedrückende Erfahrung besonders kreativer Publizisten.[109] Sie entsprach der buchpolitischen Normierungsdynamik des frühmodernen Konfessionsstaates und wurde von den jeweils konformen Theologen und Juristen in aller Regel mitgetragen und -gestaltet.

Quergedachtes, Utopisches und Subversives

Gedruckte Texte sind nachhaltige Speicher von Ideen, Sinnentwürfen, gesellschaftlichen und kulturellen Verhaltensweisen und Ressentiments, schier unerschöpfliche Ressourcen sozialen, künstlerischen, praktischen oder wissenschaftlichen Wissens, Datenarchive mit Kenntnissen und Informationen aller Art. Aufgrund der seit über einem halben Jahrtausend erprobten Qualitäten des Speichermediums «Papier» kann als erwiesen gelten, dass das, was einmal gedruckt wurde, allen Bücherverbrennern zum Trotz potentiell in der Welt bleibt und so, wann und wo auch immer, neues Leben entfalten kann.

An der Geschichte des frühneuzeitlichen und neuzeitlichen Christentums kann man sich dies relativ einfach in einigen Aspekten der Lutherrezeption verdeutlichen: Die Unterscheidung zweier «Regimente», eines geistlichen und eines weltlichen etwa, die der Wittenberger Reformator 1523 als Begründungsfigur dafür angeführt hatte, dass deviante Geister, also «Ketzer», nicht durch die weltlichen Obrigkeiten zu verfolgen oder gar zu vernichten seien, trat in seinem eigenen Wirken völlig in den Hintergrund, ja es geriet ihm selbst, wie es scheint, in Vergessenheit. Vertreter der radikalen Reformation und Toleranzdenker vom Schlage Castellios (siehe Seite 223 ff.) hingegen griffen seine Ideen Jahrzehnte später auf – auch in kritischer Tendenz gegenüber den zeitgenössischen Repräsentanten der konfessionellen Kirchentümer. Ähnliches kann von dem theologischen Konzept des «Allgemeinen Priestertums» bei Luther gelten. In seiner Epoche und im konfessionellen Zeitalter wurde es in der lutherischen Kirche kaum umgesetzt,[110] doch von der Zeit des Pietismus an, also ab den 1670er-Jahren, zog es zahlreiche Geister in seinen Bann. Von den Konjunkturen der Rechtfertigungslehre in der Geschichte des Protestantismus kann Vergleichbares gesagt werden:[111] Immer neue Lektüren eines nie ganz vergessenen Autors, der im Buch gegenwärtig blieb, lösten immer neue Aneignungen und Interpretationen seiner zentralen theologischen Lehren aus.

Luthers im Horizont des frühen 16. Jahrhunderts einzigartiger Appell zur Duldung der Judenheit in einer sich christlich erneuernden Gesellschaft, den er 1523 in seiner Schrift *Dass Jesus Christus ein geborener Jude sei* vortrug, wurde bald durch seine eigene Publizistik konterkariert. Einigen seiner Zeitgenossen, aber auch späteren Generationen evangelischer Christen, verstärkt in Pietismus und Aufklärung, diente die frühe Schrift dann dazu, Luthers spätere Entwicklung zu kritisieren. Aber auch anders herum ging es: Luthers judenfeindliche, ja menschenverachtende Äußerungen zur Sache, etwa in *Von den Juden und ihren Lügen* (1543), die im 18. und 19. Jahrhundert nur mehr geringe Resonanz gefunden hatten, konnten, weil sie in gedruckten Büchern präsent blieben, gegen Ende des 19. Jahrhunderts im Zeichen einer völkisch-rassistischen Rezeption neuartige, ja verheerende Wirkungen entfesseln.[112] Die folgenden Hinweise beziehen sich auf im Druck verbreitete Ideen, die zu Ressourcen alternativen Denkens[11] und gesellschaftlichen Wandels werden konnten, geworden sind oder vielleicht ihre Zukunft noch vor sich haben.

Anknüpfend an die seit dem 15. Jahrhundert auch in Drucken verbreiteten Reise- und Entdeckungsberichte neuer Länder und Inseln, begründete Thomas Morus' *Utopia*[114] eine Gattung von Staatsromanen und idealen Gesellschaftsentwürfen. Inwieweit die Fiktionalität dieser Art von Literatur den Zeitgenossen immer durchsichtig war, sei dahingstellt. *Utopia* wurde als das Erzeugnis eines Printing Native inszeniert: In einem Widmungsbrief an den niederländischen Humanisten Petrus Ägidius, Stadtschreiber in Antwerpen und Freund des Erasmus, skizzierte Morus die Leiden einer literarischen Existenz, die die Zeit zum Schreiben dem Leben abtrotze und sich einem launischen, wankelmütigen, ungebildeten Publikum ausgesetzt sehe – die Fährnisse ihres Schicksals seien nur dank vertrauenswürdiger Freunde zu ertragen. Genau diese waren es dann auch, die den Weg *Utopias* in die Öffentlichkeit ermöglichten und flankierten. Morus' Freund Erasmus sandte das Manuskript an seinen Drucker Johannes Froben in Basel; ein breiter Strauß an Epigrammen des Meisters selbst und Textbeigaben anderer Sterne am Humanistenhimmel, auch Melanchthons, wurde eingeflochten. Darunter waren auch Briefe, die Morus und Erasmus priesen und das Werk in den öffentlichen Diskurs über eine ideale Gemeinschaft humanistischer Geistesverwandter, *sodales*, einbetteten. Der Gesellschaftsentwurf zum Besten aller Gemeinwesen, *Utopia*, erblickte dank der Kommunikation der besten aller Gemeinschaften, der humanistischen Freunde, als gedrucktes Buch das Licht der Welt. Die Freunde des Thomas Morus hatten dessen Zweifel, ob er das Werk überhaupt veröffentlichen solle,[115] besiegt und der Welt ein literarisches Meisterwerk geschenkt.

Utopia enthielt Ideen mit visionärem gesellschaftlichem Potential: Männer und Frauen sind in dem fernen Inselreich gleichberechtigt; alle treiben einige Stunden des Tages Ackerbau, alle erlernen mindestens ein Handwerk, alle können die Möglichkeiten geistiger Weiterbildung nutzen. Auch die Frauen hören Vorlesungen. Alle haben an allen Gütern teil; in der kommunistischen Gesellschaft des Inselreiches

59   Thomas Morus, *De optimo reip. statu deque noua insula Utopia libellus vere aureus …*, Basel, Joh. Froben 1518. Die Landkarte der Insel Utopia und das Alphabet (Abb. 60) sind Beispiele für die westliche Weltbemächtigung durch buchliche Thesaurierung – wenn auch im Modus der Fiktion.

60 Liste des Alphabets der Utopier, verbunden mit einem Beispiel ihrer Dichtkunst.

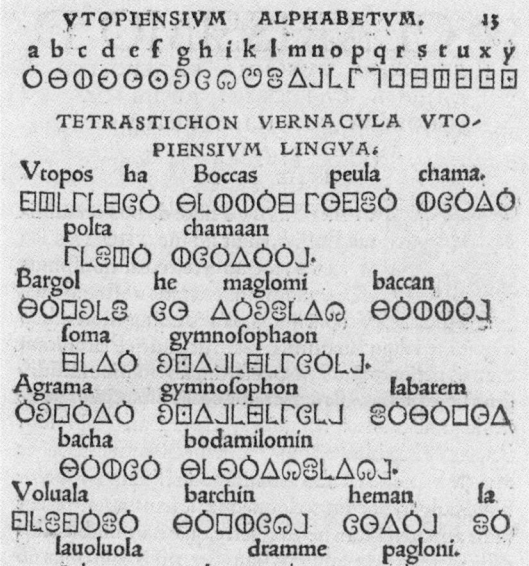

gelten materieller Reichtum, Luxus und eine vermeintlich edle Abstammung nichts, Bildung und Wissenschaft aber umso mehr.[116] Obwohl sich die Wissenschaft der Utopier in völliger Unkenntnis der europäischen Tradition entwickelt hat, entspricht ihr Niveau den griechischen und lateinischen Klassikern.

Zwei Erfindungen jedoch verdanken sie uns: den Buchdruck und die Papiermacherei, aber freilich wieder nicht nur uns, sondern zum guten Teil auch sich selber. Denn als wir ihnen die auf Papier gedruckten aldinischen [von Aldus Manutius gedruckten] Typen zeigten und über die Papierherstellung und das Druckverfahren mehr etwas erzählten als Erklärungen abgaben […], da stürzten sie sich sofort mit großem Scharfsinn darauf.[117]

Zügig gelang es den Utopiern, Papier und Druckerpressen herzustellen. Nun fehlten ihnen Drucke der griechischen Schriftsteller nicht länger, die sie in tausenden Ausgaben verbreiteten. Für einen Printing Native war die beste aller Gesellschaften ohne den Buchdruck nicht vorstellbar.

In einem rezeptionsgeschichtlichen Zusammenhang mit *Utopia* dürften zwei Flugschriften stehen, die 1521 in einem anonym publizierten Zyklus des ehemaligen Franziskaners Eberlin von Günzburg unter dem Titel *Fünfzehn Bundesgenossen* erschienen waren:[118] die Entwürfe der geistlichen und der weltlichen Ordnung eines «Wolfaria» genannten Gemeinwesens (Bundesgenosse X und XI). Die Flugschriften reproduzierten die Statuten und Verordnugen der «houptleüt und ringk männer des landts wolfaria» in gedruckter Form. Im Falle der weltlichen Ordnung handelte es sich um einen öffentlichen Anschlag, zu dem die «underthon»[119] ihr Urteil abgeben konnten. Viele der Bestimmungen zur Regulierung des religiösen Lebens – zum Fasten; zu den Feiertagen; zur Priesterehe; zum Umgang mit Bildern im Kirchenraum; zum Bettel etc. – erinnern an spätere reformatorische Kirchenordnungen. Bei den weltlichen Regularien war eine Tendenz zur Aufwertung des Bauerntums und zur Ächtung der großen Handelsgesellschaften unübersehbar. Der Gemeinbesitz an Wild, Fischen und Holz wurde später zur Zeit des Bauernkriegs ein regelmäßiger Programmpunkt in den bäuerlichen Forderungen. Sodann zielte die Ordnung auf eine Versittlichung der Gesellschaft ab: Einschränkung von Gewinnspielen, Regulierung von Tanzvergnügen und Alkoholkonsum, egalisierende Tendenzen bei der Beschränkung des Kleiderluxus sowie eine allgemeine Schulpflicht waren vorgesehen.

Texte wie diese Wolfaria-Stücke, von denen ein zeitgenössischer Leser nicht ohne Weiteres wissen konnte, ob es das Land, in dem sie galten, nicht vielleicht doch gab, formulierten alternative Ideen zur bestehenden Gesellschaft. Sie erweiterten den Horizont des gesellschaftlich Vorstellbaren. Weil sie im Druck erschienen waren, blieben sie in der Welt.

Die «rückwärtsgewandte Utopie»[120] einer agrarisch-handwerklich organisierten Gesellschaft aus weitgehend autonomen Einheiten, an deren oberster Spitze ein nach dem Prinzip des gemeinen Nutzens regierender weiser Herrscher steht, entwarf die Schrift *Von der neuen Wandlung eines christlichen Lebens*.[121] Sie wurde in Leipzig bei dem Nürnberger Drucker und Buchführer Hans Hergot entdeckt, der ihretwegen hingerichtet wurde. Bei der bevorstehenden «new wandlung», die nicht durch einen revolutionären Akt, sondern von Gott selbst herausgeführt werde, sage niemand mehr: «Das ist meyn.» Der Adel werde vergehen; das gemeine Volk werde seine Häuser besitzen.[122] Holz, Wasser, Weide etc. nutze die Gemeinde gemeinsam.

Und es werden die leutte alle erbeyten ynn gemeyn, eyn ytzlicher wo zu er geschickt ist und was er kann, und alle ding werden ynn gemeynen brauch komen, so das es keyner besser haben wirdt denn der ander.[123]

Auch Abgaben werde es in dieser ganz dem gemeinen Nutzen verpflichteten Gesellschaft nicht geben, dafür aber allgemeine Zugänge zu höherer Bildung für jedermann mit Erlernen der drei Sprachen Latein, Griechisch und Hebräisch.[124] Das Bildungsideal der Humanisten schien in *Von der neuen Wandlung* mit elementaren Forderungen der Bauernschaft in eigentümlicher Weise amalgamiert zu sein.

Das Ideal der Gütergemeinschaft, das in *Von der neuen Wandlung* prominent formuliert wurde, ging im Zuge der reformatorischen Publizistik quasi aus der monastisch-geistlichen in eine gesellschaftspolitische Sphäre über. Das sei an einem Textbeispiel illustriert. In Thomas Müntzers unter der Folter erpresstem «*Bekenntnis*»[125] finden sich einschlägige Aussagen, vor deren Hintergrund das brutale Vorgehen gegen Hergot verständlich wird. Müntzer soll als wesentliches Motiv des Bauernaufstandes genannt haben, «das dye christenheyt solt alle gleich werden und das dye fursten und herrn, dye dem ewangelio nit wollten beystehen, sollten vertriben und todtgeschlagen werden». Außerdem habe ein Artikel, den er und seine Anhänger verträten, gelautet: «omnia sunt communia [alles gehört allen] und sollten eynem idern nach seyner notdorfft außgeteylt werden nach gelegenheyt.»[126] Dadurch war das apostolische Lebensideal der Gütergemeinschaft (Apg 2,44; 4,32), das im kanonischen Recht präsent geblieben war und insbesondere für monastische und Klerikerkommunitäten Geltung besaß,[127] mit Aufruhr in Verbindung gebracht und gleichsam definitiv korrumpiert worden. Eine Realisierung der Gütergemein-

61 *Das Munich und Pfaffen Gaid Niemand zu lieb noch zu leid*, Nürnberg, Erhard Schön 1525. Die Verse handeln von dem Traum eines Dichters, in dem Mönche, Kellnerinnen und Pfaffen von Teufeln und Hunden in einen Höllenschlund gejagt werden. Darin wird die Strafe dafür gesehen, dass sie verweltlicht gelebt haben. Das Blatt dokumentiert einen in seiner Drastik unversöhnlichen Antiklerikalismus.

schaft, wie man sie Müntzer zuschrieb, musste fortan als fundamentale Infragestellung der zeitgenössischen Gesellschaft erscheinen. In täuferischen Milieus blieb die urchristliche Idee dagegen auch jenseits politischer Umsturzideen vital.[128] Die vielfältige publizistische Präsenz der Idee der Gütergemeinschaft ermöglichte unterschiedliche Rezeptionen.

Eine gedruckte *Urgicht*,[129] das heißt ein Geständnis des Augsburger Webers Augustin Bader, der das apokalyptische Täufertum unter dem Einfluss kabbalistischer Spekulationen weiterentwickelt hatte, verdient als Zeugnis neuartiger Vorstellungen zum Verhältnis der Religionen Interesse. Bader und eine kleine Schar Getreuer, die Kontakte zu Juden unterhielten,[130] erwarteten zu Ostern 1530 eine große «verenderung», die durch eine osmanische Eroberung eingeleitet werde. Sie werde alle bestehenden Herrschaften und äußeren Zeremonien zerstören und ein Regiment des Geistes inaugurieren. Eine kirchliche Obrigkeit werde es nicht mehr geben. Die Gemeinde werde dann aus der «versamlunng dess volcks» aus allen Völkern und Religionen bestehen und tausend Jahre währen (Apk 20,2.3.7). Baders Überzeugung, dass «weder Juden, hayden, Türgkenn» von der «verendtung [= Veränderung] außgeschlossen»[131] seien, eröffnete einen heilsuniversalistischen Horizont. Eine solche Idee stand quer zu den religiösen Wahrheitsansprüchen der dominierenden Theologien. Bader wurde hingerichtet; in gedruckter Form lebten seine Ideen weiter.

Karnevalesken Szenarien haftet per se etwas Subversives und Anarchisches an: Sie stellen Hierarchien infrage, stoßen, was groß und mächtig scheint in der Welt, in den Staub, invertieren Ordnungen und machen, wie im Märchen, den unendlich Unterlegenen zum Sieger, den «gemeinen Mann» zum König oder Propheten.[132] Dass Menschen Dinge taten, von denen sie gelesen hatten oder vom Hörensagen

wussten, aufgrund der Lektüre Dritter, nahm unter den Bedingungen der typographischen Text- und Bildreproduktion gewiss zu. So stellte etwa Ulrich Hugwald, Basler Student, Lektor und Editor bei dem Drucker Adam Petri und erster reformatorischer Schriftsteller schweizerischer Herkunft,[133] im Vorwort zu einem 1521 von ihm herausgegebenen antiken Landwirtschaftstraktat[134] fest, dass nichts eines Christen würdiger sei als das einfache, uneitle, arbeitsreiche Leben eines die Heilige Schrift studierenden Bauern. Damit wurde er vermutlich nicht nur sich selbst – 1524/25 zog er aufs Land –, sondern vielleicht auch Karlstadt[135] und anderen Aussteigern zum Anreger und Vorbild. Unter den Bedingungen typographisch verbreiteter Informationen konnte es auch geschehen, dass die literarische Gestalt des *Karsthans* dazu animierte, dass «predigende Bauern» als Nachahmungstäter fiktiver Figuren auftraten oder literarisch imaginierte Bundesschlüsse zu realen Verschwörungen anregten. Im Falle eines Einblattdrucks, der eine Hetzjagd auf Kleriker und «Kellnerinnen» in Szene setzte, ist die Vermutung geäußert worden, dass er zum Vorbild einer entsprechenden Fastnachtsaktion in Zwickau wurde: Etliche «Bürger und Bürgersöhne» stellten «Hasennetze uffm Markt» auf; «do haben etzliche wie Munche, etzliche wie Nonnen bekleidt, die haben sie also in die Netze gejagt mit großem Geschrei, wie man sonst pflegt uff der Jagd».[136] Das «Verkehrte Welt»-Motiv der von Teufeln gejagten Geistlichkeit offenbart deren lasterhafte, verlogene «Verkehrtheit», die in den beigefügten Versen benannt wird:

> Im scheyn seer grosser geistlichkeyt
> Und lebten doch in dieser zeyt
> Weltlicher dann die weltlich wellt
> Und stelten gytzig nach dem gellt
> Wiewol wir armut haben geschworn
> Den Layen haben wir dückisch gschorn.[137]

Auch die Travestie einer Heiligenerhebung, die man 1524 im erzgebirgischen Buchholz sei es real in Szene setzte, sei es literarisch imaginierte, barg Potential für autoritätskritische Umwertungen.[138] Nach einem langen und kostspieligen römischen Heiligsprechungsprozess für den sächsischen Bischof Benno aus der Zeit des Investiturstreites waren dessen Gebeine im Juni 1524 in Meißen feierlich «entdeckt» (*inventio*), «erhoben» (*elevatio*), «überführt» (*translatio*) und zur Verehrung «beigesetzt» (*depositio*) worden. Im ernestinischen Buchholz soll «eyn seer grosser hauffe [...] iunges pobels» in Reaktion darauf eine «herliche, löbliche process[ion]» durchgeführt haben – die Travestie einer Reliquientranslation. Fahnen aus «allten faulen fusstüchern» und «badthütlin und hanff sieber» als Kopfbedeckungen tragend, «das man sehe, wie es geystliche gelerten weren», zogen die jungen Leute mit einem Brettspiel als Gesangbuch, einer Misttrage, einem Scheffel, einem Fischkessel für das Weihwasser und einem «beschissen grastuch» als liturgischem Himmel, Fiedel und Laute voran, zu einem alten Schacht. Dort legten sie «die Gebeine des heiligen

Benno» frei, die sie dann auf der Misttrage auf den Marktplatz überführten: einen Pferdekopf, den Kinnbacken einer Kuh und zwei Rossbeine. Ein Bischof mit Fischreuse als Mitra trat nun auf, «thett eyne schöne predigt und verkundet das heyligthum, nemlich eynen kynbacken, und sprach: ‹O lieben andechtigen, Sehet, das ist der heylig arsbacken des lieben Korschülers zu Meyssen S. Benno.›» Das Spektakel erreichte seinen Höhepunkt, als man den Papst unter Gesang in einen Brunnentrog warf. «Ettlich aber der burger erschraken, die noch schwach ym glauben waren, und regten den Bergvogt an, das er sie hiesse auffhören [...].»[139] Die literarische Rahmung der Geschichte legte offen, dass es galt, sie der historischen Erinnerung zu sichern.[140] Für einen Printing Native hieß das: sie drucken zu lassen. Was gedruckt war, blieb in der Welt.

Epilog

Unter Druck

Im Horizont des gedruckten Wortes zu leben und zu handeln bedeutete für die Printing Natives auch, zu Transparenz in Kirche, Gesellschaft und Universität beizutragen. Im *Unterricht der Visitatoren* formulierten die Wittenberger Reformatoren: Etwas «offentlich durch den druck an tag zu geben», diene dem Ziel, dass «man sehe, das wir nicht ym winckel noch tunkel handeln, sondern das liecht frölich und sicher suchen und leiden wollen».[1] Dieser selbstbewusste, optimistische Umgang mit der typographischen Reproduktionstechnologie spiegelte einige der gewaltigen Möglichkeiten, die sie bot: die Verbreitung von Texten aller Art in verlässlicher Form; die Herstellung eines eindeutigen und verbindlichen Kommunikationsaktes, der entsprechende Reaktionen ermöglichte oder erzwang; die potentiell polyzentrische Entgrenzung des Kommunikationsraumes; die Erwartung, Rezipienten zu erreichen und von den Inhalten, für die man eintrat, zu überzeugen. Das «Licht» zu suchen und das «Dunkel» zu scheuen implizierte den Anspruch der Printing Natives, denen, die sich anders verhielten, also den «Dunkelmännern», moralisch überlegen zu sein.

Habitus und Selbstverständnis der Printing Natives wirkten auf andere – seien es bestimmte Gegner, sei es die Kirche oder die Gesellschaft als Ganze – ein, ja erzeugten Druck. In Bezug auf Konflikte wirkte der Buchdruck verstärkend und beschleunigend. Typographisch reproduzierte Texte und Bilder machten vielfach Auseinandersetzungen erforderlich, erzeugten also einen Argumentations- und

Erwiderungsdruck. Die schnellere Verbreitung erzeugte Zeitdruck; ein notwendiges Reagieren etwa mit einer Gegenschrift konnte finanziellen Druck aufbauen, insbesondere dann, wenn, etwa bei Schriften altgläubiger Autoren, geringe Absatzmöglichkeiten zu befürchten waren. Der Buchdruck steigerte Invektivität und Vulnerabilität, verschaffte Verleumdungen, Diffamierungen und Fake News eine bisher unbekannte Resonanz. Nach Aufruhr oder Veränderung klingende Gedanken – oder was man dafür hielt – entfalteten durch den Buchdruck ein neuartiges Droh- und reales Gefahrenpotential und setzten die herrschenden Obrigkeiten unter Druck. Gedrucktes brachte neues Gedrucktes hervor, lockte neue Lesergruppen an, ließ aber auch, insbesondere in der frühen Reformationszeit, Autoren auf den Plan treten, die sonst kaum je geschrieben oder öffentliche Aufmerksamkeit gefunden hätten. Der Buchdruck steigerte die Partizipation vieler. Die Vermehrung des Lesbaren durch den Buchdruck provozierte die Angst vor dem Verlust an Durchsicht; sie veränderte auch das Leseverhalten.

Versuche, die mit der Ersten Medienrevolution entstehenden Veränderungen und Herausforderungen zu steuern, setzten erst sehr allmählich ein und waren nur von begrenzten Erfolgen begleitet. Das lag nicht zuletzt daran, dass man etwa seitens der kirchlichen und der politischen Obrigkeiten auf Mittel der Repression setzte, die sich im Manuskriptzeitalter bewährt hatten – insbesondere Bücherverbrennungen –, die aber nun versagten. Eine besondere Herausforderung bestand auch darin, dass man dem geschriebenen und, mehr noch, dem gedruckten Wort mit besonderem Zutrauen begegnete. Dass etwas, was ordentlich und ansehnlich gedruckt war, unwahr, ja gelogen sein könnte, musste erst gelernt werden. Als entscheidend für die dauerhafte Nutzbarkeit des gedruckten Buches erwies sich auch die Selektion; nur durch ausgewählte Thesaurierung des Gedruckten in Bibliotheken blieb es verwertbar. Überdies lösten Manuskript- und Druckkultur einander nicht einfach nur ab; sie bestanden auf Dauer zusammen.

Die Parallelen zwischen der typographischen und der digitalen

Medienrevolution sind unübersehbar: Partizipation und Transparenz als Verheißungen, Invektivität, Brutalisierung, Fake News, politische Destabilisierung als Bedrohung, veränderte Lesegewohnheiten[2] als Chance oder Ungewissheit, tastende Versuche der Steuerung mit politischen und juristischen Mitteln als Herausforderung, Selektion und nachhaltige Speicherung als Notwendigkeit. Grundlegende Veränderungen in vielen Lebensbereichen brachten beide – und sind insofern tatsächlich Revolutionen. Der Ersten wie auch der gegenwärtigen Zweiten Medienrevolution haftet, zumal im Horizont ihrer pandemischen Intensivierung, etwas Ambivalentes an. Gewiss, die jüngste Revolution hat digitalmillenaristische Fantasien evoziert, die die Endlichkeit des Menschen,[3] die uns das Corona-Virus wieder unüberhörbar predigt, zu überspringen scheinen.[4] Die Globalität, die komplexe Kommerzialität, die Gefahren der politischen Instrumentalisierung, die Störanfälligkeit einer total vernetzten Welt, die völlige Abhängigkeit vom Computer auch für elementarste Lebensvollzüge und Arbeitsprozesse – all dies geht weit über das hinaus, was der Buchdruck je bewirkte oder anrichtete. Und doch mehren sich die Zeichen, dass die digitale Medienrevolution die typographische nicht ablöst, sondern fortsetzt: Printmedien erweisen sich als attraktive Flucht- und Ruhepunkte, je unumgänglicher das Tagwerk im Internet zugebracht wird. Beharrlich bestätigen Untersuchungen von Leseforschern, dass auf Papier Gelesenes tiefer angeeignet wird und geduldiger macht. Die Lesesäle der Bibliotheken sind voller denn je; sie sind Orte der spezifischen Kommunikation und der sozialen Interaktion geworden – und dies, obwohl, nein: gerade weil unendlich viel Lesbares online verfügbar wäre.[5] Handgeschriebene Zeilen werden als etwas Besonderes genutzt, je leichter und schneller man elektronisch kommunizieren kann. Analoge menschliche Präsenz wird umso erwünschter, je selbstverständlicher die digitale ist. Gerade die Kontingenzen der Pandemie, die unsere Zeit- und Geschichtserfahrung in ein Vorher und ein Nachher teilen, sensibilisieren dafür, Bewährtes zu bewahren, dem Druck technokratischer Modernisierungszwänge zu widerstehen und die Digitalisierung als kulturelle

Herausforderung anzunehmen und human zu gestalten. Dies wird auch gelingen. Denn in der Zweiten setzt sich die Dynamik der Ersten Medienrevolution fort – und mit der sind wir seit einem halben Jahrtausend vertraut.

Anhang

Zitierweise und Abkürzungen

Bei bibliographischen Angaben von Quellen des 15.–17. Jahrhunderts werden erschlossene Zuschreibungen von Druckorten, Erscheinungsjahren und Offizinen in eckige Klammern [] gesetzt. Im Falle der Originaldrucke wird in der Regel unter Angabe der VD 16-, VD 17- oder GW-Nummer unter der jeweiligen Bogen-, Blatt- oder Seitenzählung nach Rectoseite (^{r}) und Versoseite (^{v}) zitiert. Sofern nicht anders angegeben, liegen die Drucke in digitalisierter Form vor und sind über die elektronischen Kataloge von VD 16/17 und GW abrufbar. Falls spezielle Einzelexemplare von Interesse waren, wurde auf diese mit «Ex.» und der Angabe der Bibliothekssignatur verwiesen. Frühneuhochdeutsche Lutherzitate werden im Original zitiert. Lateinische Lutherzitate sind in modernes Hochdeutsch übersetzt.

Allen	Opus epistolarum. Denuo recognitum et auctum per P. S. Allen, Bd. 1–12, Oxford 1906–1958
ASD	Opera omnia Desiderii Erasmi Roterodami recognita et adnotatione critica instructa notisque illustrata, Bd. I 1 ff., Amsterdam u. a. 1969 ff.
AWA	Archiv zur Weimarer Ausgabe der Werke Martin Luthers
BAO	Ernst Staehelin (Hg.), Briefe und Akten zum Leben Oekolampads, 2 Bde., Leipzig 1927/1934; ND New York, London 1971
Benzing/Claus	Josef Benzing / Helmut Claus, Lutherbibliographie. Verzeichnis der gedruckten Schriften Martin Luthers bis zu dessen Tod, 2 Bde. [BBAur X], Baden-Baden ^{2}1989/1994
Bg.	Bogen
Bl.	Blatt
Clemen, Kleine Schriften	Otto Clemen, Kleine Schriften zur Reformationsgeschichte, Bd. 1–9, hg. von Ernst Koch, Leipzig 1987
CR	Corpus Reformatorum, Berlin u. a., Bd. 1 ff., 1834 ff.
{digit.}	digitalisierte Internetressource
DH^{38}	Heinrich Denzinger, Enchiridion symbolorum definitionum et declarationum de rebus fidei et morum, verb., erw. und ins Deutsche übertragen von Peter Hünermann, Freiburg/B. u. a. ^{38}1999
DRTA J. R.	Deutsche Reichstagsakten, Jüngere Reihe

EA var. arg.	Martin Luther, Sämmtliche Werke, Erlangener Ausgabe, Abt. varii argumenti
Eck, Briefwechsel	Vinzenz Pfnür (Hg.), Johannes Eck (1486–1543), Briefwechsel. Internet-Edition in vorläufigem Bearbeitungsstand (ivv7s rv15.uni-muenster.de/mnkg/pfnuer/Eck-Brief.html)
ed./Ed.	ediert / Edition
EKO	Evangelische Kirchenordnungen des XVI. Jahrhunderts, Bd. 1 ff., Tübingen u. a. 1902 ff.
GW	Gesamtkatalog der Wiegendrucke (www.gesamtkatalogder wiegendrucke.de)
KGK	Andreas Bodenstein von Karlstadt, Kritische Gesamtausgabe, hg. von Thomas Kaufmann, Bd. I/1 ff., Gütersloh 2017 ff.
LuStA	Hans-Ulrich Delius (Hg.), Martin Luther, Studienausgabe, Bd. 1–6, Berlin, Leipzig 1979–1999
MBW	Melanchthons Briefwechsel. Kritische und kommentierte Gesamtausgabe. Im Auftrag der Heidelberger Akademie der Wissenschaften hg. von Heinz Scheible, Abt. Regesten, bearb. von Heinz Scheible und Walter Thüringer, Stuttgart-Bad Cannstatt 1977 ff.
MBW.T	Melanchthon Briefwechsel, Abt. Texte, Bd. 1 ff., Stuttgart-Bad Cannstatt 1991 ff.
ND	Nach- / Neudruck
o. Dr.	ohne Druckerangabe
o. J.	ohne Jahresangabe
o. O.	ohne Ortsangabe
RGG[4]	Religion in Geschichte und Gegenwart. Handwörterbuch für Theologie und Religionswissenschaft, 4. völlig neu bearb. Aufl., Bd. 1–8, Tübingen 1998–2005; Register Tübingen 2007
ThMA	Thomas-Müntzer-Ausgabe. Kritische Gesamtausgabe, hg. im Auftrag der Sächsischen Akademie der Wissenschaften, Bd. 2, Leipzig 2010; Bd. 3, Leipzig 2004; Bd. 1, Leipzig 2017
USTC	Universal Short Title Catalogue (www.ustc.ac.uk)
VD 16	Bayerische Staatsbibliothek [München] – Herzog August Bibliothek [Wolfenbüttel] (Hg.), Verzeichnis der im deutschen Sprachgebiet erschienenen Drucke des 16. Jahrhunderts, Bd. 1–25, Stuttgart 1983–2000 (http://www.vd16.de)
VD 17	Das Verzeichnis der im deutschen Sprachraum erschienenen Drucke des 17. Jahrhunderts (https://kxp.k10plus.de/DB=1.28/)
VLHum	Franz Josef Wortbrock (Hg.), Deutscher Humanismus 1480–1520 Verfasserlexikon, 2 Bde., Berlin, Boston 2008–2013

WA, WABr, WATr WADB	Martin Luther, Werke, Kritische Gesamtausgabe [Weimarer Ausgabe], Abt. Schriften, Briefe, Tischreden, Deutsche Bibel
Z.	Zeile
ZV	Supplement zum Grundwerk (VD 16) mit kompletten Titelaufnahmen im elektronischen Zusatzverzeichnis
Zwingli, Werke	Huldrych Zwingli, Sämtliche Werke, hg. von Emil Egli, Joachim Staedtke, Fritz Büsser u. a., 21 Bde., Berlin, Zürich 1905–2013 (CR 88 bis 108)

Anmerkungen

Einleitung: Digital Natives und Printing Natives

1 Marc Prensky, Digital Natives, Digital Immigrants, in: On the Horizon, MCB University Press Vol. 9, No. 5, Oct. 2001 (Zugriff 29.10.2019).
2 Hans Dieter Hellige, Die Geschichte des Internet als Lernprozess, in: Hans-Jörg Kreowski (Hg.), Informatik und Gesellschaft. Verflechtungen und Perspektiven [Kritische Informatik 4], Münster, Hamburg, Berlin 2007, S. 121–170; Bridgette Wessels, Understanding the Internet: a sociocultural perspective, Basingstoke 2010; Martin Schmitt, Internet im Kalten Krieg: eine Vorgeschichte des globalen Kommunikationsnetzes, Bielefeld 2016.

1. Die erste Medienrevolution

1 Zur Orientierung über alle Fragen der Inkunabelforschung: Wolfgang Schmitz/Christoph Reske (Hg.), Materielle Aspekte der Inkunabelforschung, Wiesbaden 2017; Wolfgang Schmitz, Grundriss der Inkunabelkunde. Das gedruckte Buch im Zeitalter des Medienwandels, Stuttgart 2018.
2 Als erste Papiermühle in Deutschland gilt die «Gleismühl» des Ulman Stromer, die auf ca. 1390 angesetzt wird und in Nürnberg stand, vgl. Ulrich Stromer, Püchel von mein geslecht und abentewr. Zur 600-Jahrfeier der Gründung der ersten Papiermühle Deutschlands, Stuttgart 1990.
3 Lieselotte E. Saurma-Jeltsch, Spätformen mittelalterlicher Buchherstellung: Bilderhandschriften in der Werkstatt Diebold Laubers in Hagenau, Wiesbaden 2001.
4 Bettina Wagner (Hg.), Blockbücher des 15. Jahrhunderts. Eine Experimentierphase im frühen Buchdruck, in: Bibliothek und Wissenschaft 46, Wiesbaden 2013.
5 Christoph Reske, Hat Johannes Gutenberg das Gießinstrument erfunden? Mikroskopischer Typenvergleich an frühen Drucken, in: Gutenberg-Jahrbuch 90, 2015, S. 44–63.
6 Eine detaillierte Beschreibung der Arbeitsabläufe bietet: Christoph Reske, Drucken in der Handpressenzeit, in: Günter Hägele u.a. (Hg.),

Augsburg macht Druck. Die Anfänge des Buchdrucks in einer Metropole des 15. Jahrhunderts, Augsburg 2017, S. 16–29.
7   Vgl. Schmitz, Inkunabelkunde, S. 253 ff.
8   Vgl. Georg Voigt, Die Wiederbelebung des classischen Alterthums oder Das erste Jahrhundert des Humanismus, 4. unv. Aufl. Berlin 1960, S. 395 ff.
9   Ulrich Johannes Schneider, Die Erfindung der Druckseite um 1500, in: Ders. (Hg.), Textkünste. Buchrevolution um 1500 (Ausstellungskatalog), Darmstadt 2016, S. 9–46; G.A.E. Bogeng, Über die Entstehung und die Fortbildungen des Titelblattes, in: Buch und Schrift, Jahrbuch des deutschen Vereins für Buchwesen und Schrifttum III, 1929, S. 74–94; Ursula Rautenberg, Das Titelblatt, in: dies./Volker Titel (Hg.), Alles Buch, Erlangen 2004, S. 5–33; Margarete M. Smith, The Title-Page, Its Early Development 1460–1540, London 2000.
10 Vgl. Schmitz, Inkunabelkunde, S. 219 ff.
11 Heinrich Grimm, Deutsche Buchdruckersignete des XVI. Jahrhunderts, Wiesbaden 1965; Anja Wolkenhauer, Zu schwer für Apoll. Die Antike in humanistischen Druckerzeichen des 16. Jahrhunderts, Wiesbaden 2001.
12 Vgl. nur: Cornelia Schneider, Peter Schöffer, Bücher für Europa, Mainz 2003.
13 *Psalterium cum canticis*, Mainz, Schöffer, Fust 1457; GW M36179; Ex. NB Wien Ink 4.B.1, [175^v].
14 GW 12268.
15 Barbara Frank, Das Erfurter Peterskloster im 15. Jahrhundert. Studien zur Geschichte der Klosterreform und der Bursfelder Unio, Göttingen 1973, S. 92 f.; 108; GW M47570.
16 GW 6051. GW 11482.
17 Christoph Reske, Der Holzschnitt bzw. Holzstock am Ende des 15. Jahrhunderts. Aspekte der Arbeitsteilung, Kosten und Auflagenhöhe, in: Gutenberg Jahrbuch 84, 2009, S. 71–78, hier: 75. Zur Produktion der Schedelschen Chronik vgl. ders., Die Produktion der Schedelschen Weltchronik, Wiesbaden 2000 (mit CD).
18 GW 6800 / 6801.
19 So Uwe Neddermeyer, Von der Handschrift zum gedruckten Buch. Schriftlichkeit und Leserinteresse im Mittelalter und in der frühen Neuzeit, 2 Bde., Wiesbaden 1998, S. 391 unter Rekurs auf Graham Pollard/Albert Ehrmann, The Distribution of Books by Catalogue from the Invention of Printing to A.D. 1800, Cambridge 1965, S. 62 f., aufgenommen von Schmitz, Inkunabelkunde, S. 186 f.
20 GW 03182. GW M36186. GW 04202.

Anmerkungen zu Kapitel 1   269

21 GW 06555; 06556. GW M19909. GW 05916; 059161oN.GW M41981.
    Edward Schröder u.a., Das Mainzer Fragment vom Weltgericht, in: Gutenberg Gesellschaft 3, 1904, S. 1–36.
22 GW 07054.
23 GW M46416; M21753.
24 Zur Orientierung: Thomas Kaufmann, «Türckenbüchlein». Zur christlichen Wahrnehmung «türkischer Religion» in Spätmittelalter und Reformation, Göttingen 2008.
25 GW M19909; Ex. SB München Rar. 1 [A 1ʳ].
26 Zu den im Zusammenhang solcher Kampagnen entstandenen Drucken s. GW M30672–30889; Falk Eisermann, Ablass und Buchdruck – neue Funde, neue Forschungen, neue Hilfsmittel, in: Andreas Rehberg (Hg.), Ablasskampagnen des Spätmittelalters, Berlin 2017, S. 411–426; ders., Der Ablass als Medienereignis. Kommunikationswandel durch Einblattdrucke im 15. Jahrhundert, in: Berndt Hamm/Volker Leppin/Gury Schneider-Ludorff (Hg.), Media Salutis. Gnaden- und Heilsmedien in der abendländischen Religiosität des Mittelalters und der Frühen Neuzeit, Tübingen 2011, S. 121–143; zu Peraudi auch: Bernd Moeller, Die letzten Ablaßkampagnen. Luthers Widerspruch gegen den Ablaß in seinem geschichtlichen Zusammenhang, in: ders., Die Reformation und das Mittelalter, Göttingen 1991, S. 53–72, 295–307.
27 Schmitz, Inkunabelkunde, S. 191 f.; Stefan Füssel, Gutenberg und seine Wirkung, hg. von Elmar Mittler, Frankfurt a.M., Leipzig 1999, S. 21 f.
28 GW 5020; Falk Eisermann, Verzeichnis der typographischen Einblattdrucke des 15. Jahrhunderts im Heiligen Römischen Reich Deutscher Nation (=VE 15), Wiesbaden 2004, Bd.II, B-69 – B-72.
29 VE 15 Z-6 – Z-17.
30 GW 07171, 07172, 071210N, 071220N, 07 173–07179, M49579.
31 Christoph Columbus, *Ein schon hübsch lesen von etlichen Inseln*, Straßburg 1497; Ex. SB München Rar 6ᵉ, GW 07179, [a 3ʳ], [a 3ᵛ].
32 *Cosmographiae introductio cum quibusdam geometriae Ac Astronomiae Principiis* ... [St. Dié] 1507; Ex. UB München Cim 74 (= 4 Math 863), C 3ᵛ: «[...] Amerigen quasi Americi terram / sive Americam dicendam [...].» Das lateinische Femininum wurde von M.Ringmann in Analogie zu Asia und Europa gebildet. Vgl. Franz Laubenberger, The Naming of America, in: Sixteen Century Journal 13/4, 1982, S.91–113; Klaus Vogel, ‹America›: Begriff, geographische Konzeption und frühe Entdeckungsgeschichte in der Perspektive der deutschen Humanisten, in: Karl Kohut (Hg.), Von der Weltkarte zum Kuriositätenkabinett. Amerika im deutschen Humanismus und Barock, Frankfurt a.M. 1995, S. 11–43.

33 *Das sind die new gefunden menschen...* [Leipzig] 1505; Ex. HAB Wolfenbüttel QuH 26(5).
34 Bettina Wagner, An der Wiege des Paratextes. Formen der Kommunikation zwischen Druckern, Herausgebern und Lesern im 15. Jahrhundert, in: Frieder von Ammon / Herfried Vogel (Hg.), Die Pluralisierung des Paratextes in der frühen Neuzeit, Münster 2008, S. 133–155, hier: 135.
35 Philippe Nieto, Géographie des impressions européennes du XVe siècle, in: Revue française d'histoire du livre N° 118–121 [Hommage Pierre Aquilon] 2003, S. 125–174; Schmitz, Inkunabelkunde, S. 358 f.; Urs B. Leu, Europäischer Buchdruck und Thurgauer Lesekultur, in: Marianne Luginbühl / Heinz Bothien (Hg.), Meisterwerke des frühen Buchdrucks. Die Inkunabel-Schätze der Kantonsbibliothek Thurgau aus den Klöstern von Ittingen, Fischingen und Krezlingen, Frauenfeld u. a. 2011, S. XIII–XLI.
36 Vgl. Rainer Koch, Brücke zwischen den Völkern – Zur Geschichte der Frankfurter Messe, 3 Bde., Frankfurt a. M. 1991; Friedrich Kapp, Geschichte des deutschen Buchhandels bis in das siebzehnte Jahrhundert, Leipzig 1886, S. 448 ff.; Andrew Pettegree, The Book in the Renaissance, New Haven, London 2010, S. 78–82.
37 Johannes Trithemius, *De laude scriptorum*, Mainz, Peter von Friedberg 1494; GW M47538; Ex. BSB München Ink T-446, a 3^r; Abdruck der Passage mit Übersetzung in: Hans Widmann, Vom Nutzen und Nachteil der Erfindung des Buchdrucks, Mainz 1973, S. 40–43.
38 Trithemius, *De laude scriptorum*, b 2^r.
39 Vgl. Widmann, Nutzen, S. 27.
40 Johannes Trithemius, Brief an seinen Bruder Jakob 24.6.1506, in: ders., Opera historica, Bd. 2, Frankfurt a. M. 1601, ND 1966, S. 505; Widmann, Nutzen, S. 15 Anm. 19; 29.
41 Vgl. Füssel, Gutenberg, S. 73 f.
42 Erasmus (Hg.), *Laurentii Vallensis ... in Latinam Novi testamenti interpretationem ... Adnotationes*, Paris, Badius 1505; Ex. SB Augsburg 2 Th ex. 423, A 2$^{r/v}$.
43 Heinz Scheible, Melanchthon, Vermittler der Reformation, München 2016, S. 62; Andreas Osiander, Gesamtausgabe, Bd. 1, Gütersloh 1975, S. 95,11 ff.; vgl. auch WA 10 / I, S. 625,19–627,21.
44 Johannes Balbus, *Catholicon*, Mainz [Gutenberg?] 1460; GW 03182; Ex. LB Karlsruhe Ba 107, Bl. [372^v] (Kasus geändert, ThK). Zum Topos des Buchdrucks als Gottesgeschenk s. auch Hans Widmann, Divino quodam numine – Der Buchdruck als Gottesgeschenk, in: Wort Gottes in der Zeit, FS Karl Hermann Schelkle, Düsseldorf 1973, S. 257–273.
45 *Die Cronica van der hiliger Stat va[n] Coelle[n]*, Köln, Johann Koelhoff 1499; GW 06688; Ex. ThULB Jena 2 Germ V. 7, CCCXI^v.

Anmerkungen zu Kapitel 1

46 Nach Widmann, Nutzen, S. 21.
47 Widmann, Nutzen, S. 19 f.
48 Ferdinand Geldner, Ein in einem Sammelband Hartmann Schedels (Clm 901) überliefertes Gutachten über den Druck deutschsprachiger Bibeln, in: Gutenberg-Jahrbuch 1972, S. 86–89.
49 Zit. nach der Übersetzung Widmanns, Nutzen, S. 45.
50 Vgl. im Folgenden die Wiedergabe des lateinischen Textes mit Übersetzung bei Widmann, Nutzen, S. 46–48.
51 Hieronymus, *Epistolae*, Rom, Sweynheym, Pannartz 1468; GW 12421; Ex. Bibl.Vat. Inc., S. 2–3; Membr., S. 18–19, [1^v].
52 Conrad Celtis, *Liber Tertius Caminum* IX, zit. nach der Übersetzung in: Wilhelm Kühlmann/Robert Seidel/Hermann Wiegand (Hg.), Humanistische Lyrik des 16. Jahrhunderts, Frankfurt a.M. 1997, S. 59.
53 Zit. nach Füssel, Gutenberg, S. 71 (lat. Original abgedruckt a.a.O., S. 70).
54 Zit. nach Winfried Trillitzsch (Hg.), Der deutsche Renaissancehumanismus, Frankfurt a.M. 1981, S. 409.
55 Vgl. Widmann, Nutzen, S. 18.
56 Johannes Nauclerus, *Memorabilium omnis aetatis et omnium gentium chronici commentarii* …, Tübingen, Thomas Anshelm 1516; VD 16 N 167.; Vol. 2, fol. 282^r; zit. nach der Übersetzung von Widmann, Nutzen, S. 17 f.
57 Johannes Cochläus, Kurze Beschreibung Germaniens. *Brevis Germanie Descriptio* (1512). In der Übersetzung von Karl Langosch. Mit einer Einführung von Volker Reinhardt, Darmstadt 2010, S. 42.
58 WA 15, S. 49,14–20.
59 WATr 1, Nr. 1038, S. 523,21–23.
60 WATr 2, Nr. 2772b, S. 650,18 f. (Konrad Cordatus, 28.9.-23. 11. 1532).
61 «Nam olim tantae erant tenebrae in omnibus facultatibus et artibus, ut nullus usus esset. […] Nunc omnes artes illustratae florent. So hatt uns Gott die druckerey dartzu geschenckt, praecipue ad premendum papam.» WATr 4, Nr. 4697, S. 436,26–437,3 (Anton Lauterbach, 9.7.1539).
62 Theodor Vulpinus, Die Hauschronik Konrad Pellikans von Rufach. Ein Lebensbild aus der Reformationszeit, Straßburg 1892, S. 57.
63 Theodor Bibliander, *Temporum a condito mundo usque ad ultimam aetatem supputatio* …, Basel, Joh. Oporinus 1558; VD 16 B 5334, S. 214 (unter dem Jahr 1443).
64 WA 21, S. 201,31–34.
65 WA 1, S. 379,8–12.
66 Vgl. nur: Wolfgang Flügel, Konfession und Jubiläum. Zur Institutionalisierung der lutherischen Gedenkkultur in Sachsen 1617–1830, Leipzig 2005; Thomas Kaufmann, Reformationsgedenken in der Frühen Neuzeit, in: Zeitschrift für Theologie und Kirche 107, 2010, S. 285–324.

67 Vgl. nur: Ulrike Hänisch, «Confessio Augustana triumphans». Funktion der Publizistik zum Confessio-Augustana-Jubiläum 1630, Frankfurt a.M. u.a. 1993.
68 Daniel Cramer, *Des heiligen Jobs Bleyern Schrib=Täfflein / Zu Lob der edlen Drucker=Kunst*, in: Orthographia, Leipzig, Ritzsch 1634; VD 17 23: 279061V; Ex. LB Dresden, S. 51–93, hier: 71; vgl. auch Martin Boghardt, Hornschuh, Hieronymus, Orthotypographia, lateinisch/deutsch, Darmstadt 1983.
69 Filip Zesens Deutsches Helikon anderer teil..., Berlin, Daniel Reichel 1656; VD 17 1:627883A; Ex. BSB München P.o.germ. 1667–1/4, S. 39.
70 *Jubilaeum Typographorum Lipsiensium: Oder Zweyhundert-Jähriges Buchdrucker Jubelfest*..., Leipzig 1640; Ex. ULB Dresden H lit. 551,):([4ʳ].
71 Vgl. Johann David Werther, *Warhafftige Nachrichten Der so alt= als berühmten Buchdrucker=Kunst*, Frankfurt, Leipzig 1721, S. 5 f.
72 Max Hasse, Beiträge zur Geschichte der Magdeburger Buchdruckerkunst im 16., 17. und 18. Jahrhundert, Magdeburg 1940, S. 40. Luther scheint 1439 für das Jahr der Erfindung des Buchdrucks gehalten zu haben, vgl. WATr 2, Nr. 1663, S. 169,5. Zur Frage der Historizität dieser Feier von 1540 vgl. Thomas Kaufmann, Das Ende der Reformation, Tübingen 2003, S. 51; ders., Die Mitte der Reformation, Tübingen 2019, S. 22 mit Anm. 19.
73 Vgl. Widmann, Nutzen, S. 22; s. auch: Otto Clemen, Die lutherische Reformation und der Buchdruck, Leipzig 1939.

2. «Männer des Buches»

1 Zur Präzisierung von Reuchlins Geburtsdatum (29.1.1455) s. Stefan Rhein, Reuchliniana I. Neue Bausteine zur Biographie Johannes Reuchlins, in: Johannes Reuchlin (1455–1522), Nachdruck der 1955 von Manfred Krebs hg. Festgabe, neu hg. und erw. von Hermann Kling und Stefan Rhein, Sigmaringen 1994, S. 277–284, hier: 278.
2 Philipp Melanchthon, Rede über Johannes Reuchlin aus Pforzheim (De Capnione Phorcensi, 1552), in: Melanchthon deutsch, hg. von Michael Beyer, Stefan Rhein, Günther Wartenberg, Bd. 1, Leipzig 1997, S. 183–201, hier: 185. Zu Reuchlin und Melanchthon s. Heinz Scheible, Reuchlins Einfluss auf Melanchthon, in: ders., Melanchthon und die Reformation, hg. von Gerhard May und Rolf Decot, Mainz 1996, S. 71–97.
3 A.a.O., S. 186.
4 Reske, Buchdrucker, S. 62; Alfred Hartmann (Bearb., Hg.), Die Amerbachkorrespondenz, 10 Bde., Basel 1942–1995 (ab Bd. 9 bearb. von Beat

Anmerkungen zu Kapitel 2

Rudolf Jenny; in engl. Übersetzung gekürzt: Barbara C. Halporn (Hg.), The Correspondance of Johann Amerbach. Printing in Its Social Context, Ann Arbor 2000.
5   GW M37896.
6   Melanchthon, Rede über Johannes Reuchlin, S. 192; zur Rede Reuchlins vor Alexander VI. s. GW M3787710.
7   Johannes Reuchlins Bibliothek Gestern & Heute. Schätze und Schicksal einer Büchersammlung der Renaissance, Katalog, bearb. von Matthias Dall'Asta und Gerald Dörner, Heidelberg u. a. 2007.
8   Melanchthon, Rede über Johannes Reuchlin, S. 197.
9   A. a. O., S. 193 f.
10 Luther an Reuchlin 14. 12. 1518, zit. nach: Johannes Reuchlin, Briefwechsel, Bd. 4, 1518–1522, Leseausgabe in deutscher Übersetzung von Georg Burkard, hg. von Matthias Dall'Asta, Stuttgart-Bad Cannstatt 2011, S. 108 f.
11 Melanchthon, Rede über Johannes Reuchlin, S. 195. Zu judenfeindlichen Motiven u. a. Reuchlins vgl. Thomas Kaufmann, Einige Beobachtungen zum Judenbild deutscher Humanisten in den ersten beiden Jahrzehnten des 16. Jahrhunderts, in: Dorothea Wendebourg / Andreas Stegmann / Martin Ohst (Hg.), Protestantismus, Antijudaismus, Antisemitismus, Tübingen 2017, S. 55–78.
12 Melanchthon, Rede über Johannes Reuchlin, S. 196.
13 Reuchlin an Kurfürst Friedrich von Sachsen 7. 8. 1518, zit. nach Johannes Reuchlin, Briefwechsel, Bd. 4, 1518–1522, S. 68 f.
14 Erasmus von Rotterdam, Ausgewählte Schriften, hg. von Werner Welzig, Sechster Band, Darmstadt 1967, S. 126. Konrad Pellikan hatte den kranken Reuchlin noch kurz vor dessen Tod in Bad Liebenzell bei Hirsau bei einer Kur besucht und mehrere Stunden mit ihm gesprochen. Pellikan erzählte Erasmus von dieser Begegnung, der sie in der *Apotheosis Reuchlini* literarisch verarbeitete, vgl. Vulpinus, Hauschronik, S. 80.
15 A. a. O., S. 133.
16 Reuchlins Bibliothek, B 12, S. 79; Ex. BSB München, Cod. Hebr. Mon. 425.
17 Zit. nach der Übersetzung der Vorrede der *Rudimenta* in: Hans-Rüdiger Schwab, Johannes Reuchlin Deutschlands erster Humanist. Ein biographisches Lesebuch, München 1998, S. 124.
18 Reuchlin in einem Brief an Jakob Sprenger (zwischen 8. 5. und 22. 7. 1488), nach Schwab, Lesebuch, S. 23.
19 Ebd.; zur Mitwirkung Pellikans an der Fertigstellung der *Rudimenta* vgl. aber Vulpinus, Hauschronik, S. 24; Emil Silberstein, Conrad Pellicanus,

ein Beitrag zur Geschichte des Studiums der hebräischen Sprache in der ersten Hälfte des 16. Jahrhunderts, Berlin 1900, S. 10.
20 «Exegi monumentum ęre perennius.» *Rudimenta hebraica*,VD 16 R 1252, S.[621]; Horaz *c.* 3,30.
21 Vgl. Gianfranco Mileto/Guiseppe Veltri, Die Hebraistik in Wittenberg (1502–1813): von der «lingua sacra» zur Semitistik, in: Henoch 25, 2003, S. 93–111; Stephen Burnett, Christian Hebraism in the Reformation Era (1500–1660), Leiden 2012.
22 Schwab, Lesebuch, S. 121.
23 Petrus Nigri, *Tractatus contra perfidos Judaeos*, Esslingen, Konrad Fyner 1475; GW M27101; *Stern des Meschiah*, Esslingen, Fyner 1477; GW M27104.
24 Schwab, Lesebuch, S. 122; zum hebräischen Inkunabeldruck s. Schmitz, Inkunabelkunde, S. 288–292.
25 GW 4200.
26 Vgl. Stephen Burnett, Luthers hebräische Bibel (Brescia, 1494) – ihre Bedeutung für die Reformation, in: Irene Dingel/Henning P. Jürgens (Hg.), Meilensteine der Reformation. Schlüsseldokumente der frühen Wirksamkeit Luthers, Gütersloh 2014, S. 62–69; zu Randglossen in diesem Handexemplar (SB Berlin Inc. 2840 {digit.}) s. WADB 10/II, S.XXI Anm. 21; WADB 11/II, S.XX Anm. 48; XXXIV f. Anm. 111; LXI f. Anm. 25.
27 Johannes Reuchlin, *tütsch missive*, Pforzheim, Th. Anshelm 1505; VD 16 R 1246.
28 Johannes Reuchlin, Briefwechsel, Bd. 2, 1506–1513, Leseausgabe in deutscher Übersetzung von Adalbert Weh, hg. von Manfred Fuhrmann, Stuttgart-Bad Cannstatt 2004, Nr. 142 f. (Reuchlin an Amerbach 12. 4. 1507; Amerbach an Reuchlin nach 12. 4. 1507).
29 Reuchlin, Briefwechsel, Bd. 2, Nr. 156 (Amerbach an Reuchlin, 27. 6. 1509).
30 A. a. O., Nr. 163 (Reuchlin an Amerbach, 26. 3. 1510).
31 A. a. O., Nr. 180 (Elisabeth Reuchlin an ihren Bruder, ca. August 1511).
32 A. a. O., Nr. 207 (Reuchlin an Amerbach, 31. 8. 1512).
33 Johannes Reuchlin, *In septem psalmos poenitentiales hebraicos interpretatio de verbo ad verbum* ..., Tübingen, Th. Anshelm 1512; VD 16 B 3406.
34 Reuchlin Briefwechsel Bd. 2, Nr. 207, S. 209.
35 Valentina Sebastiani, Johann Froben, Printer of Basel. A Biographical Profile and Catalogue of His Editions, Leiden u. a. 2018; präzise bibliographische Analyse des *Novum Instrumentum* (VD 16 B 4196): Sebastiani, a. a. O., Nr. 44, S. 213–216. Im Folgenden benutze ich: Erasmus von Rotterdam, *Novum Instrumentum*, Basel 1516, Faksimile-Neudruck mit einer

Anmerkungen zu Kapitel 2 275

historischen, textkritischen und bibliographischen Einleitung von Heinz Holeczek, Stuttgart-Bad Cannstatt 1986.
36 Sebastiani, Froben, S. 215 f.
37 VD 16 B 4197; Sebastiani, a. a. O., Nr. 125, S. 373–377. Der Gesamtverkauf aller fünf zu Lebzeiten des Erasmus erschienenen Ausgaben des griechischen NT belief sich auf 9000 Exemplare, vgl. Holeczek, Erasmus Deutsch, S. 48.
38 Sebastiani, a. a. O., S. 376.
39 Erasmus an Robert Aldrige (23. 8. 1527); Allen VII, Nr. 1858, S. 140, 519–531.
40 Zum Kontext: Erika Rummel (Hg.), Biblical Humanism and Scholasticism in the Age of Erasmus, Leiden, Boston 2008.
41 Allen I, Nr. 207, S. 437 f.,16–19: «Demiror, quid obstiterit quo minus Novum Testamentum iampridem evulgaris, opus (ni me fallit coniectura) etiam vulgo placiturum, maxime nostro, id est Theologorum, ordini.» 18. 10. 1507.
42 In seiner Auslegung des Sprichwortes «Eile mit Weile» (*Festina lente*), das Aldus Manutius als Motto seiner Offizin gewählt hatte, verherrlicht Erasmus den Drucker geradezu; vgl. *Adagia* (II. 1. 1), in: Werner Welzig (Hg.), Erasmus von Rotterdam, Ausgewählte Schriften, Bd. 7, übers. und eingeleitet von Theresia Payr, Darmstadt ²1990, S. 464–513, bes. 500 ff.
43 «Was Aldus in Italien unternommen hat [...], das unternimmt diesseits der Alpen Johannes Froben mit nicht weniger Hingabe als Aldus und auch nicht ohne Erfolg, aber, das läßt sich nicht leugnen, mit ungleich geringerem finanziellem Gewinn.» Ed. Welzig, Ausgewählte Schriften, Bd. 7, S. 501.
44 Nachweis in: Kaufmann, Mitte, S. 337 Anm. 398.
45 Sebastiani, Froben, S. 39 ff.; Nr. 36 ff., S. 197 ff.
46 Grundlegend: Ueli Dill / Petra Schierl (Hg.), Das bessere Bild Christi. Das Neue Testament in der Ausgabe des Erasmus von Rotterdam, Basel 2016 (darin besonders die Beiträge von Ueli Dill: Das Novum Instrumentum von 1516, S. 67–98; Patrick Andrist, Der griechische Text: «Basler» Handschriften als Vorlagen, S. 99–110) sowie der Sammelband: Martin Wallraff / Silvana Seidel Menchi / Kaspar von Greyerz (Hg.), Basel 1516. Erasmus' Edition of the New Testament, Tübingen 2016, unv. Studienausgabe 2017.
47 Reuchlin, Briefwechsel, Bd. 3, Nr. 246, S. 53 f. (Erasmus an Reuchlin [August 1514]; Kasus geändert, Th. K.); s. Allen III, Nr. 300, S. 4 f.,31–36.
48 Dill, Novum Instrumentum, S. 79.
49 Vgl. die Beispiele für einen den Text umschließenden Satz des Kommentars in: Schneider (Hg.), Textkünste, S. 121 ff.

50 Erasmus, *Novum Instrumentum*, S. 225 ff. Die *Annotationes* wurden mit einer Vorrede des Erasmus (S. 225–230), deren erste Seite mit einer Titelbordüre abgesetzt ist, eingeleitet.
51 Erasmus, *Novum Instrumentum*, S. 618.
52 Sebastiani, Froben, S. 215.
53 Vgl. Dill/Schierl, Bild Christi, S. 147–152; Heinz Holeczek, Erasmus Deutsch, Bd. 1: Die volkssprachliche Rezeption des Erasmus von Rotterdam in der reformatorischen Öffentlichkeit 1519–1536, Stuttgart-Bad Cannstatt 1983, S. 47 ff.; 64 ff.; 81 ff.
54 Vgl. nur: Klaus Schreiner, Laienbildung als Herausforderung für Kirche und Gesellschaft. Religiöse Vorbehalte und soziale Widerstände gegen die Verbreitung von Wissen im späten Mittelalter und in der Reformation, in: Zeitschrift für Historische Forschung 11, 1984, S. 257–354; Kaufmann, Anfang, S. 68 ff.
55 Zit. nach der zweisprachigen Ausgabe von Werner Welzig (Hg.), Erasmus von Rotterdam, Ausgewählte Schriften, Bd. 3, Darmstadt 1967, S. 14 f.
56 Erasmus, *Novum Instrumentum*, aa[a]1^v.
57 «Qui librum mendis undique scatentem habet, certe non habet librum sed molestiam.» Erasmus, *Novum Instrumentum*, aa[a]1^v (Froben an den Leser, 25. 2. 1516).
58 Erasmus, *Novum Instrumentum*, aa[a]2^r – aaa3^r (1. 2. 1516); ed. in: Allen II, Nr. 384, S. 181–187.
59 Erasmus, *Novum Instrumentum*, S. 225–230; s. ASD VI/1 (noch nicht erschienen).
60 Erasmus, *Novum Instrumentum*, S. 672 f.; ed. in: BAO 1, Nr. 21, S. 26–28.
61 Die Rekonstruktion der in der Thüringischen Landes- und Universitätsbibliothek Jena vorhandenen Bestände ist einsehbar unter: uni-jena. de/bibliotheca-electoralis/start.html.
62 Johannes Reuchlin, Briefwechsel, Bd. 1, 1477–1505. Leseausgabe in deutscher Übersetzung von Adalbert Weh, Stattgart-Bad Cannstatt 2000, Nr. 92, S. 184 (Petrus Jakobi an Reuchlin, nach 7. 8. 1498).
63 Johannes Reuchlin, Briefwechsel, Bd. 4, 1518–1522, Leseausgabe in deutscher Übersetzung von Georg Burkard, hg. von Matthias Dall'Asta, Stuttgart-Bad Cannstatt 2011, Nr. 367, S. 147 (12. 9. 1519, Reuchlin an Melanchthon).
64 Ebd.
65 Grundlegend: Martin Davies, Aldus Manutius: Printer and Publisher in Renaissance Venice, London 1995. Zitate hier und im Folgenden: Reuchlin, Briefwechsel, Bd. 1, Nr. 118, S. 221–223.
66 Die Hauschronik Konrad Pellikans von Rufach. Ein Lebensbild aus der Reformationszeit. Deutsch von Theodor Vulpinus, Straßburg 1892, S. 8.

Anmerkungen zu Kapitel 2

67 Hauschronik, S. 18.
68 A.a.O., S. 19.
69 Vielleicht GW M3064108 (Offizin Gershom Soncino [nur fragmentarisch erhalten]).
70 Hauschronik, S. 22.
71 Hauschronik, S. 53. Es dürfte sich um einen der frühesten Drucke in der Offizin Daniel Bombergs handeln, vgl. Avraham Me'ir Haberman, The Printer Daniel Bomberg and the List of Books Published by His Press, Safed, Tel Aviv 1978; Selig Bamberger, Raschis Pentateuchkommentar, Basel ³1975.
72 Hauschronik, S. 53.
73 Hauschronik, S. 29.
74 «Emi anno MDVII Misericordia domini», FB Wittenberg fol. HTh 891, e 8ᵛ; «Emi 9 g'rossis' iii g'rossis' pintgeldt.», ebd., leere letzte Seite des Druckes; vgl. KGK I,1 S. 491 Anm. 50.
75 KGK I,1, S. 562,15 ff.
76 Hauschronik, S. 55.
77 Reuchlin an Frater Crismann Zürn (13.4.1501), Briefwechel, Bd. 1, S. 210; vgl. Schwab, Lesebuch, S. 115.
78 Reuchlin, Widmungsschreiben zu *De accentibus et orthographia linguae hebraicae*, Febr. 1518, zit. nach Schwab, Lesebuch, S. 252.
79 Hauschronik, S. 21.
80 Hauschronik, S. 55; vgl. Christoph Schönau, Jacques Lefèvre d'Etaples und die Reformation, Gütersloh ²2019, S. 61.
81 Reuchlin an Jakob Sprenger (zwischen 8.5. und 22.7.1488), nach Schwab, Lesebuch, S. 23.
82 *De amandis pauperibus, Gregorii Naziazeni ... sermo*, Augsburg, Grimm, Wirsung 1519; VD 16 G 3029.
83 *Ein ser christliche predig des heiligen ... Gregorius von Nazianz ...*, Mainz, Joh. Schöffer 1521; VD 16 G 3031.
84 GW 05041; Ex. SLUB Dresden Ink.394.4 {digit.}.
85 An bibliographischen Hinweisen vgl. nur VD 16 R 1272–1300; zur Sache: Matthias Dall'Asta, «Histrionum exercitus et scommata» – Schauspieler, die Sprüche klopfen. Johannes Reuchlins *Sergius* und die Anfänge der neulateinischen Komödie, in: Reinhold F. Glei/Robert Seidel (Hg.), Das lateinische Drama der Frühen Neuzeit, Tübingen 2008, S. 13–30.
86 Vgl. Barbara Roggema, A Christian Reading of the Qur'an: The Legend of Sergius-Baʾîrā and its Use of Qur'an and Sira, in: David Thomas (Hg.), Syrian Christians under Islam, Leiden u.a. 2001, S. 57–74.

87 Johannes Reuchlin, *Scaenica progymnasmata* [Basel], Johann Bermann 1498; GW M37879.
88 Vgl. Cora Dietl, Die Dramen Lochers und die Humanistenbühne im süddeutschen Raum, Berlin, New York 2005, S. 168 ff.
89 Anregend: Richard van Dülmen, Die Entdeckung des Individuums 1500–1800, Frankfurt a. M. 1997; Sabine Haag/Christiane Lange/Christof Metzger/Karl Schütz (Hg.), Dürer Cranach Holbein. Die Entdeckung des Menschen: Das deutsche Porträt um 1500, München 2011.
90 Vgl. zu den Druckerzeichen allgemein: Heinrich Grimm, Deutsche Buchdruckersignate des XVI. Jahrhunderts, Wiesbaden 1965; Hugh William Davies, Devices of the Early Printers 1457–1569: Their History and Development, London 1935, unv. Nachdruck Folkestone/Kent 1974; speziell zum Froben'schen Signet: Anja Wolkenhauer, Zu schwer für Apoll: die Antike in humanistischen Druckerzeichen des 16. Jahrhunderts, Wiesbaden 2002, S. 199–215; Thomas Kaufmann, Reformationszeitliche Druckersignete als ‹fortgeschriebenes› Gotteswort, in: Reinhard Müller u. a. (Hg.), Fortgeschriebenes Gotteswort, FS Christoph Levin, Tübingen 2020, S. 453–470.
91 Martial, *Lib.Epigr.* 10,47 f.; vgl. Wolkenhauer, Apoll, S. 204.
92 Vgl. in Bezug auf Luther und Hutten bei Schott: VD 16 H 6342, A 1^r; y[6]^r; zur Schott'schen Offizin s. Kaufmann, Mitte, S. 253 ff.
93 Schott setzte einen großen Holzschnitt Geilers auf das Titelblatt von dessen Postille (VD 16 G 788, Titelbl.^{r}) oder ein ganzseitiges Lutherporträt auf die Titelseite der deutschen Übersetzung von *De captivitate Babylonica*, VD 16 L 4194, A 1^r.
94 Andrew Pettegree, Die Marke Luther. Wie ein unbekannter Mönch eine deutsche Kleinstadt zum Zentrum der Druckindustrie und sich selbst zum berühmtesten Mann Europas machte – und die protestantische Reformation lostrat, Berlin 2016.
95 *Das Ander teyl des alten testaments...*, Wittenberg [Lukas Cranach, Christian Döring 1524]; WADB 2, Nr. *11, S. 272–275; VD 16 B 2909.
96 Aus der Fülle der Literatur vgl. nur: David H. Price, Johannes Reuchlin and the Campaign to Destroy Jewish Books, Oxford 2011; Jan-Hendryck de Boer, Unerwartete Absichten. Genealogie des Reuchlinkonfliktes, Tübingen 2016; Ellen Martin, Die deutschen Schriften des Johannes Pfefferkorn, Göppingen 1994; Hans-Martin Kirn, Das Bild vom Juden im Deutschland des frühen 16. Jahrhunderts dargestellt an den Schriften Johannes Pfefferkorns, Tübingen 1989; Hans Petersen, Jacobus Hoogstraeten gegen Johannes Reuchlin, Mainz 1995; Wilhelm Kühlmann (Hg.), Reuchlins Freunde und Gegner. Kommunikative Konstellationen eines frühneuzeitlichen Medienereignisses, Ostfildern 2010; Ed.

der wichtigsten Werke Reuchlins in: ders., Sämtliche Werke, Bd. 4: Schriften zum Bücherstreit, 1.Teil: Reuchlins Schriften, hg. von Widu-Wolfgang Ehlers, Lothar Mundt, Hans-Gert Roloff und Peter Schäfer, Stuttgart-Bad Cannstatt 1999.
97 VD 16 P 2300–2301.
98 VD 16 P 2305–2308.
99 VD 16 P 2312–2315.
100 Johannes Pfefferkorn, *Der Juden veindt*, Augsburg [Öglin] 1509; VD 16 P 2312, a 4^r.
101 Druck Pforzheim [Thomas Anshelm]; VD 16 R 1246; Ed. in: Reuchlin, Werke, Bd. 4,1, S. 4–12.
102 Vgl. dazu Reuchlin, Werke, Bd. 4,1, S. 22,15 ff.
103 Druck [Mainz, Johann Schöffer 1511]; VD 16 P 2294.
104 *Handspiegel*, VD 16 P 2294, c 1^r.
105 Reuchlin, Werke, Bd. 4,1, S. 214,20–24; 220,7.
106 Reuchlin, Werke, Bd. 4,1, S. 23,11–14.
107 [Tübingen, Thomas Anshelm 1511]; VD 16 R 1306.
108 VD 16 R 1306, Titelbl.^{r}.
109 Johannes Reuchlin, *Ain clare verstentnus in tütsch uff doctor Johannsen Reüchlins ratschlag von den iuden büchern vormals auch zu latin imm Augenspiegel ußgangen* [Tübingen, Thomas Anshelm 1512]; VD 16 R 1249; ed. Reuchlin, Werke, Bd. 4,1, S. 167–196.
110 Arnold von Tongern, *Articuli*, Köln, Quentel 1512; VD 16 R 1307.
111 Johannes Reuchlin, *Defensio*, Tübingen, Thomas Anshelm 1513; VD 16 R 1244; ed. Reuchlin, Werke, Bd. 4,1, S. 197–443.
112 *Hoc in opusculo contra speculum oculare ... continentur Prenotamenta Ortuini Gratij* ..., Köln [Quentel] 1514; VD 16 G 2928.
113 Köln, Gutschaiff 1512; VD 16 P 2287.
114 Köln, Quentel 1514; VD 16 P 2320.
115 Tübingen, Anshelm 1514; VD 16 R 1241. Eine erweiterte Ausgabe mit verändertem Titel, der darauf abhob, dass die Briefe in den drei alten Sprachen verfasst seien: (*Illustrium virorum Epistolae, Hebraicae, Graecae et Latine ad Joannem Reuchlin Phorcensem* ...), erschien 1519 in der inzwischen nach Hagenau übergesiedelten Anshelmschen Offizin; VD 16 R 1242.
116 Zur Verwendung dieses polemischen Stereotyps bei Reuchlin und seinen humanistischen Parteigängern s. Kaufmann, Beobachtungen.
117 VD 16 R 1241, a 2$^{r/v}$; Ed. MBW.T 1, S. 35 f.
118 *Epistolae obscurorum virorum ad venerabilem virum Magistrum Ortvinum Gratium ... in Venetia impressum in impressoria Aldi Manutii* [Hagenau, Heinrich Gran 1515]; VD 16 E 1720; erweiterte Ausgabe: *Epistolae Obscurorum*

virorum ad Magistrum Ortvinum Gratium [Mainz, Peter Schöffer d.J. 1517]; VD 17 E 1723. Bereits eine im VD 16 mit [1516] datierte Ausgabe [Peter Schöffers] trägt den Zusatz: «cum multis aliis epistolis in fine annexis quae in prima impressura non habentur». Ed.: Eduardus Böcking (Hg.), Ulrichi Hutteni Equitis Operum Supplementum. Epistolae Obscurorum virorum, Bd. 1–3, Leipzig 1864–1870.
119 Max Brod, Johannes Reuchlin und sein Kampf. Eine historische Monographie, Wiesbaden 1988, S. 235.
120 [Ulrich von Hutten], *Triumphus Doc. Reuchlini* ... [Hagenau, Thomas Anshelm 1518]; VD 16 H 6414.
121 Bernd Moeller/Karl Stackmann, Luder – Luther – Eleutherius. Erwägungen zu Luthers Namen [Nachrichten der Akademie der Wissenschaften zu Göttingen 1981, Nr. 7], Göttingen 1981; Jürgen Udolph, Martinus Luder – Eleutherius – Martin Luther. Warum änderte Martin Luther seinen Namen?, Heidelberg 2016. In diesen Studien spielt der «Eleutherius Bizen»-Beleg bei Hutten jeweils keine Rolle, s. dazu Kaufmann, Anfang, S. 295–297, Anm. 92.

3. Publizistische Explosionen

1 Vgl. das Kapitel: Vorreformatorische Laienbibel und reformatorisches Evangelium, Kaufmann, Anfang, S. 68 ff.
2 *Euangelia Bas plenarium ußerlesen und davon gezogen in des hochgelerten Doctor Keiserspergs ußlegung der ewangelien und leren ... Priester und Leien nutzlich* ..., Straßburg, Johann Grüninger 1522; VD 16 G 744, A 1^v. Die Vorrede dürfte von dem Franziskaner Johannes Pauli stammen, der die erste Auflage der Postille Geilers 1515 herausgab; vgl. Uwe Israel, Johannes Geiler von Kaysersberg (1445–1510), Berlin 1997, S. 360 Nr. 31; Rita Voltmer, Wie der Wächter auf dem Turm. Ein Prediger und seine Stadt. Johann Geiler von Kaysersberg (1445–1510) und Straßburg, Trier 2005. Der Band enthält Predigten aus den letzten vier Lebensjahren Geilers.
3 Jan Stievermann/Randall C. Zachman (Hg.), Multiple Reformations? The Many Faces and Legacies of the Reformation, Tübingen 2018; zur Analyse der Diskussionslage vgl. meinen Beitrag: Wider die Pluralisierug der Reformation! Refutation einer semantischen Expropriation und Plädoyer für die Reformation als erste Etappe einer Epoche der Frühen Neuzeit, in: Anselm Schubert/Kaspar von Greyerz (Hg.), Die Reformation als Epoche, Gütersloh 2022, sowie andere Aufsätze in dem zitierten Sammelband.
4 Die Literatur zum «Thesenanschlag» ist inzwischen üppig angewachsen; an neueren Titeln, die die älteren Arbeiten in der Regel berücksich-

Anmerkungen zu Kapitel 3

tigen, seien lediglich genannt: Roland Bergemeier, Martin Luthers Thesenanschlag und Erwin Iserlohs Fehldiagnose, 2018 (Selbstverlag); Benjamin Hasselhorn/Mirko Gutjahr, Tatsache! Die Wahrheit über Luthers Thesenanschlag, Leipzig 2018; Joachim Ott/Martin Treu (Hg.), Luthers Thesenanschlag – Faktum oder Fiktion, Leipzig 2008, darin bes.: Bernd Moeller, Thesenanschläge, S. 9–31. Eine detaillierte Begründung meiner These, Luther habe die 95 *Thesen* zweimal in den Druck befördert – einmal in Wittenberg, sodann in Leipzig –, habe ich vorgelegt in: Kaufmann, Mitte, S. 464 ff. Entscheidend für meine Argumentation sind Textabweichungen zwischen dem Leipziger und dem Nürnberger bzw. Basler Druck der 95 *Thesen*, die m.E. von Luther selbst herrühren müssen. Zu den Drucken der 95 Thesen s. Josef Benzing/Helmut Claus, Lutherbibliographie, 2 Aufl., 2 Bde., Baden-Baden 1989/1994, Nr. 85–87.

5 Zit. nach der Übersetzung der «Disputation von der Kraft der Ablässe» in: Thomas Kaufmann (Hg.), Martin Luther. Aufbruch der Reformation, Schriften I, Berlin 2014, S. 9, 12 f. (lat.: WA 1, S. 233, 5–8).

6 Edition der *151 Thesen* in: KGK I/1, Nr. 58, S. 485–511; vgl. auch: Ulrich Bubenheimer, Andreas Karlstadts und Martin Luthers frühe Reformationsdiplomatie. Thesenanschläge des Jahres 1517, Luthers «Asterici» gegen Johannes Eck und Wittenberger antirömische Polemik wegen des Augsburger Reichstages, in: Ebernburg-Hefte 52, 2018, S. 31–68 (= Blätter für Pfälzische Kirchengeschichte 85, 2018, S. 265–302).

7 Johannes Eck, *Disputatio ... Viennae Pannoniae habita*, Augsburg, Johann Miller 1517; VD 16 E 314; 397; 403; ed. Therese Virnich, Johannes Eck, Disputatio Viennae Pannoniae habita (1517), Münster 1923; vgl. Kaufmann, Mitte, S. 454 ff.

8 In einem späteren Brief sprach Luther zwar davon, dass er die Ablassthesen ursprünglich mit wenigen, die «um uns herum wohnten» (WABr 1, S. 152, 8 f.), habe disputieren wollen; allerdings geht eine solche Absicht aus der *Intitulatio* der 95 *Thesen* nicht hervor. Sie dürfte überdies bereits im Lichte der Luther überraschenden Resonanz auf seine Thesen zu interpretieren sein.

9 WABr 1, S. 152, 10–13 (Luther an Christoph Scheurl, 5.3.1518). Zu der verschollenen deutschen Übersetzung der 95 *Thesen*, die Kaspar Nützel anfertigte und die in Nürnberg erschienen war, vgl. WABr 1, S. 152, 6 mit Anm. 3.

10 Zit. nach dem Teilabdruck der Reformationsgeschichte des Myconius in: Thomas Kaufmann/Martin Keßler (Hg.), Luther und die Deutschen. Stimmen aus fünf Jahrhunderten, Stuttgart 2017, S. 34.

11 Zur Druckfolge zuletzt: Kaufmann, Mitte, S. 464 ff.; Präsentation von Faksimiles der drei Thesendrucke in: Staatsbibliothek zu Berlin – Preu-

ßischer Kulturbesitz, Bibel Thesen Propaganda. Die Reformation erzählt in 95 Objekten, Berlin 2017, S. 18–23.
12 Vgl. Falk Eisermann, Der Einblattdruck der 95 Thesen im Kontext der Mediennutzung seiner Zeit, in: Irene Dingel/Henning P. Jürgens (Hg.), Meilensteine der Reformation. Schlüsseldokumente der frühen Wirksamkeit Martin Luthers, Gütersloh 2014, S. 100–106.
13 VD 16 L 4457; Benzing/Claus Nr. 89.
14 Die Auslegung der 95 Thesen erschien unter dem Titel *Resolutiones disputationum de indulgentiarum virtute*, WA 1, S. 523 ff.; Benzing/Claus Nr. 205–208; VD 16 L 5786–5788. Dieser Titel setzt den Petri-Druck der 95 Thesen voraus. Möglicherweise spiegelt der Plural von «disputatio», den Luther verwendet, die ursprüngliche Gruppierung der 95 Thesen in Blöcke zu 25 bzw. 20 Thesen, die vermutlich bei dem Wittenberger Erstdruck, dem Nürnberger und dem Basler verwendet wurden – im Unterschied zum Leipziger, der, einschließlich Zählfehler, die Thesen bis 87 durchzählte. Die Gruppierung in Blöcken dürfte darauf hinweisen, dass Luther – sonstiger Wittenberger Praxis entsprechend – zunächst an mehrere Disputationen über den Ablass mit jeweils einer überschaubareren Menge an Thesen gedacht hatte.
15 Exemplarnachweise in Benzing/Claus Nr. 87–89 mit Nachtrag Bd. 2, S. 28 (zum Ex. im Geheimen Staatsarchiv Preußischer Kulturbesitz Berlin [I HA Rep. 13. Nr. 4–5a, Fasz. 1], das infolge des Zweiten Weltkrieges in Merseburg aufbewahrt war). Dieses Exemplar hat wegen eines handschriftlichen Zusatzes von der Hand Johannes Langs (Zuschreibung: Ulrich Bubenheimer) eine gewisse Prominenz erlangt, s. auch Kaufmann, Geschichte der Reformation, Berlin ³2016, S. 289 f. Anm. 50; ders., Mitte, S. 469 f. Anm. 62.
16 Vgl. Karl Stackmann, Städtische Predigt in der Frühzeit der Reformation. Flugschriften evangelischer Prediger an eine frühere Gemeinde, in: Hartmut Boockmann (Hg.), Kirche und Gesellschaft im Heiligen Römischen Reich des 15. und 16. Jahrhunderts, Göttingen 1994, S. 186–206.
17 Erasmus an Morus, 3. 5. 1518, Löwen; ed. in: Allen, Bd. 3, Nr. 785, S. 238–240, hier: 239,3 f.
18 Zur Rolle der Offizin Melchior Lotters d.Ä. bei der Herstellung von diversen Ablassmedien s. Ulrich Bubenheimer, Druckerzeugnisse aus der Leipziger Offizin Melchior Lotters d.Ä. für den von Albrecht von Brandenburg vertriebenen Petersablass und deren Funktion, in: Hartmut Kühne/Enno Bünz/Peter Wiegand (Hg.), Johann Tetzel und der Ablass, Berlin 2017, S. 267–285. Ed. der *Instructio Summaria*, des Schlüsseldokuments für die Bestimmung der Vollmachten der Ablassprediger, in:

Peter Fabisch/Erwin Iserloh, Dokumente zur Causa Lutheri (1517–1521), 2 Bde., Münster 1988/1991, hier: I, S. 246 ff.
19 Wilhelm Ernst Winterhager, Ablaßkritik als Indikator historischen Wandels vor 1517: Ein Beitrag zu Voraussetzungen und Einordnung der Reformation, in: Archiv für Reformationsgeschichte 90, 1999, S. 6–71.
20 Vgl. über ihn den von Kühne, Bünz und Wiegand hg. Katalog, s. Anm. 18.
21 Diese Konrad Wimpina zuzuschreibenden Thesen wurden von Tetzel am 20.1.1518 disputiert; mit Einleitung sind sie ediert in: Fabisch/Iserloh, Dokumente I, S. 310 ff.
22 Ein Ex. des Einblattdruckes hat sich in SB München erhalten: Sign. Einbl.VII,31; Faksimile in: Fabisch/Iserloh, Dokumente I, S. 316. Der anonym erschienene Druck wird der Offizin des Universitätsdruckers [Johannes Hanaus d. Ä.] in Frankfurt/O. zugeschrieben.
23 WABr 1, S. 155,24 ff. Luther hatte ein Exemplar aus den Flammen gerettet, das er seinem Freund und Ordensbruder Johannes Lang in Erfurt schickte; vgl. auch WABr 1, S. 170,59 ff.; 277; Kaufmann, Anfang, S. 187 f.
24 Von seinem früheren Lehrer Jodocus Trutvetter in Erfurt musste sich Luther den Vorwurf gefallen lassen, er selbst stecke hinter der Verbrennung der Tetzel'schen Thesen, vgl. WABr 1, S. 170,59 ff.
25 Zur studentischen Reformation vgl. Kaufmann, Anfang, S. 185 ff.
26 Vgl. zu den üblichen Auflagenhöhen gedruckter Flugblätter (100–300) bzw. akademischer Veröffentlichungen: Falk Eisermann, Fifty Thousand Veronicas. Print Runs of Broadsheets in the Fifteenth and Early Sixteenth Centuries, in: Andrew Pettegree (Hg.), Broadsheets, Leiden 2017, S. 76–113. Der Tübinger Drucker Thomas Anshelm fertigte 1522 ein Werbeblatt für die Universität Tübingen an, das auf der Frankfurter Messe verbreitet werden sollte; er druckte es in einer Auflagenhöhe von 1000 Exemplaren. Th. Schott, Zur Geschichte des Buchhandels in Tübingen, in: Archiv für Geschichte des deutschen Buchhandels 2, 1879, S. 241–254, hier: 241. Den Hinweis verdanke ich Frau Dr. Saskia Limbach, Berlin.
27 VD 16 L 6276; Benzing/Claus Nr. 90.
28 VD 16 L 6276–6279; Benzing/Claus Nr. 90–92 und 91a (Bd. 2, S. 28), ein sogenannter «Zwitterdruck», also eine optimierte und an einigen Stellen verbesserte Variante von Nr. 91.
29 Benzing/Claus Nr. 90–108; 113 f.; VD 16 L 6276–6285. 6290; ed. WA 1, S. 243 ff.
30 Vgl. WA 1, S. 244,34 ff.; 245,35 ff.
31 WA 1, S. 246,13 f.
32 WA 1, S. 246,32.

33 WA 1, S. 346,31.
34 WA 1, S. 246,33–35.
35 Fabisch/Iserloh, Dokumente I, bes. S. 332–337.
36 WA 1, S. 243,3 (Titelblatt).
37 Diesen Aspekt hat Heinrich Dannenbauer betont (Luther als religiöser Volksschriftsteller 1517–1520. Ein Beitrag zur Frage nach den Ursachen der Reformation, Tübingen 1930); er wurde von Bernd Moeller aufgenommen und weitergeführt, vgl. bes.: Das Berühmtwerden Luthers, in: ders., Luther-Rezeption, Göttingen 2001, S. 15–41. Demgegenüber halte ich das Ineinander von «Erbauung» und «Polemik» für Luthers frühes literarisches Handeln für konstitutiv, vgl. etwa: Kaufmann, Anfang, S. 5 ff.
38 Fabisch/Iserloh, Dokumente I, S. 340 ff.; VD 16 L 6269.
39 Edition der Verwerfungscanones in: DS[38], Nr. 1151–1195, S. 431–436; Nr. 1201–1230, S. 438–443; Carl Mirbt (Hg.), Quellen zur Geschichte des Papastums und des römischen Katholizismus, Bd. I, 6, völlig neu bearb. Aufl. von Kurt Aland, Tübingen 1967, Nr. 771, S. 478–481; zu Luthers Umgang mit dem Vorwurf, er sei ein Hussit, vgl. Kaufmann, Anfang, S. 30–67.
40 Auf den *106 Thesen* firmierte Tetzel als «Frater ... ordinis praedicatorum, sacre Theologie Baccalaureus, ac heretice pravitatis inquisitor», Fabisch/Iserloh, Dokumente I, S. 314. Auf dem Titelblatt der *Vorlegung* erscheint er als «Bruder Johan Tetzel Prediger Ordens Ketzermeister», a. a. O., S. 341. Zu den kanonistischen Bestimmungen bezüglich der Eignungsmerkmale eines Inquisitors (s. Emil Friedberg [Hg.], Corpus Iuris Canonici, Editio Lipsensis secunda post Aemili Ludovici Richteri, 2 Bde., Leipzig 1979, ND Frankfurt 2014, Bd. 2, Sp. 1069 ff.) vgl. knapp: Gerd Schwerhoff, Die Inquisition, München [4]2019, S. 53 f.
41 Vgl. über ihn zuletzt: Mark Lehmstedt, Buchstadt Leipzig. Biographisches Lexikon, Bd. 1: 1420–1539. Von den Anfängen bis zur Einführung der Reformation, Leipzig 2020, S. 108–124.
42 Der Erstdruck ist nicht erhalten; zur Überlieferungsgeschichte und zum Text: Fabisch/Iserloh, Dokumente I, S. 363 ff.
43 Vgl. WA 1, S. 393,16–20.
44 Vgl. KGK I/2, Nr. 85, S. 791 ff.
45 *Eine Freiheit des Sermons päpstlichen Ablass und Gnade belangend* [Wittenberg, Rhau-Grunenberg 1518]; Benzing/Claus Nr. 181–191; VD 16 L 4741–4751; ed. WA 1, S. 383–393.
46 *Sermo de poenitentia*, Wittenberg, Rhau-Grunenberg 1518; Benzing/Claus Nr. 127–134; VD 16 L 6005–6015; ed. WA 1, S. 319–324. – *Sermo de digna praeparatione cordis pro suscipiendo sacramento eucharistiae*, Wittenberg,

Rhau-Grunenberg 1518; Benzing/Claus Nr. 135–143; VD 16 L 5975–5982; ed. WA 1, S. 329–334. – *Sermo de virtute excommunicationis*, Wittenberg, Rhau-Grunenberg 1518; Benzing/Claus Nr. 212–223; VD 16 L 6028–6038; ed. in WA 1, S. 638–643. – *Decem praecepta Wittenbergensi praedicata populo*, Wittenberg, Rhau-Grunenberg 1518; Benzing/Claus Nr. 192–196; VD 16 L 4319–4324; ed. WA 1, S. 398–521.

47 Benzing/Claus Nr. 197–201; VD 16 L 4327–4331; Neuausgabe der von Sebastian Münster angefertigten Übersetzung: Michael Basse (Hg.), Martin Luthers Dekalogpredigten in der Übersetzung von Sebastian Münster, Köln u. a. 2011. – Benzing/Claus Nr. 144–155; VD 16 L 5985–5995.

48 Benzing/Claus Nr. 115–124; VD 16 L 7558–7568; ed. WA 1, S. 250–256. – Benzing/Claus Nr. 227–232; VD 16 L 4035–4041; ed. WA 1, S. 689–710. – Benzing/Claus Nr. 160–180; Andreas Zecherle, Die Rezeption der «Theologia deutsch» bis 1523, Tübingen 2019, S. 117 ff.; Kaufmann, Mitte, S. 552 ff.

49 Benzing/Claus Nr. 205–208; VD 16 L 578–588; ed. in WA 1, S. 525–628.

50 WABr 1, Nr. 58, S. 135–141 [13. 2. 1518]. Knaakes Behauptung, Luther habe den Bischof um eine «Genehmigung» (WA 1, S. 522) gebeten, sehe ich durch den Brief nicht gedeckt.

51 Vgl. die Wittenberger Universitätssatzung vom 1. 10. 1508, in: Walter Friedensburg (Hg.), Urkundenbuch der Universität Wittenberg Teil I (1502–1611), Magdeburg 1926, Nr. 22, S. 18–31, hier: 22.29.

52 WABr 1, S. 139,48.

53 WABr 1, S. 152,17–20.

54 WABr 1, S. 162,10–15 (Luther an Spalatin, zweite Märzhälfte 1518).

55 Das geht daraus hervor, dass Luther gegenüber Trutvetter (Brief vom 9. 5. 1518) davon ausging, dass die *Resolutiones* demnächst erschienen; er werde in ihnen darlegen, dass es beim Ablass vor allem um materiellen Gewinn gehe, WABr 1, S. 170,46–58.

56 Vgl. WABr 1, S. 185,39 ff. (10. 7. 1518, Luther an W. Linck).

57 WA 1, S. 525–529.

58 So Knaake in WA 1, S. 522; als Argument führt Knaake an, dass Prierias in seinem *Dialogus de potestate papae* (ed. in: Fabisch/Iserloh, Dokumente I, S. 52 ff.) die *Resolutiones* voraussetze. Dies ist freilich nicht der Fall; der gelegentliche Hinweis des Prierias, er werde Luther ausführlicher entgegnen, sobald dieser seine «fundamanta in lucem» (a. a. O., S. 52) gebracht habe, beweist keinerlei Kenntnis der *Resolutiones*. Da der *Dialogus* bereits im April oder Mai in den Druck ging (a. a. O., S. 38), kann ein mit auf den 30. Mai datierten Widmungsbriefen (WA 1, 527,15) versehenes Exemplar der *Resolutiones* schwerlich rechtzeitig in Rom ge-

wesen sein. Dass Luther Staupitz darum bittet, seine «geringe Arbeit» («ineptias», WA 1, S. 526,38) an Papst Leo zu übermitteln («transmittas», a.a.O., Z. 39), kann sich natürlich auch auf die gedruckte Version beziehen.

59 «[...] emitto [sc. Luther] ecce meas nugas declarationes mearum disputationum, emitto autem, quo tutior sim, sub tui nominis praesidio et tuae protectionis umbra, Beatissime pater [sc. Leo X.] [...].» WA 1, S. 529,11–13.

60 WA 1, S. 528,38.

61 Vgl. WA 1, S. 527–529.

62 Vgl. die Einzelnachweise bis zur Fertigstellung des Drucks am 28.8.1518 in Kaufmann, Mitte, S. 104 f. Anm. 294; WABr 1, S. 185,4–6 (10.7.1518, Luther an W. Linck).

63 Christoph Reske, Die Anfänge des Buchdrucks im vorreformatorischen Wittenberg, in: Stefan Oehmig (Hg.), Buchdruck und Buchkultur im Wittenberg der Reformationszeit, Leipzig 2015, S. 35–69, hier: 63. Demnach bedruckte Rhau-Grunenberg 1518 117,75 Bogen in 29 Schriften; 1517 waren es 42 Bogen in 6 Schriften.

64 Für Melanchthon sind dies 1518 die Drucke VD 16 L 3013 (Helmut Claus, Melanchthon-Bibliographie 1510–1560, 4 Bde., Gütersloh 2014, Bd. 1, Nr. 1518.9); ZV 14 879 (Claus, a.a.O., Nr. 1518.10.1) und VD 16 T 378 (a.a.O., Nr. 1518.10.2); für Luther sind dies 1518: Benzing/Claus Nr. 209; 224–226, für 1519 etwa Benzing/Claus Nr. 260; 265; 284; 416. Alle genannten Drucke kamen bei Melchior Lotter d.Ä. heraus; auch bei Wolfgang Stöckel ließ Luther Erstdrucke seiner Schriften herstellen, z.B. Benzing/Claus Nr. 341; 358; 398. Karlstadt war 1519 mit zwei Drucken betroffen: VD 16 B 6155 (vgl. KGK II, S. 11) und B 6113 (vgl. KGK II, S. 203).

65 Ed. des *Dialogus de potestate papae*, in: Fabisch/Iserloh, Dokumente I, S. 33 ff.

66 WABr 1, S. 188 (Luther an Spalatin, 8.8.1518). Luther bat Spalatin, beim Kurfürsten zu erwirken, dass dieser ein Verhör auf deutschem Boden erreichen möge.

67 Fabisch/Iserloh, Dokumente I, S. 52.

68 WA 1, S. 686,28.

69 VD 16 L 4458 = Benzing/Claus Nr. **223a; L 4459 = Benzing/Claus Nr. **223b.

70 VD 16 L 3670; vgl. die beiden Titelblätter in: Kaufmann, Mitte, S. 164.

71 So Knaake in: WA 1, S. 645.

72 S. Anm. 75; Benzing/Claus Nr. 224–226: insgesamt drei verschiedene Ausgaben Lotters.

73 WABr 1, S. 203,5–8 (16.9.1518. Luther an Johannes Lang).
74 Vgl. nur Sebastiani, Froben, Nr. 100, S. 333–335; Kaufmann, Mitte, wie Anm. 63, S. 36 ff.; ders., Capito als heimlicher Propagandist der frühen Wittenberger Theologie. Zur Verfasserfrage einer anonymen Vorrede zu Karlstadts Thesen in der ersten Sammelausgabe von Schriften Luthers (Oktober 1518), in: Zeitschrift für Kirchengeschichte 103, 1992, S. 81–86; zum Kontext grundlegend: Leif Grane, Martinus noster: Luther in the German Reform Movement 1518–1521, Mainz 1994; in druckgeschichtlicher Perspektive zuletzt: Christine Christ-von Wedel, Buchdruck in der Reformationszeit in Basel: Mit besonderer Berücksichtigung von Flugschriften aus den Jahren 1521 und 1522, in: Zwingliana 45, 2018, 172–202, bes. 175.
75 Ed. in WA 2, S. 50–56; Fabisch/Iserloh, Dokumente I, S. 107–128 (Edition und Druck- bzw. Überlieferungsgeschichte).
76 Benzing/Claus Nr. 258 f.; VD 16 M 1757; 1754.
77 Ed. und historisch eingeführt in: Fabisch/Iserloh, Dokumente I, S. 19 ff.; Abdruck auch in WA 6, S. 329–346.
78 WABr 2, S. 120,3–9 (Luther an Spalatin, [7.6.]1520).
79 Benzing/Claus Nr. 667; VD 16 M 1753; ed. in: WA 6, S. 328–348.
80 Die von Martin Brecht (Martin Luther, Bd. 1, Stuttgart ³1990, S. 331) en passent geäußerte Vermutung, Melanchthon könnte der Verfasser besonders militanter Wendungen in Glossen und Nachwort der Prierias-Ausgabe sein, entbehrt jeder Grundlage; s. auch Kaufmann, Mitte, S. 168 mit Anm. 579; s. auch DRTA J. R. 2, S. 503, 5 ff.
81 «Si Romae sic sentitur et docetur [sc. wie in Prierias' *Epitoma*] scientibus Pontifice et Cardinalibus (quod non spero), libere pronuntio his scriptis, Antichristum illum verum sedere in templo dei et regnare in Babylone illa purpurata Roma et curiam Romanam esse synagogam Satanae.» WA 6, S. 328, 12–15.
82 Vgl. WA 6, S. 347,18–20.
83 WA 6, S. 347,22–27. Zu Gewaltphantasien in einzelnen humanistisch beeinflussten Texten der frühen Reformation: Thomas Kaufmann, Humanismus und ‹religiöse Erregung› im Zeichen der Reformation, in: Matthias Dall'Asta (Hg.), Anwälte der Freiheit! Humanisten und Reformatoren im Dialog, Heidelberg 2015, S. 61–80, bes. 65 ff.
84 Vgl. zum Folgenden: Bubenheimer, Reformationsdiplomatie, S. 284 ff.; Kaufmann, Mitte, S. 486 ff.
85 So Bubenheimer aufgrund der Handschrift StA Kamenz: Sammelband 6463 angeb. 5, digital greifbar unter: archive.thulb.uni-jena.de/Hisbest_cbu_00010399, 33^r-48^r (Abruf 26.11.20); in: ders., Reformationsdiplomatie, S. 288 ff.; vgl. zu dem aus dem Besitz Georg Rörers stammenden

Band auch Clemen, Kleine Schriften, Bd. 2, S. 167–195; WA 59, S. 54–56; 406.
86 Ed. in: KGK I/2, Nr. 85, S. 789 ff.; Nr. 88, S. 871 ff. (Separatausgabe der gegen Eck gerichteten Thesen 102–213).
87 VD 16 B 6203; KGK I/2, S. 789.
88 Zu einer Wittenberger Disputation der 13 von Papst Innozenz VIII. verdammten Thesen Picos aus dem Sommer 1516 vgl. KGK I/1, Nr. 26, S. 365 ff.
89 KGK I/2, Nr. 84, S. 785–787; Eck, Briefwechsel, Nr. 60.
90 Zu Ecks Habitus als Gelehrtem vgl. Ingo Trüter, Gelehrte Lebensläufe. Habitus, Identität und Wissen um 1500, Göttingen 2017.
91 VD 16 E 307; ed. von Joseph Greving [CCath 1], Münster 1919.
92 VD 16 B 6138; ed. KGK I/2, Nr. 90, 903–994.
93 Ed. des Briefes in: Eck, Briefwechsel, Nr. 71; WABr 1, S. 319–323; vgl. WA 9, S. 207–210 (Ed. der zwölf Thesen Ecks).
94 Benzing/Claus Nr. 347; VD 16 E 318; Ed. in: WA 1, S. 160 f.
95 Fabisch/Iserloh, Dokumente II, S. 245; ed. in: Eck, Briefwechsel, Nr. 79; Fabisch/Iserloh, a.a.O., S. 245.
96 VD 16 B 6129; ed. in: KGK II, Nr. 117, S. 155–173.
97 Ed. in: WA 2, S. 158–161; Fabisch/Iserloh, Dokumente II, S. 253–257; Benzing/Claus Nr. 351 f.; VD 16 L 4452.
98 Otto Clemen, Literarische Nachspiele zur Leipziger Disputation, in: ders. Kleine Schriften, Bd. 1, S. 54–82; Christoph Volkmar, Von der Wahrnehmung des Neuen. Die Leipziger Disputation in den Augen der Zeitgenossen, in: Markus Hein/Armin Kohnle (Hg.), Die Leipziger Disputation 1519, Leipzig ²2019, S. 205–218.
99 Vgl. dazu die wichtigen druckgeschichtlichen Beobachtungen im Kontext der Neuedition der Karlstadt-Eck-Disputationen in: KGK II, S. 285 ff.
100 Bernd Moeller, Zwinglis Disputationen. Studien zur Kirchengründung in den Städten der frühen Reformation, Göttingen ²2011.
101 WA 2, S. 742,15 ff.; WA 6, S. 78–83.
102 VD 16 A 2090; 2098; 2105; 2096; 2107; 2097; 2095; 2437; 2100; 2099; 2093; 2104; 2091; 2092. Die wichtigsten deutschsprachigen Schriften Alveldts sind ediert in: Adolf Laube (Hg.), Flugschriften gegen die Reformation (1518–1524), Berlin 1997.
103 Vgl. Benzing/Claus Nr. 655–666; ed. WA 6, S. 285–324.
104 Vgl. Johannes Lonicer, *Contra Romanistam fratrem Augustinum Alveld...* [Wittenberg, Rhau-Grunenberg] 1520; VD 16 L 2437; Johannes Bernhardi von Feldkirch, *Confutatio inepti et impii libelli. F.August Alveld. ...*, Wittenberg, Lotter 1520; VD 16 B 2036/2037.

105 Die Berechnungen basieren auf Benzing/Claus, Bd. 1, S. 68–97; zu den Quantitäten der Jahre 1517–1519 vgl. Bernd Moeller, Das Berühmtwerden Luthers, in: ders., Luther-Rezeption, Göttingen 2001, S. 15–41, bes. 39 ff.; eine quantitative Übersicht über die Jahre 1517–1525 bei Alejandro Zorzin, Karlstadt als Flugschriftenautor, Göttingen 1990, S. 24; 26–30.
106 Vgl. zum Folgenden detailliert: Kaufmann, Mitte, S. 98 ff.
107 Pettegree, Marke Luther; zu Luthers Umgang mit Büchern in der Vielfalt seiner Aspekte vgl. Holger Flachmann, Luther und das Buch. Eine historische Studie zur Bedeutung des Buches im Handeln und Denken des Reformators, Tübingen 1996.
108 Benzing/Claus Nr. 633–636; VD 16 L 7140–7143.
109 Benzing/Claus Nr. 683; VD 16 L 6327; zwei weitere Lotter'sche Drucke der *Adelsschrift* sind wohl auf 1520 zu datieren: Benzing/Claus Nr. 684 f.; VD 16 L 3759 f. Zu Inhalt und historischem Kontext vgl. Thomas Kaufmann, An den christlichen Adel deutscher Nation von des christlichen Standes Besserung, Kommentare zu Schriften Luthers, Bd. 3, Tübingen 2014.
110 WABr 2, S. 167,9–11; vgl. Kaufmann, Adel, S. 6 mit Anm. 28.
111 Gleich zwei Leipziger Drucker druckten die *Adelsschrift* in nicht-firmierten Drucken nach: Wolfgang Stöckel und Valentin Schumann, Benzing/Claus Nr. 686 f.; VD 16 L 3753 f.
112 Vgl. Kaufmann, Ekklesiologische Revolution: Das Priestertum der Glaubenden in der frühreformatorischen Publizistik, in: ders., Anfang, S. 506 ff.
113 Götz-Rüdiger Tewes, Die römische Kurie und die europäischen Länder am Vorabend der Reformation, Tübingen 2001.
114 Vgl. zuletzt: Kaufmann, Mitte, S. 628 ff. Vgl. nur: Reinhold Rieger, Von der Freiheit eines Christenmenschen. De libertate Christiana, Tübingen 2007; Berndt Hamm, Der frühe Luther. Etappen reformatorischer Neuorientierung, Tübingen 2010, S. 164 ff.; 183 ff.
115 Benzing/Claus Nr. 731; WA 7, S. 2: A; VD 16 L 4637. – Benzing/Claus Nr. 734; WA 7, S. 15: A; VD 16 L 7198. – Benzing/Claus Nr. 755; WA 7, S. 39: A; VD 16 L 4630.
116 «Carolus [sc. von Miltitz] enim petiit, ut privatim Ro[mano] pontificem scriberem, expurgans, non esse personam suam a me taxatam. Id nondum feci, iam non facturus, postquam Eccius Lipsię Bullas ac diras in me paratas habere auditus est.» WABr 2, S. 191,9–12 (Luther an Spalatin, 3. 10. 1520).
117 WA 7, S. 11,14; 49,4.
118 Beide nicht-firmierten Drucke werden [Augsburger] Offizinen zugeschrieben: [Jörg Nadler 1520]; Benzing/Claus Nr. 732; WA 7, S. 2: B;

	VD 16 L 4636; [Hans von Erfurt 1520]; Benzing/Claus, a.a.O., Nr.733; WA 7, S.2: C;VD 15 L 4635.
119	In Luthers Brief an Spalatin vom 4.11.1520 heißt es: «Edidi latinam antibullam, quam mitto; cuditur & eadem vernacula.» WABr 2, S. 211,26 f.; Edition der Schriften WA 6, S. 595 ff.; 613 ff. Bibliographie der vier lateinischen und drei deutschen Drucke: Benzing/Claus Nr. 724–730; WA 6, 596; 613; VD 16 L 3721–3723; 7449–7451.
120	WA 7, S. 3,23–4,1; S. 4,5; S. 5,33; S. 5,32.
121	A.a.O., S.3,22.
122	«Darumb bitt ich, heyliger vatter Leo, wollist diße meyne entschuldigung dyr gefallen lassen, unnd mich gewiß für den halten, der widder deyne person nie nichts habe furgenummen, und der alßo gesynnet sey, der dyr wunsche und gahn das aller beste, der auch keynen hadder noch gezang mit yemand haben wolle umb yemands boßes lebens, ßondern alleyn umb des gottlichen wortis warheyt willen. In allen dingen will ich yederman gerne weychen, das wort gottis will ich und mag auch nicht vorlassen noch vorlaugnen.» A. a. O., S. 4,37–5,6.
123	Zitate: a.a.O., S. 5,8 f.; 5,13; 5,14 f.; 5,16; 5,20; 9,27 f.; 9,30 f.
124	Vgl. Luthers Unterschrift unter seinem Brief an Johannes Lang vom 11.11.1517, in dem er seinen Namenswechsel gegenüber dem langjährigen Freund gleichsam paulinisch plausibilisierte: «F. Martinus Eleutherius, imo dulos et captivus»,WABr 1, S. 122,56. Zur Freiheitsproblematik umfassend: Ruth Slenczka (Hg.), Reformation und Freiheit. Luther und die Folgen für Preußen und Brandenburg, Ausstellungskatalog, Potsdam 2017.
125	WA 7, S. 5,20.
126	A.a.O., S. 10,2 f.
127	WA 7, S. 10,4. In direkter Anrede an Leo X. formulierte Luther: «Kurtzlich, glaub nur niemant, die dich erheben, sondernn alleyn denen, die dich demütigen, das ist gottis gericht, wie geschriben stett ‹Er hatt abgesetzt die gewaltigen von yhren stüelen, und erhaben die geringen›.» WA 7, S. 10,14–16.
128	WA 7, S. 11,9 f.
129	A. a. O., S.6,21; 10,29.
130	WA 7, S.49,7; 20,26 f.; 21,1 f.; 21,3 f.
131	Benzing/Claus Nr. 669–672; VD 16 L 6409–6411; ed. WA 6, S. 353–379.
132	Pierre Fraenkel (Hg.), Heinrich VIII. Assertio septem sacramentorum adversus Martinum Lutherum, Münster 1992; Teilausgabe der deutschen Übersetzung in: Adolf Laube/Ulman Weiß (Hg.), Flugschriften gegen die Reformation (1518–1524), Berlin 1997, S.344–361.
133	Vgl. Reinhard Schwarz, Luther, Göttingen ³2004, S. 107.

Anmerkungen zu Kapitel 3

134 Vgl. Thomas Kaufmann, «Hier stehe ich!» Luther in Worms. Ereignis, mediale Inszenierung, Mythos, Stuttgart 2021.
135 Der Text der *Determinatio* der Pariser Fakultät ist am einfachsten greifbar in: EA var argVI, S. 34–57 und CR I, Sp. 366–388; die anonym erschienene Gegenschrift Melanchthons ist ediert von Johannes Schilling, Determination Secunda Almae Facultatis Theologiae Parisiensis Super Apologiam Philippi Melanchthonis Pro Luthero Scriptam. 1521, in: Gerhard Hammer/Karl-Heinz zur Mühlen (Hg.), Lutheriana, Köln, Wien 1984, S. 351–375; Luthers Übersetzung des Pariser Urteils und sein *Gegen-Urteil* sowie die Schutzrede Melanchthons ist in deutscher Version ediert in: WA 8, S. 255–312.
136 Zit. nach Luthers Übersetzung der Vorrede der Pariser Lehrverurteilung, in: WA 8, S. 271, 3; S. 271, 5; S. 271, 6.
137 Vgl. bes.WA 8, S. 273–275.
138 Vgl. Beatus Rhenanus an Amerbach 8.11.1520, in: Alfred Hartmann (Hg.), Amerbachkorrespondenz, II.Band: Die Briefe aus den Jahren 1514–1524, Basel 1943, S. 262, 32–34; vgl. WA 6, S. 440, 15–443, 24; vgl. Kaufmann,An den christlichen Adel, S. 296–323.
139 «Sed audi [Bonifatius Amerbach], quid vicissim Wittenbergae Lutherus designarit. Exusssit bullam pontificis, totum ius canonicam et libros sententiarum, idque publice; sic enim ex aula Caesaris nunciatum est.Aedidit librum De captivitate Babylonica de summis rebus liberrime tractandum. «Amerbachkorrespondenz, a.a.O., S. 274, 31–275, 35 (7.1.1521).
140 So referiert in einem Brief von Michael Hummelberg an Melanchthon vom 5.9.[1521], MBW.T I, Nr. 164, S. 339, 20–23.
141 Vgl. etwa: Allen IV, S. 372, 18–30; 399, 89 f.; 399, 97–104; 403, 124–404,173.
142 «Et esse incendium Decretalium, Captivitas Babylonica, Assertiones illae nimium fortes reddiderunt malum, ut videtur, immedicabile.» 14. 5. 1521 (an Ludwig Bär), Allen IV, S. 494, 24–26.
143 «Captivitas Babylonica multos ab illo alienavit, et indies molitur atrociora. Nec video qua spe hec inceptet, nisi fortasse fretus fretus Bohemis.» Allen IV, S. 444, 7–9.
144 «[…] neque per vos [sc. die Schlettstädter Humanisten] aut quemlibet alium aut melior fieri possit plebecula, cui canit Lutherus, ut posteriores eius lucubrationes aperte demonstrant. Inest illis suspecta doctrina.» Jakob Wimpfeling, Briefwechsel, Zweiter Teilband, hg. von Otto Herding und Dieter Mertens, München 1990, S. 850 (3.12.1520).
145 Vgl. Jean Rott (Hg.), Correspondance de Martin Bucer,Tome I, Jusqu'en 1524, Leiden 1979, S. 123, 22 ff.
146 Vgl. zu den Einzelheiten: Thomas Kaufmann, Die Abendmahlstheologie

der Straßburger Reformatoren bis 1528, Tübingen 1992, S. 78; 91; 104; 11 f.; 119; 130; 132; 135.
147 «[...] quo tempore autem captivitatem christianismi Babylonicam depinxit [sc. Luther], velut jugo excusso libere rejecit quidquid illi scripturae et libertati spiritus officere videbatur.» Olivier Millet, Un pamphlet prolutherien inédit de W. F. Capiton, in: Revue d'Histoire et de Philosophie Religieuse 63, 1983, S. 181–200, 195.
148 Hartmut Bleumer, Ereignis. Eine narratologische Spurensuche im historischen Feld, Würzburg 2020, S. 30.
149 WA 7, S. 183,8.
150 Ed. in: WA 7, S. 183; zu einer variierenden handschriftlichen Überlieferung s. Kaufmann, Mitte, S. 193.
151 *Acta exustionis antichristianorum Decretalium* [Leipzig, Valentin Schumann 1520/1]; VD 16 E 4740; ein weiterer Druck erschien bei [Johannes Knobloch] in Straßburg: VD 16 E 4739. Ed. des Textes in: WA 7, S. 184–186; Ed. einer deutschen Übersetzung in: Otto Clemen, Die Acta exustionis antichristianorum Decretalium in deutscher Sprache, in: ders., Kleine Schriften, Bd. 6, S. 101–109.
152 Abdruck des einzigen erhaltenen Exemplars in: Kaufmann, Anfang, S. 193.
153 Benzing/Claus Nr. 784–799; (797a: Bd. 2, S. 77) darunter befinden sich drei lateinische Ausgaben und je eine niederländische und eine tschechische Übersetzung. VD 16 7365–7376; ed. WA 7, S. 161–182.
154 WA 7, S. 161,8–162,1.
155 Zu den Nachweisen bezgl. der einzelnen Orte vgl. Kaufmann, «Hier stehe ich!». Luther schrieb: «Ich weyß auch, und hab des gewiße kundtschafft, das die Kölner und Lovener, wilch sich rümen, sie haben Keyßerlicher Majestat urlaub und befelh meyn buchle zuvorprennen, der warheyt sparenn, denn sie solchs furnehmen mit vielen tausent gulden wird geschenck von etlichen ampt leuten erkaufft haben.» WA 7, S. 163,13–164,2.
156 WA 7, 184,9; vgl. Thomas Kaufmann, Martin Luther, München ^{5}2017, S. 53; zur Geschichte der Bücherverbrennungen grundlegend: Thomas Werner, Den Irrtum liquidieren. Bücherverbrennungen im Mittelalter, Göttingen 2007.
157 WA 7, S. 162,8 f.; S. 162,11.
158 WA 7, S. 176,1–3; S. 176,5 f.
159 WA 7, S. 164,5 f.
160 Joachim Ufer, Wie zeitgenössische Flugschriften vom Reichstag zu Worms 1521 berichteten, in: Blätter für pfälzische Kirchengeschichte und religiöse Volkskunde 40, 1973, S. 196–209. Zur Auswertung der Publizistik zuletzt: Kaufmann, «Hier stehe ich!».

Anmerkungen zu Kapitel 3 293

161 Ed. in: DRTA J.R. 2, Nr. 75, S. 529–533; zur Fertigstellung des Drucks und zu Bemühungen darum, die Publikation des *Sequestrationsmandates* zu verzögern s. Paul Kalkoff, Die Depeschen des Nuntius Aleander vom Wormser Reichstag 1521, Halle ²1897, S. 119 ff.; 139.
162 DRTA J.R. 2, S. 531,14–16; S. 531,21; S. 532,4–6.
163 Vgl. zu der Bücherliste nur: DRTA J.R. 2, S. 548 Anm. 1; Bernd Moeller, Luthers Bücher auf dem Wormser Reichstag von 1521, in: ders., Luther-Rezeption, S. 121–140, hier: 123 Anm. 19. Zu den Lutherbeständen aus Aleanders Bibliothek, die in die Vatikanische Bibliothek eingegangen ist: L. Dorez, Recherches sur la bibliothèque du Cardinal Aleandro, in: Revue des bibliothèques 2, 1892, S. 49–68.
164 Zit. nach der Übersetzung in: Kaufmann (Hg.), Luther Aufbruch, S. 422,28–423,1; lat. Version: WA 7, S. 832,16–19.
165 WA 7, S. 833,1 f.; Kaufmann (Hg.), Luther Aufbruch, S. 423,7 f.
166 WA 7, S. 833,8 ff.; Kaufmann (Hg.), Luther Aufbruch, S. 423,17 ff.
167 WA 7, S. 834,3 f.; Kaufmann (Hg.), Luther Aufbruch, S. 424,5 f.
168 A.a.O., S. 424,12–15; WA 7, S. 834,7–10.
169 Amerbachkorrespondenz, Bd. II, Nr. 761, S. 274 f., hier: 274,15–28; Kaufmann, Mitte, S. 188.
170 DRTA J.R. 2, S. 499,22 ff.
171 Vgl. Kalkoff, Depeschen, S. 19 f.; 33; zu Verbrennungen in der Diözese Lüttich s. 20 f.; zu Flandern: 69.
172 Kaufmann, Mitte, S. 19 mit Anm. 8; Aleander regte auch an, dass Rom auf die Tagsatzung einwirken sollte, um Basler Drucke Luthers zu verbieten, Kalkoff, a.a.O., S. 143 f.
173 Kalkoff, a.a.O., S. 48 (Mitte Dezember).
174 A.a.O., S. 142; ein Kaufmann hatte ebenfalls viele Lutherdrucke von der Frankfurter Messe mit nach Worms gebracht, a.a.O., S. 129; zur Bedeutung der Frankfurter Messe für den frühreformatorischen Buchmarkt s. Kaufmann, Mitte, S. 38 ff.; passim; s. s.v. Frankfurt/Messe.
175 A.a.O., S. 80 f.
176 A.a.O., S. 58 f.; 79 f. (Lutherbild mit Heiligenschein, wohl Baldung Grien [zur mutmaßlichen Erstverwendung eines Porträtholzschnittes im Buch s. Kaufmann, Mitte, S. 268 f.]).
177 Kalkoff, a.a.O., S. 125.
178 A.a.O., S. 160; 222. Bereits seit dem ersten Entwurf des Wormser Edikts war die Bücherverbrennung prominent vorgesehen, DRTA J.R. 2, S. 511,1; vgl. 518,7 ff.; 521; 522,20 ff.
179 Ed. DRTA J.R. 2, Nr. 92, S. 640 ff.; vgl. bes. 655,12 ff.; zu den Drucken s. a.a.O., S. 641 f.; VD 16 D 918–924.
180 Zu den Einzelheiten s. Kaufmann, «Hier stehe ich!», S. 77 ff.

181 WABr 2, Nr. 401 f., S. 306–318; Benzing/Claus Nr. 1027–1042; Erstdrucke: [Hagenau, Thomas Anshelm], s. Benzing/Claus Nr. 1027 f.; VD 16 L 3673; 3681.
182 WABr 2, S. 309, 109 f.
183 Benzing/Claus Nr. 905; VD 16 L 3650; a.a.O., Nr. 906; VD 16 L 3648; zum Verhältnis beider Versionen s. Kaufmann, «Hier stehe ich!», S. 78 f.
184 Benzing/Claus Nr. 909–937; unter ihnen die wichtigsten sind die mutmaßlich von einem Verfasser aus Luthers nächstem Umfeld stammenden *Acta et res gestae D. Martini Lutheri in Comitiis Principum Wormatiae*, die in einem Erstdruck bei [Johann Schott] in [Straßburg] herauskamen, Benzing/Claus Nr. 909; Bd. II, S. 86 f.; HAB Wolfenbüttel 133.4 Theol. (5); WA 7, S. 818; VD 16 ZV 61 f.
185 Beginnend mit der deutschen Übersetzung von *De Captivitate Babylonica* (Benzing/Claus Nr. 712; VD 16 L 4194; Abb. in: Kaufmann, Mitte, S. 268), bediente sich Schott immer wieder bei unterschiedlichen Druckerzeugnissen eines Cranachs Kupferstich ‹Luther in der Nische› von 1520 (vgl. Dieter Koepplin/Tilmann Falk, Lukas Cranach. Gemälde Zeichnungen Druckgraphik, Bd. 1, Basel, Stuttgart ²1974, S. 92–94 Nr. 36; Kaufmann, Anfang, S. 287; zum Kontext: Martin Warnke, Cranachs Luther, München 1984) reproduzierenden Holzschnitts. 1521 setzte er dann Hans Baldung Griens Lutherbildnis mit der Taube des Heiligen Geistes ein, z. B. bei den *Acta ... Wormatiae*, s. vorige Anm. und Abb. 31; zur Verwendung eines Porträt-Holzschnitts bei [Grimm, Wirsung] in [Augsburg]: VD 16 L 3647.
186 Vgl. zur Heroisierung Luthers im Bild: Kaufmann, Anfang, S. 285 ff.
187 Vgl. Dorothee Kommer, Reformatorische Flugschriften von Frauen. Flugschriftenautorinnen der Reformationszeit und ihre Sicht von Geistlichkeit, Leipzig 2013.
188 In Bezug auf die Quantitäten der reformatorischen Flugschriftenproduktion noch immer grundlegend: Hans-Joachim Köhler, Erste Schritte zu einem Meinungsprofil der frühen Reformationszeit, in: Volker Press/Dieter Stievermann (Hg.), Martin Luther. Probleme seiner Zeit, Stuttgart 1986, S. 244–281; ders. (Hg.), Flugschriften als Massenmedium der Reformationszeit, Stuttgart 1981.
189 Vgl. Thomas Kaufmann, Neues von «Junker Jörg», Weimar 2020.
190 Vgl. nur: Stefan Michel, Die Kanonisierung der Werke Martin Luthers im 16. Jahrhundert, Tübingen 2016; Matthias Pohlig, Zwischen Gelehrsamkeit und konfessioneller Identitätsstiftung. Lutherische Kirchen- und Universalgeschichtsschreibung 1546–1917, Tübingen 2007.
191 Vgl. dazu: Thomas Kaufmann, Abendmahl und Gruppenidentität in der frühen Reformation, in: Martin Ebner (Hg.), Herrenmahl und Grup-

penidentität, Freiburg u.a. 2007, S. 194–210; vgl. zum breiteren Zusammenhang auch: Amy Nelson Burnett, Karlstadt and the Origins of the Eucharistic Controversy, Oxford 2011; KGK IV.
192 Ed. in: LuStA 2, S. 525–529; KGK IV.
193 Zur sogenannten «Wittenberger Bewegung» vgl. nur: Natalie Krentz, Ritualwandel und Deutungshoheit. Die frühe Reformation in der Residenzstadt Wittenberg (1500–1533), Tübingen 2014; Kaufmann, Geschichte der Reformation, S. 379 ff.; Ulrich Bubenheimer, Scandalum und ius divinum. Theologische und rechtstheologische Probleme der ersten Innovationen in Wittenberg 1521–22, in: Zeitschrift der Savigny-Stiftung für Rechtsgeschichte, Kan.Abt. 59, 1973, S. 263–342; ders., Luthers Stellung zum Aufruhr und die frühreformatorischen Wurzeln des landesherrlichen Kirchenregiments, in: Zeitschrift der Savigny-Stiftung für Rechtsgeschichte, Kan.Abt. 71, 1985, S. 147–214; ders., Streit um das Bischofsamt in der Wittenberger Reformation 1521/22, in: Zeitschrift der Savigny-Stiftung für Rechtsgeschichte, Kan.Abt. 73, 1987, S. 155–209; Niklaus Müller, Die Wittenberger Bewegung 1521 und 1522, Leipzig ²1911.
194 Andreas Bodenstein von Karlstadt, *Von Abtuung der Bilder und dass kein Bettler unter den Christen sein soll*, Wittenberg, Nickel Schirlentz 1522; VD 16 B 6214; ed. in: Laube, Flugschriften der frühen Reformationsbewegung, Bd. 1, S. 105–127; KGK IV.
195 [Speyer, Johann Eckhart 1522], VD 16 ZV 23463; [Augsburg, Melchior Ramminger 1522], VD 16 W 3697; [Augsburg, Melchior Ramminger 1522], VD 16 ZV 30957.
196 Vgl. die Zusammenstellung der einschlägigen Quellen in: Kaufmann, Neues von «Junker Jörg», S. 54–57.
197 Zu den im Zusammenhang der Diskussionen um die kanonische Geltung des Jakobusbriefes in Wittenberg greifbar werdenden Dissonanzen zwischen Luther und Karlstadt vgl. Kaufmann, Anfang, S. 94 ff.; KGK III, Nr. 163, S. 257 ff.; Nr. 171, S. 519 ff.
198 Der Erstdruck erfolgte außerhalb Wittenbergs, bei [Jakob Schmidt] in [Speyer 1523]; Benzing/Claus Nr. 49; VD 16 L 3635; K 2260; weitere Drucke s. *Acht Sermon*; Benzing/Claus Nr. 50–54; VD 16 L 3630–3634. Vgl. im Ganzen die gründliche Analyse der Überlieferung bei Susanne bei der Wieden, Luthers Predigten des Jahres 1522, Köln u.a. 1999, S. 112 ff. Die heute beste Edition findet sich in: LuStA 2, S. 530–558.
199 Vgl. Hans Peter Hasse, Bücherzensur an der Universität Wittenberg im 16. Jahrhundert, in: Sefan Oehmig (Hg.), 700 Jahre Wittenberg. Stadt – Universität – Reformation, Weimar 1995, S. 187–212.
200 LuStA 2, S. 542,5; vgl. 548,28: «feindt»; s. auch 551,14; Vorwurf des Auf-

ruhrs: a.a.O., S. 554,19; namentliche Nennung von «Doctor Carlestatt» a.a.O., S. 539,9.

201 Vgl. Ulrich Bubenheimer, Unbekannte Luthertexte, in: Luther Jahrbuch 57, 1990, S. 220–241, hier: 238–241; bei der Wieden, Predigten, S. 447 ff.

202 Als Erstdruck hat zu gelten: Benzing/Claus Nr. 1320; VD 16 L 6185; bei der Wieden, Predigten, S. 116 ff.; zu den weiteren Drucken s. Benzing/Claus Nr. 1321–1326; VD 16 L 6184–6190; bei der Wieden, a.a.O., S. 116 f.

203 *Ain Sermon ... Von den Bildtnussen*, VD 16 L 6185, a 3^r; vgl. WA 10/3, S. 35,23; 36,17–19.

204 So im Postskript eines Karlstadt-Druckes (*Super coelibatu, monachatu et viduitate* ..., Wittenberg, Nickel Schirlentz 1521; VD 16 B 6126, C 4^r). Zu Schirlentz umfassend: Stefan Oehmig, «Gedruckt zu Wittemberg durch Nickel Schirlentz». Zum Leben und Wirken des Wittenberger Reformationsdruckers Nickel Schirlentz, in: ders. (Hg.), Buchdruck, S. 115–167.

205 Allein 1522 waren es vier Schriften: Benzing/Claus Nr. 1011; 1172; 1196; 1267.

206 Hasse, Bücherzensur; Zorzin, Karlstadt, S. 93–96; zum Inhalt der konfiszierten Schrift s. Hermann Barge, Andreas Bodenstein von Karlstadt, 2 Bde., Leipzig 1905, ND Nieuwkoop ^{2}1968, Bd. 1, S. 454 ff.

207 Vgl. zu dieser Publikationsphase: Zorzin, Karlstadt, S. 97 ff.; zu Buchführer in Jena: Christoph Reske, Die Buchdrucker des 16. und 17. Jahrhunderts im deutschen Sprachgebiet. Auf der Grundlage des gleichnamigen Werkes von Josef Benzing, Wiesbaden 2007, S. 400.

208 Drucke von [Georg Erlinger] in [Wertheim], [Jakob Thanner] in [Leipzig] und [Melchior Ramminger] in [Augsburg]: VD 16 H 498–500; Benzing/Claus Nr. 1946–1948; ed. in: WA 15, S. 323–347.

209 Als Verfasser gilt der Jenaer Prediger und Karlstadtschüler Martin Reinhardt (vgl. über ihn die Literaturhinweise in Kaufmann, Mitte, S. 414 f.); m. E. wäre aber auch Gerhard Westerburg, Karlstadts Schwager, als Verfasser zu erwägen; vgl. über ihn: Alejandro Zorzin, Art. Westerburg, Gerhard, in: Hans-Jürgen Goertz (Hg.), Mennonitisches Lexikon, Bd. V/3, Bolanden/Weierhof 2020, S. 490–492. Jedenfalls wäre die Drucklegung im Fränkischen mit Westerburgs Reise in die Schweiz sinnvoll zu verbinden; s. dazu Alejandro Zorzin, Karlstadts «Dialogus vom Tauff der Kinder» in einem anonymen Wormser Druck aus dem Jahr 1527, in: Archiv für Reformationsgeschichte 79, 1988, S. 27–58.

210 Walther Köhler, Zwingli und Luther. Ihr Streit über das Abendmahl nach seinen politischen und religiösen Beziehungen, 2 Bde., Leipzig

Anmerkungen zu Kapitel 3 297

1924, Gütersloh 1953; ND 2017; zur publizistischen Dimension und zur Rolle Karlstadts s. Kaufmann, Abendmahlstheologie.
211 WA 15, S. 219,1.
212 WA 15, S. 336,28.
213 [Karlstadt]: «Ja ir habt wol wyder euch selbst gepredigt, wie es auß ewrenn büchern zulesen ist. Luth[er:] Lieber herr doctor, so ir das wyst, so schreybts frey und fart dapffer erfür, auff das es an tag komme.» WA 15, S. 336,33–35.
214 Bereits zuvor im Gespräch hatte Luther gefordert: «[…] kumpt nur frey herfür.» WA 15, S. 337,7 f.
215 WA 15, S. 339,22–340,3.
216 WA 15, S. 32,7.
217 WA 10/3, S. 18,14. Der Skopus der Passage liegt in der Spitzenaussage: «Ich hab nichts gethan, das wort hatt es alles gehandelt und außgericht.» WA 10/3, S. 19,2 f.
218 Zorzin, Karlstadt, S. 101.
219 Vgl. nur: Thomas Kaufmann, Thomas Müntzer, «Zwickauer Propheten» und sächsische Radikale. Eine quellen- und traditionskritische Untersuchung zu einer komplexen Konstellation, Mühlhausen 2010.
220 Aus einem Brief des Grebel-Kreises, dem Nukleus der späteren Täufer, an Thomas Müntzer vom 19.5.1524 geht hervor, dass diese auch mit Karlstadt korrespondierten, vgl. ThMA 2, S. 360,16 f.; vgl. 359,11; 365,7. Zu meiner Überlegung, die Zürcher Täufer als ursprüngliche Adressaten der Schrift *Wider die alte und neue papistische Messe* zu deuten, vgl. Thomas Kaufmann, Die Täufer, München 2019, S. 25 f.
221 Zorzin, Karlstadt, Nr. 65–71.
222 A. a. O., Nr. 72; VD 16 B 6209.
223 Vgl. Zorzin, Karlstadts «Dialogus».
224 Rott (Hg.), Correspondance de Martin Bucer, Tome I, S. 289,14.
225 Zorzin, Karlstadt, Nr. 68; VD 16 B 6161–6163; 6175; 6186.
226 Zorzin, Karlstadt, Nr. 67; VD 16 B 6140–6143.
227 Zur Übersicht über das Material vgl. Alejandro Zorzin, Einige Beobachtungen zu den zwischen 1518 und 1526 im deutschen Sprachgebiet veröffentlichten Dialogflugschriften, in: Archiv für Reformationsgeschichte 88, 1997, S. 77–117; in methodischer Hinsicht weniger überzeugend: Susanne Schuster, Dialogflugschriften der frühen Reformationszeit, Göttingen 2019.
228 Vgl. zur Verwendung dieses populären Sprichworts in der frühen Reformation: Heiko A. Oberman, Die Gelehrten die Verkehrten. Popular Response to Learned Culture in Renaissance and Reformation, in: Steven E. Ozment (Hg.), Religion and Culture in the Renaissance and

229 Erstmals auf dem Titel der stark mystisch geprägten Schrift *Von Mannigfaltigkeit des einfältigen ... Willens Gottes*, Zorzin, Karlstadt Nr. 53; vgl. a. a. O., S. 97; VD 16 B 6151, A 1ʳ.
230 Hans Walter Müsing, Karlstadt und die Entstehung der Straßburger Täufergemeinde, in: Marc Lienhard (Hg.), Les Débuts et les caractéristiques de l' ánabaptisme, Den Haag 1977, S. 169–195; Kaufmann, Abendmahlstheologie, S. 181 ff.
231 *Was man halten und antworten soll von der Spaltung zwischen Martin Luther und Andres Carolstadt*, Straßburg, W. Köpfel 1524; VD 16 ZV 2928; weitere Drucke der Schrift erschienen in Erfurt und Augsburg, VD 16 C 847 f.; zum Inhalt in Bezug auf den Straßburger Kontext: Kaufmann, Abendmahlstheologie, S. 207–217.
232 *Wider den neuen Irrsal Andres von Carlstadt des Sakraments halben Warnung*, Augsburg, S. Ruff 1524; VD 16 R 2014; vgl. dazu: Köhler, Zwingli, Bd. 1, S. 255 ff.; Hellmut Zschoch, Reformatorische Existenz und konfessionelle Identität. Urbanus Rhegius als evangelischer Theologe in den Jahren 1520 bis 1530, Tübingen 1995, S. 169 ff.
233 VD 16 R 2014, A 2ᵛ.
234 Vgl. die Übersicht über das Material mit starkem Bezug auf Straßburg in: Kaufmann, Abendmahlstheologie, S. 444–447; Köhler, Zwingli, Bd. 1, passim; Amy Nelson Burnett, Debating the Sacraments: Print and Authority in the Early Reformation, New York 2019.
235 WA 18, S. 436, 18.
236 Benzing/Claus Nr. 2086–2106; VD 16 L 7452–7473; ed. WA 18.
237 Zur Charakterisierung der Reformatoren aus bildungs- und sozialgeschichtlicher Perspektive: Thomas Kaufmann, Reformatoren, Göttingen 1998, S. 6–39.
238 Walther Köhler, Huldrych Zwinglis Bibliothek, Zürich 1921; Martin Germann, Die reformierte Stiftsbibliothek am Großmünster Zürich im 16. Jahrhundert, Wiesbaden 1994, S. 358; 223 ff.
239 Vgl. nur: J. F. Gerhard Goeters, Zwinglis Werdegang als Erasmianer. Reformation und Humanismus. FS Robert Stupperich, hg. von dems. und Martin Greschat, Witten 1969, S. 255–271.
240 Vgl. Daniel Bollinger, Infiniti Contemplatio. Grundzüge der Scotus- und Scotismusrezeption im Werk Huldrych Zwinglis, Leiden 2003; Irena Backus, Randbemerkungen Zwinglis zu den Werken von Giovanni Pico della Mirandola, in: Zwingliana 18/4–5, 1990/1, S. 291–309.
241 So mehrfach von Johannes Froben, s. etwa Germann, Stiftsbibliothek, S. 223 Nr. 33; S. 224 Nr. 36.

Anmerkungen zu Kapitel 3

242 Vgl. Kaufmann, Mitte, S. 27; Ed. des Bücherverzeichnisses Bucers in: Martin Bucer, Deutsche Schriften, hg. von Robert Stupperich, Gütersloh 1960, S. 281–284; Rott (Hg.), Correspondance de Martin Bucer, Tome I, S. 42–58; zur Interpretation s. Martin Greschat, Martin Bucers Bücherverzeichnis von 1518, in: Archiv für Kulturgeschichte 57, 1975, S. 162–185.
243 Kaufmann, Mitte, S. 28.
244 Vgl. Kaufmann, Geschichte der Reformation, S. 395 f.; Wilhelm Heinrich Neuser, Die reformatorische Wende bei Zwingli, Neukirchen 1977.
245 VD 16 Z 925–927: Zürich, Christoph Froschauer; Ausgburg: VD 16 Z 923; Basel: VD 16 Z 924; ed. Zwingli, Werke, Bd. 1, S. 74–136.
246 Vgl. über ihn: Reske, Buchdrucker, S. 1039 f.; Urs B. Leu, Reformation als Auftrag: Der Zürcher Drucker Christoph Froschauer d. Ä. (ca. 1490–1564), in: Zwingliana 45, 2018, S. 1–80.
247 Vgl. Zorzin, Karlstadt, S. 50–52.
248 VD 16 Z 800; ed. in: Zwingli, Werke, Bd. 1, S. 249–327.
249 Grundlegend: Moeller, Zwiglis Disputationen; zuletzt: Kaufmann, Mitte, S. 531 ff.
250 Zwingli, Werke, Bd. 1, S. 467,2.
251 Vgl. Zwingli, Werke, Bd. 1, S. 484,9–11; vgl. Kaufmann, Mitte, S. 537.
252 *Handlung der versamlung in der loblichen stat Zürich auff den xxix. Tag Jenners* …; VD 16 H 1247–1252 in Verbindung mit Zwingli, Werke, Bd. 1, S. 472–475; vgl. Kaufmann, Mitte, S. 536 Anm. 298.
253 Ed. Zwingli, Werke, Bd. 2, S. 14–457; zwei Drucke Zürcher Provenienz: VD 16 Z 820 f.
254 Köhler, Zwingli; Eberhard Grötzinger, Luther und Zwingli. Die Kritik an der mittelalterlichen Lehre von der Messe als Wurzel des Abendmahlsstreites, Zürich, Köln, Gütersloh 1980.
255 BAO 1, Nr. 2, S. 1 f. Vgl. Ed. der *Adolescentia* Wimpfelings durch Otto Herding, München 1965, S. 352,11–16.
256 VD 16 O 304; BAO 1, Nr. 12–14, S. 19–22.
257 Vgl. nur: Ulrich Muhlack, Art. Beatus Rhenanus, in: VLHum, Bd. 2, Sp. 656–710.
258 Kaufmann, Mitte, S. 67.
259 Vgl. Sebastiani, Froben, Nr. 44, S. 213–216; VD 16 B 4196.
260 VD 16 O 310; BAO 1, Nr. 40, S. 68 (Vorrede Cratanders).
261 Gemeinsam an Bernhard und Konrad Adelmann adressierte Widmungen in: VD 16 P 1808; G 3029; T 666; allein an Bernhard: VD 16 B 693; O 391; O 396; O 392; J 612; O 370. Auch der 10. Band der bei Froben erschienenen Hieronymusausgabe war auf Veranlassung Oekolampads durch Capito Bernhard Adelmann gewidmet, VD 16 H 3482, Bd. 10, S. 363; zu dem Druck: Sebastiani, Froben, Nr. 169, S. 443 f.

262 Aufgrund eines Fundes James Hirsteins konnte nachgewiesen werden, dass ein von Luther an Adelmann gesandtes Exemplar der lateinischen Version der *Freiheitsschrift* von diesem an Beatus Rhenanus ging; die handschriftlichen Korrekturen Luthers und Rhenans bildeten die Grundlage für den lateinischen Druck, s. James Hirstein, Corrections Autographes de Martin Luther. Le Tractatus de libertate christiana d'après les éditions de 1520 et de 1521: des suggestions d'emendation, in: Revue d'Histoire et de Philosophie Religieuse 95, 2015, S. 129–163.
263 VD 16 O 300; Erstdruck: [Augsburg, S. Grimm, M.Wirsung 1519]; Grane, Martinus noster, S. 167 ff.; Kaufmann, Mitte, S. 153 Anm. 532.
264 *Iohannis Eckii pro Hieronymo Emser contra malesanem Luteri Venationem responsio*, Leipzig, M. Landsberg 1519;VD 16 E 413, D 1ʳ.
265 VD 16 O 302; vgl. Kaufmann, Anfang, S. 370–376; ders., Mitte, S. 154.
266 VD 16 O 302, B 3ᵛ.
267 Vgl. Kaufmann, Anfang, S. 356 ff.
268 Zu Oekolampad auf der Ebernburg s. Thomas Kaufmann, Sickingen, Hutten, der Ebernburg-Kreis und die reformatorische Bewegung, in: Ebernburg-Hefte 49, 2015, S. 35–96, hier: 73 ff.
269 *Das Testament Jesu Christi das man byszher genant hat dye Mesz*;VD 16 M 4861–4867; ZV 3863; ed. in: Julius Smend, Die evangelischen deutschen Messen bis zu Luthers Deutscher Messe, Göttingen 1896, S. 49 ff.
270 Nach wie vor unersetzt: Ernst Staehelin, Das theologische Lebenswerk Johannes Oekolampads, Leipzig 1939.
271 Zu Ulhart: Karl Schottenloher, Philipp Ulhart, ein Augsburger Winkeldrucker und Helfershelfer der «Schwärmer» und «Wiedertäufer» (1523– 1529), München, Freising 1921, ND 1967; Reske, Buchdrucker, S. 36 f.; zu Augsburg grundlegend auch: Hans-Jörg Künast, Getruckt zu Augspurg. Buchdruck und Buchhandel in Augsburg zwischen 1468 und 1555, Augsburg 1997. – Zu Schöffer: Alejandro Zorzin, Peter Schöffer d. J. und die Täufer, in: Ulman Weiss (Hg.), Buchwesen in Spätmittelalter und Früher Neuzeit. Festschrift für Helmut Claus zum 75. Geburtstag, Epfendorf 2008, S. 179–211; Kaufmann, Mitte, S. 313 ff.
272 Wegweisend: Martin Rothkegel, «Den Brüdern um zwei Pfennig leichter dann den Auswendigen». Distributionsbedingungen radikalreformatorischer Milieuliteratur, in: Thomas Kaufmann/Elmar Mittler (Hg.), Reformation und Buch, Wiesbaden 2016, S. 199–219.
273 Die besten Zugänge zur handschriftlichen Überlieferung radikalreformatorischer Autoren bietet: Gottfried Seebaß (Hg.), Katalog der hutterischen Handschriften und der Drucke aus hutterischem Besitz in Europa, bearb. von Matthias H. Rauert und Martin Rothkegel, 2 Bde., Gütersloh 2011.

274 J. F. Gerhard Goeters, Ludwig Hätzer (ca. 1500 bis 1529), Spiritualist und Antitrinitarier. Eine Randfigur der frühen Täuferbewegung, Gütersloh 1957; Alejandro Zorzin, Art. Hätzer, Ludwig, in: Hans-Jürgen Goertz (Hg.), Mennonitisches Lexikon, Bd. V/2, Bolanden-Weierhof 2020, S. 123–126; ders., Ludwig Hätzer als täuferischer Publizist, in: Mennonitische Geschichtsblätter 67, 2010, S. 25–49.
275 Ludwig Hätzer, *Ein urteil gottes unsers ee gemahls wie man sich mit allen götzen und bildnussen halten soll* ..., Zürich, Froschauer 1523; VD 16 H 139; weitere Drucke, u. a. eine lateinische Übersetzung: H 140–145; zum Kontext: Goeters, Hätzer, S. 22 ff. Leo Jud verwies bei der Zweiten Zürcher Disputation auf Hätzers Bilderschrift, in der alle wesentlichen Argumente gegen die Bilder genannt seien, Zwingli, Werke, Bd. 2, S. 690; auch Zwingli rekurrierte zustimmend auf sie, a. a. O., S. 654.
276 *Acta oder geschicht wie es uff dem gesprech ... in der Christlichen Statt Zürich ... ergangen ist* ..., Zürich, Froschauer 1523; VD 16 H 136; ed. in: Zwingli, Werke, Bd. 2, S. 671–803; zur Sache: Moeller, Zwinglis Disputationen.
277 VD 16 H 136, a 1^r; VD 16 H 140, a 1^r.
278 Vgl. Thomas Kaufmann, Luthers «Judenschriften», Tübingen ^{2}2013, S. 43 ff.; 164 ff.
279 Zu Maleachi: VD 16 ZV 22434; ZV 1804; B 4001–4003; zu Jesaja: VD 16 B 3780; zu Ezechiel: VD 16 B 3811.
280 VD 16 O 309.
281 VD 16 B 9243 f.
282 VD 16 H 146.
283 *Alle Propheten nach Hebraischer sprach verteutschet* ..., Worms, Schöffer 1527; VD 16 B 3721; vgl. B 3718–3731.
284 Vgl. Hätzers Vorrede zu den *Wormser Propheten*, VD 16 B 3721, A 2^v–4^r, hier: 3^r.
285 VD 16 B 3727/4171, Bl. ii^v; vgl. Kaufmann, Luthers «Judenschriften», S. 9 Anm. 6; Ulrich Oelschläger, Die Wormser Propheten von 1527. Eine vorlutherische Teilübersetzung der Bibel, in: Blätter für Pfälzische Kirchengeschichte 75, 2008, S. 331–362; ders., Luther in Worms, Worms 2020, S. 134–136.
286 Das ergibt sich aus der Vorrede zu den *Wormser Propheten* (wie Anm. 284); das Ungenügen, das Hätzer beim Übersetzen des Jesajatextes im Zusammenhang mit Oekolampads Kommentar empfand, wurde der Anlass, gemeinsam mit Denck an diese Aufgabe zu gehen. Es dürfte Hätzers schon zwischen 1524 und 1526 deutlich werdendem Gespür für innovative publizistische Ideen zuzuschreiben sein, dass er die buchhändlerischen Chancen erkannte, die sich für den Druck einer deutschen Übersetzung des Corpus Propheticum ergaben.

287 VD 16 B 3720–3722; 3727.
288 VD 16 D 560; D 564; D 567; H 2586; B 4171; B 4172;T 908; H 144.
289 VD 16 T 908; vgl. dazu: Kaufmann, Mitte, S. 565 ff.
290 Ebd.
291 Goeters, Hätzer, S. 147 ff.; Manfred Krebs, Quellen zur Geschichte der Täufer IV. Baden: Baden und Pfalz, Gütersloh 1951, Nr. 457 ff., S. 454 ff.; Thomas Blarers Bericht der Hinrichtung:VD 16 B 5712 f.
292 Vgl. nur Alejandro Zorzin, Ludwig Hätzers «Kreuzgang» (1528/9): Ein Zeugnis täuferischer Bildpropaganda, in: Archiv für Reformationsgeschichte 97, 2006, S. 137–164; Abb. auch in:Thomas Kaufmann, Erlöste und Verdammte. Eine Geschichte der Reformation, München ⁴2017, S. 175.
293 J. F. Gerhard Goeters, Ludwig Hätzers Lieder. Ein hymnologischer Versuch, in: Mennonitische Geschichtsblätter NF 6/11, 1959, S. 3–14; VD 16 S 2941; ZV 30608; ZV 16583; ZV 5396; ZV 27219;VD 16V 1951; B 3502; unter z.T. anderen Verfassernamen sind Hätzer-Lieder ed. in: Philipp Wackernagel, Das deutsche Kirchenlied, Bd. III, Leipzig 1870, ND Hildesheim u. a. 1990, Nr. 519; 536; 537; 538; s. auch Zorzin, Art. Hätzer, S. 126.
294 Wackernagel, Bd. III, S. 480.
295 Vgl. die Hinweise bei Goeters, Hätzer, S. 143 ff.
296 Zu allen biographischen und Müntzers Texte betreffenden Fragen grundlegend: Siegfried Bräuer/Günter Vogler, Thomas Müntzer. Neu Ordnung machen in der Welt, Gütersloh 2016.
297 M. E. ist in Bezug auf den in drei unterschiedlichen Fassungen überlieferten sogen. *Prager Sendbrief* (jüngste Ed.: ThMA 1, Nr. 12, S. 411–440) ernsthaft damit zu rechnen, dass Müntzer ihn ursprünglich hatte drucken lassen wollen.
298 VD 16 M 4889–4892; Kaufmann, Mitte, S. 417 f. Anm. 695.
299 VD 16 M 4889; ed. in:ThMA 1, S. 1–187.
300 Vgl.ThMA 1, S. 199,5 f.; 388,8 ff.
301 VD 16 M 4890; ed.ThMA 1, S. 198–266.
302 ThMA 1, S. 199,13.
303 ThMA 1, S. 200,14–17.
304 Vgl. zu weiteren Hinweisen auf die Drucke:ThMA 1, S. 269; 288 f.
305 Ed.ThMA 1, Nr. 4, S. 268–287; Nr. 5, S. 288–299.
306 VD 16 M 6755.
307 VD 16 H 3968;ThMA 1, S. 289; der Drucker war Melchior Ramminger in Augsburg.
308 VD 16 M 6746; ed.ThMA 1, Nr. 6, S. 300–321.
309 VD 16 M 6745; ed.ThMA 2, Nr. 7, S. 322–375.

Anmerkungen zu Kapitel 3   303

310 Zu allen Hut betreffenden Fragen: Gottfried Seebass, Müntzers Erbe. Werk, Leben und Theologie des Hans Hut, Gütersloh 2002.
311 Benzing/Claus Nr. 1927–1932; VD 16 L 4158–4163; WA 15, S. 199–221.
312 Vgl. ThMA 1, S. 376.
313 VD 16 B 6140 oder B 6234; Zorzin, Karlstadt, Nr. 67; 65; Kaufmann, Mitte, S. 412–414.
314 Vgl. das statistische Material bei Köhler, Erste Schritte.
315 Vgl. nur: Johannes Schilling, Gewesene Mönche. Lebensgeschichten in der Reformationszeit, München 1990; Antje Rüttgardt, Klosteraustritte in der frühen Reformation, Gütersloh 2007.
316 Stephen E. Buckwalter, Die Priesterehe in Flugschriften der frühen Reformation, Gütersloh 1998.
317 Martin Arnold, Handwerker als theologische Schriftsteller, Göttingen 1990; zu Laientheologen der frühen Reformationszeit s. auch: Paul A. Russell, Lay Theology in the Reformation: Popular Pamphleteers in Southwest Germany, 1521–1525, Cambridge 1986; Miriam Usher Chrisman, Conflicting Visions of Reform. German Lay Propaganda Pamphlets, 1519–1530, Boston 1996.
318 Hans Joachim Köhler, «Der Bauer wird witzig». Der Bauer in den Flugschriften der Reformationszeit, in: Peter Blickle (Hg.), Zugänge zur bäuerlichen Reformation, Zürich 1987, S. 187–218.
319 Vgl. nur: Elsie McKee, Katharina Schütz Zell, 2 Bde., Leiden, Boston, Köln 1999; Peter Matheson, Argula von Grumbach: Eine Biographie, Göttingen 2014.
320 Christian Peters, Eberlin von Günzburg (ca. 1465–1533). Franziskanischer Reformer, Humanist und konservativer Reformator, Gütersloh 1994, S. 33 ff.
321 Zorzin, Beobachtungen; Schuster, Dialogflugschriften.
322 Vgl. Arnold, Handwerker, S. 193–216; Siegfried Bräuer, «ich begere lauttern vnd reinen wein / So vormischt er mirn mith wasser». Der Flugschriftenstreit zwischen dem Eilenburger Schuhmacher Georg Schönichen und dem Leipziger Theologen Hieronymus Dungersheim, in: Jörg Haustein/Harry Oelke (Hg.), Reformation und Katholizismus. FS Gottfried Maron, Hannover 2003, S. 97–140; zu Dungersheim: Theobald Freudenberger, Hieronymus Dungersheim von Ochsenfurt am Main: 1465–1540, Münster 1988.
323 Vgl. Volkmar Joestel, Auswirkungen der Wittenberger Bewegung 1521/22: das Beispiel Eilenburg, in: Stefan Oehmig (Hg.), 700 Jahre Wittenberg. Stadt – Universität – Reformation, Weimar 1995, S. 131–142.
324 Georg Schönichen, *Allen brudern zcu dresden / dy dem Ewangelio Holt sein ...* Grimma, Nikolaus Widemar 1523; VD 16 S 3780.

325 Georg Schönichen, *Den achtbarn und hochgelerten zu Leypßick/Petro Mosellano Rectori/Ochsenfart/prediger zu S. Nicolao/Andree Camiciano* ... Grimma, Nikolaus Widemar 1523;VD 16 S 3738.
326 Georg Schönichen, *Auff die underricht des hochgelerten Doctoris Ern Hieronimy tungirßheym von Ochsenfart* ..., Grimma, Nikolaus Widemar 1523; VD 16 S 3741, B 4^v.
327 VD 16 S 3738, B 2^r.
328 Arnold, Handwerker, S. 194; VD 16 S 3737; S 3742 (= VD 16 K 800; R 1529; S 649). Bei dem letztgenannten Druck handelt es sich um einen Sammeldruck [W. Köpfels] in Straßburg, der aktuelle Texte von Handwerkern bzw. Laienschriftstellern zu einem eigenen Druck zusammenstellte.
329 Hieronymus Dungersheim von Ochsenfart, *Antwort ... auf Jorgen Schonigen von Eylenburg tzuschreyben* ..., Leipzig, W. Stöckel 1523; VD 16 D 2944; ND Augsburg, Ramminger 1523:VD 16 D 2943.
330 VD 16 S 3741, B 1^v- B 2^r.
331 Zur Überlieferung s. Bräuer, Flugschriftenstreit, S. 118 Anm. 68; Abdruck in: Felician Geß, Briefe und Akten zur Kirchenpolitik Herzog Georgs von Sachsen, Bd. 1, Leipzig 1905, zu Nr. 543, S. 348–350 Anm. 1.
332 Vgl. Peter Matheson (Hg.), Argula von Grumbach, Schriften, Gütersloh 2010, S. 49; ders., Argula von Grumbach, S. 80 f.
333 Zu den sechzehn Drucken ihrer ersten Schrift (VD 16 G 3672–3686; ZV 19153) s. Matheson (Hg.), Argula von Grumbach, Schriften, S. 38–47.
334 A. a. O., S. 63,11.
335 A. a. O., S. 63,18–28.
336 VD 16 G 3672; diese Sammelausgabe erschien übrigens wie die Sammelausgabe mit der Schönichen-Schrift (s. Anm. 328) in einem nichtfirmierten Druck der Straßburger Offizin Wolfgang Köpfels; vgl. zu diesem Kaufmann, Mitte, S. 440 ff. Das Erscheinungsdatum der Argula-Sammelausgabe war Anfang März 1524, vgl. VD 16 G 3672, D 6^v; Matheson, a. a. O., S. 47.
337 Zu Katharina Zell vgl. nur: Thomas Kaufmann, Pfarrfrau und Publizistin. Das reformatorische «Amt» der Katharina Zell, in: Zeitschrift für Historische Forschung 23, 1996, S. 169–218; McKee, Katharina Schütz Zell (Bd. 2 enthält eine Ed. der Schriften K. Zells).
338 VD 16 ZV 15658, A 8^v; McKeee, Schütz Zell, Bd. 2, S. 13. Im November 1524 erschien ein Nachdruck der Schrift in Augsburg, VD 16 Z 344.
339 McKee, S. 4, 5.
340 Vgl. a. a. O., S. 11 f.
341 VD 16 Z 343; ed. in: McKee, a. a. O., S. 21–47.

Anmerkungen zu Kapitel 3 305

342 A.a.O., S. 45 f.
343 A.a.O., S. 46.
344 Vgl. WA 8, S. 497,19 ff.; vgl. 487,13 f.
345 Zit. nach Kaufmann, Pfarrfrau, S. 209.
346 WA 6, S. 467,1.
347 Adolf Laube/Hans Werner Seiffert (Ltg.), Flugschriften der Bauernkriegszeit, Berlin 1975, S. 26,18 f.
348 A.a.O., S. 27,10.13.
349 A.a.O., S. 28,14 f.; 29,6 f.; 30,29; 31,6.
350 VD 16 G 3540–3563; ZV 26638/9.
351 VD 16 H 494; ed. Laube/Seiffert, Flugschriften, S. 32–34; zu Inhalt und verschiedenen Fassungen vgl. Gottfried Seebaß, Artikelbrief, Bundesordnung und Verfassungsentwurf. Studien zu drei zentralen Dokumenten des südwestdeutschen Bauernkriegs, Heidelberg 1988, S. 55 ff.
352 VD 16 S 4575; ed. in: Laube/Seiffert, Flugschriften, S. 35–40.
353 WA 18, S. 336,4.
354 WA 18, S. 336,7 f.; VD 16 S 4580; Benzing/Claus Nr. 2136; ed. WA 18, S. 336–343.
355 WA 18, S. 336,8–12.
356 Ed. in: Laube/Seiffert, a.a.O., S. 57 f.
357 Zit. nach Kaufmann, Abendmahlstheologie, S. 339 Anm. 396 und Kontext.
358 WA 18, S. 401,15.
359 Benzing/Claus Nr. 2117–2135; VD 16 L 4676–4696; ed. WA 18, S. 291–314.
360 Benzing/Claus Nr. 2137–2159; VD 16 L 7480–7505; ed. WA 18, S. 357–361.
361 WA 18, S. 357,18.
362 WA 18, S. 361,24–26.
363 Der Wittenberger Erstdruck von *Wider die räuberischen und mörderischen Rotten* war in einer Sammelausgabe mit der *Ermahnung zum Frieden* erschienen, WA 18, S. 345: A; Benzing/Claus Nr. 2119; VD 16 L 4692, dem zweiten Nachdruck von Luthers erster Bauernkriegsschrift bei [Joseph Klug], der wohl nicht vor Mitte Mai erschienen sein wird. Der Druck der [Emserpresse Dresden] eröffnet die Serie der Einzeldrucke: Benzing/Claus Nr. 2137; VD 16 L 7480; WA 18, S. 345: B.
364 WA 18, S. 384,19 f.
365 Benzing/Claus Nr. 2168–2177; VD 16 L 5842–5853; ed. WA 18, S. 367–374.
366 Vgl. dazu Kaufmann, Mitte, S. 228 ff.
367 Vgl. Künast, Getruckt zu Augspurg.

368 Kaufmann, Mitte, S. 226 auf der Basis des VD 16.
369 Eisermann (Hg.), Verzeichnis der typographischen Einblattdrucke im 15. Jahrhundert (VE 15); Andrew Pettegree (Hg.), Broadsheets. Single-Sheet Publishing in the First Age of Print, Leiden, Boston 2017; exemplarisch: Peter Diederichs, Kaiser Maximilian als politischer Publizist, Jena 1932; Saskia Limbach, Government Use of Print: Official Publications in the Holy Roman Empire, 1500–1600, Frankfurt a. M. 2021; zur kulturellen Bedeutung der Druckgraphik finden sich zahlreiche Anregungen in: Spätgotik – Aufbruch in die Neuzeit. Staatliche Museen zu Berlin 01.05.-05.09.2021, Berlin 2021.
370 Robert W. Scribner, For the Sake of Simple Folk, Oxford ²1994; Franz-Heinrich Beyer, Eigenart und Wirkung des reformatorisch-polemischen Flugblatts im Zusammenhang der Publizistik der Reformationszeit, Frankfurt a. M. 1994.
371 Das VD 16 verzeichnet die Einblattdrucke nicht; ihre Integration in den Universal Short Title Catalogue (USTC; https://www.ustc.ac.uk) ist sehr zu begrüßen, stellt aber wegen der Qualität der bibliographischen Aufnahme noch keine befriedigende Lösung dieses bibliographischen Problems dar. In der Regel wird mit Sammlungen gearbeitet, für die frühe Reformation etwa: Walter L. Strauss, The German Single Leaf Woodcut 1500–1550, 4 Bde., New York 1974; Harry Oelke, Die Konfessionsbildung des 16. Jahrhunderts im Spiegel illustrierter Flugblätter, Berlin 1992, S. 461 ff.; Hermann Meuche/Ingeborg Neumeister (Hg.), Flugblätter der Reformation und des Bauernkrieges, Leipzig 1976; Bernd Schäfer/Ulrike Eydinger/Manfred Rekow (Hg.), Fliegende Blätter. Die Sammlung der Einblattholzschnitte des 15. und 16. Jahrhunderts der Stiftung Schloss Friedenstein Gotha, 2 Bde., Stuttgart 2016.
372 Ed. und mit allen erforderlichen historisch-kontextuellen Einleitungen in: KGK II, Nr. 110, S. 121–134; Nr. 120, S. 179–194.
373 Vgl. die Beispiele in Kaufmann, Anfang, S. 314 f.; 322; 395 und zur chronologischen Einordnung S. 316 f. Anm. 128.
374 *Ein gesprech auff das kurtzt zwuschen eynem Christen unn Juden auch eynem Wyrthe* ... [Erfurt, Michael Buchfürer] 1524; VD 16 G 1864; vgl. Kaufmann, Luthers «Judenschriften», S. 71 ff. Zu dem Blatt s. auch: Martin Luther und die Reformation in Deutschland, Katalog Nürnberg 1983, Frankfurt a. M. 1983, Nr. 309, S. 245 f.
375 Vgl. nur: Berndt Hamm, Bürgertum und Glaube, Göttingen 1996, S. 181 ff.
376 S. Katalog Meuche/Neumeister, Flugblätter, Nr. 14, S. 117 f.; Zuschreibung an die [Nürnberger] Offizin des [Johannes Petreius], ebd. Zu Pencz s. nur: Herbert Zschelletzschky, Die «drei gottlosen Maler» von

Nürnberg Sebald Beham, Barthel Beham und Georg Pencz, Leipzig 1975; Jürgen Müller / Thomas Schauerte (Hg.), Die gottlosen Maler von Nürnberg, Berlin 2011.

377 Die Datierung des Blattes ist nicht gesichert; die Ansetzung auf «um 1529/31» (Meuche/Neumeister, a.a.O., S. 36; 117) dürfte zutreffen.
378 WABr 10, Nr. 3725; 3728; 3730; 3732; vgl. Barge, Karlstadt, Bd. 1, S. 509 ff.
379 WABr 6, S. 246,16; 244,4 f.; vgl. WATr 1, S. 436,13–16; WATr 2, S. 103,14–17; 216,17–19; WATr 2, S. 444,6–9; 590,9–11; WATr 1, S. 38,10–18.
380 Stilbildend: Laktanz, *De mortibus persecutorum – Die Todesarten der Verfolger.* Latein/deutsch, übersetzt und eingeleitet von Alfons Städele, Turnhout 2003.
381 Aufschlussreich sind diverse Beiträge in: Armin Kohnle (Hg.), Luthers Tod. Ereignis und Wirkung, Leipzig 2019; s.a. Siegfried Bräuer, Die Überlieferung von Melanchthons Leichenrede auf Luther, in: Michael Beyer/Günther Wartenberg unter Mitwirkung von Hans-Peter Hasse (Hg.), Humanismus und Wittenberger Reformation, Leipzig 1996, S. 185–252.
382 Ruth Slenczka, Das Wittenberger Luthergrab als Erinnerungsort, in: Kohnle (Hg.), Luthers Tod, a.a.O., S. 231–250; dies., Bemalte Bronze hinter Glas? Luthers Grabplatte in Jena 1571 als «protestantische Reliquie», in: Philipp Zitzlsperger (Hg.), Grabmal und Körper – zwischen Repräsentation und Realpräsenz in der Frühen Neuzeit. Tagungsband erschienen in der digitalen Zeitschrift kunsttexte.de, Nr. 4, 2010; Arwed Arnulf, Luthers Epitaphien, in: Marburger Jahrbuch für Kunstwissenschaft 38, 2011, S. 75–112.
383 S. Bleumer, Ereignis.
384 Erstdruck: Wittenberg, H. Lufft 1545: WA 54, S. 188 f.: $A^{1/2}$; Benzing/Claus Nr. 3491–3496; VD 16 ZV 3849–3854; ed. WA 54, S. 188–194.
385 S. zum Folgenden WA 54, S. 191–193.
386 Zitate: WA 54, S. 193, 19.9. 16 f. 26.
387 Vgl. nur Martin Brecht, Martin Luther, Bd. 3, Stuttgart 1987, S. 351 ff.; Mark U. Edwards, Luther's Last Battles, Leiden 1983.
388 WA 54, S. 193, 31,34–194,2.
389 *Vom christlichen abschied aus diesem tödlichen leben ... D. Martini Lutheri,* Wittenberg, G. Rhaw 1546; VD 16 J 905. Einzelausgaben: VD 16 J 883; J 886; J 900–904; ZV 8740–8749; ZV 27824; ZV 20628; englische Übersetzung: ZV 25460; französisch: ZV 27825. Sammelausgabe zusammen mit Leichenpredigt Bugenhagens und Leichenrede Melanchthons: VD 16 M 3424–3426; ZV 8750. Ende der 1550er-Jahre ging der Bericht von Luthers Sterben auch in Bd. 8 der Jenaer und Bd. 12 der deutschen Schriften der Wittenberger Gesamtausgabe Luthers ein. Nützlicher Re-

print: «Vom Christlichen abschied aus diesem tödlichen leben des Ehrwirdigen Herrn D. Martini Lutheri». Mit einer Einführung von Peter Freybe ... und einem Nachwort ... von Siegfried Bräuer, Stuttgart 1996.
390 VD 16 J 905, D 2^v.
391 VD 16 J 905, D 3^r.
392 A.a.O., C 1$^{r/v}$.
393 Georg Stuhlfauth, Die Bildnisse D. Martin Luthers im Tode, Weimar 1927; Karl Arndt, Lucas Cranachs d. Ä. Bildnis Martin Luthers im Tode. Eine Berichtigung, in: Jahrbuch der Staatlichen Kunstsammlungen in Baden-Württemberg 50, 2013/14, S. 89–107.

4. Eine veränderte Welt

1 Vgl. nur: Wolfgang Reinhard, Die Unterwerfung der Welt. Globalgeschichte der europäischen Expansion 1415–2015, München 2016.
2 Andrew Pettegree, The Invention of News: How the World Came to Know about Itself, Yale 2014.
3 Vgl. etwa: Irene Ewinkel, De monstris. Deutung und Funktion von Wundergeburten auf Flugblättern im Deutschland des 16. Jahrhunderts, Tübingen 1995.
4 Vgl. zu den diversen Indices der «verbotenen Bücher»: Franz Heinrich Reusch (Hg.), Die Indices Librorum Prohibitorum des 16. Jahrhunderts, Tübingen 1886, ND Nieuwkoop 1970; ders., Der Index der verbotenen Bücher, 2 Bde., Bonn 1883–1885, ND Aalen 1967; Hubert Wolf, Index. Der Vatikan und die verbotenen Bücher, München 2007.
5 Vgl. nur für den deutschsprachigen Raum: Uwe Köster, Studien zu den katholischen deutschen Bibelübersetzungen im 16., 17. und 18. Jahrhundert, Münster 1995.
6 Thomas Kaufmann, What is Lutheran Confessional Culture?, in: Per Ingesman (Hg.), Religion as an Agent of Change. Crusades – Reformation – Pietism, Leiden, Boston 2016, S. 127–148; Günther Wassilowsky, Was ist Katholische Konfessionskultur?, in: Archiv für Reformationsgeschichte 109, 2018, S. 402–412; Michael Maurer, Konfessionskulturen. Die Europäer als Protestanten und Katholiken, Paderborn 2019.
7 Gustav Bauch, Die Einführung des Hebräischen in Wittenberg, in: Monatsschrift für Geschichte und Wissenschaft des Judentums 48, NF 12, 1904, S. 22–32; 77–86; 145–160; 214–223; 283–299; 328–340; 461–490.
8 Vgl. nur: Gottfried Voigt, Die Wiederbelebung des classischen Alterthums, Erster Bd., Berlin ^{4}1960, S. 222 ff., bes. 230.
9 Zwingli, Werke, Bd. 7, S. 22,8–12 (23.2.1513); vgl. J.F. Gerhard Goeters,

Anmerkungen zu Kapitel 4   309

Zwinglis Werdegang als Erasmianer, in: Martin Greschat/ders. (Hg.), Reformation und Humanismus. FS Robert Stupperich, Witten 1969, S. 255–271, bes. 261 f.; 268 f.

10 Sign. RP 15; Beschreibung der Handschrift und Edition der Annotationen Zwinglis in: Zwingli,Werke, Bd. 12, S. 1–110.
11 Werner Welzig (Hg.), Erasmus von Rotterdam, Ausgewählte Schriften, Bd. 1, Darmstadt 1968, S. 372 f.
12 Vgl. Goeters,Werdegang, S. 269.
13 VLHum, Bd. 2, Sp. 548–566; weitere Hinweise: Kaufmann, Mitte, S. 258 ff. (zu den Konkurrenzausgaben zwischen Schott und Grüninger in Straßburg); Gregor Reisch, Margarita philosophica Perle (Schatz) der Philosophie. Abdruck der vom Verfasser autorisierten verbesserten und vermehrten 4.Auflage Basel 1517, Deutsche Übersetzung von Otto und Eva Schönberger,Würzburg 2016; Original:VD 16 R 1040.
14 VD 16 R 1040, Q 7^r.
15 Übersetzung Schönberger, a. a. O., S. 534.
16 A. a. O., S. 533;VD 16 R 1040, Q 7^r.
17 Siegrid Westphal, Die Reformation als Apokalypse. Luther, Michael Stifel und der «Lochauer Weltuntergang» 1533, in: Enno Bünz/Rainer Gries/Frank Möller (Hg.), Der Tag X in der Geschichte. Erwartungen und Enttäuschungen seit tausend Jahren, Stuttgart 1997, S. 102–125.
18 Strobel, Stifels erster Biograph, setzte voraus, dass dieser «die guten Kenntnisse und der Arithmetrik und Albeger [d. i. Algebra]» «in seinem Kloster» erworben hatte, vgl. Karin Reich (Hg.), Die Stifel-Biographie von Georg Theodor Strobel, München 1995, S. 7. Freilich sind keinerlei belastbare Kenntnisse über Stifels Bildungsgang überliefert, s. Matthias Aubel, Michael Stifel. Ein Mathematiker im Zeitalter des Humanismus und der Reformation,Augsburg 2008, S. 27–35.
19 Michael Stifel, *Die Coss Christoffs Rudolffs/Mit schönen Exempeln ... Gebessert und sehr gemehret*, Königsberg/Pr., A.Behm 1571:VD 16 R 3437, A 2^r. Zu der Bearbeitung der *Coss* durch den Wiener Christoph Rudolff vgl. Aubel, a. a. O., S. 214 ff. Es dürfte sich um Rudolffs Ausgabe von 1525 (nicht, wie Stifel angibt, 1524) handeln: *Behend und Hubsch Rechnung durch die kunstreichen regeln Algebre ... Zusammen bracht durch Christoff Rudolff vom Jawer*, Straßburg, W.Köpfel [1525];VD 16 R 3435. Stifel erwähnt, dass einige Kritiker Rudolff vorgeworfen hatten, manche seiner Beispiele aus Manuskripten der Wiener Bibliothek abgeschrieben zu haben. Stifels Reaktion mit der Frage: «wem hette er damit schaden gethon?» (VD 16 R 3437,A 3^r) deutet auf ein unterschiedliches Verständnis von «Autorschaft» hin. (Diesen Hinweis verdanke ich Prof. Dr. Dorothea Bahns, Göttingen.)

20 *Rechnung*, wie vorige Anm., A 1ʳ.
21 So Karin Reich, Einleitung, S. 1.
22 Gedruckt: Nürnberg, Joh. Petreius 1546; VD 16 S 9013.
23 *Rechenbuch*, VD 16 S 9013, a 2ʳ.
24 Druck ebenfalls Nürnberg, Petreius; VD 16 S 9006; deutsche Ausgabe: Michael Stifel, Vollständiger Lehrgang der Arithmetrik, Nachwort Eberhard Knobloch, Deutsche Übersetzung von Eberhard Knobloch und Otto Schönberger, Würzburg 2007.
25 Stifel, Lehrgang, S. 11.
26 A. a. O., S. 9. Die im frühen 16. Jahrhundert v. a. durch akademisch nicht gebildete Rechenmeister verbreitete Rechenkunst sollte nach Melanchthon wieder stärker in die artistische Grundbildung im Gymnasium bzw. in der Philosophischen Fakultät integriert werden. Zu Melanchthon und Stifel vgl. Martin Schneider, Michael Stifel und Philipp Melanchthon. Zwei Freude Luthers und das Ende einer Beziehung, in: Felix Engel/Gerd-Christian Th. Treutler (Hg.), Michael Stifel. Reformation+Mathematik=Apokalypse, Potsdam 2015, S. 24–34.
27 MBW. T 2, Nr. 348, S. 189, 51–53 (Melanchthon an H. Baumgartner in Nürnberg, 31. 10. 1524; eig. Übersetzung).
28 Philipp Melanchthon, Wittenberger Antrittsrede, in: Michael Beyer/Stefan Rhein/Günther Wartenberg (Hg.), Melanchthon deutsch, Bd. 1, Leipzig 1997, S. 41–63, hier: 60.
29 Vgl. die Hinweise in KGK I,2, Nr. 64, S. 537 ff.; AWA 1, S. 124; Kaufmann, Mitte, S. 54; 59 f.; 86 f.
30 Vgl. nur: Heinrich Kramm, Deutsche Bibliotheken unter dem Einfluss von Humanismus und Reformation, Leipzig 1938; Handbuch deutscher historischer Buchbestände in Europa, eine Übersicht über Sammlungen in ausgewählten Bibliotheken, 12 Bde., Hildesheim 1997–2001; Peter Burke, Papier und Marktgeschrei, Berlin 2014, S. 81 ff.; Bernd Moeller, Die Anfänge der kommunalen Bibliotheken in Deutschland, in: ders. – H. Patze/K. Stackmann (Hg.), Studien zum städtischen Bildungswesen des späteren Mittelalters und der frühen Neuzeit, Göttingen 1983, S. 136–151; Sachiko Kusukawa, A Wittenberg University Library Catalogue of 1536, Cambridge 1995.
31 Vgl. nur: Hartmut Bobzin, Der Koran im Zeitalter der Reformation, Beirut 1995, S. 159 ff.
32 Vgl. Stephen Greenblatt, Die Wende. Wie die Renaissance begann, München 2012.
33 Vgl. nur: Uwe Plath, Der Fall Servet und die Kontroverse um die Freiheit des Glaubens und Gewissens, Essen 2014; ders. (Hg., Übers.), Sebastian Castellio, Gegen Calvin *Contra libellum Calvini*, Essen 2015.

34 Vgl. Hans R. Guggisberg, Sebastian Castellio. Humanist und Verteidiger der religiösen Toleranz im konfessionellen Zeitalter, Göttingen 1997, S. 84.
35 Sebastian Castellio, De haereticis an sint persequendi..., Magdeburg [= Basel], G. Rausch 1554; VD 16 C 2130. Der fingierte Druckort Magdeburg stellt eine Referenz an das typographische Großprojekt der gegen das Interim kämpfenden «Herrgotts Kanzlei» dar, s. Thomas Kaufmann, Das Ende der Reformation, Göttingen 2003. Eine deutsche Übersetzung erschien ohne Angabe des Druckortes, der Offizin und des Erscheinungsdatums unter dem Titel *Von Ketzern. Ob man auch die verfolgen, oder wie man mit jnen handlen solle* ... [Straßburg, A. Fries um 1555]; VD 16 C 2132.
36 VD 16 C 2130, S. 29–45; WA 11, S. 261–271; VD 16 C 2132, S. 14ᵛ-24ʳ.
37 VD 16 C 2130, S. 46–74; Johannes Brenz, Frühschriften Teil 2, hg. von Martin Brecht u. a., Tübingen 1974, S. 480 ff.; VD 16 C 2132, S. 26ʳ-37ʳ. Vgl. Gottfried Seebaß, An sint persequendi haeretici? Die Stellung des Johannes Brenz zur Verfolgung und Bestrafung der Täufer, in: ders., Die Reformation und ihre Außenseiter, Göttingen 1997, S. 283–335.
38 Vgl. Kaufmann, Anfang, § 16: Fragmentarische Existenz: Der «alte» und der «junge» Luther als theologisches Problem, S. 589–605.
39 Vgl. etwa: Yaacov Deutsch, Judaism in Christian Eyes: Ethnographic Descriptions of Jews and Judaism in Early Modern Europe, Oxford 2012; Almut Höfert, Den Feind beschreiben. «Türkengefahr» und europäisches Wissen über das Osmanische Reich 1450–1600, Frankfurt a. M., New York 2003.
40 Erste deutsche Ausgabe: Basel, Heinrich Petri 1544; VD 16 M 6689; zu weiteren Ausgaben s. VD 16 M 6690–6719; ZV 25758. Vgl. nur: Matthew McLean, The Cosmographia of Sebastian Münster: Describing the World in the Reformation, Aldershot 2007.
41 VD 16 M 6704, a 2ᵛ; dieser Basler Druck von 1588 erschien 1977 in Grünwald bei München als Reprint.
42 VD 16 M 6704, a 6ᵛ.
43 Ebd.
44 VD 16 M 6704, a 7ʳ.
45 «Wann die menge der Bücher vorhanden were / da ein Sach durch viel beschriben wird / were etwann ein gewiß urtheil zu fellen / sonst muß man sich der conjectur behelffen / oder anzeigen was dieser unn jener schreibt.» Ebd.
46 VD 16 F 3242/3. Beide Drucke erschienen in der Basler Offizin Michael Isengrins; der lateinische kam 1542, der deutsche 1543 heraus. Ein Reprint der deutschen Ausgabe erschien 2016: Leonhart Fuchs, Das Kräuterbuch von 1543 in Köln. Diese Ausgabe enthält Texte von Klaus Dobat

und Werner Dressendörfer, die gut über den Verfasser und die zeitgenössische Kräuterkunde informieren.
47 VD 16 F 3243, S. 2ʳ; 2ᵛ.
48 Vgl. Anthony Grafton, The Culture of Correction in Renaissance Europa, London 2011.
49 VD 16 C 6509; Sebastiani, Froben, Nr. 201, S. 502–504.
50 VD 16 M 1131; zu Pellikans editorischem Agieren in den frühen 1520er-Jahren, das auch Wittenberger Drucke besonders bei Adam Petri betraf, s. Vulpinus, Hauschronik, S. 76–79.
51 Sebastiani, Froben; in Bezug auf die Herstellung des NT instruktiv: Wallraff/Seidel Menchi/von Greyerz (Hg.), Basel 1516; Dill/Schierl (Hg.), Das bessere Bild Christi; s. o. Kap. 2, Anm. 46.
52 Alle Zitate: Werner Welzig, Erasmus von Rotterdam, Ausgewählte Werke, Bd. 7, Darmstadt ²1990, S. 487.
53 A. a. O., S. 489.
54 Ebd.
55 Werner Welzig, Erasmus von Rotterdam, Ausgewählte Werke, Bd. 3, Darmstadt 1967, S. 89.
56 A. a. O., S. 94.
57 Eberhard Isenmann, Die deutsche Stadt im Mittelalter 1150–1550, Wien, Köln, Weimar 2012, S. 567; Rudolf Enders, Die Verbreitung der Schreib- und Lesefähigkeit zur Zeit der Reformation, in: Harald Dickerhof (Hg.), Festgabe Heinz Hürten zum 60. Geburtstag, Frankfurt a. M. u. a. 1988, S. 213–233 (40–50 Prozent in Städten wie Nürnberg und Rothenburg nach, 30 Prozent vor der Reformation); vgl. ders., Nürnberger Bildungswesen zur Zeit der Reformation, in: Mitteilungen des Vereins für Geschichte der Stadt Nürnberg 71, 1984, S. 109–128; ähnliche Schätzungen für Augsburg bei Künast, «Getruckt zu Augsburg», S. 13.
58 Vgl. Limbach, Government Use of Print.
59 Vgl. Thomas Kaufmann, Ohne Buchdruck keine Reformation?, in: Stefan Oehmig (Hg.), Buchdruck und Buchkultur im Wittenberg der Reformationszeit, Leipzig 2015, S. 13–34.
60 VD 16 B 4318; detaillierte Druckbeschreibung: WADB 2, S. 201–207; ed. in WADB 6 und 7.
61 Vgl. Kaufmann, Anfang, S. 68 ff.
62 Zitate: WADB 6, S. 2, 8, 4 f., 8 f., 11, 23–25; S. 4, 12 f.
63 S. Nr. 163 und 171 in KGK III, S. 257 ff.; 519 ff. Vgl. Martin Brecht, Andreas Bodenstein von Karlstadt, Martin Luther und der Kanon der Heiligen Schrift, in: Ulrich Bubenheimer/Stefan Oehmig (Hg.), Querdenker der Reformation. Andreas Bodenstein von Karlstadt und seine frühe Wirkung, Würzburg 2001, S. 135–150.

64 WADB 6, S. 10,12–14.
65 Vgl. dazu: Kaufmann, Mitte, S. 383 ff.; ders., Neues von «Junker Jörg».
66 Zu den Einzelheiten: Wolfgang Schellmann, Luthers Septembertestament von 1522. Neue Erkenntnisse zu Auflagenhöhe und Ökonomie, in: Archiv für Geschichte des Buchwesens 72, 2017, S. 1–22.
67 S. dazu mit präzisen Rechenmodellen bzgl. der Zahl der Pressen, der Menge des bedruckten Papiers, der verfügbaren Stunden Tageslichts etc. Schellmann, Septembertestament.
68 VD 16 B 4324; WADB 2, Nr. 1, S. 209 f.
69 Zit. nach der zweiten Auflage des Petri'schen Drucks, der im März 1523 erschien (VD 16 B 4325; WADB 2, Nr. 12, S. 237 f.), VD 16 B 4325, A 1^r.
70 Vgl. Otto Reichmann, Lexikalische Varianten im frühneuhochdeutschen Bibelwortschatz und die neuhochdeutsche Schriftsprache: Fakten und Reflexionen, in: Anja Lobenstein-Reichmann/ders. (Hg.), Frühneuhochdeutsch. Aufgaben und Probleme einer linguistischen Beschreibung, Hildesheim u. a. 2011, S. 383–478, hier: 423 ff.
71 WADB 2, Nr. 2 – 5.
72 WADB 2, Nr. *4y, S. 216.
73 WADB 2, Nr. *4, S. 217 f.; Nr. *5, S. 218 f.; Nr. *6, S. 220 f. (Oktavdruck).
74 WADB Nr. 13$^{1/2}$, S. 239–242; Nr. 14, S. 242 f. (Oktavausgaben).
75 Elmar Mittler, *Patchworkeditionen*. Konkurrenz und Kooperation bei der Entwicklung der Vollbibeln in der frühen Reformationszeit, in: Thomas Kaufmann/ders. (Hg.), Die Reformation und das Buch (Bibliothek und Wissenschaft 49), Wiesbaden 2016, S. 51–84.
76 Traudel Himmighöfer, Die Zürcher Bibel bis zum Tode Zwinglis (1531), Mainz 1995.
77 Vgl. Benzing/Claus, Bd. 2, S. 293–339.
78 Vgl. etwa: Katharina Kagerer, Das lateinisch-deutsche Inschriftenprogramm der evangelischen Dorfkirche von Hülsede (1577), in: Astrid Steiner-Weber/Franz Römer (Hg.), Acta Conventus Neo-Latini Vindobonensis, Leiden 2018, S. 379–391; Jörg H. Lampe/Meike Willing (Hg.), Die Inschriften des Landkreises Holzminden, Wiesbaden 2012; Arnd Reitemeier, Die Reformation und ihre Folgen in Niedersachsen. Inschriften und die Frage nach der Einführung und Konsolidierung des lutherischen Glaubens in den welfischen Territorien des 16. Jahrhunderts, in: Nikolaus Henkel (Hg.), Inschriften als Zeugnisse kulturellen Gedächtnisses, Wiesbaden 2012, S. 115–132.
79 Aus der Fülle der Literatur zu Luthers Liedern und ihren Textausgaben seien lediglich hervorgehoben: Hans-Otto Korth (Bearb.), Lass uns leuchten des Lebens Wort. Die Lieder Martin Luthers, Halle 2017; Jür-

gen Heidrich/Johannes Schilling (Hg.), Martin Luther. Die Lieder, Suttgart 2017; Patrice Veit, Das Kirchenlied in der Reformation Martin Luthers, Stuttgart 1986; ders., Das Gesangbuch in der Praxis Pietatis der Lutheraner, in: Hans-Christoph Rublack (Hg.), Die lutherische Konfessionalisierung in Deutschland, Gütersloh 1992, S. 435–454; Kaufmann, Mitte, S. 685 ff.

80 Korth, a. a. O., S. 29 ff.; Heidrich-Schilling, a. a. O., S. 72 ff.; WA 35, S. 91 ff.; 411–415.
81 Zuletzt: Robert J. Christman, The Dynamics of the Early Reformation in Their Reformed Augustinian Context, Amsterdam 2020.
82 WA 35, S. 411,4–12.
83 Erfurt, Matthes Maler 1524; Benzing/Claus Nr. 3575; VD 16 E 1153; Erfurt, Johann Loersfeld 1524; Benzing/Claus Nr. 3576; VD 16 E 1151. Zur Frage der Priorität eines Erfurter Druckes vor dem anderen zuletzt: Kaufmann, Mitte, S. 695 ff.
84 Zitate: VD 16 E 1153, A 1^v.
85 Inge Mager, Lied und Reformation. Beobachtungen zur reformatorischen Singbewegung in norddeutschen Städten, in: Alfred Dürr/Walther Killy (Hg.), Das protestantische Kirchenlied im 16. und 17. Jahrhundert, Wiesbaden 1986, S. 25–38.
86 *Geystliche gesank Buchleyn. Tenor*, Wittenberg [J. Klug] 1524; Benzing/Claus Nr. 3539; VD 16 L 4776.
87 WA 35, S. 474,10–475,1.
88 WA 35, S. 465,3 f.
89 WA 35, S. 475,18 ff.
90 A. a. O., S. 476,4 f., 6–8.
91 Benzing/Claus Nr. 3563; VD 16 G 851.
92 WA 35, S. 477,13–15.
93 WA 26, S. 236,2 f.; EKO I, S. 171; zur historischen Kontextualisierung des auf Melanchthon zurückgehenden Schulartikels im *Unterricht der Visitatoren* s. Joachim Bauer/Dagmar Blaha/Stefan Michel, Der Unterricht der Visitatoren. Kommentar – Entstehung – Quellen, Gütersloh 2020, S. 202 ff.; zu den Regulierungen des Schulwesens in evangelischen Kirchenordnungen s. Sebastian Kreiker, Armut, Schule, Obrigkeit. Armenversorgung und Schulwesen in den evangelischen Kirchenordnungen des 16. Jahrhunderts, Bielefeld 1997, S. 125 ff.
94 WA 15, S. 34,33.
95 EKO I, S. 287 (Verordnung zu sächsischen Fürstenschulen von 1543).
96 WA 26, S. 236,39; 237,1; EKO I, S. 172; Bauer u. a., Unterricht, a. a. O., S. 206 f.
97 WA 26, S. 237,1,7 f.; EKO I, 172.

Anmerkungen zu Kapitel 4

98 WA 26, S. 238,30,32,35 f.,45; EKO I, S. 173.
99 WA 26, S. 239,25; EKO I, S. 173.
100 EKO VI/1, S. 640.
101 Andreas Ohlemacher, Lateinische Katechetik der frühen lutherischen Orthodoxie, Göttingen 2010, S. 113.
102 WA 30/1, S. 241; 561–568.
103 Vgl. Dietrich Diederichs-Gottschalk, Die protestantischen Schriftaltäre des 16. und 17. Jahrhunderts in Nordwestdeutschland: eine kirchen- und kunstgeschichtliche Untersuchung zu einer Sonderform liturgischer Ausstattung in der Epoche der Konfessionalisierung, Regensburg 2005.
104 WA 30/1, S. 347,1 f.,346,14.
105 In diesem Sinne folge ich den Leitideen des Konfessionalisierungsparadigmas in seiner Ausformulierung durch Heinz Schilling, vgl. bes.: Konfessionskonflikt und Staatsbildung, Gütersloh 1981; ders., Die Konfessionalisierung im Reich. Religiöser und gesellschaftlicher Wandel in Deutschland zwischen 1555 und 1620, in: ders., Ausgewählte Abhandlungen zur europäischen Reformations- und Konfessionsgeschichte, Berlin 2002, S. 504–540. Eine knappe Analyse der Konfessionalisierungsforschung findet sich in meinem Artikel «Konfessionalisierung», in: Enzyklopädie der Neuzeit, Bd. 6, Darmstadt 2007, Sp. 1053–1070.
106 Ulrich Eisenhardt, Die kaiserliche Aufsicht über Buchdruck, Buchhandel und Presse im Heiligen Römischen Reich Deutscher Nation (1496–1806), Karlsruhe 1970; Stephan Fitos, Zensur als Mißerfolg. Die Verbreitung indizierter deutscher Druckschriften in der zweiten Hälfte des 16. Jahrhunderts, Frankfurt a. M. u. a. 2000; Allyson F. Creasman, Censorship and Civic Order in Reformation Germany, Aldershot 2012; Francis M. Higman, Censorship and the Sorbonne, Genf 1971; Hans-Peter Hasse, Zensur theologischer Bücher in Kursachsen im konfessionellen Zeitalter, Leipzig 2000.
107 EKO I, S. 402 (Kirchenordnung 1580).
108 [Nikolaus Gallus, Matthias Flacius], *Sendschreiben von den Mandaten* ... [Regensburg, H. Geißler 1562]; VD 16 F 1532, B 1^r.
109 Zu Flacius großer Zeit als Zentralfigur des Magdeburger Interimskampfes vgl. Kaufmann, Ende; Andreas Waschbüsch, Alter Melanchthon. Muster theologischer Autoritätsstiftung bei Matthias Flacius Illyricus, Göttingen 2008.
110 Vgl. aber die Hinweise und Überlegungen von Chang Soo Par, Das Prinzip des allgemeinen Priestertums, ein politisches Konzept?, in: Archiv für Reformationsgeschichte 105, 2014, S. 129–158, sowie: Jürgen Bayer, Lay prophets in Lutheran Europe (c. 1550–1700), Leiden 2017.
111 Vgl. nur: Karl Holl, Die Rechtfertigungslehre im Licht der Geschichte

des Protestantismus, in: ders., Gesammelte Aufsätze zur Kirchengeschichte III: Der Westen, Tübingen 1928, S. 525–557.
112 Vgl. nur: Thomas Kaufmann, Luthers Juden, Stuttgart ³2017.
113 Instruktiv: Günter Vogler (Hg.), Wegscheiden der Reformation: alternatives Denken vom 16. bis zum 18. Jahrhundert, Weimar 1994.
114 *De optimo reip. Statu, deque nova insula Utopia, libellus vere aureus ... Thomae Mori* ..., Basel, Joh. Froben 1518; VD 16 M 6299; Sebastiani, Froben, Nr. 83, S. 300–302; zweite Ausgabe: a. a. O., Nr. 106, S. 343–346. Der Erstdruck erschien im März, die zweite Auflage im Dezember 1518; kritische Ed.: Edward Surtz/J. H. Hexter, The Complete Works of St. Thomas More, Bd. 4, New Haven/Conn. 1965; dt. Ausgabe in: Klaus J. Heinisch (Übers., Hg.), Der utopische Staat, Reinbek 1982, S. 7–110.
115 «Quanquam ut vere dicam [sc. Morus], nec ipse mecum satis adhuc constitui, an sim omnino aediturus.» VD 16 M 6299, S. 22.
116 Heinisch, Staat, a. a. O., S. 54 f.; 65 f.; 69;
117 A. a. O., S. 79 f.
118 Vgl. nur: Christian Peters, Johann Eberlin von Günzburg (ca. 1465–1533), Gütersloh 1994; ed. in: Ludwig Enders, Johann Eberlin von Günzburg, Ausgewählte Schriften, Bd. 1, Halle 1896, S. 107–131.
119 Enders, a. a. O., S. 108; 131.
120 Laube/Seiffert (Leitung), Flugschriften der Bauernkriegszeit, S. 545.
121 *Von der newen wandlung eynes Christlichen lebens* ... [Leipzig, M. Blum 1527]; VD 16 V 2614; Ed. in: Laube/Seiffert, a. a. O., S. 547–557; vgl. Carola Schelle-Wolff, Zwischen Erwartung und Aufruhr. Die Flugschrift «Von der newen wandlung eines Christlichen lebens» und der Nürnberger Drucker Hans Hergot, Frankfurt a. M. 1996.
122 Laube/Seiffert, a. a. O., S. 547, 12 f., 17 f.
123 A. a. O., S. 548, 8–11.
124 A. a. O., S. 551, 15 ff.
125 VD 16 M 6749–6753; ed. in: ThMA 3, Nr. 175, S. 265–274; vgl. Bräuer/Vogler, Ordnung, S. 369–377.
126 ThMA 3, S. 270, 7–9; 271, 1–3.
127 Als wirkungsreich erwies sich die Forderung der Gütergemeinschaft in den Pseudoclementinen. In einem 1526 in Basel erschienenen Druck (ep. 4, in: *Divi Clementis Recognitionum libri X* ..., Basel, Joh. Bebel 1526; VD 16 C 4076, S. 24) heißt es: «Denique Graecorum quidem sapientissimus, haec ita sciens esse ait, Communia debere esse amicorum omnia [...].» Die Formulierung wurde aufgenommen im Decretum Gratiani C 12q1c2; ed. Friedberg, Corpus Iuris Canonici, Bd. 1, S. 676 f. Auch im Spätmittelalter wurde die Stelle gerne zitiert, vgl. etwa bei Gabriel Biel (s. Gerhard Faix, Gabriel Biel und die Brüder vom gemeinsamen Leben,

Anmerkungen zu Kapitel 4 317

Tübingen 1999, S. 353) oder bei Konrad Summenhart (s. Daniel Bollinger, Infiniti Contemplatio. Grundzüge der Scotus- und Scotismusrezeption im Werk Huldrych Zwinglis, Leiden 2003, S. 768). Auch Sebastian Franck knüpfte an *PsClem* an, vgl. Chronica Zeitbuch und Geschichtsbibell ..., Ulm 1536, ND Darmstadt 1969, Buch III, S. 97$^{r/v}$.

128 Hans-Dieter Plümper, Die Gütergemeinschaft bei den Täufern des 16. Jahrhunderts, Göppingen 1972; Hans von Schubert, Der Kommunismus der Wiedertäufer in Münster und seine Quellen, Heidelberg 1919; James M. Stayer, The German Peasants' War and Anabaptist Community of Goods, Montreal 1991; Hans-Jürgen Goertz (Hg.), Alles gehört allen. Das Experiment der Gütergemeinschaft vom 16. Jahrhundert bis heute, München 1984; Robert W. Scribner, Konkrete Utopien. Die Täufer und der vormoderne Kommunismus, in: ders., Religion und Kultur in Deutschland 1400–1800, hg. von Lyndal Roper, Göttingen 2002, S. 224–264.

129 *Urgichten ... des Gefanngen, der sich für ainen Propheten antzaigt ...* [Augsburg, S. Otmar 1530]; VD 16 U 238; ed. in: Adolf Laube u. a. (Hg.), Flugschriften vom Bauernkrieg zum Täuferreich (1526–1535), Bd. 2, Berlin 1992, S. 984–996; Anselm Schubert, Täufertum und Kabbalah. Augustin Bader und die Grenzen der Radikalen Reformation, Gütersloh 2008.

130 Laube, a. a. O., S. 985,4 f.; 987,25 ff.

131 Laube, a. a. O., S. 986,2 f.; 988,30 f.

132 Vgl. Robert Scribner, Reformation, Carneval and the World Turned Upside-down, in: ders., Popular Culture and Popular Movements in Reformation Germany, London, Ronceverte 1987, S. 71–102.

133 Vgl. Kaufmann, Anfang, S. 238 ff.

134 *M. Terentii Varronis, in omni literarum genere principis. III. de libri. M. Catonis ... Lib. I. de rebus rusticis ...*, Basel, A. Petri 1521; VD 16 C 1579; V 411, a 2^r-3^v.

135 Vgl. nur: Barge, Karlstadt, Bd. 2, S. 81 ff.

136 Otto Clemen, Bemerkungen zu deutschen Einblattholzschnitten aus der ersten Hälfte des 16. Jahrhunderts, in: ders., Kleine Schriften, Bd. 8, S. 171–176, hier: 175 zu Nr. 1143; vgl. Meuche/Neumeister, Flugblätter, S. 28 f.; 115.

137 Meuche/Neumeister, a. a. O., S. 28 f.

138 *Von der rechten Erhebung Bennonis eyn sendbrief ...* [Wittenberg, Hans Lufft] 1524; VD 16 V 2625; zwei weitere Drucke: Straßburg und Worms, VD 16 V 2623/4; die Frage der Identität des Verfassers der Schrift ist nach wie vor unklar. Ed. in: Otto Clemen (Hg.), Flugschriften aus den ersten Jahren der Reformation, Bd. 1, Nieuwkoop 1967, S. 185–209; grundlegend: Christoph Volkmar, Die Heiligenerhebung Bennos von

Meißen (1523/24), Münster 2002; zu Luthers Kritik an dem Meißener Spektakel: WA 15, S. 183–198.
139 Clemen, a.a.O., S. 203,2–4. 4–6.12. 25–204,3; 204,12–14.
140 A.a.O., S. 201,7. «Dis stuckle last nicht aus ewer Kronica fallen.» S. 205,17 f.

Epilog: Unter Druck

1 WA 26, S. 200,8–10; EKO I, S. 151.
2 Vgl. Gerhard Lauer, Lesen im digitalen Zeitalter, Darmstadt 2020.
3 Yuval Harari, Homo Deus. Eine Geschichte von morgen, München 2018.
4 Instruktiv: Volker Jung, Digital Mensch bleiben, München 2018.
5 Vgl. Wolfgang Schäuble, Festrede zur Eröffnung des Hauses Unter den Linden der Staatsbibliothek zu Berlin – Preußischer Kulturbesitz am 25. Januar 2021, in: Zeitschrift für Bibliothekswesen und Bibliographie 2, 2021, S. 97–101.

Quellen und Literatur

In das folgende Verzeichnis sind nur Titel aufgenommen, die für den thematischen Fokus des Buches von Interesse sind. Die in den Anmerkungen zitierte Literatur ist bei Ersterwähnung bibliographisch vollständig aufgeführt. Weiterführende Literatur zu Spätmittelalter und Reformation findet sich u.a. in meinen Büchern: Geschichte der Reformation in Deutschland, Berlin ³2016; Erlöste und Verdammte, München ⁴2017.

Quellen

Bentzinger, Rudolf (Hg.): Die Wahrheit muß ans Licht! Dialoge aus der Zeit der Reformation, Frankfurt a.M. 1983.

Böcking, Eduardus (Hg.): Ulrichi Hutteni Equitis Operum Supplementum. Epistolae obscurum virorum, 3 Bde., Leipzig 1864–1870.

Burnett, Amy Nelson (Hg.): The Eucharistic Pamphlets of Andreas Bodenstein von Karlstadt, Kirksville/MI 2011.

Clemen, Otto (Hg.): Flugschriften aus den ersten Jahren der Reformation, Bd. 1–4, Halle 1907–1911, ND Nieuwkoop 1967.

Cohrs, Ferdinand: Die Evangelischen Katechismusversuche vor Luthers Enchiridion, Vierter Band: Undatierbare Katechismusversuche und Zusammenfassende Darstellung, Berlin 1902, ND Hildesheim u.a. 1978.

Denck, Hans: Schriften, 3 Bde., 1.Teil: Georg Baring, Bibliographie; 2.Teil: Walter Fellmann (Hg.), Religiöse Schriften; 3.Teil: Walter Fellmann (Hg.), Exegetische Schriften, Gedichte und Briefe, Gütersloh 1955–1960.

Enders, Ludwig (Hg.): Luther und Emser. Ihre Streitschriften aus dem Jahre 1521, Bd. 1 und 2, Halle 1890/1.

–, Johann Eberlin von Günzburg, Sämtliche Schriften Bd. 1–3, Halle 1896–1902.

Fabisch, Peter/Iserloh, Erwin (Hg.): Dokumente zur Causa Lutheri (1517–1521), 2 Bde., Münster 1988/1991.

Fast, Heinold (Hg.): Der linke Flügel der Reformation, Bremen 1962, S. 318–341.

– / Rothkegel, Martin (Bearb.): Briefe und Schriften oberdeutscher Täufer 1527–1555. Das ‹Kunstbuch› des Jörg Probst Rotenfelder, gen. Maler, Gütersloh 2007.

Harms, Wolfgang: Deutsche Illustrierte Flugblätter des 16. und 17. Jahrhunderts, Bd. II, Tübingen 1997.
Hasse, Hans-Peter (Hg.): Manu propria. Mit eigener Hand. 95 Autographe der Reformationszeit, Markkleeberg 2017.
Heidrich, Jürgen/Schilling, Johannes (Hg.): Martin Luther. Die Lieder, Stuttgart 2017.
Horawitz, Adalbert/Hartfelder, Karl (Hg.): Briefwechsel des Beatus Rhenanus, Leipzig 1886, ND Hildesheim 1966.
Hutten, Ulrich von: Die Schule des Tyrannen. Lateinische Schriften, hg. von Martin Treu, Leipzig 1991.
Kalkoff, Paul: Die Depeschen des Nuntius Aleander vom Wormser Reichstage 1521, Halle ²1897.
Korth, Hans-Otto (Bearb.): Lass uns leuchten des Lebens Wort. Die Lieder Martin Luthers. Im Auftrag der Franckeschen Stiftungen. Mit einem Nachwort von Patrice Veit, Halle 2017.
Laube, Adolf (Hg.): Flugschriften der frühen Reformationsbewegung (1518–1524), 2 Bde., Berlin 1983.
– (Hg.): Flugschriften gegen die Reformation (1518–1524), Berlin 1997.
– (Hg.): Flugschriften gegen die Reformation (1525–1530), 2 Bde., Berlin 2000.
– (Hg.): Flugschriften vom Bauernkrieg zum Täuferreich (1526–1535), 2 Bde., Berlin 1992.
– / Seiffert, Hans Werner (Hg.): Flugschriften der Bauernkriegszeit, Berlin ²1978.
Matheson, Peter (Hg.): Argula von Grumbach, Schriften, Gütersloh 2010.
Meuche, Hermann/Neumeister, Ingeburg (Hg.): Flugblätter der Reformation und des Bauernkrieges: 50 Blätter aus der Sammlung des Schlossmuseums Gotha, Leipzig 1974.
Muralt, Leonhard von/Schmid, Walter (Hg.): Quellen zur Geschichte der Täufer in der Schweiz, Bd. 1: Zürich, Zürich ²1974.
Myconius, Friedrich: Geschichte der Reformation, hg. von Otto Clemen, Leipzig 1914, ND Gotha 1990.
Pirckheimer, Willibald: Briefwechsel, 7 Bde., teilweise in Verbindung mit Arnold Reimann ges., hg. u. erläutert von Emil Reicke u. a., ab Bd. 3 bearb. von Helga Scheible, München 1940–2009.
Reuchlin, Johannes: Sämtliche Werke. Kritische Ausgabe mit Kommentar in 17 Bänden, hg. von Widu-Wolfgang Ehlers u. a., Stuttgar-Bad Cannstatt 1996 ff.
–: Briefwechsel, bearb. von Matthias Dall'Asta und Gerald Döner, 4 Bde., Stuttgart-Bad Canstatt 1999–2013.

—: Briefwechsel, Leseausgabe in deutscher Übersetzung von Adalbert Weh, 4 Bde., Stuttgart-Bad Cannstatt 2000–2013.

Riha, Karl (Hg.): Dunkelmännerbriefe. Epistolae obscurorum virorum an Magister Ortuin Gratius aus Deventer, Frankfurt a.M. 1991.

Strauss, Walter (Hg.): Max Geisberg, The German Single Leaf Woodcut 1500–1550, Bd. 1, New York 1974.

Vulpinus, Theodor: Die Hauschronik Konrad Pellikans von Rufach. Ein Lebensbild aus der Reformationszeit, Straßburg 1892.

Literatur

Alker, Hugo: Die älteste Druckermarke im Psalterium Moguntinum von 1457 {Inkunabel IV.A4} der Österreichischen Nationalbibliothek: Ein Beitrag zur Geschichte des Mainzer Frühdrucks, in: Gutenberg Jahrbuch 25, 1950, S. 134–142.

Andersen, Elisabeth u.a. (Hg.): Autor und Autorschaft im Mittelalter, Tübingen 1998.

Arnold, Martin: Handwerker als theologische Schriftsteller. Studien zu Flugschriften der frühen Reformation (1523–1525), Göttingen 1990.

Aurich, Frank: Die Anfänge des Buchdrucks in Dresden. Die Emserpresse 1524–1526, Dresden 2000.

Bagchi, David V.N.: Luther's Earliest Opponents. Catholic Controversialists, 1518–1525, Minneapolis 1991.

Barge, Hermann: Andreas Bodenstein von Karlstadt, 2 Bde., Leipzig 1905, ND Nieuwkoop ²1968.

—: Geschichte der Buchdruckerkunst von ihren Anfängen bis zur Gegenwart, Leipzig 1940.

Baring, Georg: Die «Wormser Propheten» – eine vor-lutherische evangelische Prophetenübersetzung aus dem Jahre 1527, in: Archiv für Reformationsgeschichte 31, 1934, S. 23–41.

Bast, Robert James: Honor Your Fathers: Catechisms and the Emergence of a Patriarchal Ideology in Germany, 1400–1600, Leiden u.a. 1997.

bei der Wieden, Susanne: Luthers Predigten des Jahres 1522: Untersuchungen zu ihrer Überlieferung, Köln u.a. 1999.

Bennewitz, Ingrid/Müller, Ulrich (Hg.): Von der Handschrift zum Buchdruck: Spätmittelalter, Reformation, Humanismus 1320–1572, Reinbek 1991.

Berger, Daniel/Sterne, Sophia Linda: Untersuchungen zum frühneuzeitlichen Buchdruck an Bleilettern aus Wittenberg, in: Harald Meller (Hg.), Mitteldeutschland im Zeitalter der Reformation. Interdisziplinäre Tagung vom 22. bis 24. Juni 2012 in Halle (Saale), Halle/S. 2014, S. 241–248.

Beyer, Franz-Heinrich: Eigenart und Wirkung des reformatorisch-polemischen Flugblatts im Zusammenhang der Publizistik der Reformationszeit, Frankfurt a.M. u.a. 1994.

Bibel Thesen Propaganda. Die Reformation erzählt in 95 Objekten, Staatsbibliothek zu Berlin – Preußischer Kulturbesitz, Berlin 2017.

Bischof, Franz Xaver/Oelke, Harry (Hg.): Luther und Eck. Opponenten der Reformationsgeschichte im Vergleich, München 2017.

Boghardt, Martin: Der Buchdruck und das Prinzip des typographischen Kreislaufs. Modell einer Erfindung, in: Gutenberg. 550 Jahre Buchdruck in Europa, Weinheim 1990, S. 24–44.

–: Archäologie des gedruckten Buches, Wiesbaden 2008.

Bräuer, Siegfried/Vogler, Günter: Thomas Müntzer. Neu Ordnung machen in der Welt. Eine Biographie, Gütersloh 2016.

Brecht, Martin: Martin Luther, 3 Bde.: Bd. 1: Sein Weg zur Reformation 1483–1521, Stuttgart ³1990; Bd. 2: Ordnung und Abgrenzung der Reformation 1521–1532, Stuttgart 1986; Bd. 3: Die Erhaltung der Kirche 1532–1546, Stuttgart 1987.

Bretschneider, H.: Der Leipziger Buchdrucker Melchior Lotter d.Ä., Diss. masch. Leipzig 1924.

Brockmann, Thomas: Die Konzilsfrage in den Flug- und Streitschriften des deutschen Sprachraums 1518–1563, Göttingen 1998.

Bubenheimer, Ulrich: Thomas Müntzer. Herkunft und Bildung, Leiden 1989.

–: Thomas Müntzer und Wittenberg, Mühlhausen 2014.

–: Druckerzeugnisse aus der Leipziger Offizin Melchior Lotters d.Ä. für den von Albrecht von Brandenburg vertriebenen Petersablass und deren Funktion, in: Hartmut Kühne/Enno Bünz/Peter Wiegand (Hg.), Johann Tetzel und der Ablass, Berlin 2017, S. 267–285.

Büchler, Volker: Die Zensur im frühneuzeitlichen Augsburg 1515–1806, in: Zeitschrift des historischen Vereins für Schwaben 84, 1991, S. 69–128.

Buchwald, Georg: Zur Censur in Wittenberg, in: Archiv für Geschichte des Deutschen Buchhandels 19, 1897, S. 377.

Buckwalter, Stephen: Die Priesterehe in Flugschriften der frühen Reformation, Gütersloh 1998.

Bünz, Enno (Hg.): Bücher, Drucker, Bibliotheken in Mitteldeutschland. Neue Forschungen zur Kommunikations- und Mediengeschichte um 1500, Leipzig 2006.

– / Fuchs, Thomas/Rhein, Stefan (Hg.): Buch und Reformation. Beiträge zur Buch- und Bibliotheksgeschichte Mitteldeutschlands im 16. Jahrhundert, Leipzig 2014.

Butt, Adolf: Die ältesten Augsburger Censuranordnungen, in: Archiv für Geschichte des Deutschen Buchhandels N.F. 6, 1881, S. 251 f.

Büttner, Frank: Die Illustrationen der «Margaritha Philosophica» des Gregor Reisch, in: ders./Markus Friedrich/Helmut Zedelmaier (Hg.), Sammeln – Ordnen –Veranschaulichen. Zur Wissenskompilatorik in der Frühen Neuzeit, Münster 2003, S. 269–300.

Chrisman, Miriam Usher: Lay Culture, Learned Culture. Books and Social Change in Strasbourg, 1480–1599, New Haven, London 1982.

Christ-von Wedel, Christine/Grosse, Sven/Berndt Hamm (Hg.): Basel als Zentrum des geistigen Austauschs in der frühen Reformationszeit, Tübingen 2014.

Claus, Helmut: Sächsische Kleinpressen im Dienste der Reformation – Das Schaffen von Gabriel Kantz in Altenburg (1524 bis 1527), in: Günter Vogler in Zusammenarbeit mit Siegfried Hoyer und Adolf Laube (Hg.), Martin Luther. Leben, Werk, Wirkung, 2. durchges. Aufl. Berlin 1986, S. 347–365.

–: Das Leipziger Druckschaffen der Jahre 1518–1539. Kurztitelverzeichnis, Gotha 1987.

–: Wittenberg als Druckerstadt. «… als ob die Engel Botenläufer gewesen seien», in: Peter Freybe (Hg.), Wittenberg als Bildungszentrum 1502–2002. Lernen und Leben auf Luthers Grund und Boden, Wittenberger Sonntagsvorlesungen. Evangelisches Predigerseminar 2002, Wittenberg 2002, S. 75–102.

–: Melanchthon-Bibliographie 1510–1560, 4 Bde., Gütersloh 2014.

Clemen, Otto: Beiträge zur Reformationsgeschichte aus Büchern und Handschriften der Zwickauer Ratsschulbibliothek, Hefte 1–3, Berlin 1900–1903.

–: Die lutherische Reformation und der Buchdruck, Leipzig 1939.

–: Buchdruck der deutschen Reformation, in: Gustav A. E. Bogeng, Geschichte der Buchdruckerkunst. Die Entwicklung der Buchdruckerkunst vom Jahre 1500 bis zur Gegenwart, Berlin 1941, ND Hildesheim 1973, S. 37–66.

–: Buchdruck und Buchhandel und die Lutherische Reformation, in: ders., Kleine Schriften, Bd. 2, S. 41–52.

–: Beiträge zur Geschichte des Buchdrucks und des Buchgewerbes in der Reformationszeit, in: ders., Kleine Schriften, Bd. 6, S. 339–352.

–: Luthers Lob der Buchdruckerkunst, in: ders., Kleine Schriften, Bd. 7, S. 429–451.

–: Einführung der Zensur in Wittenberg 1522, in: ders., Kleine Schriften, Bd. 8, S. 17 f.

–: Zur Geschichte des Wittenberger Buchdrucks in der Reformationszeit, in: ders., Kleine Schriften, Bd. 8, S. 206–217.

Cole, Richard G.: The Reformation in Print: German Pamphlets and Propaganda, in: Archiv für Reformationsgeschichte 66, 1975, S. 93–102.

–: The Reformation Pamphlet and Communication Process, in: Köhler (Hg.), Flugschriften als Massenmedium, S. 139–161.

–: Reformation Printers: Unsung Heroes, in: Sixteenth-Century Journal 15, 1984, S. 327–339.

Corsten, Severin: Der frühe Buchdruck und die Stadt, in: Bernd Moeller/ Hans Patze/Karl Stackmann (Hg.), Studien zum städtischen Bildungswesen des späten Mittelalters und der frühen Neuzeit. Bericht über Kolloquien der Kommission zur Erforschung der Kultur des Spätmittelalters (1978 bis 1981), Göttingen 1983, S. 9–32.

– / Fuchs, Reimar Walter (Hg.): Der Buchdruck im 15. Jahrhundert. Eine Bibliographie, Stuttgart 1988.

Costa, Georg: Die Rechtseinrichtung der Zensur in der Reichsstadt Augsburg, in: Zeitschrift des Historischen Vereins für Schwaben 42, 1916, S. 1–82.

Creasman, Allyson F.: Censorship and Civic Order in Reformation Germany, Aldershot 2012.

Dall'Asta, Matthias (Hg.): Anwälte der Freiheit! Humanisten und Reformatoren im Dialog, Heidelberg 2015.

– / Dörner, Gerald (Bearb.): Johannes Reuchlins Bibliothek gestern & heute. Schätze und Schicksal einer Büchersammlung der Renaissance, Ausstellungskatalog Stadtmuseum Pforzheim, Ubstadt-Weiher u.a. 2007.

de Boer, Jan-Hendryck: Unerwartete Absichten. Genealogie des Reuchlinkonfliktes, Tübingen 2016.

Diederichs, Peter: Kaiser Maximilian als politischer Publizist, Jena 1932.

Dierk, Heidrun: Das Kanonische Recht in reformatorischen Flugschriften. Eine Untersuchung zur Beurteilung des Kirchenrechts in der Frühphase der Reformation (1518–1530), Diss. theol. masch. Heidelberg 1992.

Dill, Ueli: Das Novum Instrumentum von 1516, in: ders./Schierl (Hg.), Das bessere Bild Christi, S. 67–98.

– / Schierl, Petra (Hg.): Das bessere Bild Christi. Das Neue Testament in der Ausgabe des Erasmus von Rotterdam, Basel 2016.

Döring, Karoline Dominika: Türkenkrieg und Medienwandel im 15. Jahrhundert, Husum 2013.

Döring, Thomas: Bibeldruck und Ablaßzettel. Albrecht von Brandenburg als Auftraggeber für den Buchdruck, in: Andreas Tacke (Hg.), Der Kardinal Albrecht von Brandenburg. Renaissancefürst und Mäzen, Bd. 2, Regensburg 2006, S. 285–291.

Duntze, Oliver: Ein Verleger sucht sein Publikum. Die Offizin des Straßburger Druckers Matthias Hupfuff (1497/98–1520), München 2007.

Edwards jr., Mark U.: Printing, Propaganda and Martin Luther, Berkeley, Los Angeles, London 1994.

Eisenhardt, Ulrich: Die kaiserliche Aufsicht über Buchdruck, Buchhandel und Presse im Heiligen Römischen Reich Deutscher Nation (1496–1806), Karlsruhe 1970.

Eisenstein, Elisabeth: The Printing Revolution in Early Modern Europe, 14. Nachdruck Cambridge 2009.

Eisermann, Falk: Der Ablass als Medienereignis. Kommunikationswandel durch Einblattdrucke im 15. Jahrhundert. Mit einer Auswahlbibliographie, in: Rudolf Suntrup/Jan R.Veenstra (Hg.), Tradition and Innovation in an Era of Change – Tradition und Innovation im Übergang zur frühen Neuzeit, Frankfurt a.M. 2001, S. 99–128.

–: Die schwarze Gunst. Buchdruck und Humanismus in Leipzig um 1500, in: Enno Bünz/Franz Fuchs (Hg.), Der Humanismus an der Universität Leipzig, Wiesbaden 2008, S. 149–179.

–: Der Ablass als Medienereignis. Kommunikationswandel durch Einblattdrucke im 15. Jahrhundert, in: Berndt Hamm/Volker Leppin/Gury Schneider-Ludorff (Hg.), Media Salutis. Gnaden- und Heilsmedien in der abendländischen Religiosität des Mittelalters und der Frühen Neuzeit, Tübingen 2011, S. 121–143.

–: Ablass und Buchdruck – neue Funde, neue Forschungen, neue Hilfsmittel, in: Andreas Rehberg (Hg.), Ablasskampagnen des Spätmittelalters, Berlin 2017, S. 411–426.

Elsmann, Thomas: Humanismus, Schule, Buchdruck und Antikenrezeption. Anmerkungen zur Bremer Entwicklung bis 1648, in: Klaus Garber (Hg.), Stadt und Literatur im deutschen Sprachraum der Frühen Neuzeit, Bd. 1, Tübingen 1998, S. 202–238.

Fabian, Bernhard (Hg.): Handbuch der historischen Buchbestände in Deutschland, 23 Bde., Hildesheim u. a. 1992–2000.

Fabisch, Peter: Iulius exclusus e coelis. Motive und Tendenzen gallikanischer und bibelhumanistischer Papstkritik im Umfeld des Erasmus, Münster 2008.

Faulstich, Werner: Die Geschichte der Medien, 5 Bde., Göttingen 1996–2004.

Flachmann, Holger: Martin Luther und das Buch. Eine historische Studie zur Bedeutung des Buches im Handeln und Denken des Reformators, Tübingen 1996.

Fuchs, Thomas: Konfession und Gespräch: Typologie und Funktion der Religionsgespräche in der Reformationszeit, Köln 1995.

–: Leipzig und Wittenberg als Zentren von Buchproduktion und Buchhandel in den ersten Jahren der Reformation (1517–1522), in: Irene Dingel/Armin Kohnle/Stefan Rhein/Ernst Joachim Waschke (Hg.), Initia Reformationis. Wittenberg und die frühe Reformation, Leipzig 2017, S. 249–264.

Fudge, John D.: Commerce and Print in the Early Reformation, Leiden, Boston 2007.

Füssel, Stephan: Gutenberg und seine Wirkung, in: Katalog zur Ausstellung der Niedersächsischen Staats- und Universitätsbibliothek Göttingen (23.6.-29.10.2000), hg. von Elmar Mittler, Göttingen 2000, S. 1–141.

Geldner, Ferdinand: Die Buchdruckerkunst im alten Bamberg 1448/49 bis 1519, Bamberg 1964.

–: Bildungsstand und ursprünglicher Beruf der deutschen Buchdrucker des 15. Jahrhunderts, in: Homage to a Bookman, Essays on Manuscripts, Books and Printing Written for Hans P. Kraus on his 60th Birthday, Berlin 1967, S. 117–131.

–: Die deutschen Inkunabeldrucker. Ein Handbuch der deutschen Buchdrucker des 15. Jahrhunderts nach Druckorten, 2 Bde., Stuttgart 1968/1970.

Germann, Martin: Die reformierte Stiftsbibliothek am Großmünster Zürich im 16. Jahrhundert und die Anfänge der neuzeitlichen Bibliographie, Wiesbaden 1994.

Gieseke, Michael: Der Buchdruck in der frühen Neuzeit. Eine historische Fallstudie über die Durchsetzung neuer Informations- und Kommunikationstechnologien, Frankfurt/M 1998.

Gilmont, Jean-François (Hg.): La Réforme et le livre. L'Europe de l'imprimé (1517– v. 1570), Paris 1990.

–: Die protestantische Reformation und das Lesen, in: Roger Chartier/ Guglielmo Cavello (Hg.), Die Welt des Lesens. Von der Schriftrolle zum Bildschirm, Frankfurt a. M., New York 1999, S. 313–349.

Göllner, Carl: Die europäischen Türkendrucke des XVI. Jahrhunderts, Bd. I: MDI–MDL, Bukarest, Baden-Baden 1961; Bd. II: MDLI–MDC, Bukarest, Baden-Baden 1968; Bd. III: Die Türkenfrage in der öffentlichen Meinung Europas im 16. Jahrhundert, Bukarest, Baden-Baden 1979; ND Bd. I–III Baden-Baden 1994.

Gößner, Andreas: Die Anfänge des Buchdrucks für universitäre Zwecke am Beispiel Wittenbergs, in: Enno Bünz (Hg.), Bücher, Drucker, Bibliotheken in Mitteldeutschland. Neue Forschungen zur Kommunikations- und Mediengeschichte um 1500, Leipzig 2006, S. 133–152.

Grafton, Anthony: The Culture of Correction in Renaissance Europe, London 2011.

Grane, Leif: Martinus noster. Luther in the German Reformation Movement 1518–1521, Mainz 1994.

Green, Jonathan: Printing and Prophecy. Prognostication and Media Change 1450–1550, Ann Arbor 2012.

Greenblatt, Stephen: Die Wende. Wie die Renaissance begann, München 2012.

Grimm, Heinrich: Deutsche Buchdruckersignete des XVI. Jahrhunderts. Geschichte, Sinngehalt und Gestaltung kleiner Kulturdokumente, Wiesbaden 1965.

–: Die Buchführer des deutschen Kulturbereichs und ihre Niederlassungsorte in der Zeitspanne 1490 bis um 1550, in: Archiv für Geschichte des Buchwesens 5/6, 1966, S. 1153–1772.

Günthart, Romy: Deutschsprachige Literatur im frühen Basler Buchdruck (ca. 1470–1510), Münster u. a. 2007.

Gutenberg. 550 Jahre Buchdruck in Europa. Ausstellungskatalog der Herzog August Bibliothek, Weinheim 1990.

Hamm, Berndt: Die Reformation als Medienereignis, in: Jahrbuch für Biblische Theologie 11, 1996, S. 137–166.

–: Religiosität im späten Mittelalter. Spannungspole, Neuaufbrüche, Normierungen, Tübingen 2011.

– / Kaufmann, Thomas (Hg.): Wie fromm waren die Humanisten?, Wiesbaden 2016.

Hase, Martin von: Johann Michael, genannt Michael Buchfürer alias Michel Kremer in Erfurt und Jena (1511–1577), Straßburg 1928.

Hase, Oscar von: Die Koberger. Eine Darstellung des buchhändlerischen Geschäftsbetriebs in der Zeit des Übergangs vom Mittelalter zur Neuzeit, Leipzig ²1885, ND Amsterdam, Wiesbaden ³1967.

Hasse, Hans Peter: Bücherzensur an der Universität Wittenberg im 16. Jahrhundert, in: Stefan Oehmig (Hg.), 700 Jahre Wittenberg. Stadt – Universität – Reformation, Weimar 1995, S. 187–212.

–: Zensur theologischer Bücher in Kursachsen im konfessionellen Zeitalter. Studien zur kursächsischen Literatur- und Religionspolitik in den Jahren 1569–1575, Leipzig 2000.

Haubold, Fritz: Untersuchung über das Verhältnis der Originaldrucke der Wittenberger Hauptdrucker Lutherscher Schriften. Grunenberg, Lotter, Döring-Cranach und Lufft zu Luthers Druckmanuskripten, Borna, Leipzig 1914.

Heinrichs, Erich A.: Plague, Print, and the Reformation. The German Reformation of Healing, London, New York 2018.

Hellinga, Lotte: Johann Fust, Peter Schoeffer and Nicolas Jenson, in: Gutenberg-Jahrbuch 2003, S. 16–21.

–: Printing Types and the Printed Word. Considerations around New Insights into the Beginning of Printing, in: Archiv für Geschichte des Buchwesens 57, 2003, S. 249–264.

Heydenreich, Gunnar: Lucas Cranach the Elder. Painting Materials, Techniques and Workshop Practice, Amsterdam 2007.

Heyden-Rynsch, Verena von der: Aldo Manuzio. Vom Drucken und Verbreiten schöner Bücher, Berlin 2014.

Hieronymus, Frank: 1488 Petri Schwabe 1988. Eine traditionsreiche Basler Offizin im Spiegel ihrer frühen Drucke, Bd. 1 und 2, Basel 1997.

Higman, Francis M.: Censorship and the Sorbonne. A Biographical Study of Books in French Censured by the Faculty of Theology of the University of Paris. 1520–1551, Genf 1979.

–: Piety and The People: Religious Printing in French, 1511–1551, Aldershot 1996.

Hill, Kat: Anabaptism and the World of Printing in Sixteenth-Century Germany, in: Past and Present 226, 2015, S. 79–114.

Hirstein, James: Wolfgang Capito and the Other *Docti* in Johann Froben's Basel Print Shop, in: Erika Rummel (Hg.), Reformation Sources. The Letters of Wolfgang Capito and His Fellow Reformers in Alsace and Switzerland, Toronto 2007, S. 19–45.

Hoffmann, Ludwig: Geschichte der Censur und Preßfreiheit, historisch philosophisch bearbeitet, Theil I, Berlin 1819.

Holeczek, Heinz: Erasmus Deutsch, Bd. 1: Die volkssprachliche Rezeption des Erasmus von Rotterdam in der reformatorischen Öffentlichkeit 1519–1536, Stuttgart-Bad Cannstatt 1983.

Kapp, Friedrich: Geschichte des deutschen Buchhandels bis in das siebzehnte Jahrhundert, Leipzig 1886.

Kapr, Albert: Johannes Gutenberg. Persönlichkeit und Leistung, München 1987.

–: Voraussetzungen und Folgen der Erfindung des Johannes Gutenberg, in: Beiträge zur Geschichte von Technik und technischer Bildung in der Polygrafie, Leipzig 1990, S. 8–17.

Kaufmann, Thomas: Das Ende der Reformation. Magdeburgs «Herrgotts Kanzlei» 1548–1551/2, Tübingen 2003.

–: Der Anfang der Reformation. Studien zur Kontextualität der Theologie, Publizistik und Inszenierung Luthers und der reformatorischen Bewegung, Tübingen 2012.

–: «Ohne Buchdruck keine Reformation»?, in: Oehmig (Hg.), Buchdruck und Buchkultur, S. 13–34.

–: Geschichte der Reformation in Deutschland. Neue erweiterte Ausgabe, Berlin 2016.

–: Der Buchdruck der Reformation und seine Weltwirkungen, in: Archiv für Reformationsgeschichte 108, 2017, S. 115–125.

–: Die Mitte der Reformation. Eine Studie zu Buchdruck und Publizistik im deutschen Sprachgebiet, zu ihren Akteuren und deren Strategien, Inszenierungs- und Ausdrucksformen, Tübingen 2019.

– / Mittler, Elmar (Hg.), Reformation und Buch. Akteure und Strategien frühreformatorischer Druckerzeugnisse, Wiesbaden 2016.

Kaufmann, Ueli: The Design and Spread of Froben's Early Italics, M.A. Dissertation in Typoface Design, University of Reading, UK, Sept. 2015.

Keunecke, Hans Otto: Johannes Petreius (1496/7–1550). Ein Beitrag zu Leben und Werk des Nürnberger Buchdruckers, Verlegers und Buchhändlers, in: Mitteilungen des Vereins für Geschichte der Stadt Nürnberg 69, 1982, S. 110–129.

Kirchhoff, Albrecht: Beitrag zur Geschichte der Entwickelung der Censurverhältnisse, in: Archiv für Geschichte des Deutschen Buchhandels 5, 1880, S. 146–174.

Koch, Herbert: Aus der Frühzeit des Jenaer Buchdrucks, in: Gutenberg Jahrbuch 1951, S. 118–122.

Koch, Rainer (Hg.): Brücke zwischen den Völkern – zur Geschichte der Frankfurter Messe, 3 Bde., Frankfurt a.M. 1991.

Kock, Thomas / Schlusemann, Rita (Hg.): Laienlektüre und Buchmarkt im späten Mittelalter, Frankfurt a.M. 1997.

Koffmane, Gustav (Hg.): Die handschriftliche Überlieferung von Werken D. Martin Luthers, Liegnitz 1907.

Köhler, Hans-Joachim (Hg.): Flugschriften als Massenmedium der Reformationszeit, Stuttgart 1981.

–: Erste Schritte zu einem Meinungsprofil der frühen Reformationszeit, in: Volker Press, Dieter Stievermann (Hg.), Martin Luther. Probleme seiner Zeit, Stuttgart 1986, S. 244–281.

–: «Der Bauer wird witzig». Der Bauer in den Flugschriften der Reformationszeit, in: Peter Blickle (Hg.), Zugänge zur bäuerlichen Reformation, Zürich 1987, S. 187–218.

–: Die Flugschriften der Frühen Neuzeit. Ein Überblick, in: Werner Arnold / Wolfgang Dittrich / Berhard Zeller (Hg.), Die Erforschung der Buch- und Bibliotheksgeschichte in Deutschland, Wiesbaden 1987, S. 307–345.

Kommer, Dorothee: Reformatorische Flugschriften von Frauen. Flugschriftenautorinnen der Reformationszeit und ihre Sicht von Geistlichkeit, Leipzig 2013.

Körber, Esther-Beate: Öffentlichkeiten der frühen Neuzeit. Teilnehmer, Formen, Institutionen und Entscheidungen öffentlicher Kommunikation im Herzogtum Preußen von 1525 bis 1618, Berlin, New York 1998.

Kramm, Heinrich: Deutsche Bibliotheken unter dem Einfluss von Humanismus und Reformation, Leipzig 1938.

Krodel, Gottfried G.: Dürers Luther-Bücher. Ein Beitrag zur Dürer-Biographie, hg. von Martin Brecht, Göttingen 2012.

Kruse, Jens-Martin: Universitätstheologie und Kirchenreform. Die Anfänge der Reformation in Wittenberg 1516–1522, Mainz 2002.

Kühlmann, Wilhelm: Ulrich von Huttens Triumphus Capnionis – der Triumph Reuchlins. Bildzeichen, Gruppenbildung und Textfunktionen im Reuchlin-Streit, in: ders. (Hg.), Reuchlins Freunde und Gegner, Sigmaringen 2010, S. 89–106.

Künast, Hans-Jörg: Dokumentation. Augsburger Buchdrucker und Verleger, in: Helmut Gier/Johannes Janota (Hg.), Augsburger Buchdruck und Verlagswesen. Von den Anfängen bis zur Gegenwart, Wiesbaden 1997, S. 1205–1340.

–: Getruckt zu Augspurg. Buchdruck und Buchhandel in Augsburg zwischen 1468 und 1555, Tübingen 1997.

–: Johann Schönsperger d. J. und seine gescheiterten Unternehmungen in Sachsen, in: Leipziger Jahrbuch zur Buchgeschichte 8, 1998, S. 297–318.

Kusukawa, Sachiko: A Wittenberg University Library Catalogue of 1536, Cambridge 1995.

Leonhard, Jürgen: Drucke antiker Texte in Deutschland vor der Reformation und Luthers frühe Vorlesungen, in: Walther Ludwig (Hg.), Die Musen im Reformationszeitalter, Leipzig 2002, S. 97–130.

Leu, Urs B.: The Book and Reading Culture in Basel and Zurich during the Sixteenth Century, in: Malcom Walsby/Graeme Kemp (Hg.), The Book Triumphant. Print in Transition in the Sixteenth and Seventeenth Centuries, Leiden, Boston 2011, S. 295–319.

–: Buchdruck im Dienst der Reformation. Die Zusammenarbeit zwischen dem Zürcher Drucker Christoph Froschauer d. Ä. und den Reformatoren Huldrych Zwingli sowie Heinrich Bullinger, in: Kaufmann/Mittler (Hg.), Reformation und Buch, S. 174–197.

Limbach, Saskia: Government Use of Print: Official Publications in the Holy Roman Empire, 1500–1600, Frankfurt a. M. 2021.

Löhdefink, Jan: Zeiten des Teufels. Teufelsvorstellungen und Geschichtszeit in frühreformatorischen Flugschriften (1520–1526), Tübingen 2016.

Luther, Johannes: Zwitterdrucke in der Reformationszeit, in: Zeitschrift für Bücherfreunde NF 1/3, 1909, S. 109–114.

–: Die Titeleinfassungen der Reformationszeit, 3 Lfg., Leipzig 1909–1913, ND in 1 Bd. mit Verb. u. Erg. von Josef Benzing, Hildesheim, New York 1973.

–: Aus der Druckerpraxis der Reformationszeit I., in: Zentralblatt für Bibliothekswesen 27, 1910, S. 237–264.

–: Die Schnellarbeit der Wittenberger Buchdruckerpressen in der Reformationszeit. (Aus der Druckerpraxis der Reformationszeit II.), in: Zentralblatt für Bibliothekswesen 31, 1914, S. 244–264.

–: Der Wittenberger Buchdruck in seinem Übergang zur Reformationspresse, in: Lutherstudien zur 4. Jahrhundertfeier der Reformation, Weimar 1917, S. 261–282.

Mai, Klaus-Rüdiger: Gutenberg. Der Mann, der die Welt veränderte, Berlin 2016.

Martin Luther und die Reformation in Deutschland. Ausstellung zum 500. Geburtstag Martin Luthers, 25. Juni bis 25. September 1983, German. Nationalmuseum Nürnberg, Frankfurt a. M. 1983.

Matheus, Michael (Hg.): Lebenswelten Johannes Gutenbergs, Wiesbaden 2005.

McKee, Elsie: Katharina Schütz Zell, 2 Bde., Leiden, Boston, Köln 1999.

Mittler, Elmar (Hg.): Gutenberg und seine Wirkung. Katalog zur Ausstellung in der Paulinerkirche, Frankfurt a. M., Leipzig 1999.

–: Patchworkeditionen. Konkurrenz und Kooperation bei der Entwicklung der Vollbibeln in der frühen Reformationszeit, in: Kaufmann / ders. (Hg.), Reformation und Buch, S. 52–83.

Moeller, Bernd: Die Reformation und das Mittelalter. Kirchenhistorische Aufsätze, hg. von Johannes Schilling, Göttingen 1999.

–: Stadt und Buch. Bemerkungen zur Struktur der reformatorischen Bewegung in Deutschland, zuletzt in: ders., Die Reformation und das Mittelalter, S. 111–124. 321 f.

–: Luther-Rezeption. Kirchenhistorische Aufsätze zur Reformationsgeschichte, hg. von Johannes Schilling, Göttingen 2001.

–: Das Berühmtwerden Luthers, in: ders., Luther-Rezeption, S. 15–41.

–: Die frühe Reformation als Kommunikationsprozeß, in: ders., Luther-Rezeption, S. 73–90.

–: Luthers Bücher auf dem Wormser Reichstag von 1521, in: ders., Luther-Rezeption, S. 121–140.

Müller, Arnd: Zensurpolitik der Reichsstadt Nürnberg: Von der Einführung der Buchdruckerkunst bis zum Ende der Reichsstadtzeit, Erlangen 1950.

Muller, Frank: Images Polémiques, Images Dissidentes. Art et Réforme à Strasbourg (1520–v. 1550), Baden-Baden, Bouxwiller 2017.

Neddermeyer, Uwe: Von der Handschrift zum gedruckten Buch: Schriftlichkeit und Leseinteresse im Mittelalter und in der frühen Neuzeit, quantitative und qualitative Aspekte, 2 Bde., Wiesbaden 1998.

Nehlsen, Eberhard (Bearb.): Berliner Liedflugschriften. Katalog der bis 1650 erschienenen Drucke der Staatsbibliothek zu Berlin Preußischer Kulturbesitz, 3 Bde., Baden-Baden 2008–2009.

Nieden, Marcel: Die Wittenberger Reformation als Medienereignis, in: Europäische Geschichte Online (EGO), hg. von dem Leibniz-Institut für Europäische Geschichte (IEG) Mainz, 2012-04-23 (url: http://www.ieg-ego.eu/niedenm-2012-de).

Oehmig, Stefan (Hg.): Buchdruck und Buchkultur im Wittenberg der Reformationszeit, Leipzig 2015.

–: «Gedruckt zu Wittemberg durch Nickel Schirlentz». Zum Leben und Wirken des Wittenberger Reformationsdruckers Nickel Schirlentz, in: ders. (Hg.), Buchdruck, S. 115–167.

Oelke, Harry: Die Konfessionsbildung des 16. Jahrhunderts im Spiegel illustrierter Flugblätter, Berlin, New York 1992.

Oelschläger, Ulrich: Die Wormser Propheten von 1527. Eine vorlutherische Teilübersetzung der Bibel, in: BPfKG 75, 2008, S. 331–362 (= Ebernburg-Hefte 42, 2008, S. 19–50).

Pettegree, Andrew: The Book in the Renaissance, New Haven, London 2010.

–: Die Marke Luther. Wie ein unbekannter Mönch eine deutsche Kleinstadt zum Zentrum der Druckindustrie und sich selbst zum berühmtesten Mann Europas machte – und die protestantische Reformation lostrat, Berlin 2016.

– (Hg.): Broadsheets. Single-Sheet Publishing in the First Age of Print, Leiden, Boston 2017.

–: Print and the Reformation: A Drama in Three Acts, in: Church History 86, 2017, S. 980–997.

– / Hall, Matthew: Buchdruck und Reformation – Eine Neubetrachtung, in: Bünz (Hg.), Bücher, Drucker, Bibliotheken, S. 343–371.

Price, David H.: Johannes Reuchlin and the Campaign to Destroy Jewish Books, Oxford 2011.

Prietzel, Kerstin: Pamphilius Gengenbach, Drucker zu Basel (um 1480–1525), in: Archiv für Geschichte des Buchwesens 52, 1999, S. 229–461.

Reske, Christoph: Der Holzstock bzw. Holzschnitt am Ende des 15. Jahrhunderts. Aspekte der Arbeitsteilung, Kosten und Auflagenhöhe, in: Gutenberg-Jahrbuch 84, 2009, S. 71–78.

–: Die Buchdrucker des 16. und 17. Jahrhunderts im deutschen Sprachgebiet. Auf der Grundlage des gleichnamigen Werkes von Josef Benzing, Wiesbaden 2007.

–: Die Anfänge des Buchdrucks im vorreformatorischen Wittenberg, in: Oehmig (Hg.), Buchdruck, S. 35–69.

Rhein, Stefan: Buchdruck und Humanismus – Melanchthon als Korrektor in der Druckerei des Thomas Anshelm, in: ders./Armin Schlechter/Udo Wennemuth (Hg.), Philipp Melanchthon in Südwestdeutschland, Karlsruhe 1997, S. 63–74.

Ritter, Friedrich: Elsässische Buchdrucker im Dienste der Straßburger Sektenbewegung zur Zeit der Reformation, in: Gutenberg-Jahrbuch 38, 1963, S. 225–233.

Robinson-Hammerstein, Helga: The Battle of the Booklets. Prognostic Tradition and the Proclamation of the Word in Early Sixteenth-Century Germany, in: Zambelli (Hg.), «Astrologi hallucinati», S. 129–151.

Roth, Friedrich Wilhelm Emil: Die Mainzer Buchdruckerfamilie Schöffer während des 16. Jahrhunderts und deren Erzeugnisse zu Mainz, Worms, Straßburg und Venedig, enthaltend die Drucke des Johann Schöffer 1503–1531, des Peter Schöffer d.J. 1508–1542 und des Ivo Schöffer 1531–1555, Leipzig 1892.

Rothe, Vicky: Wittenberger Buchgewerbe und -handel im 16. Jahrhundert, in: Heiner Lück/Enno Bünz u.a. (Hg.), Wittenberg-Forschungen, Bd. 2.1: Das ernestinische Wittenberg: Stadt und Bewohner, Petersberg 2013, S. 77–90.

Rüttgart, Antje: Klosteraustritte in der frühen Reformation. Studien zu Flugschriften der Jahre 1522 bis 1524, Gütersloh 2007.

Sachse, Friedrich: Die Anfänge der Bücherzensur in Deutschland, Leipzig 1870.

Sandl, Marcus: Medialität und Ereignis. Eine Zeitgeschichte der Reformation, Zürich 2011.

Schäfer, Bernd/Eydinger, Ulrike/Rekow, Matthias (Hg.): Fliegende Blätter. Die Sammlung der Einblattholzschnitte des 15. und 16. Jahrhunderts der Stiftung Schloss Friedenstein Gotha, 2 Bde., Stuttgart 2016.

Schilling, Michael: Bildpublizistik der frühen Neuzeit. Aufgaben und Leistungen des illustrierten Flugblatts in Deutschland bis um 1700, Tübingen 1990.

Schlegel, Gerhard: Kopisten und Schriftsteller, Buchdrucker und Buchstifter der Kartause Marienehe, in: Sönke Lorenz (Hg.), Bücher, Bibliotheken und Schriftkultur der Karthäuser. Festgabe zum 65. Geburtstag v. Edward Potkowski, Wiesbaden 2002, S. 117–127.

Schmidt, Charles: Zur Geschichte der ältesten Bibliotheken und der ersten Buchdrucker zu Straßburg, Straßburg 1882.

Schmitz, Wolfgang: Buchdruck und Reformation in Köln, in: Jahrbuch des kölnischen Geschichtsvereins, 1984, S. 117–154.

–: Beten und Lesen im Untergrund. Evangelischer Buchdruck in der katholischen Reichsstadt Köln bis zum Ende der kölnischen Reformation ca. 1547, in: Kaufmann/Mittler (Hg.), Reformation und Buch, S. 85–104.

–: Grundriss der Inkunabelkunde. Das gedruckte Buch im Zeitalter des Medienwandels, Stuttgart 2018.

Schneider, Cornelia: I. Mainzer Drucker – Drucken in Mainz; II. Der Erstdrucker: Gutenberg, in: Stadt Mainz (Hg.), Gutenberg aventur und kunst. Vom Geheimunternehmen zur ersten Medienrevolution. Katalog zur Ausstellung der Stadt Mainz anlässlich des 600. Geburtstages von Johannes Gutenberg 14. April – 3. Oktober 2000, Mainz 2000, S. 191–235.

–: Peter Schöffer. Bücher für Europa, Mainz 2003.

Schoch, Rainer/Mende, Matthias/Scherbaum, Anna (Bearb.): Albrecht Dürer. Das druckgraphische Werk, 3 Bde., München u. a. 2001–2004.

Schorbach, Karl: Der Straßburger Frühdrucker Johann Mentelin, Mainz 1932.

Schottenloher, Karl: Die Buchdruckertätigkeit Georg Erlingers in Bamberg von 1522 bis 1541 (1543), Leipzig 1907.

–: Fränkische Druckereien der Reformationszeit, in: Zentralblatt für Bibliothekswesen 28, 1911, S. 57–72.

–: Beschlagnahmte Druckschriften aus der Frühzeit der Reformation, in: Zeitschrift für Bücherfreunde, NF 8,2, 1917, S. 305–321.

–: Flugblatt und Zeitung. Ein Wegweiser durch das gedruckte Tagesschrifttum, Bd. 1: Von den Anfängen bis zum Jahre 1848, Berlin 1922, neu hg., eingel. und erg. durch Johannes Binkowski, München 1985.

–: Die Druckerprivilegien des 16. Jahrhunderts, in: Gutenberg-Jahrbuch 1933, S. 89–93.

–: Philipp Ulhart, ein Augsburger Winkeldrucker und Helfershelfer der «Schwärmer» und «Wiedertäufer» (1523–1529), München, Freising 1921.

Schreiner, Klaus: Laienbildung als Herausforderung für Kirche und Gesellschaft. Religiöse Vorbehalte und soziale Widerstände gegen die Verbreitung von Wissen im späten Mittelalter und in der Reformation, in: Zeitschrift für Historische Forschung 11, 1984, S. 257–354.

Schwitalla, Johannes: Deutsche Flugschriften 1460–1525. Textsortengeschichtliche Studien, Tübingen 1983.

–: Flugschrift [Grundlagen der Medienkommunikation 7], Tübingen 1999.

Scribner, Robert W.: How Many Could Read? Comments on Bernd Moeller's «Stadt und Buch», in: Wolfgang J. Mommsen (Hg.), Stadtbürgertum und Adel in der Reformation in England und Deutschland, Stuttgart 1979, S. 44–45.

–: Flugblatt und Analphabetentum. Wie kam der gemeine Mann zu reformatorischen Ideen?, in: Köhler (Hg.), Flugschriften als Massenmedium, S. 65–76.

–: For the Sake of Simple Folk. Popular Propaganda for the German Reformation, Oxford 1994.

Sebastiani, Valentina: Reformatorische Drucke und Drucker in Basel (1517–1529). Perspektiven aus der Forschung zur Buchgeschichte, in: Basler Zeitschrift für Geschichte und Altertumskunde 116, 2016, S. 69–88.

–: The Impact of Erasmus' New Testament on the European Market (1516–1527), in: Martin Wallraff/Silvana Seidel Menchi/Kaspar von Greyerz (Hg.), Basel 1516. Erasmus' Edition of the New Testament, Tübingen 2016, unv. Studienausgabe 2017, S. 225–237.

–: Johann Froben, Printer of Basel. A Biographical Profile and Catalogue of His Editions, Leiden u. a. 2018.

Seebaß, Gottfried: Andreas Osiander und seine Drucker, in: Herbert G. Göpfert (Hg.), Beiträge zur Geschichte des Buchwesens im konfessionellen Zeitalter, Wiesbaden 1985, S. 133–145.

–: Müntzers Erbe. Werk, Leben und Theologie des Hans Hut, Gütersloh 2002.

Short-Title Catalogue of Books Printed in German-Speaking Countries and German Books Printed in Other Countries from 1455 to 1600 Now in the British Museum, London 1962.

Spätgotik – Aufbruch in die Neuzeit. Staatliche Museen zu Berlin 01.05.-05.09.2021, Berlin 2021

Stadt Mainz (Hg.): Gutenberg – Aventur und Kunst. Vom Geheimunternehmen zur ersten Medienrevolution, anlässlich des 600. Geburtstages von Johannes Gutenberg, Mainz 2000.

Staedtke, Joachim: Christoph Froschauer, der Begründer des Zürcher Buchwesens zum Gedenken seines 400. Todestages, Zürich 1964.

Steiff, Karl: Johannes Setzer (Secerius), der gelehrte Buchdrucker in Hagenau, in: Centralblatt für Bibliothekswesen 9, 1892, S. 297–317; 10, 1893, S. 20–22.

Steinmetz, Max: Thomas Müntzer und die Bücher. Neue Quellen zur Entwicklung seines Denkens, in: Zeitschrift für Geschichtswissenschaften 32/7, 1984, S. 603–612.

Stello, Annika/Wennemuth, Udo (Hg.): Die Macht des Wortes. Reformation und Medienwandel, Regensburg 2016.

Stöber, Rudolf: Deutsche Pressegeschichte. Von den Anfängen bis zur Gegenwart, 3. überarb. Aufl. Konstanz, München 2014.

Stock, Franz: Die ersten deutschen Buchdrucker in Paris um 1500, Freiburg i. Br. 1940, hg. und komm. von Ansgar Heckeroth und Hans Walter Stock, ND Paderborn 1992.

Stolz, Michael/Mettauer, Adrian (Hg.): Buchkultur im Mittelalter. Schrift – Bild – Kommunikation, Berlin 2005.

Undorf, Wolfgang: From Gutenberg to Luther. Transnational Print Cultures in Scandinavia 1450–1525, Leiden, Boston 2014.

–: Reformation ohne Luther? Transnationale Druckkultur in Dänemark und Schweden in der Reformationszeit, in: Kaufmann/Mittler (Hg.), Reformation und Buch, S. 263–280.

van Gülpen, Ilonka: Der deutsche Humanismus und die frühe Reformations-Propaganda 1520–1526. Das Lutherporträt im Dienst der Reformation, Hildesheim u. a. 2002.

Volz, Hans: Hundert Jahre Wittenberger Bibeldruck 1522–1626, Göttingen 1954.

–: Das Lutherwappen als «Schutzmarke», in: Libri 4, 1954, S. 216–225.

—: Die Arbeitsteilung der Wittenberger Buchdrucker zu Luthers Lebzeiten, in: Gutenberg-Jahrbuch 1957, S. 146–154.

—: Martin Luthers Schriften und ihre Druckgeschichte, in: Blätter für Pfälzische Kirchengeschichte und Religiöse Volkskunde 39, 1972, S. 112–133.

Voulliéme, Ernst: Die deutschen Drucker des 15. Jahrhunderts, Berlin ²1922.

Wehmer, Carl: Deutsche Buchdrucker des 15. Jahrhunderts, Wiesbaden 1971.

Weiss, Ulmann (Hg.), Flugschriften der Reformationszeit, Tübingen 2001.

Werner, Thomas: Den Irrtum liquidieren. Bücherverbrennungen im Mittelalter, Göttingen 2007.

Weyrauch, Erdmann: Reformation durch Bücher: Druckstadt Wittenberg, in: Gutenberg: 550 Jahre in Europa, Weinheim 1990, S. 53–59.

—: Das Buch als Träger der frühneuzeitlichen Kommunikationsrevolution, in: Michael North (Hg.), Kommunikationsrevolutionen. Die neuen Medien des 16. und 19. Jahrhunderts, Köln u. a. 1995, S. 1–13.

Wilke, Jürgen: Grundzüge der Medien- und Kommunikationsgeschichte, Köln, Weimar, Wien 2008.

Wittmann, Reinhard: Geschichte des deutschen Buchhandels, München ³2011.

Wolf, Jürgen: Von geschriebenen Drucken und gedruckten Handschriften. Irritierende Beobachtungen zur zeitgenössischen Wahrnehmung des Buchdrucks in der zweiten Hälfte des 15. und des beginnenden 16. Jahrhunderts, in: Andreas Gardt / Mireille Schnyder / ders. (Hg.), Buchkultur und Wissensvermittlung in Mittelalter und Früher Neuzeit, Berlin, Boston 2011, S. 3–21.

Wolkenhauer, Anja: Zu schwer für Apoll. Die Antike in humanistischen Druckerzeichen des 16. Jahrhunderts, Wiesbaden 2002.

Zambelli, Paola (Hg.): «Astrologi hallucinati». Stars and the End of the World in Luther's Time, Berlin, New York 1986.

Zorzin, Alejandro: Karlstadt als Flugschriftenautor, Göttingen 1990.

—: Einige Beobachtungen zu den zwischen 1518 und 1526 im deutschen Sprachgebiet veröffentlichten Dialogflugschriften, in: Archiv für Reformationsgeschichte 88, 1997, S. 77–117.

—: Peter Schöffer und die Täufer, in: Ulman Weiß (Hg.), Buchwesen in Spätmittelalter und Früher Neuzeit, Epfendorf/Neckar 2008, S. 179–213.

Nachweis der Bildzitate

Abb. 1: *Grant danse macabre des hommes et des femmes* ..., Lyon, Matthias Huss, 1499/1500; GW 07954.

Abb. 2: Druckersignet des Aldus Manutius, Delphin und Anker, aus: *Euripidu tragodiai heptakaideka*, Venedig 1503, letztes Bl.

Abb. 3: Druckermarke Johann Fust, Peter Schöffer, in: Biblia, Mainz 1462; GW 04204, Bl. 482^r.

Abb. 4: Paulinus Chappe, *Ablassbrief zum Besten des Kampfes gegen die Türken* ..., Mainz, Joh. Gutenberg, 1454; GW 06555.

Abb. 5: Amerigo Vespucci, *Das sind die new gefunden menschen* ..., Nürnberg, Stuchs, um 1505.

Abb. 6: *Biblia*, hebräischer Druck, Brecia, Gershom Ben Mosheh Soncino, 1494; GW 04200; Ex. SB Berlin Res. Publ. Uni 17/Inc. 2840, S. 4^v.

Abb. 7: Johannes Reuchlin, *tütsch missive. Warumb die Juden so lang im ellend sind*, Pforzheim, Thomas Anshelm 1505; VD 16 R 1246, a 2^v.

Abb. 8: Johannes Reuchlin, *De rudimentis hebraicis*, Pforzheim, Thomas Anshelm 1506, S. 11.

Abb. 9: *Novum Instrumentum omne, diligenter ab Erasmo Roterodamo recognitum* ..., Basel, Joh. Froben 1516; VD 16 B 4196, aa [a 1^r].

Abb. 10: *Erasmi Roterodami Paraclesis Teütscht* ..., Augsburg, Johann Schönsperger d. J. 1520; VD 16 E 3310, Titelbl.^{r}.

Abb. 11: Sebastian Brant, *Das neue Narrenschiff*, Straßburg, Johann Grüninger 1497; GW 05051, Titelbl.^{r}.

Abb. 12: *Epitome in Divae Parthenices Mariae Historiam* ..., Nürnberg, Dürer, H. Höltzel 1511; VD 16 S 4585, C 6^r.

Abb. 13: Erasmus von Rotterdam, *Proverbiorum Chiliades* ..., Basel, Joh. Froben 1515; VD 16 E 1933, Gg 7^r.

Abb. 14: Johannes Reuchlin, *Scaenica progymnasmata* ..., Tübingen, Th. Anshelm 1511; VD 16 R 1259, Titelbl.^{r}.

Abb. 15: Geiler von Kaysersberg, *Sermones ... fructuosissimi* ..., Straßburg, Joh. Grüninger 1519; VD 16 G 801, Titelbl.^{r}.

Abb. 16: Erasmus von Rotterdam, *In Iacobum Stunicam ... Apologia* ..., Straßburg, U. Morhart d. Ä. 1522; VD 16 E 3092, Titelbl.^{r}.

Abb. 17: *Das Ander teyl des alten Testaments* ..., Wittenberg, Cranach, Döring 1524; VD 16 B 2909, S. CCVI.

Abb. 18: Johannes Pfefferkorn, *Handt Spiegel*, Mainz, Joh. Schöffer 1511; VD 16 P 2294, Titelbl.^{r}.

Abb. 19: Johannes Reuchlin, *Augenspiegel*, Tübingen, Th. Anshelm 1511; VD 16 R 1306, Titelbl.^{r}.

Abb. 20: Johannes Pfefferkorn, *Sturm … uber und wider die drulosen Juden …*, Köln, H. Quentel Erben 1514; VD 16 P 2320, Titelbl.^{r}.

Abb. 21: (Ulrich von Hutten), *Triumphus Doc. Reuchlini …*, Hagenau, Th. Anshelm 1518; VD 16 H 6414.

Abb. 22: Konrad Wimpina, Johann Tetzel, *Quo veritas pateat …*, Frankfurt a.d.O., Hanau 1518; USTC 751033; Ex. SB München Sign. Einbl.VII.31.

Abb. 23: Martin Luther, *Eynn Sermon von dem Ablasz unnd gnade …*, Wittenberg, Rhau-Grunenberg 1518; VD 16 L 6278, Titelbl.^{r}.

Abb. 24: *Replica F. Syluestri Prieriat[is] …*, Leipzig, Melchior Lotter d.Ä. 1519; VD 16 M 1757, Titelbl.^{r}.

Abb. 25: Andreas Bodenstein von Karlstadt, *CCCLXX Et Apologeticae Conclusiones …*, Wittenberg, Rhau-Grunenberg 1518; VD 16 D 6203, Titelbl.^{r}.

Abb. 26: Titelseite von Luthers Manuskript zu der Schrift *Eyn Urteyl der Theologen zu Pariß …*; Stadtbibliothek Gdansk. Ms. 1985./Nrinw. 1397, Bl. 1^r.

Abb. 27: Martin Luther, *Eyn Urteyl der Theologen zu Pariß …*, Wittenberg, Rhau-Grunenberg 1521; VD 16 P 770; L 4769, Titelbl.^{r}.

Abb. 28: *Der Romischen Kaiserlichen Maiestet Edic …*, Worms, Hans von Erfurt 1521; VD 16 D 924, Titelbl.^{r}.

Abb. 29 und 30: *Ein untertenige Cristliche schrifft …*, Hagenau, Th. Anshelm 1521; VD 16 L 3681, a 1^r; a 4^r.

Abb. 31: *Acta et res gestae D. Martini Lutheri …*, Straßburg, Joh. Schott, 1521; VD 16 ZV 62, A 1$^{r/v}$.

Abb. 32: *Doctor Martini Luthers offenliche Verhoer …*, Augsburg, M. Ramminger 1521]; VD 16 L 3655, Titelbl.^{r}.

Abb. 33: *Ain grosser Preisz so der Fürst der hellen genant Lucifer …*, Augsburg, M. Ramminger 1521; VD 16 G 3465, Titelbl.^{r}.

Abb. 34: *Ain anzaigung wie D. Martinus Luther zů Wurms …*, Augsburg, M. Ramminger 1521.

Abb. 35: Andreas Bodenstein von Karlstadt, *Dialogus oder ein gesprechbüchlin …*, Basel, Joh. Bebel 1524; VD 16 B 6141, Titelbl.^{r}.

Abb. 36: Ulrich Zwingli, *Ußlegen und gründ der schlußreden …*, Zürich, Chr. Froschauer, 1523; VD 16 Z 821, Titelbl.^{r}.

Abb. 37: Ulrich Zwingli, *Welche ursach gebind zeufrůren …*, Zürich, Chr.

Abb. 38: Ludwig Hätzer, *Ein urteil gottes unsers ee gemahels …*, Zürich, Chr. Froschauer 1523; VD 16 H 140, Titelbl.^{r}.

Abb. 39: Ludwig Hätzer, *Judicium Dei & Sponsi nostri …*, Augsburg, S. Otmar 1524; VD 16 H 145, Titelbl.^{r}.

Nachweis der Bildzitate

Abb. 40: Thomas Müntzer, *Protestation odder empietung* ..., Eilenburg, N. Widemar und J. Stöckel 1524; VD 16 M 6748, Titelbl.^{r}.

Abb. 41: Thomas Müntzer, *Von dem getichten glawben auff nechst Protestation* ..., Eilenburg, N. Widemar und J. Stöckel 1524; VD 16 M 6754, Titelbl.^{r}.

Abb. 42: Georg Schönichen, *Allen brudern zcu dresden dy dem Ewangelio Holt sein* ..., Eilenburg, N. Widemar und J. Stöckel 1523; VD 16 S 3740, A 1^r.

Abb. 43: *Die Gründlichen und rechten Hauptartikel aller Bauuerschaft* ..., Augsburg, M. Ramminger 1525; VD 16 G 3540, Titelbl.^{r}.

Abb. 44: *Die Gründlichen und rechten Hauptartikel aller Bauuerschaft* ..., Erfurt, J. Loersfeld 1525; VD 16 G 3542, Titelbl.^{r}.

Abb. 45: *Die Gründlichen und rechten Hauptartikel aller Bauuerschaft* ..., Forchheim, H. Bär 1525; VD 16 G 3546, Titelbl.^{r}.

Abb. 46: *Die Gründlichen und rechten Hauptartikel aller Bauuerschaft* ..., Nürnberg, H. Höltzel 1525; VD 16 G 3550, Titelbl.^{r}.

Abb. 47: Martin Luther, *Wydder die sturmenden bawren*, Dresden, Emserpresse 1525; VD 16 L 7480, Titelbl.^{r}.

Abb. 48: Andreas Bodenstein von Karlstadt, *Wagen*; Holzschnitt von Lukas Cranach d. Ä., Wittenberg, Rhau-Grunenberg 1519. © bpk / Hamburger Kunsthalle / Christoph Irrgang.

Abb. 49: Illustriertes Flugblatt; Künstler und Drucker unbekannt; Germanisches Nationalmuseum Nürnberg HB 15079.

Abb. 50: Einblattholzschnitt Monogrammist H, Beigabe zu *Ein gesprech auff das kurtz* ..., Erfurt, Michael Buchführer 1524; VD 16 G 1864.

Abb. 51: *Inhalt zweierlei predig*, Einblattholzschnitt von Georg Pencz, Impressum: Wolfgang Formschneider, Nürnberg um 1529/31; Verse von Hans Sachs. Meuche – Neumeister, Flugblätter, TA 14.

Abb. 52: *Des Ehrwirdigen Doctoris Martini Lutheri Christlicher abschiedt* ..., Nürnberg, Hans Guldemundt 1546. Jahrbuch der Staatlichen Kunstsammlungen in Baden-Württemberg 50, 2013/2014, S. 95.

Abb. 53: *Quae hoc libello habentur* ..., Wittenberg, Rhau-Grunenberg 1515; VD 16 H 3521; Ex. ThULB Jena Sign. AB 23282, Bl. [3]^v.

Abb. 54: Sebastian Münster, *Cosmographey*..., Basel, Sebastian Henricpetri 1588, Titelbl.^{r}.

Abb. 55: Leonhard Fuchs, *New Kreüterbůch* ..., Basel, Michael Isingrin 1543; VD 16 F 3243, t 3^v/4^r.

Abb. 56: Marsilius von Padua, ... *De potestate Papae et Imperatoris* ..., Basel, Val. Curio 1522; VD 16 M 1131, Vorsatzbl. RR 1^r.

Abb. 57: Einblattdruck von Luthers Lied *Nun freut euch, lieben Christen gmein*, Augsburg, Philipp Ulhart 1524; Ex. UB Heidelberg Cpg 793, Bl. 82 Nr. 96.

Abb. 58: *Geystliche gesangk Buchleyn*, Wittenberg, Josef Klug 1524; VD 16 L 4776, S. 14.

Abb. 59 und 60: Thomas Morus, *De optimo reip. statu deque noua insula Utopia libellus vere aureus* ..., Basel, Joh. Froben 1518; Karte und Liste des Alphabets der Utopier, VD 16 M 6299, S. 12 f.

Abb. 61: *Das Munich und Pfaffen Gaid Niemand zu lieb noch zu leid,* Nürnberg, Erhard Schön 1525. Meuche – Neumeister, Flugblätter, TA 9.

Karte: Peter Palm, Berlin, nach dem *Gesamtverzeichnis der Wiegendrucke* (GW).

Personenregister

Kursive Seitenzahlen verweisen auf Abbildungen und Bildtexte.

Adelmann von Adelsmannfelden, Konrad und Bernhard 92, 118, 170, 298 f.
Ägidius, Petrus 247
Agricola, Rudolf 94
Albrecht, Erzbischof von Mainz 138
Albrecht, Herzog von Brandenburg 104, 109, 281, 321, 323
Aleander, Hieronymus 136, 140, 142–144
Alexander VI., Papst 50
Alveldt, Augustin von 124, 287
Amerbach, Bonifacius 143, 290
Amerbach, Johannes 50, 56–58, 71 f., 94
Anshelm, Thomas 55–58, *80*, *90*, *96*, *146*, 147, 150, 282
Augustin, Kirchenvater 59, 72, 118, 121, 202
Aurifaber, Johannes 211

Bader, Augustin 252
Balbus, Johannes 25
Bapst, Valentin 241
Bär, Hans *193*
Bebel, Heinrich 94
Bebel, Johann *158*
Bernhard von Clairvaux 121
Berthold von Henneberg, Erzbischof von Mainz 38, 44
Bibliander, Theodor 43
Brant, Sebastian 29, 40, *74*, 75
Brück, Gregor von 143

Bucer, Martin 138, 161, 163
Buchführer, Michael 154
Bugenhagen, Johannes 176, 211, 306
Busche, Hermann von dem 95
Bussi, Giovanni Andrea dei, Bischof von Aleria 39

Calvin, Johannes 224
Capito, Wolfgang Fabritius 68, 116, 138, 159–161, 169, 171
Castelberger, Andreas 168
Castellio, Sebastian 223–225, 246
Celtis, Conrad 40
Chappe, Paulinus *26*
Chrysolaras, Manuel 218
Cochläus, Johannes 41
Coelius, Michael 211
Colet, John 60, 67
Cramer, Daniel, Superintendent von Stettin 45
Cranach d. Ä., Lukas *84*, 150, 201, *202*, 209, *212*, 213, 235, 293
Cratander, Andreas 170
Curio, Valentin *230*
Cuspinian (=Spießheimer), Johannes 94
Cyprian, Bischof von Karthago 72, 229

Dalberg, Johannes, Bischof von Worms 76
Denck, Hans 176 f., 300

Diego López de Zúñiga (Jacobus Stunica) 59
Döring, Christian 84
Dungersheim, Hieronymus 184–186, 188
Dürer, Albrecht 77, 235

Eck, Johannes 102, 110, 117 f., *119*, 120–123, 125, 131, 170
Emser, Hieronymus 136, 196, *197*, 202, *204*
Erasmus von Rotterdam 36, 51 f., 58–61, *62*, 63 f., *65*, 66–68, 72 f., *78*, 79, *82*, 83, 86, 104, 136–138, 162, 169, 218, 224, 229–232, 247
Eyb, Gabriel von, Fürstbischof von Eichstätt 118

Faber Stapulensis (Lefèvre d'Ètaples), Jakob 73
Ficino, Marsilio 92
Formschneider, Wolfgang *208*
Franck, Sebastian 224, 316
Frank (Camitian), Andreas 185
Friedrich III., dt. Kaiser 94
Froben, Johannes 58–61, *62*, 64, 66 f., 71, *78*, 79, 83, 116, 169, 229, 247, *248*
Froschauer, Christoph 85, 163, *166f.*, 168, 173, *174*
Fuchs, Leonhard 227 f., *228*
Fust, Johann 22, 23, 31, 46

Geiler von Kaysersberg, Johannes 75, *81*, 83, 92, 100, 277, 279
Georg, Herzog von Sachsen 136, 179, 185, *197*, 198 f.
Gerbel, Nicolaus 59, 64, 296
Gesner, Konrad 41
Glapion, Jean 136
Gratius, Ortwinus 92, 94 f.

Grebel, Konrad 173
Gregor von Nazianz 73
Grumbach, Argula von 188
Grüninger, Johannes 74, *81*, 199, 308
Günzburg, Eberlin von 250
Guldemundt, Hans 212
Gutenberg (Gensfleisch), Johannes 13–19, 23, 25, *26*, 31, 36, 40, 43 f., 46, 49

Hahn (Gallus), Ulrich 40 f.
Hans von Erfurt 145
Hätzer, Ludwig 85, 173, *174 f.*, 176–178
Hegenwald, Erich 165
Heinrich VIII., engl. König 136
Heinrich, Fürst von Braunschweig-Wolfenbüttel 198
Henricpetri, Sebastian 226
Hergot, Hans 183, 250 f.
Hieronymus, Kirchenvater 39, 52, 57–60, *221*, 231
Höltzel, Hieronymus 183, *193*
Hoogstraeten, Jakob 87 f., 92, 94
Hubmaier, Balthasar 173, 191
Hugwald, Ulrich 253
Hus, Jan 109, 123
Huss, Matthias 16
Hut, Hans 173, 183
Hutten, Ulrich von 51, 95 f., *96*, 157

Innozenz VIII., Papst 38, 287
Isingrin, Michael *228*

Johann Friedrich, Herzog von Sachsen 182
Johann Georg, Herzog von Sachsen 46
Johann, Herzog von Sachsen 182
Jonas, Justus 150, 211
Jud, Leo 173, 300

Personenregister

Karl V., dt. Kaiser 136, 141, 144, *145*, 147
Karlstadt (Andreas Bodenstein) 54, 72, 102, 110, 118, *119*, 120–122, 151–158, *158*, 160 f., 173, 179, 183, *186*, 191, 201 f., 220, 234, 253
Kimchi, Mose und David 53
Klug, Josef *240*
Knobloch, Johannes 58
Kolumbus, Christoph 29 f.
Kramer, Heinrich 38
Kues (Cusanus), Nikolaus von, Kardinal 39 f., 50

Lamparter, Georg 169
Lang, Johannes 68
Lang von Wellenburg, Matthäus, Kardinal 121 f.
Lemp, Jacob 202, *204*
Leo X., Papst 38 f., 66, 113, 130–134, 136, 144, 202, *204*, 285, 289
Linck, Wenzeslaus 118, 131, 161
Loans, Jakob ben Jechiel 52
Locher, Jakob 75
Loersfeld, Johann *192*
Lotter, Melchior d. Ä. 110, *114*, 114, 116, 199, 281, 285
Lotter, Melchior d. J. 114, 117, 125 f., 132, 199, 233 f., 236
Lotter, Michael 46
Lotzer, Sebastian 191
Luther, Martin 39 passim, *108*, *128f.*, *145–149*, *186*, *197*, *204*, 212, *239*

Manutius, Aldus 19, 21, 50, 60, 69 f., 92, 95, 230 f., *249*
Marsilius von Padua 229, *230*
Maximilian I., Kaiser 29, 87, 127
Medici, Giulio de' 144

Melanchthon, Philipp 36, 50 f., 68, 94, 139, 161, 169, 171, 211, 219 f., 220, 223, 242, 247
Mentelin, Johannes 40
Miltitz, Karl von 131
Morus, Thomas 104, 247, *248*
Mosellanus, Petrus 185
Münster, Sebastian 225, *226*, 227
Müntzer, Thomas 155, 173, 178 f., *180f.*, 182 f., 191, 195, 198, 209, 251 f., 296, 301
Murner, Thomas 136, 202, *204*
Mutianus Rufus, Conradus 94
Myconius, Friedrich 102

Naukler, Johannes 41
Nestorius, Patriarch 73
Nigri, Petrus 54

Oekolampad, Johannes 59, 64, 66–68, 73, 161 f., 169–172, 176, 209
Osiander, Andreas 36, 161
Otmar, Johann 70
Otmar, Silvan *175*
Otter, Jakob 189

Paul II., Papst 39
Paulus, Apostel 60, 118, 133 f., 140 f., 186, 190, 202, 218, 234
Pellikan, Konrad 43, 68, 70–73, 161, 163, 229, 272
Pencz, Georg 205, *208*
Peringer, Diepold 191
Petreius, Johannes 219
Petri, Adam 103 f., 199, 235 f., 253, 281, 311
Peutinger, Konrad 68, 92
Pfedersheimer, Paul 70
Pfefferkorn, Johannes 86–88, *89f.*, 91 f., *93*, 94, *96*, 277
Pfeiffer, Heinrich 183

Philipp, Landgraf von Hessen 198, 209
Pico della Mirandola, Giovanni Francesco 38, 92, 120
Pirckheimer, Caritas 71
Pirckheimer, Willibald 68, 92, 170
Prensky, Marc 7
Prierias, Sylvester 114, *114f.*, 116 f., 284
Prüss, Johann 199

Quentel, Heinrich 93

Ramminger, Melchior *148f.*, 153, 192
Reisch, Gregor 218 f.
Reuchlin, Elisabeth 58
Reuchlin, Johannes 49–58, *56f.*, 68–70, 72 f., 75 f., *80*, 83, 85–88, *90*, 91 f., *93*, 94–97, *96*, 217, 220, 272
Rhau-Grunenberg, Johannes 107, *108*, 113, *119*, 125, *129*, 131 f., 150, *202*, *221*, 285
Rhegius, Urbanus 159 f., 242
Rhenanus, Beatus 68, 94, 137, 143, 169, 299
Ringmann, Mathias 30, 268
Rubeanus, Crotus 95
Rudolff, Christoph 219
Rusinger, Sixtus 40

Sachs, Hans 205
Schappeler, Christoph 191
Schedel, Hartmann 37
Scheurl, Christoph 103, 117
Schirlentz, Nickel 153
Schöffer d.Ä., Peter *22*, *23*, *31*, *36*, *89*, 199
Schöffer d.J., Peter 157, 172, 176 f., 199

Schön, Erhard *252*
Schönichen, Georg 184–186, *186f.*, 188
Schönsperger d.J., Johann 65
Schott, Johann *147*, 150, 199, 277
Schürer, Matthias 61, 169, 199
Schütz-Zell, Katharina 188 f.
Scriptoris, Paul 70
Scultetus (Schulz), Hieronymus, Bischof von Brandenburg 112
Seehofer, Arsacius 188
Servet, Michael 224 f.
Simler, Josias 94
Sixtus IV., Papst 24
Soncino, Gershom Ben Mosheh 55
Spalatin, Georg 68, 73, 94, 117, 131
Spiegel, Jakob 138
Spira, Johannes de (Johann von Speyer) 24
Sprenger, Jakob 38
Staupitz, Johann von 113, 285
Stifel, Michael 219, 308
Stöckel, Jakob *180f.*, *186*
Stöckel, Wolfgang 285, 288
Stuchs, Georg *30*
Stumpf, Simon 173

Tauler, Johannes 72, 111
Tertullian, Kirchenvater 72
Tetzel, Johannes *104f.*, 106, 109 f., 112, 114, 118, 120, 282 f.
Tongern, Arnold von 92, 94
Trithemius, Johannes 24, 35

Ulhart, Philipp 172, *239*
Uriel von Gemmingen, Erzbischof von Mainz 87

Vadian, Joachim 40, 218
Vergilius, Polydorus 41
Vespucci, Amerigo 30, *30f.*

Waldseemüller, Martin 30
Walter, Johann 240, *240*
Warham, William, Erzbischof von Canterbury 66
Wernher von Themar, Adam 218
Westerburg, Gerhard 156 f., 295
Wiclif, John 109
Widemar, Nikolaus 179, *180 f.*, 182, *186*
Wilhelm III., Bischof von Straßburg 195

Wimpfeling, Jakob 37, 41, 138, 169
Wimpina, Konrad *104 f.*, 106, 120, 282
Wolsey, Thomas, Kardinal 136
Wulffer, Wolfgang 185

Zasius, Ulrich 137, 169
Zell, Matthäus 161, 189 f.
Zwingli, Huldrych 54, 68, 85, 123, 156, 161–165, *166 f.*, 168 f., 172 f., *174*, 209, 217 f.

Ortsregister

Afrika 215
Aléria 39
Allgäu 194 f.
Allstedt 178 f., 182
Altenburg 161, 200
Amerika 30, 100, 268
Antwerpen 29, 150, 247
Arabien 14
Aragonien 29
Asien 14, 215, 268
Augsburg 29 ff., 34, 65, 107, 111, 117, 121, 127, 132, 148 f., 153, 159, 161, 164 f., 170, 172, 175 f., 183, 186, 192, 194, 198 ff., 209, 236, 239, 252, 276, 278, 280, 288, 293 ff., 297 ff., 301, 303, 311, 316, 336 ff.

Babylon 45, 133, 205
Baltringen 191, 194
Bamberg 31, 159, 200
Basel 29, 31, 34, 50, 55 f., 58 f., 61 f., 68, 72, 75, 78, 103 f., 107, 111, 116, 127, 142 f., 150, 156–159, 161 ff., 169–172, 176, 198 ff., 209, 223, 226, 228, 230, 236, 247 f., 253, 268, 277, 280 f., 292, 298, 310, 315 f., 336–339
Bayern 188
Belgien 32
Berlin 271, 281
Bibra 183
Böhmen 32, 109, 130
Brandenburg 112 f.
Braunschweig 107
Braunschweig-Wolfenbüttel 198

Braunschweig-Lüneburg 242
Breisgau 189
Brescia 54 f.
Breslau 32, 45, 107
Brixen 40
Brüssel 32, 237 f.
Buchholz 254
Burgund 29
Bursfelde 24

Canterbury 66
Cesena 52
China 14
Colmar 165

Dalmatien 32
Dänemark 32, 125
Denkendorf 69, 75
Deutschland 14, 24, 32, 34, 39–41, 43, 51–54, 92, 99 f., 102, 127, 131, 136, 140 f., 143 f., 161, 164 f., 215, 227, 232, 237, 245
Deventer 95
Dresden 136, 185 f., 196 f., 304, 338

Ebernburg 161, 171, 299
Eichstätt 117 f., 120
Eilenburg 179 ff., 184 ff., 302 f., 338
Einsiedeln 162
Elsass 14, 29, 40, 68, 72, 138, 157, 189
England 32 f., 60, 66, 75, 92, 109, 136, 216, 306
Ensisheim 29
Ephesus 73
Erfurt 23, 87, 92, 106, 121, 154, 159,

161, 192, 194, 200, 206, 236,
238 f., 282, 297, 305, 313, 338
Esslingen 69, 273
Europa 14, 18, 26, 28–34, 41, 47,
53, 60, 92, 94, 99–111, 125, 137,
170, 199, 216, 223, 225, 237, 249,
268

Finnland 215
Flandern 75
Florenz 14, 19, 30, 32
Forchheim 193, 338
Franken 83, 103, 183, 295
Frankenhausen 196
Frankfurt am Main 27, 34, 38, 56,
72, 91, 104, 106, 144, 282, 292
Frankfurt an der Oder 104, 282, 337
Frankreich 18, 26, 29, 32 ff., 41, 75,
92, 125, 210, 306
Freiburg 137, 218

Genf 224
Gernsheim 23
Glarus 162, 218
Gomorrha 133
Göttingen 29, 239
Griechenland 26
Grimma 200, 236, 302 f.

Hagenau 14, 96, 146 f., 150, 278 f.,
293, 337
Halberstadt 104, 179
Halle 106, 211
Hanau 104, 337
Heidelberg 40, 87, 113, 118, 161, 169
Hessen 198, 209

Indien 29 f.
Ingolstadt 11 f., 120, 122, 188
Italien 24, 32 ff., 40 f., 51, 54 f., 60,
70 f., 92, 114, 116, 210, 218

Jena 45, 151, 153 ff., 295, 306

Kamenz 118, 286
Katalonien 27
Kaysersberg 75, 83, 92, 100
Kenzingen 189
Köln 31, 34, 36 f., 50, 86 f., 92 ff.,
120, 140, 156, 268, 278, 337
Königsberg 308
Konstantinopel 26, 218
Konstanz 109, 164 f., 194
Krakau 32

Lehnin 112
Leipzig 34, 45 f., 101, 104, 106, 110,
113 f., 119, 121–125, 127, 131, 136,
161, 165, 184 ff., 198–200, 241,
250, 268, 271, 280 f., 285, 288,
291, 295, 299, 302, 315, 337
Linz 52
London 32, 60, 67, 104, 136
Löwen 92, 140, 144, 281
Lübeck 32
Lüneburg 239
Lüttich 140
Lyon 16, 50, 336

Magdeburg 29, 46, 104, 194, 199,
239, 310, 314
Mailand 32, 50
Mainz 22 f., 26 f., 31, 38, 40, 49, 70,
87, 89, 91 f., 138, 140, 143, 161,
195, 199, 268, 276, 278 f., 336 f.
Mansfeld 198
Meißen 254 f.
Memmingen 191
Merseburg 281
Miltenberg 195
Montenegro 32
Mülhausen 183
München 29

Ortsregister

Neapel 40
Niederlande 29, 32 ff., 60 f., 75, 125,
    140, 144, 150, 238, 247
Nürnberg 29 f., 32, 34, 37, 50, 68, 71,
    77, 83, 103, 106 f., 110, 118, 159,
    161, 170, 176, 182 f., 193, 198 ff.,
    205, 208, 212 f., 219, 238 f., 250,
    252, 280 f., 305, 309, 311, 336, 338

Ochsenfurt 186
Orlamünde 151, 153 f.
Oxford 60

Paris 23, 29, 31, 34, 50, 72 f., 120,
    128 f., 136 f., 268, 290
Pesaro 71
Pfalz 14
Pforzheim 49, 51, 55–58, 273, 278,
    336
Pilsen 32
Polen 32
Portugal 32, 54
Prag 150, 178, 301

Regensburg 72, 314
Reutlingen 29, 50
Rom 24, 29 ff., 34, 39 f., 43, 52, 92,
    113 f., 116 f., 120, 124 f., 133,
    136 f., 140, 143 f., 202, 204, 209,
    268
Rothenburg 311
Rotterdam 60
Rufach 70

Sachsen 68, 104, 121, 131, 143, 152,
    154–157, 179, 182 f., 185 f., 197 ff.,
    209, 211, 243 f., 254
Salzburg 121, 182
Schlettstadt 68, 138, 169, 199
Schwaben 14, 191, 195
Schweden 32

Schweiz 156, 164, 236, 253, 295
Slowenien 216
Sodom 133
Spanien 32 f., 54, 59, 224 f.
Speyer 294
Sponheim 35
Stettin 45
St. Dié 268
St. Gallen 40
Straßburg 29, 31, 34, 40, 43, 45, 50,
    58 f., 61, 68, 74, 81 f., 100, 127,
    136, 138, 147, 150, 157 ff., 161,
    169, 186, 188 ff., 195, 198 ff., 236,
    268, 279, 291, 293, 297, 303, 308,
    310 f., 316, 336
Stuttgart 70
Subiaco 31

Thüringen 104, 196
Tongern 92
Tschechien 125, 140, 150
Tübingen 41, 70 ff., 80, 90, 161, 204,
    220, 227, 268, 273, 278, 282,
    336 f.
Türkei 53, 100, 200, 252

Ulm 29
Ungarn 32
Urbino 35
Utrecht 32

Valencia 32
Venedig 19, 21, 24, 30 f., 33, 50, 60,
    69 ff., 95, 230, 336

Waldshut 191
Wartburg 151, 153
Weingarten 195
Wertheim 295
Wien 40, 102, 150, 200, 308
Wittenberg 42, 46, 68, 83 f., 97,

101 ff., 106–126, 129, 131 f., 134,
137–140, 150–154, 157, 162, 165,
168 ff., 179, 182, 186, 188, 194 f.,
198–201, 209, 211, 220 ff., 235 f.,
239 f., 257, 277, 281, 283 ff., 287,
290, 294 f., 304, 306, 311, 313,
316, 336, 338
Wöhrth 191
Worms 72, 76, 136, 139, 141,
144–147, 150, 153, 157, 172, 176 f.,
199, 236, 244, 292 f., 300, 316,
337
Württemberg 69, 169, 224
Würzburg 35

Zürich 29, 43, 85, 123, 156 f., 161 f.,
164–168, 173 f., 194, 218, 236,
296, 298, 300, 337
Zypern 26
Zwickau 131, 156, 194, 199 f., 254

Geschichte bei C.H.Beck

Michael Borgolte
Die Welten des Mittelalters
Globalgeschichte eines Jahrtausends
2022. 1104 Seiten. Gebunden

Thomas Kaufmann
Erlöste und Verdammte
Eine Geschichte der Reformation
4. Auflage. 2017. 508 Seiten. Gebunden

Volker Reinhardt
Voltaire
Die Abenteuer der Freiheit
2022. 624 Seiten. Gebunden

Heinz Schilling
Karl V.
Der Kaiser, dem die Welt zerbrach
3. Auflage. 2020. 457 Seiten. Gebunden

Bart Van Loo
Burgund
Das verschwundene Reich
5. Auflage. 2021. 656 Seiten. Gebunden

Helmut Walser-Smith
Deutschland
Geschichte einer Nation
2021. 667 Seiten. Gebunden

C.H.Beck